Kurzgeschichten

Für den Schulgebrauch

Verlag Erziehung und Wissenschaft Hamburg
Georg Westermann Verlag Braunschweig
Berlin Hamburg München Düsseldorf Darmstadt

Genehmigt für den Gebrauch an Schulen
durch die Schulbehörde der Freien und Hansestadt Hamburg

Im Auftrag des Lesebuchausschusses der GEW
zusammengestellt von Jutta Böttcher
Umschlaggestaltung: Karin Buchwald und Kay Schröder

Dieser Band wird vom 8. Schuljahr an empfohlen
Deutsches Lesewerk
Verlag Erziehung und Wissenschaft **11 1291**
Georg Westermann Verlag ISBN 3 - 14 - **11 1291** - 6
Gesamtherstellung: Georg Westermann, Braunschweig 1973

GUNNAR GUNNARSSON

Der Sohn

Sie wohnten draußen vor dem kleinen Fischerdorf, Vater und Sohn. Beide hießen Snjolfur. Von den anderen wurden sie der alte und der junge Snjolfur genannt. Aber gegenseitig nannten sie sich immer nur Snjolfur, das war so eine Angewohnheit von ihnen. Da sie nun einmal den gleichen Namen trugen, fühlten sie sich noch inniger verbunden, wenn sie einander auch bei diesem Namen nannten. Der alte Snjolfur war in den Fünfzigern, der junge Snjolfur gerade erst zwölf.

Sie hielten treulich zusammen. Ungern machte der eine einen Schritt ohne den anderen. Und so war es schon, so weit der junge Snolfur zurückdenken konnte.

Der alte Snjolfur erinnerte sich dagegen an Zeiten, da er – bis vor etwa dreizehn Jahren – einen großen Hof eine Meile Weges landeinwärts besessen hatte, mit einer guten Frau verheiratet gewesen war und drei gesunde, frische Kinder gehabt hatte.

Da war das Unglück zum erstenmal über ihn hereingebrochen. Die Rinderpest raffte in kurzer Zeit fast den ganzen Viehbestand dahin. Gleich darauf bekamen seine Kinder den Keuchhusten und starben alle drei – so kurz hintereinander, daß ein einziges Grab sie aufnahm. Das alles brachte ihn in Schulden, und um sie zu decken, mußte Snjolfur den Hof verkaufen.

Dann erwarb er die kleine Landzunge draußen vor dem Fischerdorf, baute eigenhändig aus Steinen und Grassoden eine Hütte mit zwei Stübchen und konnte auch ohne fremde Hilfe einen Fischschuppen errichten. Und dann blieb ihm gerade noch soviel, um sich eine alte Jolle zu kaufen.

Jetzt begann für ihn und seine Frau ein ärmliches, mühseliges Leben. Wohl waren sie Arbeit von früher gewohnt. Doch nicht Armut und ständige Sorgen um das Allernotwendigste. Sozusagen jeden Tag neu mußten sie ihre Nahrung aus der Tiefe des Meeres holen. Oft genug war ihnen das große Meer nur ein kärglicher Spender. Bei weitem nicht jeden Abend legten sie sich satt zu Bett. Und für die Kleidung blieb ihnen fast nichts. Die Frau nahm den Sommer über eine Stelle auf dem Fischtrockenplatz beim Kaufmann des Ortes an. Dort gab es nur bei gutem Wetter Arbeit. Und der geringe Stundenlohn reichte nicht weit.

Schließlich gönnte sie sich ohne Wissen ihres Mannes nie mehr so viel Essen, daß sie satt wurde. Denn wenigstens er sollte haben, was er brauchte. Die Folge war, daß sie die Arbeit immer schlechter aushielt. Und so konnte sie endlich nur noch Klein-Snjolfur in die Welt setzen und seinen Namen bestimmen – dann war ihre Kraft erschöpft. Wenige Tage nach seiner Geburt lag sie auf der Bahre. Seitdem lebten Vater und Sohn allein auf der Landzunge.

Der junge Snjolfur erinnerte sich undeutlich einer schrecklichen Zeit, da ihm die Tage gleichsam als ununterbrochene Kette von Weinen, Sehnsucht und Verzweiflung in der einsamen Hütte hingingen – es hatte ja niemand Zeit, auf ihn zu passen, solange er zu klein war, um mit auf See genommen zu werden. Deshalb hatte ihn der Vater, ehe er morgens fortging, am Bettpfosten anbinden oder alles beiseite schaffen müssen, womit er sich Schaden tun konnte. Und hinaus mußte Vater Snjolfur, um die kümmerliche Nahrung für sie beide zu beschaffen.

Etwas deutlicher schon erinnerte sich der junge Snjolfur einer herrlichen Zeit mit sonnenglitzernden Tagen auf See. Er sah sich im Bootssteven sitzen, während der alte Snjolfur die blanken Fische aus der unergründlichen Tiefe zog, wobei das Boot so sanft schaukelte, daß es ihn zuletzt oft in Schlaf wiegte. Doch mischten sich auch bittere Erinnerungen an farblose Tage ein, wenn der Himmel weinte und der alte Snjolfur in seiner Jolle allein ausfahren mußte.

Schließlich aber wuchs der junge Snjolfur so weit heran, daß er bei jedem Wetter mit dem Alten hinaus konnte. Und seitdem hielten die beiden fest zusammen. Sie konnten einander kaum fünf Minuten entbehren. Erwachte der eine in der Nacht, so erwachte gleich auch der andere. Ja, schlief der eine nur unruhig, so konnte auch der andere keine Ruhe finden.

Nun denkt man vielleicht, daß die beiden einander viel zu erzählen hatten und deshalb so unzertrennlich waren. Das war aber nicht der Fall. Sie kannten sich so gut und verließen sich so fest aufeinander, daß sie nicht zu sprechen brauchten. Es konnten Tage vergehen, an denen sie nur einzelne Worte wechselten. Und gerade an solchen Tagen fühlten sie sich am wohlsten. Sie brauchten sich nur anzusehen, dann wußten sie schon Bescheid.

Aber in den wenigen Worten, die sie wechselten, kehrte ständig ein Satz wieder – oder vielmehr, immer wieder sprach ihn der alte Snjolfur dem jungen vor, oft ohne besondere Veranlassung. Und dieser Satz lautete: „Man muß immer sehen, jedem das Seine zu geben, keinem etwas schuldig zu bleiben und alles übrige Gott zu überlassen."

Die beiden hungerten denn auch lieber, als daß sie in den Laden gingen, ohne bar zahlen zu können. Sie nähten sich Anzüge aus alten Säcken und trugen sie bis zum letzten Fetzen auf, um keinen Stoff auf Borg nehmen zu müssen.

Alle ihre Nachbarn lebten mehr oder weniger auf Borg und bezahlten den Kaufmann nur in großen Abständen – niemals aber ganz. Nur die beiden auf der Landzunge waren noch keinem je auch nur einen Pfennig schuldig geblieben, so lange der junge Snjolfur zurückdenken konnte. Vorher hatte der alte Snjolfur, wie jeder andere, ein laufendes Konto beim Kaufmann gehabt. Aber davon wußte der junge Snjolfur nichts.

Die beiden mußten immer darauf bedacht sein, im Sommer etwas für den Winter zurückzulegen, wo die Fischerei aufhörte und Sturm und Kälte die Ausfahrt unmöglich machten. Sie dörrten Fische und salzten sie als Wintervorrat ein. Etwas mußten sie auch dem Händler verkaufen, um Geld für ihre paar sonstigen Lebensbedürfnisse zu haben. Aber jeden Winter ging doch allerhand drauf, ja, die Nahrung hielt mitunter schlecht genug vor. Ein Frühjahr, in dem sie nicht bald mehr, bald weniger hungern mußten, gab es selten. Zwar ruderten sie jeden Tag hinaus, wenn es das Wetter irgend zuließ, aber trotzdem fanden sie nicht immer genügend Nahrung. Sehr oft kamen sie von einer langen Fahrt mit leeren Händen zurück, oder es lagen nur ein paar magere Fischchen auf dem Boden der Jolle. Niemals aber klagten sie. Das fiel ihnen nicht ein. Immer waren sie gleichmäßig guter Laune. Gewohntem Unglück wie seltenem Glück begegneten sie mit unerschütterlicher Ruhe, der Knabe wie der Mann. Sie waren ja keinem etwas schuldig. Und sie trösteten sich ins Unendliche mit dem Glauben: wenn sie auch heute nichts zu essen hätten, werde ihnen der Herrgott doch vielleicht morgen einen Topf voll schicken ... Oder übermorgen. Aber gegen das Frühjahr hin – in ihrer bösesten Zeit – wurden ihre Gesichter oft blaß, und sie schliefen schwer und unruhig oder lagen die langen Stunden der Nacht wach. –

Und grade in einem solchen Frühjahr – es war noch dazu ungewöhnlich kalt und unfreundlich und stürmte beinah jeden Tag – geschah es, daß den alten Snjolfur das Unglück von neuem traf.

Eines Morgens riß eine Lawine die Hütte fort und begrub Vater und Sohn unterm Schnee. Auf wunderbare Weise gelang es dem jungen Snjolfur, sich aus dem Schneehaufen herauszuarbeiten. Und da er sofort sah, daß es hoffnungslos war, in den Schneemassen nach dem Vater zu suchen, rief er schleunigst Hilfe aus dem Dorf herbei. Die Hilfe kam aber zu spät. Der alte Snjolfur war schon erstickt, als es endlich gelang, ihn zu finden und aus dem Schnee zu graben. Sie legten die Leiche auf einen flachen Stein dicht unter der Felswand. Man wollte sie später am Tag mit einem Schlitten holen und ins Dorf bringen.

Als sie die Leiche auf den Stein gelegt hatten, stand der junge Snjolfur lange daneben und strich dem alten Snjolfur über das graue, schneeverklebte Haar. Er murmelte mit leiser Stimme, in der kein Zittern klang, etwas, was niemand verstehen konnte. Aber er weinte nicht. Die Leute wunderten sich, daß der sonderbare Junge nicht weinte, und waren ihm deshalb gram. Das sei doch herzlos, besonders von einem Kind, fand man allgemein. Vielleicht war dies der Grund, daß sich nicht sofort jemand seiner annahm.

Als die Leute heimgingen, um einen Schlitten zu holen und zu frühstücken, blieb er allein draußen auf der Landzunge sitzen.

Die Hütte war von ihrem Platz gerissen und vollständig zertrümmert. Hier und da ragte ein Balken aus dem Schnee oder lag, halb begraben, verstreuter Hausrat. Der junge Snjolfur ging zum Strand hinunter, nach der Jolle zu sehen. Als er ihre Splitter am Ufer liegen sah, zog er nur die Augenbrauen hoch, sagte aber nichts. Dann ging er wieder zu dem Stein hinüber und setzte sich zu Häupten der Leiche.

Das sah schlimm aus, dachte er. Wäre nur das Boot noch ganz, dann hätte er es verkaufen können. Denn schließlich würde ja das Begräbnis etwas kosten. Das wußte er, denn der alte Snjolfur hatte ihm oft eingeschärft, daß man sorgen müsse, bei seinem Tode so viel zu besitzen, daß man anständig unter die Erde komme. Denn sich auf Kosten der Gemeinde begraben zu lassen, das wäre eine Schande. Käme man aber nur ohne Schande unter die Erde, dann dürfe man zufrieden sein – so sei das Leben nun einmal. Aber sie beide könnten sich ja, fügte er immer hinzu, ruhig zum Sterben legen, jederzeit; denn was die Hütte, die Landzunge, das Boot und die Geräte einbrächten, würde sicher reichen, um anständig unter die Erde zu kommen. Und jetzt war alles zerstört. Außer der Landzunge. Und wie sollte er es anstellen, für die etwas zu kriegen? Sie schien ihm ganz wertlos, wie sie da lag, öde und abgelegen... Und dabei hatte er bisher noch gar nicht bedacht, daß er selber nichts mehr zu essen haben und also wahrscheinlich Hungers sterben würde. Er verspürte die größte Lust, an den Strand hinunterzulaufen und sich ins Wasser zu stürzen. Aber das ging nicht; denn dann müßten sie alle beide, er und der alte Snjolfur, auf Kosten der Gemeinde begraben werden. Und jetzt fühlte er sich für sie beide verantwortlich. Und daß sie mit Schande unter die Erde kämen, wagte er nicht zu verantworten.

So schwierigen Überlegungen hatte der junge Snjolfur bisher noch nicht gegenübergestanden. Er bekam Kopfweh vor lauter Nachdenken und war nah daran, alles aufzugeben und zu verzweifeln.

Da fiel ihm plötzlich ein, daß er keine Unterkunft für die Nacht hatte. Und es war zu kalt, draußen zu schlafen. Nach einigem Nachsinnen über diese neue Schwierigkeit machte er sich daran, Balken zusammenzutragen. Er stellte sie über der Leiche schräg gegen die Felswand, deckte dann das alte Segel der Jolle darüber und schaufelte Schnee auf das Ganze, damit es drinnen warm wäre. Ein Trost nur, daß er den alten Snjolfur noch einige Tage bei sich behalten durfte, wenn auch kaum länger als eine Woche.

Als er fertig war, setzte er sich in dem engen Schuppen neben der Leiche nieder. Er fühlte sich müde und hungrig und war nahe am Einschlafen. Da meldete sich von neuem der Gedanke, woher er das Geld für das Begräbnis nehmen solle, und machte ihn hell wach. Und mit einemmal kam ihm eine Idee – und gleich darauf noch eine. Sofort schien alle Müdigkeit wie weggeblasen. Im Handumdrehen war er aus dem Schuppen und unterwegs ins Dorf. Er steuerte geradenwegs auf das Haus des Kaufmanns zu und schenkte den Häusern, an denen er vorüberkam, keinen Blick, bemerkte aber auch nicht, daß ihm die Leute nicht gerade freundlich nachsahen. „Der herzlose Junge, der für seinen Vater nicht mal eine Träne übrig hatte", sagten sie. – Als er vor dem Haus des Kaufmanns anlangte, ging er gleich in den Laden und fragte den Gehilfen in geschäftlichem Ton, ob er den Kaufmann sprechen könne. Der Gehilfe musterte ihn ziemlich unsicher, ging aber hin und klopfte an die Tür zum Kontor. Gleich darauf erschien dort der Kaufmann, musterte den jungen Snjolfur aufmerksam und forderte ihn auf einzutreten.

Der junge Snjolfur legte seine Mütze auf den Ladentisch und ging hinein.

„Nun, mein Junge?" fragte der Kaufmann.

Der junge Snjolfur war nahe daran, den Mut zu verlieren. Aber er ermannte sich und antwortete erwachsen und ernst: „Du weißt ja, daß unsere Landestelle besser ist als deine für deine Vierer."

Der Kaufmann mußte unwillkürlich über den sachlichen Ton und den besonnenen Ernst des jungen Snjolfur lächeln. „Ja, ich hab davon gehört", erwiderte er, und er nahm unwillkürlich seinen Geschäftston an.

„Wenn ich nun deinen Vierern diesen Sommer erlauben würde, unsere Landestelle zu benutzen", fuhr der junge Snjolfur fort, „wieviel würdest du mir dafür zahlen?"

„Wäre es nicht besser, ich kaufte dir die Landzunge ab?" fragte der Kaufmann und suchte sein Lächeln zu verbergen.

„Nein", antwortete der junge Snjolfur. „Dann wüßte ich nicht mehr, wohin."

„Aber du kannst sowieso nicht dort draußen bleiben. Das wird man dir ja nicht erlauben."

„Ich kann mir im Sommer eine Hütte bauen. Und bis dahin habe ich einen Schuppen, den ich mir schon gerichtet habe. Aber ich hab doch den alten Snjolfur und das Boot verloren, da kann ich diesen Sommer nicht zum Fischen hinaus. Deshalb will ich dir die Landestelle für deine Vierruderer vermieten, wenn du sie haben und etwas dafür bezahlen willst. Von dort können sie bei jedem Wetter hinaus. Denk nur an den letzten Sommer, wie oft sie da daheim bleiben mußten, wenn wir hinauskonnten. Das kommt daher, hat der alte Snjolfur gesagt, weil deine Landestelle nicht so gut wie unsere ist."

„Wieviel Miete verlangst du denn für den Sommer?" fragte der Kaufmann.

„Oh, nur so viel, daß der alte Snjolfur einen Sarg kriegen und begraben werden kann, ohne daß es die Gemeinde bezahlen muß."

Der Kaufmann stand auf und reichte ihm die Hand. „Abgemacht. Ich werde für den Sarg und alles andere sorgen. Du kannst ganz ruhig sein."

Der Kaufmann ging zur Tür, als wolle er ihn hinauslassen, der junge Snjolfur aber blieb stehen, obwohl er seine Absicht bemerkte. Er war mit seinem Anliegen noch nicht fertig. „Wann läuft das Frühjahrsschiff mit den Waren für dich ein?" fragte er ernst und bedächtig wie vorher. „Ich denke doch, übermorgen, oder nächster Tage", antwortete der Kaufmann und dachte sich dabei: Wo will das hinaus? Er musterte das zwölfjährige Bürschchen mit einer Miene, als wolle er ein Rätsel raten.

„Brauchst du dann nicht einen Laufburschen im Laden – wie letzten Sommer?" fragte der junge Snjolfur und sah ihn ruhig an.

„Jawohl, aber er sollte schon eingesegnet sein", erwiderte der Kaufmann und mußte lächeln.

„Willst du einen Augenblick mit mir hinauskommen?" fragte der junge Snjolfur – es sah fast aus, als habe er die Antwort des Kaufmanns erwartet.

Der Kaufmann schüttelte den Kopf, folgte ihm aber lächelnd durch den Laden zum Strandplatz hinunter.

Der junge Snjolfur ging schweigend voran bis zu einem Stein, bückte sich, warf die Fausthandschuhe ab, hob den Stein hoch und ließ ihn wieder fallen. Dann wendete er sich an den Kaufmann und sagte: „Das konnte der vom vorigen Jahre nicht – ich habe mehrmals gesehen, wie er es versuchte."

Der Kaufmann lächelte. „Wenn du so stark bist, kann ich dich wohl brauchen, auch wenn du noch nicht eingesegnet bist", sagte er.

„Und dann krieg ich doch wohl Verpflegung bei dir und denselben Lohn wie der andere?" fragte der junge Snjolfur.

„Ja, das kriegst du", antwortete der Kaufmann.

„Gut. Dann brauche ich der Gemeinde nicht zur Last zu fallen", sagte der junge Snjolfur erleichtert. „Wenn man nur selber für sein Essen und seine Kleidung sorgen kann, hat man das nicht nötig", fügte er erklärend hinzu. Dann nahm er seine Mütze ab und gab dem Kaufmann die Hand, wie er es den alten Snjolfur hatte tun sehen. „Lebwohl, dann komm ich also übermorgen."

„Komm noch einen Augenblick mit hinein", forderte ihn der Kaufmann auf. Er ging ihm voran zur Küchentür, ließ den jungen Snjolfur ein und sagte zu der Magd, die beim Kochen war: „Kannst du dem kleinen Burschen nicht etwas zu essen geben?" Der junge Snjolfur schüttelte energisch den Kopf. „Bist du denn nicht hungrig?" fragte der Kaufmann.

„Doch", entgegnete Snjolfur – seine Stimme wollte versagen und der schöne Essensgeruch verdoppelte seinen Hunger. Aber er riß sich zusammen. „Das ist ein Almosen, und das nehm ich nicht."

Der Kaufmann wurde mit einemmal ernst – sehr ernst. Er ging zu dem Knaben, streichelte ihm den Kopf, nickte der Magd zu, sie solle etwas zu essen bringen, und nahm den Jungen mit sich ins Zimmer. „Du hast sicherlich gesehen, daß dein Vater, wenn er Besuch bekam, seinen Bekannten einen Schnaps anbot – oder auch eine Tasse Kaffee, nicht wahr?"

„Gewiß", antwortete Snjolfur.

„Siehst du! Man muß seine Gäste bewirten. Und wenn die Gäste es nicht annehmen wollen, kann man mit ihnen nicht mehr gut Freund sein. Du mußt also mit mir essen, verstehst du. Denn du hast mich ja besucht, und wir haben wichtige Dinge besprochen, die nicht in Ordnung kommen können, wenn du nicht mein Gast sein willst."

„Ja, dann muß ich wohl", seufzte Snjolfur. Er saß eine Weile nachdenklich da, schließlich sagte er ernsthaft „Man muß immer sehen, jedem das Seine zu geben, keinem etwas schuldig zu bleiben und das übrige Gott zu überlassen."

„Ja, das sind wahre Worte", sagte der Kaufmann, jetzt aber mußte er sein Taschentuch herausziehen, denn er weinte und lachte zugleich. „Das ist das Blut", murmelte er vor sich hin. Laut aber sagte er: „Gott segne dich, mein Junge!" und streichelte dem jungen Snjolfur den Kopf.

Der bemerkte staunend die Rührung des Kaufmanns. Eine Weile betrachtete er ihn stumm. Dann sagte er: „Der alte Snjolfur hat nie geweint", und fügte nach einer kurzen Pause hinzu: „Ich habe auch nie geweint, seit ich klein war... Ich hatte wohl Lust zu weinen, als ich sah, daß der alte Snjolfur tot war. Aber ich fürchtete, es hätte ihm nicht gefallen. Deshalb ließ ich es lieber bleiben..."

Im nächsten Augenblick lag der junge Snjolfur dem Kaufmann schluchzend in den Armen.

Marie Luise Kaschnitz

Popp und Mingel

Noch immer fragen sie mich alle, wie das gekommen sei, neulich, am Tag vor Allerseelen, und warum ich das getan hätte. Sie sagen, es sei doch nicht das erste Mal gewesen, daß ich ein paar Stunden allein in der Wohnung war, ich müßte das doch gewöhnt sein, und es sei zwar ein dunkler Tag gewesen, aber doch kein besonders unfreundlicher, und ich hätte doch auch etwas zu essen vorgefunden, Bratkartoffeln und sogar ein Stück Wurst. Von dem Stück Wurst spricht meine Mutter immer wieder, wenn die Rede auf diesen Unglückstag kommt, was jetzt noch ziemlich oft geschieht, und sie betont dann jedesmal, was für eine feine Wurst das gewesen sei, Kalbsleberwurst, sagt sie, zu einer Mark fünfzig das Viertelpfund, und in einer Tüte auf dem Küchenbüfett seien auch noch zwei Äpfel und eine Banane und ein paar Pfeffernüsse gewesen, und ich hätte doch immer von allem nehmen dürfen, niemand hätte mir deswegen jemals einen Vorwurf gemacht. Außerdem begreifen sie nicht, warum ich, wenn ich etwa Angst gehabt hätte so allein, nicht einfach wieder fortgegangen wäre; auf den Hof oder zu den Kindern im Parterre, und sogar ins Kino hätte ich gehen dürfen, im Alhambra an der Ecke sei ein jugendfreier Film gelaufen, Taschengeld hätte ich ja genug, und sie hätten auch nichts dagegen gehabt.

Ja, natürlich, alles das hätte ich tun können, und ich hätte mich auch ins Bett legen können und schlafen, bis die Eltern von der Arbeit nach Hause kamen. Denn ich war ja an dem Nachmittag sehr müde, ich erinnere mich ganz deutlich, daß ich auf der Treppe ein paarmal gegähnt und mir dabei mit der Hand ganz rasch hintereinander auf den Mund geschlagen habe, wobei man eine Reihe von komischen Tönen hervorbringen kann. Das Treppenhaus war ziemlich dunkel, wie immer um diese Jahreszeit, nur die Nixe in der Buntglasscheibe hat noch ein bißchen geleuchtet, so etwas hat man jetzt nicht mehr, aber unseres ist ein altes Haus. Es war auch ganz still, keiner, der hinauf- oder hinunterging, nur hinter der Tür rechts im zweiten Stock hat der Hund geknurrt. Du Scheißhündchen, habe ich gesagt, du Dreckshündchen, ganz leise, weil ich weiß, daß ihn das am meisten ärgert, und dann habe ich recht laut Wauwauwau gerufen und bin schnell weiter die

Treppe hinaufgerannt, weil das ein furchtbar häßlicher, riesengroßer Hund ist, der sich unter Umständen aufrichten und die Türklinke herunterdrücken kann. An dem Tag ist er aber nicht aufgesprungen und hat auch nicht gebellt und gleich aufgehört zu knurren, und ich weiß noch, daß mir das nicht gefallen hat. Also habe ich wieder gegähnt und bin langsamer gegangen und habe dabei meine Jacke aufgeknöpft und den Hausschlüssel herausgezogen, den meine Mutter mir morgens an einem Wäscheband um den Hals hängt, obwohl ich ihn natürlich genausogut in die Hosentasche stecken könnte. Während ich aufgeschlossen habe und in den Flur getreten bin, habe ich gemerkt, daß es schlecht gerochen hat, und ich habe mir schon gedacht, daß wahrscheinlich wieder einmal niemand Zeit gehabt hat, die Betten zu machen vor dem Weggehen, und so war es auch, und das Frühstücksgeschirr hat noch auf dem Tisch gestanden, sogar die Butter und das Brot. Also habe ich zuerst die Butter in den Kühlschrank getan, und dann bin ich ins Schlafzimmer gegangen und habe die Leintücher ein bißchen zurechtgezogen und die Steppdecken darübergelegt, weil ich weiß, daß mein Vater sich jedesmal ärgert, wenn er nach Hause kommt und es so unordentlich aussieht. Es hat auch schon ein paarmal Streit gegeben deswegen, und mein Vater, der sehr nervös ist, hat geschrien, aber meine Mutter hat nur gelacht und gesagt, ich kann ja auch zu Hause bleiben, und du wirst schon sehen, wie das ist, wenn sie uns die Musiktruhe und den Kühlschrank wieder wegholen, und wer hat durchaus den Wagen haben wollen, ich oder du? Und dann ist sie ganz freundlich geworden und hat meinen Vater gestreichelt und mich auch und hat gesagt, daß wir, wenn der Wagen erst da ist, alle drei zusammen in den Wald fahren werden und dort picknicken und „Verwechselt das Bäumchen" spielen und mit dem Fußball ihretwegen auch. Aber dazu ist es nie gekommen, weil sie, als sie den Wagen endlich gehabt haben, immer Freunde mitgenommen haben, Erwachsene, die keinen Schritt zu Fuß gehen wollten, und die Waldwege waren für die Autos gesperrt. Ich war aber darüber nicht sehr traurig, weil mir im Auto oft schlecht geworden ist. Ich habe mir nur immer gewünscht, daß meine Mutter wieder einmal krank wird, wie damals, als sie den schlimmen Fuß hatte und ich ihr die Arnikaumschläge gemacht und den Kaffee ans Bett gebracht habe, und ich habe mir oft überlegt, wie ich es hinbringen könnte, daß sie sich einmal richtig den Magen verdirbt. Aber sie hat sich nie den Magen verdorben und immer ganz rosig ausgesehen, und sie hat auch oft gesagt, daß es ihr Spaß macht, ins Büro zu gehen, weil sie da unter Menschen wäre und weil sie es so langweilig fände, den ganzen Tag zu Hause zu sein. Sie ist auch gar nicht sehr müde am Abend und immer bereit, noch mit meinem Vater in ein Kino zu gehen. Nur die Gesellschaftsspiele mag sie nicht, und das Vorlesen, sagt sie, strengt sie an, weil sie den ganzen Tag Gedrucktes und Geschriebenes vor Augen hat, und ich solle nur meine Bücher allein lesen, ich wäre ja jetzt schon ein großer Junge. Ich bin auch schon groß, und natürlich kann ich meine Bücher allein lesen, und ich habe auch immer viel Schularbeiten zu machen, nur an dem gewissen Nachmittag, da hatte ich keine, weil zwei Lehrer fehlten. Aber dafür hatte ich die Betten zuzudecken, und als ich mit den Betten fertig war, hätte ich eigentlich mein Essen aufwärmen sollen, und sicher war ich auch hungrig, sonst hätte ich nicht soviel gegähnt. Aber ich habe plötzlich keine Lust mehr gehabt und nur ein paar Kartoffeln kalt in den Mund gesteckt, und dann habe ich gleich anfangen wollen zu spielen.

Alle Erwachsenen haben später wissen wollen, was ich am liebsten spiele, und es wäre ihnen recht gewesen, wenn ich gesagt hätte, mit der Feuerwehrleiter oder mit dem Puppenzimmer, in dem ein winziger Adventskranz mit richtigen kleinen Kerzen hängt, kurz mit irgend etwas, das mit Feuer zu tun hat oder mit Licht. Ich habe aber gesagt, mit meinen kleinen Autos, die ihre Garage unter dem Schrank haben, und der Parkwächter ist ein kleiner Soldat in einer braunen Uniform, den ich einmal in einer Trümmergrube gefunden habe, und jedesmal, wenn mein Vater ihn sieht, sagt er, schmeiß doch den verdammten SA-Mann weg. Aber ich behalte ihn, weil ich ihn gut brauchen kann und weil ich überhaupt nicht weiß, was ein verdammter SA-Mann eigentlich ist.

Natürlich habe ich an dem Nachmittag gar nicht mit meinen Autos spielen wollen, sondern mit meiner Familie, aber von der wissen meine Eltern nichts, und sie brauchen auch nichts von ihr zu erfahren, und die Lehrer auch nicht, und erst recht nicht der Arzt, den meine Eltern vor mir den Onkel Doktor nennen, obwohl sie ihn vorher nie gesehen haben und ihm gegenüber immer sehr verlegen sind. So, so, mit deinen Autos hast du gespielt, hat der sogenannte Onkel Doktor gesagt und hat dabei ein merkwürdiges Gesicht gemacht, und ich habe genickt und ihn frech angesehen und mir gedacht, was er wohl zu meiner Familie sagen würde, nämlich dazu, daß mein Vater ein alter Fußball namens Popp und meine Mutter eine komische Puppe ohne Beine namens Mingel ist und daß sie außer mir noch zwei andere Kinder haben, von denen das eine eine alte Schachfigur und das andere ein eingeschrumpfter Luftballon ist.

Diese ganze Familie halte ich in einer Schachtel in meinem Spielschrank versteckt, und wenn ich von der Schule nach Hause komme, hole ich sie heraus und setze sie auf ihre Plätze, und dann gehe ich noch einmal auf den Korridor und tue so, als ob ich gerade eben erst heimkäme, und sobald ich das Zimmer betrete, bricht meine Familie in lautes fröhliches Gelächter aus. Da ist ja auch unser Jüngster, sagt Popp, der im Lehnsessel liegt und ein freundliches Vollmondgesicht macht, und Mingel sagt, komm zu mir, mein Söhnchen, und streckt ihre Arme aus, aus denen das Sägemehl quillt. Wie war es heute auf der Prärie, fragt mein Bruder Harry, das Schachpferd aus Elefantenzahn. Und ich sagte, zünftig, und fange an zu erzählen, wie viele wilde Mustangs ich mit dem Lasso gefangen habe, und mache es so spannend, daß meine Schwester Luzia, der Luftballon, vor Aufregung zu wackeln beginnt. Jetzt mußt du aber etwas von dem guten Bärenschinken essen, sagt Mingel, und weil sie keine Beine hat, muß ich sie auf den Herd tragen, wo sie gleich anfängt, im Topf zu rühren. Inzwischen gehe ich mit meinem Bruder auf den Balkon und zeige ihm die Mondrakete, die gerade über die Häuser fliegt, und wir machen eine Wette, ob sie heute endlich hinkommen oder wieder vorher ausglühen wird. Dann schreiben wir unsere Namen auf kleine Zettel, das heißt, daß wir uns freiwillig melden, mit der nächsten Rakete auf den Mond zu fliegen. Diese Zettel verstecken wir unter einem Blumentopf, weil Popp und Mingel immer so besorgt um uns sind und so etwas gar nicht erlauben würden. Den ganzen Tag sitzen sie zu Hause und warten auf uns, und wenn wir vom Balkon hereinkommen, fragen sie gleich, ob es nicht neblig draußen sei und ob wir uns auch nicht erkältet hätten. Ach, woher denn, sagen wir mit ganz rauher Stimme, erkältet, und setzen uns an den Tisch, und ich necke meine Schwester und sage, daß sie immer dünner wird und an Farbe verliert. Laß sie in Ruhe, sagt Popp, und dann überlegen wir uns, was wir jetzt machen wollen, und ich hole das Wettrennspiel aus dem Schrank.

Bei diesem Wettrennspiel will Mingel immer das weiße Pferd haben, aber sie hat nie Glück mit dem Würfeln, und ich muß es manchmal durch etwas Mogeln so einrichten, daß sie auch einmal gewinnt. Popp ist es egal, ob er gewinnt oder nicht, er ist immer rund und guter Laune, und sobald das Spiel zu Ende ist, rollt er in seinem Sessel herum und sagt, Mingel, wenn wir unsere Kinder nicht hätten. Und dann fängt Mingel ein bißchen an zu weinen, weil sie so rührselig ist, und Luzia muß sie trösten und mit mir über die Weihnachtsplätzchen sprechen.

So war das alle Tage, wenn ich von der Schule nach Hause gekommen bin, und man wird ja verstehen, daß ich da nicht auf den Hof wollte oder zu den Kindern im Parterre, die so frech sind und sich fortwährend streiten und zu jedem Ding Scheiße und Bockmist sagen, ganz egal, was es ist. Und natürlich wollte ich auch nicht zu den Jungen, die immer zu meinem Fenster heraufpfeifen und höhnische Gesichter machen, weil ich nicht in ihre Bande eintrete und weil sie glauben, daß ich zu fein oder zu feige dazu bin. Ich bin aber gar nicht zu feige, ich habe nur bisher keine Lust gehabt, und die Zeit ist mir auch immer ganz schnell vergangen, mitten in der schönsten Unterhaltung habe ich meine Mutter oder meinen Vater die Eingangstür aufmachen hören und habe nur noch in aller Eile meine Familie wegpacken und meine Schulbücher aufschlagen können. Aber an dem Nachmittag vor Allerseelen habe ich keine Bücher aufschlagen und meine Familie nicht in aller Eile verstecken müssen, weil sie nämlich schon vorher nicht da war, die ganze Familie, einfach nicht da.

Zuerst, als ich mich vor meinen Spielschrank hingehockt habe, um die Schachtel herauszuholen, und sie nicht gleich gefunden habe, habe ich gedacht, dann ist sie eben im unteren Fach oder im Kleiderschrank oder sonstwo, es mußte ja immer so schnell gehen, und es kommt vor, daß man gar nicht genau aufpaßt, was man tut. Es hat also eine große Sucherei angefangen, in den Schränken und unter den Schränken und schließlich auch auf den Schränken, wo ich gar nicht hinreichen konnte, und ich mußte mich mit meinen schmutzigen Schuhen auf den guten Seidenstuhl stellen, was meine Mutter nachher sehr aufgebracht hat. Schließlich bin ich wieder an den Spielschrank zurück, und da habe ich plötzlich die Pappschachtel gesehen, aber an einer ganz ungewohnten Stelle, und als ich sie aufgemacht habe, waren alte Dominosteine darin. Da ist mir ein furchtbarer Verdacht gekommen, und ich bin in die Küche gerannt und habe den Mülleimer aufgemacht, der ganz neu ist und bei dem man nur auf eine Art von Gaspedal zu treten braucht, damit der Deckel aufspringt. In dem Mülleimer war aber nichts, nur ein paar Kartoffelschalen und viel zerknülltes Seidenpapier, das habe ich herausgerissen und auf den Gasherd geworfen, und man hat mich nachher gefragt, warum, aber ich habe keine Auskunft gegeben. Ich habe an dem Nachmittag immer noch weiter gesucht; wenn die Sachen nicht im Mülleimer waren, mußten sie doch noch irgendwo sein, irgendwo, das hieß, alle noch übrigen Schubladen aufziehen und alle Fächer durchwühlen, auch im Wäscheschrank und im Büfett, und sich immer mehr aufregen, viel mehr, als man sich eigentlich über einen alten Fußball, eine kaputte Puppe, eine Schachfigur und einen eingeschrumpelten Luftballon aufregen kann. Ja, das habe ich gleich gefühlt, daß es verrückt war, wie ich mich anstellte, und es ist mir auch einen Augenblick lang der Gedanke gekommen, ein paar andere Gegenstände Popp und Mingel und Harry und Luzia zu nennen und also gewissermaßen eine neue Familie zu gründen. Aber ich habe doch gleich gewußt, daß ich das nicht mehr tun würde, weil ich wahrscheinlich längst zu alt dafür war. Ich habe gewußt, daß ich fortan immer so allein sein würde, wie jetzt, als ich endlich mit dem Suchen aufhörte und in der Küche am Fenster stand; und weil ich gar nicht dazu gekommen war, Licht anzumachen, war es in der Wohnung schon dunkel und so entsetzlich öde und still. Ich habe auch schon geahnt, daß ich das nicht aushalten und wieder fortgehen würde, ins Kino an der Ecke, Taschengeld hatte ich ja genug, und wahrscheinlich würde ich auch jetzt nicht mehr nein sagen, wenn sie kämen und mich aufforderten, in die Bande einzutreten, obwohl die Jungen, die in der Bande sind, ganz stupide Sachen machen, Autoreifen aufstechen und Schaufenster kaputtschmeißen, mehr fällt ihnen nicht ein. Aber es konnte ja sein, daß man mit der Zeit auch daran Geschmack fand, und auf jeden Fall war man dann nicht mehr so allein.

Über das alles habe ich nachgedacht und bin da am Fenster stehengeblieben, neben dem Gasherd, und dabei ist mir eingefallen, daß ich das Gas anzünden könnte, alle vier Flammen, aber nicht, um mir endlich mein Essen warm zu machen, nur so, zum Spaß. Ich habe also alle vier Deckel abgenommen und die Hähne ganz weit aufgemacht und angezündet, und die Flammen waren so hoch und lebendig und hell und warm, und ich habe mich gefreut und gedacht, daß man mit den Flammen vielleicht auch reden kann. Es ist nur eben leider noch das viele Seidenpapier aus dem Mülleimer auf dem Herd gelegen, und das muß Feuer gefangen und die Gardine angesteckt haben, jedenfalls hat die plötzlich in Flammen gestanden bis oben hinauf, und ich bin sehr erschrocken und habe geschrien. Mein Vater hat in demselben Augenblick die Wohnungstür aufgeschlossen, und das war noch ein Glück, nur daß dann eben hinterher die ganze Fragerei gekommen ist und die Sache mit dem Lehrer und die mit dem Doktor, so als ob ich nicht ganz normal wäre oder als ob ich einen Zorn auf meine Eltern gehabt hätte. Und dabei hat meine Mutter doch gar nicht wissen können, was sie da weggeworfen oder verschenkt hat, und überhaupt habe ich nichts gegen meine Eltern, sie sind, wie sie sind, und ich mag sie gern. Nur daß es eben gewisse Sachen gibt, die man ihnen nicht erzählen kann, nur aufschreiben und dann wieder zerreißen, wenn man allein zu Hause ist, und es wird schon dunkel, und unten pfeifen die Jungen von der Bande, und noch ein paar Minuten, dann macht man das Fenster auf und ruft, ich komme, und dann geht man die Treppe hinunter, die Hände recht forsch in den Hosentaschen, vorbei an der Nixe, die hat einem früher sehr gefallen, aber jetzt weiß man mit einem Mal, daß man kein Kind mehr ist.

Siegfried Lenz

Die Nacht im Hotel

Der Nachtportier strich mit seinen abgebissenen Fingerkuppen über eine Kladde, hob bedauernd die Schultern und drehte seinen Körper zur linken Seite, wobei sich der Stoff seiner Uniform gefährlich unter dem Arm spannte.

„Das ist die einzige Möglichkeit", sagte er. „Zu so später Stunde werden Sie nirgendwo ein Einzelzimmer bekommen. Es steht Ihnen natürlich frei, in anderen Hotels nachzufragen. Aber ich kann Ihnen schon jetzt sagen, daß wir, wenn Sie ergebnislos zurückkommen, nicht mehr in der Lage sein werden, Ihnen zu dienen. Denn das freie Bett in dem Doppelzimmer, das Sie — ich weiß nicht aus welchen Gründen — nicht nehmen wollen, wird dann auch einen Müden gefunden haben."

„Gut", sagte Schwamm, „ich werde das Bett nehmen. Nur, wie Sie vielleicht verstehen werden, möchte ich wissen, mit wem ich das Zimmer zu teilen habe; nicht aus Vorsicht, gewiß nicht, denn ich habe nichts zu fürchten. Ist mein Partner — Leute, mit denen man eine Nacht verbringt, könnte man doch fast Partner nennen — schon da?"

„Ja, er ist da und schläft." — „Er schläft", wiederholte Schwamm, ließ sich die Anmeldeformulare geben, füllte sie aus und reichte sie dem Nachtportier zurück; dann ging er hinauf.

Unwillkürlich verlangsamte Schwamm, als er die Zimmertür mit der ihm genannten Zahl erblickte, seine Schritte, hielt den Atem an, in der Hoffnung, Geräusche, die der Fremde verursachen könnte, zu hören und beugte sich dann zum Schlüsselloch hinab. Das Zimmer war dunkel. In diesem Augenblick hörte er jemanden die Treppe heraufkommen, und jetzt mußte er handeln. Er konnte fortgehen, selbstverständlich, und so tun, als ob er sich im Korridor geirrt habe. Eine andere Möglichkeit bestand darin, in das Zimmer zu treten, in welches er rechtmäßig eingewiesen worden war und in dessen einem Bett bereits ein Mann schlief.

Schwamm drückte die Klinke herab. Er schloß die Tür wieder und tastete mit flacher Hand nach dem Lichtschalter. Da hielt er plötzlich inne: neben ihm — und er schloß sofort, daß da die Betten stehen müßten — sagte jemand mit einer dunklen, aber auch energischen Stimme:

„Halt! Bitte machen Sie kein Licht. Sie würden mir einen Gefallen tun, wenn Sie das Zimmer dunkel ließen."

„Haben Sie auf mich gewartet?" fragte Schwamm erschrocken; doch er erhielt keine Antwort. Statt dessen sagte der Fremde:

„Stolpern Sie nicht über meine Krücken, und seien Sie vorsichtig, daß Sie nicht über meinen Koffer fallen, der ungefähr in der Mitte des Zimmers steht. Ich werde Sie sicher zu Ihrem Bett dirigieren: Gehen Sie drei Schritte an der Wand entlang, und dann wenden Sie sich nach links, und wenn Sie wiederum drei Schritte getan haben, werden Sie den Bettpfosten berühren können."

Schwamm gehorchte: er erreichte sein Bett, entkleidete sich und schlüpfte unter die Decke. Er hörte die Atemzüge des anderen und spürte, daß er vorerst nicht würde einschlafen können.

„Übrigens", sagte er zögernd nach einer Weile, „mein Name ist Schwamm."

„So", sagte der andere.

„Ja."

„Sind Sie zu einem Kongreß hierhergekommen?"

„Nein. Und Sie?"

„Nein."

„Geschäftlich?"

„Nein, das kann man nicht sagen."

„Wahrscheinlich habe ich den merkwürdigsten Grund, den je ein Mensch hatte, um in die Stadt zu fahren", sagte Schwamm. Auf dem Bahnhof rangierte ein Zug. Die Erde zitterte, und die Betten, in denen die Männer lagen, vibrierten.

„Wollen Sie in der Stadt Selbstmord begehen?" fragte der andere.

„Nein", sagte Schwamm, „sehe ich so aus?"

„Ich weiß nicht, wie Sie aussehen", sagte der andere, „es ist dunkel."

Schwamm erklärte mit banger Fröhlichkeit in der Stimme:

„Gott bewahre, nein. Ich habe einen Sohn, Herr ... (der andere nannte nicht seinen Namen), einen kleinen Lausejungen, und seinetwegen bin ich hierhergefahren."

„Ist er im Krankenhaus?"

„Wieso denn? Er ist gesund, ein wenig bleich zwar, das mag sein, aber sonst sehr gesund. Ich wollte Ihnen sagen, warum ich hier bin, hier bei Ihnen, in diesem Zimmer. Wie ich schon sagte, hängt das mit meinem Jungen zusammen. Er ist äußerst sensibel, mimosenhaft, er reagiert bereits, wenn ein Schatten auf ihn fällt."

„Also ist er doch im Krankenhaus."

„Nein", rief Schwamm, „ich sagte schon, daß er gesund ist, in jeder Hinsicht. Aber er ist gefährdet, dieser kleine Bengel hat eine Glasseele, und darum ist er bedroht."

„Warum begeht er nicht Selbstmord?" fragte der andere.

„Aber hören Sie, ein Kind wie er, ungereift, in solch einem Alter! Warum sagen Sie das? Nein, mein Junge ist aus folgendem Grunde gefährdet: Jeden Morgen, wenn er zur Schule geht — er geht übrigens immer allein dorthin — jeden Morgen muß er vor einer Schranke stehenbleiben und warten, bis der Frühzug vorbei ist. Er steht dann da, der kleine Kerl, und winkt, winkt heftig und freundlich und verzweifelt."

„Ja und?"

„Dann", sagte Schwamm, „dann geht er in die Schule, und wenn er nach Hause kommt, ist er verstört und benommen, und manchmal heult er auch. Er ist nicht imstande, seine Schularbeiten zu machen, er mag nicht spielen und nicht sprechen: das geht nun schon seit Monaten so, jeden lieben Tag. Der Junge geht mir kaputt dabei!"

„Was veranlaßt ihn denn zu solchem Verhalten?"

„Sehen Sie", sagte Schwamm, „das ist merkwürdig: Der Junge winkt, und — wie er traurig sieht — es winkt ihm keiner der Reisenden zurück. Und das nimmt er sich so zu Herzen, daß wir — meine Frau und ich — die größten Befürchtungen haben. Er winkt, und keiner winkt zurück; man kann die Reisenden natürlich nicht dazu zwingen, und es wäre absurd und lächerlich, eine diesbezügliche Vorschrift zu erlassen, aber ..."

„Und Sie, Herr Schwamm, wollen nun das Elend Ihres Jungen aufsaugen, indem Sie morgen den Frühzug nehmen, um dem Kleinen zu winken?"

„Ja", sagte Schwamm, „ja."

„Mich", sagte der Fremde, „gehen Kinder nichts an. Ich hasse sie und weiche ihnen aus, denn ihretwegen habe ich — wenn man's genau nimmt — meine Frau verloren. Sie starb bei der ersten Geburt."

„Das tut mir leid", sagte Schwamm und stützte sich im Bett auf. Eine angenehme Wärme floß durch seinen Körper; er spürte, daß er jetzt würde einschlafen können.

Der andere fragte: „Sie fahren nach Kurzbach, nicht wahr?"

„Ja."

„Und Ihnen kommen keine Bedenken bei Ihrem Vorhaben? Offener gesagt: Sie schämen sich nicht, Ihren Jungen zu betrügen? Denn, was Sie vorhaben, Sie müssen es zugeben, ist doch ein glatter Betrug, eine Hintergehung."

Schwamm sagte aufgebracht: „Was erlauben Sie sich, ich bitte Sie, wie kommen Sie dazu!" Er ließ sich fallen, zog die Decke über den Kopf, lag eine Weile überlegend da und schlief dann ein.

Als er am nächsten Morgen erwachte, stellte er fest, daß er allein im Zimmer war. Er blickte auf die Uhr und erschrak: bis zum Morgenzug blieben ihm noch fünf Minuten, es war ausgeschlossen, daß er ihn noch erreichte.

Am Nachmittag — er konnte es sich nicht leisten, noch eine Nacht in der Stadt zu bleiben — kam er niedergeschlagen und enttäuscht zu Hause an.

Sein Junge öffnete ihm die Tür, glücklich, außer sich vor Freude. Er warf sich ihm entgegen und hämmerte mit den Fäusten gegen seinen Schenkel und rief:

„Einer hat gewinkt, einer hat ganz lange gewinkt."

„Mit einer Krücke?" fragte Schwamm.

„Ja, mit einem Stock. Und zuletzt hat er sein Taschentuch an den Stock gebunden und es so lange aus dem Fenster gehalten, bis ich es nicht mehr sehen konnte."

Ernest Hemingway

Ein Tag warten

Er kam ins Zimmer, um die Fenster zu schließen, während wir noch im Bett lagen, und ich fand, daß er krank aussah. Er fröstelte; sein Gesicht war weiß, und er ging langsam, als ob jede Bewegung weh täte.
„Was ist los, Schatz?"
„Ich hab Kopfschmerzen."
„Dann geh lieber wieder ins Bett."
„Nein, ich bin ganz in Ordnung."
„Du gehst ins Bett. Ich komme zu dir, sobald ich angezogen bin."
Aber als ich herunterkam, war er angezogen und saß am Feuer und sah wie ein kranker, jämmerlicher, neunjähriger Junge aus. Als ich ihm die Hand auf die Stirn legte, wußte ich, daß er Fieber hatte.
„Du gehst rauf ins Bett", sagte ich. „Du bist krank."
„Ich bin ganz in Ordnung", sagte er.
Als der Doktor kam, nahm er die Temperatur des Jungen.
„Wieviel hat er?" fragte ich ihn.
„Hundertundzwei."
Unten ließ der Doktor drei verschiedene Medikamente in verschiedenfarbigen Kapseln zurück mit Anweisungen, wie sie zu nehmen waren. Das eine sollte das Fieber herunterbringen, das zweite war ein Abführmittel, und das dritte gegen Übersäure im Magen. Die Grippebazillen können nur bei Übersäure existieren, hatte er erklärt. Er schien alles über Grippe zu wissen und sagte, es wäre nicht weiter besorgniserregend, falls die Temperatur nicht auf hundertvier stiege. Es herrsche eine leichte Grippeepidemie, und es bestände keinerlei Gefahr, wenn keine Lungenentzündung hinzukäme.
Als ich wieder ins Zimmer kam, schrieb ich die Temperatur des Jungen auf und notierte, wann man ihm die verschiedenen Medikamente geben sollte.
„Möchtest du, daß ich dir vorlese?"
„Schön. Wenn du willst", sagte der Junge. Sein Gesicht war sehr weiß, und er hatte dunkle Schatten unter den Augen. Er lag reglos im Bett und schien gleichgültig gegen alles, was vorging.

Ich las ihm aus Howard Pyles Piratenbuch vor, aber ich sah, daß er nicht bei der Sache war.

„Wie fühlst du dich, Schatz", fragte ich ihn.

„Genau wie vorhin, bis jetzt", sagte er.

Ich saß am Fußende des Bettes und las für mich, während ich darauf wartete, daß es Zeit war, ihm wieder ein Pulver zu geben. Normalerweise hätte er einschlafen müssen, aber als ich aufblickte, blickte er das Fußende des Bettes an und hatte einen seltsamen Ausdruck im Gesicht.

„Warum versuchst du nicht einzuschlafen? Ich werde dich wecken, wenn es Zeit für die Medizin ist."

„Ich möchte lieber wach bleiben."

Nach einer Weile sagte er zu mir: „Papa, du brauchst nicht hier bei mir zu bleiben, wenn es dir unangenehm ist."

„Es ist mir nicht unangenehm."

„Nein, ich meine, du brauchst nicht zu bleiben, wenn es dir unangenehm wird."

Ich dachte, daß er vielleicht ein bißchen wirr sei, und nachdem ich ihm um elf das verschriebene Pulver gegeben hatte, ging ich eine Weile aus.

Es war ein klarer, kalter Tag. Den Boden bedeckte eine Graupelschicht, die gefroren war, so daß es aussah, als ob all die kahlen Bäume, die Büsche, das Reisig und all das Gras und der kahle Boden mit Eis glasiert seien. Ich nahm den jungen irischen Hühnerhund zu einem kleinen Spaziergang mit, die Landstraße hinauf und dann einen zugefrorenen Bach entlang, aber es war schwierig, auf der glasigen Oberfläche zu stehen oder zu gehen, und der rotbraune Hund rutschte aus und schlidderte, und ich fiel zweimal heftig hin, und das eine Mal ließ ich meine Flinte dabei fallen, die ein ganzes Stück über das Eis wegglitt.

Wir jagten ein Volk Wachteln unter einem hohen Lehmdamm mit überhängendem Gestrüpp auf, und ich tötete zwei, als sie über den Damm hinweg außer Sicht gingen. Einige stießen in die Bäume nieder, aber die meisten schwärmten in die Reisighaufen, und man mußte mehrmals auf den eisüberzogenen Reisighügeln hin- und herspringen, bis sie hochgingen. Es war schwierig, sie zu treffen, als sie aufflogen, während man unsicher auf dem eisglatten, federnden Reisig stand, und ich tötete zwei und verfehlte fünf und machte mich auf den Heimweg, vergnügt, weil ich so dicht von zu Hause ein Wachtelvolk aufgetrieben hatte, und froh, daß für einen andern Tag noch so viele übrig waren.

Zu Haus sagte man mir, daß der Junge keinem erlaubt habe, in sein Zimmer zu kommen.

„Du kannst nicht reinkommen", hatte er gesagt. „Du darfst das nicht bekommen, was ich habe."

Ich ging zu ihm hinauf und fand ihn in genau derselben Lage, wie ich ihn verlassen hatte, weiß-gesichtig, aber mit roten Fieberflecken auf den Backen.

Er starrte immer noch, wie er vorher gestarrt hatte, auf das Fußende des Bettes. Ich nahm seine Temperatur.

„Wieviel habe ich?"

„Ungefähr hundert", sagte ich. Es waren hundertundzwei und vier Zehntel.

„Es waren hundertundzwei", sagte er.

„Wer hat das gesagt?"

„Der Doktor."

„Deine Temperatur ist ganz in Ordnung", sagte ich. „Kein Grund, sich aufzuregen."

„Ich rege mich nicht auf", sagte er, „aber ich muß immer denken."

„Nicht denken", sagte ich. „Nimm's doch nicht so tragisch."

„Ich nehme es nicht tragisch", sagte er und sah starr vor sich hin. Er nahm sich offensichtlich wegen irgend etwas schrecklich zusammen.

„Schluck dies mit etwas Wasser."

„Glaubst du, daß es helfen wird?"

„Natürlich wird es." Ich setzte mich hin und schlug das Piratenbuch auf und begann zu lesen, aber ich konnte sehen, daß er nicht folgte, darum hörte ich auf.

„Um wieviel Uhr glaubst du, daß ich sterben werde?" fragte er.

„Was?"

„Wie lange dauert es noch ungefähr, bis ich sterbe?"

„Aber du stirbst doch nicht. Was ist denn los mit dir?"

„Doch, ich werde. Ich habe gehört, wie er hundertundzwei gesagt hat."

„Aber man stirbt doch nicht bei einer Temperatur von hundertundzwei. Es ist albern, so zu reden."

„Ich weiß aber, daß es so ist. In der Schule in Frankreich haben mir die Jungen erzählt, daß man mit vierundvierzig Grad nicht leben kann. Ich habe hundertundzwei."

Er hatte den ganzen Tag auf seinen Tod gewartet, die ganze Zeit über, seit neun Uhr morgens.

„Mein armer Schatz", sagte ich. „Mein armer, alter Schatz. Es ist wie mit Meilen und Kilometern. Du wirst nicht sterben. Es ist ein anderes Thermometer. Auf dem Thermometer ist siebenunddreißig normal. Auf dieser Sorte achtundneunzig."

„Bist du sicher?"

„Völlig", sagte ich. „Es ist wie mit Meilen und Kilometern. Weißt du, so wie: wieviel Kilometer machen wir, wenn wir siebzig Meilen im Auto fahren?"

„Ach", sagte er.

Aber die Starre schwand langsam aus seinem auf das Fußende seines Bettes gerichteten Blick; auch seine Verkrampftheit ließ schließlich nach und war am nächsten Tag fast ganz weg, und er weinte wegen Kleinigkeiten los, die ganz unwichtig waren.

KATHRYN FORBES

Mamas Bankkonto

Jeden Samstagabend setzte sich Mama an den gescheuerten Küchentisch, zog ihre sonst so glatte Stirn in Falten und ging daran, von dem Geld, das Papa in einem kleinen Briefumschlag heimgebracht hatte, verschiedene Häufchen abzuteilen.

„Für den Hauswirt", sagte Mama und schichtete die großen Silberstücke übereinander.

„Für den Kaufmann." Ein zweites Häufchen.

„Für Karins Schuhe zu besohlen." Das gab kleines Silber.

„Der Lehrer sagt, daß ich diese Woche ein Schreibheft brauche." Das kam von Dagmar oder Kristin oder Nels oder mir, und Mama sonderte feierlich ein Fünfer- oder Zehnerstück ab und legte es beiseite. Wir sahen mit atemloser Spannung zu, wie der Haufen sich verminderte. Zuletzt fragte Papa: „Ist alles?" Und wenn Mama nickte, konnten wir aufatmen und zu den Schulbüchern oder zur Handarbeit greifen, indes sie aufblickte und lächelnd sagte: „Ist gut, wir brauchen nicht auf die Bank zu gehen."

Es war eine wundervolle Sache, dieses Bankkonto von Mama. Wir waren alle stolz darauf. Es gab uns ein warmes, sicheres Gefühl. Niemand sonst, den wir kannten, besaß Geld auf einer großen Bank in der Stadt.

Ich weiß noch, wie die Jensens, weiter unten in der Straße, ausziehen mußten, weil sie ihre Miete nicht bezahlen konnten. Wir Kinder sahen zu, wie die großen fremden Männer die Möbel heraustrugen, warfen verstohlene Blicke auf die arme Frau Jensen, die vor Scham und Kummer weinte, und plötzlich würgte mich die Angst. So erging es also Leuten, die das mit „Hauswirt" bezeichnete Geldhäufchen nicht hatten. Konnte nicht eines Tages auch uns so etwas Schreckliches widerfahren?

Da schloß sich Dagmars heiße kleine Hand um die meine. „Wir haben ein Bankkonto", beruhigte sie mich leise, und mit einemmal konnte ich wieder atmen.

Als Nels die Schule beendet hatte, wollte er auf die Handelshochschule gehen. „Ist gut", sagte Mama, und Papa nickte zustimmend. Eifrig trugen wir Stühle herbei und versammelten uns um den Tisch. Ich holte das lustig buntbemalte Kästchen herunter, das Tante Sigrid uns einmal zu Weihnachten aus Norwegen geschickt hatte, und stellte es sorgfältig vor Mama.

Dieses war die „Kleine Bank". Nicht zu verwechseln, wohlgemerkt, mit der großen Bank in der Stadt. Die Kleine Bank wurde nur in Notfällen benutzt, als zum Beispiel Kristin sich den Arm brach und zu einem Arzt gebracht werden mußte oder als Dagmar die Bräune hatte und Papa in die Apotheke lief, um eine Medizin zu holen, die zum Inhalieren ins kochende Wasser getan wurde.

Nels hatte alles sauber aufgeschrieben. Soviel für Kolleggeld, soviel für Bücher. Mama schaute die sauberen Ziffern lange Zeit an, dann zählte sie das Geld in der Kleinen Bank. Es reichte nicht.

Sie krauste die Stirn. „Wir wollen doch nicht", sagte sie, uns der Reihe nach anschauend, „daß wir auf die Bank gehen müssen."

Wir alle schüttelten die Köpfe.

„Ich werde in den Ferien bei Dillon im Laden arbeiten", erklärte Nels. Mama lächelte ihm vergnügt zu, schrieb umständlich eine Summe auf und addierte und subtrahierte. Papa machte es im Kopf. Er war sehr flink im Rechnen. „Reicht nicht", meinte er. Dann nahm er seine Pfeife aus dem Mund und schaute sie eine lange Weile an. „Ich gebe das Rauchen auf", sagte er plötzlich.

Mama langte über den Tisch und zupfte an Papas Ärmel, aber sie sagte nichts. Schrieb nur wieder eine Zahl hin.

„Ich werde jeden Freitagabend die Sondermankinder beaufsichtigen", sagte ich. Als ich die Augen der Kleinen sah, fügte ich hinzu: „Kristin, Dagmar und Karin werden mir helfen."

„Ist gut", sagte Mama.

Es war uns allen sehr wohl zumute. Wir hatten wieder einen Meilenstein hinter uns gebracht, ohne in die Stadt gehen und Geld von Mamas Bankkonto abheben zu müssen. Die Kleine Bank genügte für den Augenblick.

So vieles, ich weiß noch, ging in dem Jahr aus dem bunten Kästchen hervor. Karins Kostüm für die Theateraufführung bei der Schulfeier, Dagmars Mandeloperation, meine Pfadfinderinuniform. Und allzeit war im Hintergrund das tröstliche Bewußtsein, daß wir, wenn alles Bemühen fehlschlug, ja immer noch das Bankkonto als Sicherheit hatten.

Selbst als der Streik kam, sorgte Mama dafür, daß wir uns nicht allzuviel Kummer machten. Wir arbeiteten alle zusammen, so daß der folgenschwere Gang zur Stadt immer verschoben werden konnte. Es war wie ein Gesellschaftsspiel.

Es machte uns auch nichts aus, daß wir den Schreibtisch in die Küche schieben mußten, um das Vorderzimmer an zwei Pensionäre vermieten zu können.

Während dieser Zeit half Mama in Krupers Bäckerei und erhielt dafür einen großen Sack Brot und Semmeln, zwar altbacken, aber nicht sehr. Und frisches Brot, sagte Mama, sei gar nicht gesund, und wenn man die Semmeln in den heißen Ofen tat, waren sie fast so gut wie frisch gebacken.

Papa spülte jeden Abend Flaschen in der Molkerei und bekam dafür frische Milch und so viel Sauermilch, wie er tragen konnte. Mama machte daraus feinen Käse.

An dem Tag, als der Streik zu Ende war und Papa wieder zur Arbeit ging, sah ich Mama etwas grader stehen, wie um einen Knick im Rücken loszuwerden.

Sie schaute sich nach uns um. „Ist gut", lächelte sie. „Seht ihr! Wir haben nicht zur Bank zu gehen brauchen."

Dann, wie im Handumdrehen, waren wir Kinder alle erwachsen und in Stellung. Eins nach dem andern heiratete und ging aus dem Haus. Papa schien kleiner geworden und Mamas weizenblonde Flechten schimmerten silbrig. Papa bezog jetzt seine Pension, und das kleine Haus lag nun gleichsam still im sichern Hafen.

Voriges Jahr verkaufte ich meine erste Erzählung. Als der Scheck kam, lief ich schleunigst zu Mama hinüber und drückte ihr den langen grünen Zettel in den Schoß. „Für dich", sagte ich, „für dein Bankkonto!"

Sie drehte ihn eine Weile hin und her. „Ist gut", nickte sie dann.

„Morgen", sagte ich, „mußt du ihn auf die Bank bringen."

„Gehst du mit, Kathryn?"

„Das ist nicht nötig, Mama. Schau, ich habe unterschrieben. Du gibst es einfach ab, für dein Konto."

Ein leises Lächeln war um ihren Mund, als sie zu mir aufsah. „Es gibt kein Konto", sagte Mama. „Ich war noch nie im Leben auf einer Bank."

Frank O'Connor

Er hat die Hosen an

Als kleiner Junge war ich zuverlässig und treu wie Gold — solange ich meine Gedanken beisammen hatte. Doch immer war's die alte Leier: Gedankenlosigkeit! In der Schule und auch sonst — wenn ich einmal abgelenkt wurde, war's aus!

Genau so ging es mir, als meine Mutter ihren schlimmen Husten bekam. Sie saß in einem kleinen Korbstuhl vor dem Feuer und hielt sich beim Husten die Seite. Sie hatte versucht, das Feuer anzuzünden, aber sie hatte es nicht fertiggebracht.

„Geh nur wieder ins Bett", sagte ich, „ich werde das Feuer schon anzünden!" — Komisch, wie die Frauen sich von allem, was Hosen hat, kommandieren lassen — und wenn auch nur ein Zehnjähriger drinsteckt. „Wenn du dir deinen Tee selbst machen könntest", sagte sie und schlurrte mühsam auf die Treppe zu — „in einer Stunde oder so wird's mir schon besser gehen."

Ich holte noch mehr Holzscheite — sie war immer so sparsam, daß sie nie genug nahm —, und bald hatte ich das Feuer im Gange, und der Teekessel hing darüber. Auch Röstbrot machte ich für sie; für Röstbrot mit Butter hatte ich von jeher viel übrig.

„Hoffentlich kommst du nicht zu spät zur Schule?" rief sie ängstlich.

„Ich gehe heute nicht in die Schule", antwortete ich. (Ich war ganz stolz, wie kühl ich das herausgebracht hatte.) „Und jetzt will ich Besorgungen machen, wenn du sie mir auf einen Zettel schreibst. Soll ich den Doktor holen?"

„Gott behüte!" rief meine Mutter erschrocken, „das tust du auf keinen Fall. Der würde mich nur ins Krankenhaus schicken. Du kannst beim Apotheker vorbeigehen und ihn bitten, dir eine Flasche guten, starken Hustensaft zu geben."

Als ich zurückkam, sprang ich sofort nach oben. Minnie Ryan war bei ihr. Minnie war eine Frau in mittleren Jahren, fromm und eine Klatschbase, aber sehr gescheit. „Wie geht's dir jetzt, Mammi?" fragte ich.

„Tausendmal besser", sagte sie und griff nach dem Hustensaft, den ich ihr gebracht hatte.

„Aber aufstehen kann sie heute noch nicht", sagte Minnie sehr energisch. Am Nachmittag sollte ich spielen gehen, doch ich wollte nicht fort. Ich dachte an meinen alten Fehler. Der Abend kam, und ich kaufte eine Zeitung, zündete die Lampe in der Küche und die Kerze im Schlafzimmer an und las meiner Mutter die Spalte ‚Unglücksfälle und Verbrechen' vor.

Nachher kam Minnie Ryan wieder, und als sie ging, begleitete ich sie bis an die Tür.

„Wenn es ihr morgen früh nicht besser geht, muß man, finde ich, den Doktor holen", sagte sie und sah mich nicht an.

„Warum?" fragte ich erschrocken. „Glauben Sie, es geht ihr schlechter, Miss Ryan?"

„Ach, das sicher nicht", sagte sie und zupfte an ihrem alten Umschlagtuch, „aber ich hätte Angst wegen Lungenentzündung. Wenn ihr ein bißchen Whisky habt, gib ihr den heiß mit ein paar Tropfen Zitronensaft!"

Als es ihr am nächsten Morgen nicht besser ging, war ich ganz unglücklich. Nachdem ich ihr das Frühstück gebracht hatte, ging ich zu Minnie Ryan.

„Ich würde sofort den Doktor rufen!" sagte sie ernst.

Um den Doktor rufen zu können, mußte ich erst eine Karte von der Armenkasse holen, auf der bescheinigt stand, daß wir nicht bezahlen konnten, und damit zur Armenapotheke gehen.

Der Doktor kam erst nach dem Nachtessen. Es war ein dicker Mann, der laut sprach. Wie von allen Ärzten, die gern eins trinken, hieß es auch von ihm, er sei der klügste Mann in Cork, ‚wenn er sich nur etwas in acht nehmen würde'. Wenn man danach ging, wie er aussah, hatte er sich heute nicht besonders in acht genommen.

Er saß auf der Bettkante, schrieb auf den Knien das Rezept auf seinen Block und knurrte: „Und wie soll das jetzt herkommen? Nur die Nordapotheke hat noch offen." — „Ich gehe hin, Herr Doktor", rief ich sofort. „Gut so", sagte er. „Sorge du für deine Mutter, solange du sie noch hast. Die Mutter ist letzten Endes das Beste, was der Mensch haben kann." Und, zu meiner Mutter gewandt, fuhr er fort: „Wir kümmern uns nicht um sie, wenn wir sie noch haben — und das tut uns dann den ganzen Rest unsres Lebens leid!"

Die Straße zur Apotheke führte zuerst durch ein dicht bevölkertes Armenviertel bergauf bis zur Polizeistation, die oben auf dem Hügel thronte. Ich war ganz voll von edlen Gedanken. Ich hatte mir vorgenommen, daß ich den Fünfer, den meine Mutter mir gegeben hatte, für eine Kerze ausgeben wollte. Die Heilige Jungfrau in der großen Kathedrale sollte sie haben und Mutter schnell gesund machen. Ich war überzeugt, daß ich in einer feinen Kirche, die so hoch in den Himmel hineinragte, mehr für mein Geld bekäme.

Die Nordapotheke war ein schmutziger Korridor mit einer Bank auf der einen Seite. Am andern Ende war ein Fenster, das wie ein Fahrkartenschalter aussah. Auf der Bank saß ein kleines Mädchen mit einem grünkarierten Tuch um die Schultern. Sie blickte rasch auf, und ich sah, daß ihre Augen auch grün waren. Ich klopfte ans Fenster, und ein schäbiger, mürrischer Mann öffnete. Ohne auf das zu hören, was ich sagen wollte, riß er mir Flasche und Rezept wortlos aus der Hand und schlug das Fenster wieder zu.

„Du mußt warten, Kleiner", sagte das Mädchen schnell.

„Warum muß ich warten?" fragte ich.

„Er muß es erst zurechtmachen. Es kann eine halbe Stunde dauern. Setz' dich doch, komm!"

Es war ein nettes gesprächiges kleines Mädchen. Die Zeit verging mir wie im Fluge. Das Schiebefenster ging hoch, und eine Flasche wurde derb auf das Fensterbrett gestellt.

„Dooley!" schrie der schäbige Mann, und das Fenster ging wieder zu.

„Das ist für mich", sagte das kleine Mädchen. „Deine wird wohl noch sehr lange dauern. Ich kann dir aber Gesellschaft leisten."

„Ich hab' einen Fünfer", sagte ich und zeigte ihr mein Geldstück. „Denk' mal, was für 'ne Tüte Bonbons wir dafür bekommen!"

Das kleine Mädchen gefiel mir großartig. Sie gab mir solch Selbstvertrauen. Es wurde mir auf einmal klar, daß ich mich unnötig aufgeregt hatte und daß meine Mutter auch ohne Opfer von meiner Seite gesund würde. Wir saßen auf der Treppenstufe und aßen die Bonbons. Dann bekam ich die Medizin.

„Laß uns mal einen Schluck von deiner Flasche kosten, du!" sagte sie.

„Kannst du nicht von deiner kosten?" fragte ich mißtrauisch.

„Ach, meine schmeckt scheußlich", sagte sie und zuckte bedauernd die Achseln. „Versuch', wenn du möchtest!"

Ich kostete und spuckte es schnell wieder aus. ‚Scheußlich' war der richtige Ausdruck. Aber nun blieb mir nichts weiter übrig, als sie auch von meiner kosten zu lassen. Sie tat einen tüchtigen Zug, so daß ich ganz unruhig wurde.

„Wunderbar!" rief sie begeistert. „Hustensaft mag ich zu gern! Probier' mal selber!"

Ich kostete und mußte zugeben, daß sie auch darin recht hatte. Er war sehr süß und klebrig, wie Sirup, nur etwas herzhafter.

„Laß uns nochmal!" sagte sie und griff zu. Ich konnte es ihr nicht gut abschlagen. Meine Mutter war weit weg, und ich war von Anker getrieben – weit fort in eine fremde Welt, wo es Türme und Türmchen, Bäume und Treppenstufen und kleine Mädchen mit roten Haaren und grünen Augen gab. Wir nahmen wieder jeder einen kräftigen Schluck – aber dann bekam ich furchtbar Angst.

„Sie ist fast leer", sagte ich und fing an zu weinen. „Was tu' ich jetzt bloß?"

„Trink' sie ganz leer und sag', der Korken sei herausgefallen", antwortete sie, als ob es die natürlichste Sache von der Welt sei, und – Gott verzeih mir die Sünde! – ich hörte auf sie. Wir tranken sie zusammen aus, und dann, als ich die leere Flasche niedersetzte, dämmerte es mir allmählich, daß meine Mutter krank war und ich die Heilige Jungfrau beleidigt hatte, und das Herz wurde mir schwer. Beide hatte ich für ein kleines Mädchen hingegeben, und sie machte sich nicht mal etwas aus mir. Die ganze Zeit war sie nur auf meinen Hustensaft scharf gewesen. Zu spät durchschaute ich ihre Falschheit und fing jämmerlich an zu schluchzen.

Jetzt blieb mir nur noch eine Hoffnung und Zuflucht: ein *Wunder!* In der Kathedrale ging ich vor den Altar der Heiligen Jungfrau, und nachdem ich ihr mein Verbrechen gebeichtet hatte, versprach ich ihr von dem ersten Fünfer, den ich bekommen konnte, eine Kerze — wenn sie nur machen würde, daß es meiner Mutter besser ginge, wenn ich nach Hause käme. Dann schlich ich unglücklich über den Hügel heim. Wie freudlos das Leben auf einmal geworden war!

Als ich nach Hause kam, in die stille Küche, wo kein Feuer im Kamin brannte, begriff ich sofort, daß die Heilige Jungfrau mich im Stich gelassen hatte. Die Mutter war noch im Bett! Das war zuviel, und ich fing an zu heulen.

„Was ist denn nur los, Kind?" rief meine Mutter ängstlich von oben.

„Ich hab' die Medizin verloren", jammerte ich am Fuß der Treppe, und dann stürzte ich blindlings nach oben und vergrub mein Gesicht in ihrer Bettdecke.

„O je, o je, o je, du armes Kind, wenn das dein ganzer Kummer ist", rief sie erleichtert und fuhr mir mit der Hand übers Haar. Dann fragte sie besorgt: „Oder fehlt dir sonst noch etwas? Du bist so erhitzt?"

„Ich habe die Medizin getrunken", schrie ich und versteckte mein Gesicht von neuem in der Bettdecke.

„Und wenn schon, was schadet das denn!" flüsterte sie tröstend. „Du armes Kind! Gehst den weiten Weg allein und ohne richtiges Essen im Leibe, und dann noch die ganze Reise umsonst gemacht! Zieh' dich jetzt aus und ruh' dich hier ein Weilchen!"

Sie stand auf, zog sich Pantoffeln und Mantel an und schnürte mir die Schuhe auf, während ich auf dem Bett saß. Noch ehe sie fertig war, schlief ich schon fest. Ich sah nicht mehr, wie sie sich anzog und hinausging. Aber etwas später fühlte ich eine Hand auf meiner Stirn und sah Minnie Ryans Gesicht blinzelnd und lachend über mir.

„Ach wo, es fehlt ihm nichts", sagte sie heiter. „Bis morgen früh hat er sich's vom Herzen geschlafen. Sind's nicht Teufelskerle? Und dabei weiß er, daß eigentlich Sie im Bett liegen sollten, Mrs. Sullivan."

Ja, ich wußte es. Und ich wußte, was sie von mir hielt: daß ich eher ein Heide als ein Christ war. Aber als meine Mutter nach oben kam und sich mit der Zeitung neben mein Bett setzte, da fühlte ich, ich konnte es mir leisten, daß sie mich alle verachteten — denn eine tat's nicht! Mein Gebet war erhört worden. Es war ein Wunder geschehen.

Thomas Wolfe

Sonne und Regen

Als er in Chartres erwachte, verspürte er eine aufregende Benommenheit. Es war ein grauer Wintertag, Schnee hing in der Luft, und er erwartete, daß etwas geschähe. Auf dem Land in Frankreich hatte er dieses Gefühl oft. Es war ein sonderbares, gemischtes Gefühl, in dem Alleinsein und Heimatlosigkeit sich begegneten und aus dem heraus er sich verwundert fragte, warum er hier wäre, es waren aber auch Freude, Hoffnung und Erwartung in diesem Gefühl, obschon er nicht erkennen konnte, worauf er sich freute, worauf er hoffte, was er erwartete.

Nachmittags ging er zum Bahnhof und nahm einen Zug nach Orléans. Er wußte nicht, wo Orléans liegt. Der Zug war aus Güterwagen und Personenwagen zusammengestellt. Er kaufte sich eine Fahrkarte dritter Klasse und stieg in ein Abteil. Als der kleine schrille Pfeifenpfiff ertönte, ratterte der Zug von Chartres fort in die Gegend, fuhr so unvermittelt und zufällig ab, wie Züge in Frankreich abfahren, eine Art, die etwas Beunruhigendes für ihn hatte.

Es lag eine dünne Schneemaske auf den Feldern, und die Luft war rauchig. Allenthalben schien der Boden zu dampfen, und durchs Wagenfenster konnte man die feuchte Erde sehen und das Streifenmuster des Ackerlandes und dann und wann ein paar Bauernhäuser. Es sah nicht aus wie Amerika; das Land war fett und gut bestellt, und selbst die rauchverhangenen, winterlichen Wälder machten so einen wohlgepflegten Eindruck. Manchmal sah man in der Ferne hohe Pappeln stehen; dann wußte man, daß dort Wasser war.

Im Abteil saßen schon drei Leute, ein alter Bauer mit Frau und Tochter. Der alte Bauer hatte einen Schnauzbart, ein versorgtes, wetterhartes Gesicht und kleine, entzündete Augen. Seine Hände hatten eine felshafte, gediegene Schwere, er hatte sie wie Klammern auf die Knie gelegt. Das Gesicht der Frau war glatt und braun, sie hatte ein feines Netz von Fältchen um die Augen, und ihr Gesicht war wie eine alte braune Tonschüssel. Die Tochter hatte ein dunkles, unwirsches Gesicht, sie hatte sich von den Eltern weg ans Fenster gesetzt, so, als schäme sie sich ihrer Eltern. Wenn diese von Zeit zu

Zeit einmal etwas zu ihr sagten, dann antwortete sie mit einer beinah empörten Stimme und sah sie nicht an.

Als der junge Mann Platz genommen hatte, fing der Bauer ein freundliches Gespräch mit ihm an. Der junge Mensch lächelte und grinste den Mann an, obschon er kein Wort von dem verstand, was jener sagte, und daraufhin redete der Bauer weiter in gutem Glauben, der Fremde verstünde ihn.

Der Bauer zog aus seiner Rocktasche ein blaues Päckchen von jenem billigen, starken Tabak, dem „bleu", den der fürsorgliche Staat denen, die nicht reich sind, für nur ein paar Centimes abgibt. Der Bauer wollte seine Pfeife stopfen, aber der junge Mann zog ein Päckchen amerikanischer Zigaretten aus der Tasche und bot dem Bauern an.

„Wollen Sie eine?"

„Meiner Treu, ja!" sagte der Bauer.

Unbeholfen klaubte er die Zigarette aus dem Päckchen und hielt sie dann unbeholfen zwischen seinen großen, steifen Fingern. Er brachte sie an das Streichholz, das der junge Mann ihm darbot, und paffte an der Zigarette wie jemand, der das nicht gewohnt ist. Dann verfiel er darauf, das Ding prüfend zu betrachten, er drehte es in der Hand herum, um die Aufschrift der Papierhülse zu lesen. Dann wandte er sich an seine Frau, die jede Bewegung dieses schlichten Vorganges mit den glänzenden, gespannten Augen eines wachsamen Tieres verfolgt hatte, und fing eine schnelle, erregte Unterhaltung mit ihr an.

„Das ist eine amerikanische Zigarette." — „Gut?" — „Meiner Treu, ja! Sie ist gut." — „Hier, laß mich sehn! Wie heißt denn das?" Die beiden starrten den Aufdruck dumm an. „Wie sprechen Sie das da?" fragte der Bauer den jungen Mann. „Lucky Strike", sagte der junge Mann und sprach es sorgfältig aus. „L-l-ücky?" Die beiden starrten zweifelnd. „Was bedeutet das auf französisch?"

„Je ne sais pas", antwortete der Gefragte. Er wußte nicht, was „Lucky Strike" auf französisch heißt.

„Wo fahren Sie hin?" fragte der Bauer und starrte den jungen Mann aus seinen kleinen, entzündeten Augen mit gespannter Neugier an.

„Orléans."

„Wie?" fragte der Bauer mit einem Ausdruck der Verwunderung im Gesicht.

„Orléans."

„Ich versteh nicht", sagte der Bauer.

„Orléans! Orléans!" rief die Tochter empört vom Fenster her. „Der Herr sagt, daß er nach Orléans fährt."

„Ah!" rief mit plötzlich erleuchteter Miene der Bauer aus. „Orléans!"

Dem jungen Mann dünkte, er habe das Wort genau so ausgesprochen, wie es der Bauer aussprach, aber er wiederholte: „Oui, Orléans."

„Er fährt nach Orléans", sagte der Bauer zu seiner Frau.

„Ah-h!" rief sie verständnisvoll, mit einer großen Miene der Erleuchtung, und dann schwiegen die beiden still und starrten wieder den rätselhaften jungen Mann neugierig an.

„Aus welcher Gegend sind Sie?" fragte der Bauer alsdann, immer noch mit dem rätselhaft betretenen Starrblick in den kleinen Augen.

„Wie? Ich habe nicht verstanden."

„Ich sage — aus welcher Gegend sind Sie?"

„Der Herr ist kein Franzose!" rief das Mädchen wütend, gleichsam empört über die Dummheit der Eltern. „Er ist ein Fremder. Seht ihr das nicht?"

„Ah-h!"

Dann wandten die beiden Alten wieder ihre kleinen, runden Augen auf den jungen Mann und betrachteten ihn mit einer steten, tierhaft-wachsamen Neugier.

„Aus welchem Land kommen Sie?" fragte der Bauer alsdann. „Was sind Sie?"

„Ich bin Amerikaner."

„Ah-h! Amerikaner..." Er wandte sich an seine Frau. „Er ist Amerikaner", sagte er. „Ah-h!"

Das Mädchen machte eine ungeduldige Bewegung und starrte weiter wütend und unwirsch zum Fenster hinaus.

Und dann begann der Bauer mit seiner gespannten, rätselhaft betretenen, tierhaft wachsamen Neugier seinen Reisebegleiter vom Kopf bis zu den Füßen aufs eingehendste zu mustern. Er sah sich die Schuhe an, die Kleider, den Mantel, und schließlich betrachtete er die Handtasche, die über dem Platz des jungen Mannes im Gepäcknetz lag. Er gab seiner Frau einen kleinen Stups und deutete auf die Handtasche.

„Das ist gutes Zeug", sagte er leis. „Es ist echtes Leder."

Die beiden betrachteten die Handtasche eine Zeitlang und richteten dann wieder ihre neugierigen Blicke auf den jungen Mann. Dieser bot dem Bauern abermals seine Zigaretten an, der Bauer nahm eine und bedankte sich.

„Das ist was sehr Feines", sagte er und deutete auf das Zigarettenpäckchen. „Kostet viel, eh?"

„Six Francs."

„Ah-h!... Das ist sehr teuer", entschied er und betrachtete nun die Zigarette mit noch mehr Ehrfurcht.

„Warum gehen Sie nach Orléans?" fragte er nach einer Weile. „Haben Sie Bekannte dort?"

„Nein. Ich geh bloß hin, um mir die Stadt anzusehn."

„Wie?" Der Bauer blinzelte dumm, nicht begreifend. „Sie haben Geschäfte dort?"

„Nein. Bloß um die Stadt zu besuchen. Um mir den Ort anzusehn."

„Wie?" wiederholte der Bauer dumm nach einer Weile und sah den jungen Mann an. „Das versteh ich nicht."

„Der Herr sagt, er wolle sich die Stadt ansehn", warf das Mädchen wütend dazwischen. „Kannst du nicht verstehn?"

„Ich versteh nicht, was er sagt", sprach der alte Mann zu seiner Tochter. „Er spricht nicht Französisch."

„Er spricht es sehr gut", behauptete das Mädchen ärgerlich. „Ich versteh ihn ganz richtig. Du bist's, der dumm ist, das ist es."

Nun schwieg der Bauer eine Zeitlang, er paffte an seiner Zigarette und sah den jungen Mann mit freundlichen, rätselhaft betretenen Augen an.

„Amerika ist sehr groß, eh?" fragte er schließlich und machte mit beiden Händen eine ins Weite weisende Gebärde.

„Ja, es ist sehr groß. Viel größer als Frankreich."

„Wie?" fragte der Bauer wieder mit einem betretenen, geduldigen Blick. „Ich versteh nicht", erklärte er.

„Er sagt, Amerika ist viel größer als Frankreich", rief das Mädchen gereizt dazwischen. „Ich kann alles verstehn, was er sagt."

Und nun entstand minutenlang ein unbeholfenes Schweigen; nichts wurde gesagt. Der Bauer rauchte seine Zigarette, mehrere Male schien es, als wolle er sprechen, dann aber kam der rätselhaft betretene Blick in die kleinen Augen, und der Bauer sagte nichts. Draußen hatte es zu regnen angefangen, der Regen fiel in langem Schrägstrich auf die Fluren, und jenseits, in einem grauen treibenden Himmel, war ein milchiger Schein. Dort stand die Sonne, und es sah aus, als bräche sie durch. Als der Bauer dies sah, hellte sich sein Gesicht auf, er beugte sich freundlich zu dem jungen Mann, tippte ihm mit einem großen, steifen Finger aufs Knie, deutete dann auf die Sonne und sagte sehr langsam und deutlich, so wie jemand spricht, der ein Kind Worte lehrt: „Le so-leil."

Und der junge Mann wiederholte gehorsam das Wort, wie es der Bauer gesagt hatte.

„Le so-leil."

Der alte Bauer und seine Frau strahlten entzückt auf, sie nickten zustimmend und riefen aus: „Ja, ja. Gut. Sehr gut." Der alte Mann wandte sich an seine Frau um Bestätigung und sagte:

„Das hat er sehr gut gesprochen, nicht wahr?"

„Aber ja! Vollkommen richtig."

Dann deutete der Bauer auf den Regen, machte mit beiden Händen eine schrägabwärts streichende Gebärde und sagte wiederum langsam und geduldig: „La pluie."

„La pluie", wiederholte der junge Mann pflichtschuldig, und der Bauer erklärte mit einem bekräftigenden Nicken:

„Gut, gut. Sie sprechen sehr gut. In kurzer Zeit werden Sie gutes Französisch sprechen." Dann deutete er auf die Felder draußen, durch die der Zug dahinfuhr, und sagte sanft: „La terre." — „La terre", antwortete der junge Mann.

„Ich sag dir", rief die Tochter empört von ihrem Fenster herüber, „daß er alle diese Worte kennt! Er spricht sehr gut Französisch. Du bist zu dumm, um ihn zu verstehn, das ist's!"

Der Alte erwiderte hierauf nichts, sondern saß einfach da und sah den jungen Mann mit einem gütigen, zustimmenden Gesicht an. Dann, etwas schneller als zuvor, deutete er auf seine Weise nach der Sonne, in den Regen, auf die Erde und sagte: „Le soleil ... la pluie ... la terre."

Der junge Mann wiederholte die Worte, und der Bauer nickte mit Befriedigung. Dann sprach längere Zeit niemand, und da war kein Laut außer dem Geratter des kleinen Zuges, und das Mädchen blickte unentwegt und mürrisch zum Fenster hinaus. Draußen fiel der Regen in langem Schrägstrich auf die fruchtbaren Felder.

Spät am Nachmittag hielt der Zug auf einem kleinen Bahnhof, und alle Leute machten sich fertig zum Aussteigen. Der Zug ging nicht weiter; wenn man nach Orléans wollte, mußte man hier umsteigen.

Der Bauer, seine Frau und die Tochter suchten ihre Bündel zusammen und stiegen aus. Auf einem andern Gleis stand ein anderer kleiner Zug und wartete, und auf diesen Zug deutete der Bauer mit seinem großen, steifen Zeigefinger und sagte zu dem jungen Mann:

„Orléans. Das ist Ihr Zug da."

Der junge Mann bedankte sich und schenkte dem Alten das angebrochene Päckchen Zigaretten. Der Alte bedankte sich überschwenglich. Ehe sie voneinander schieden, deutete er nochmals schnell hintereinander auf Sonne, Regen und Erde und sprach mit einem gütigen, freundlichen Lächeln:

„Le soleil ... la pluie ... la terre." Und der junge Mann nickte, um zu zeigen, daß er sehr wohl verstünde, und sprach nach, was der Alte gesprochen hatte. Und dieser nickte kräftig beipflichtend und sagte:

„Ja, ja. Es ist sehr gut. Sie werden schnell lernen." Das Mädchen, das mit mürrischer, abweisender Miene den Eltern vorangegangen war, drehte sich bei diesen Worten um und rief in einem wütenden, gereizten Ton zurück:

„Ich sag' dir, der Herr weiß das alles! ... Laß ihn jetzt in Ruh! Du machst dich ja nur zum Narren!"

Aber der Alte und seine Frau beachteten die Tochter nicht, sondern blieben stehen, blickten den jungen Mann freundlich lächelnd an und schüttelten ihm zum Abschied warm und herzhaft die Hand.

Der junge Mann ging übers Geleis und stieg in den andern Zug. Als er ans Fenster seines Abteils trat, standen der Bauer und seine Frau noch auf dem Bahnsteig und blickten mit gütigen, begierigen Mienen nach ihm aus. Als der alte Bauer den Blick des jungen Mannes auffing, deutete er wieder mit seinem großen Zeigefinger auf die Sonne und rief hinüber: „Le so-leil!" — „Le so-leil!" rief der junge Mann zurück. „Ja! Ja!" schrie der Alte lachend. „Sehr gut!" Nun warf die Tochter dem jungen Mann einen verdrießlichen Blick zu, lachte ein kurzes, ungeduldiges, gereiztes Lachen und wandte sich ärgerlich ab. Dann setzte der Zug sich in Bewegung, aber der Alte und seine Frau blieben stehen und sahen, solang es ging, dem jungen Mann nach. Dieser winkte den beiden, und der Alte winkte kräftig mit seiner großen Hand und deutete lachend auf die Sonne. Und der junge Mann nickte und rief etwas, um zu zeigen, daß er es wohl verstanden habe. Derweilen hatte sich das Mädchen ärgerlich abgewandt, ging auf das Stationsgebäude zu und verschwand. Schließlich konnte der junge Mann die beiden Alten nicht mehr erkennen. Der Zug ließ das kleine Städtchen schnell hinter sich. Und nun war nichts mehr außer den Äckern, der Erde, den rauchigen, geheimnisvollen Fernen. Es regnete ununterbrochen.

O. Henry

Der Schritt zur Besserung

Ein Wärter kam in die Gefängnisschusterei, wo Jimmy Valentine fleißig Überschuhe heftete, und begleitete ihn zum Büro. Dort überreichte der Gefängnisaufseher Jimmy das Begnadigungsschreiben, das heute morgen vom Gouverneur unterzeichnet worden war. Jimmy empfing es mit einer müden Handbewegung. Er hatte nahezu zehn Monate von vier ganzen Jahren absitzen müssen. Er hatte damit gerechnet, allerhöchstens drei Monate absitzen zu brauchen. Wenn ein Mann, der draußen so viele Freunde hat wie Jimmy Valentine, im Kittchen landet, lohnt es sich kaum, ihm die Haare abzuschneiden.

„So, Valentine", sagte der Vorsteher. „Morgen früh verlassen Sie uns. Reißen Sie sich zusammen und seien Sie wieder ein Mann. Im Grunde sind Sie kein schlechter Kerl. Hören Sie auf, Safes zu knacken, und leben Sie lieber ehrlich."

„Ich?" fragte Jimmy überrascht. „Wieso, ich habe in meinem ganzen Leben noch keine Safes geknackt."

„O nein", lachte der Vorsteher, „natürlich nicht. Lassen Sie uns überlegen. Wieso kam es, daß man Sie wegen der Sache in Springfield hier eingelocht hat? Vielleicht deshalb, weil Sie kein Alibi geben wollten, aus Angst, jemanden aus der allerhöchsten Gesellschaft zu kompromittieren? Oder war es das niederträchtige Schwurgericht, das gerade nicht gut auf Sie zu sprechen war? Einer dieser beiden Fälle ist es doch immer bei euch unschuldigen Opfern."

„Ich?" wiederholte Jimmy, noch immer die Tugend in Person. „Wieso, Herr Vorsteher, ich war in meinem ganzen Leben noch nicht in Springfield."

„Führen Sie ihn zurück, Cronin", sagte der Vorsteher lächelnd, „und verpassen Sie ihm die Ausgehkleider. Morgen früh um sieben sperren Sie seine Zelle auf und bringen ihn in das Entlassungsbüro. Und Sie überlegen sich vielleicht meinen Ratschlag, Valentine."

Am nächsten Morgen ein Viertel nach sieben stand Jimmy im Entlassungsbüro. Er hatte einen jener abscheulich sitzenden fertigen Konfektionsanzüge und ein Paar steife, quietschende Schuhe an, die der Staat seinen entlassenen unfreiwilligen Gästen stiftet.

Der Buchhalter überreichte ihm eine Eisenbahnfahrkarte und eine Fünfdollarnote, mit der er nach Ansicht des Gesetzes als anständiger Bürger wieder zu Reichtum kommen konnte. Der Vorsteher gab ihm eine Zigarre und schüttelte seine Hand. Valentine, die Nummer 9762, wurde in der Rubrik „Vom Gouverneur begnadigt" verewigt, und Mr. Jimmy Valentine spazierte in den Sonnenschein hinaus.

Ohne die singenden Vögel, die wippenden grünen Äste, den Duft der Blumen zu beachten, ging Jimmy geradewegs in ein Restaurant. Hier genoß er die ersten süßen Vorteile der Freiheit in Form eines gebratenen Huhns und einer Flasche Weißwein — gefolgt von einer Zigarre besserer Qualität als jene, die ihm der Vorsteher überreicht hatte. Von hier aus schlenderte er gemächlich zum Bahnhof. Hier warf er einen Groschen in den Hut eines Blinden, der neben der Eingangstür saß, und bestieg seinen Zug. Nach dreistündiger Fahrt stieg er in einer kleinen Stadt in der Nähe der Staatengrenze aus.

Er ging in das Café eines gewissen Mike Dolan, und er begrüßte Mike, der allein hinter der Theke stand.

„Es tut mir leid, daß wir es nicht schneller geschafft haben, Jimmy, mein Junge", sagte Mike. „Aber wir mußten uns mit einem Protest aus Springfield rumschlagen, und der Gouverneur ist beinahe umgefallen. Geht es dir gut?"

„Ausgezeichnet", sagte Jimmy. „Hast du meine Schlüssel?"

Er bekam die Schlüssel, ging nach oben und schloß die Türe zu einem Hinterzimmer auf. Alles war genau so, wie er es verlassen hatte. Auf dem Boden lag noch immer der Kragenknopf von Ben Price, der sich vom Hemdkragen dieses großartigen Detektivs losgerissen hatte, als sie Jimmy bei seiner Verhaftung überwältigten.

Jimmy zog aus der Wand ein Klappbrett hervor und öffnete eine Tapetentür in der Wand, dann zog er einen staubigen Handkoffer heraus. Er öffnete ihn und betrachtete stolz einen Satz der feinsten Einbrecherwerkzeuge, die es im ganzen Osten gab. Es war ein vollständiger Satz, hergestellt aus speziell gehärtetem Stahl, die neuesten Modelle von Bohrern, Locheisen, automatischen Schraubenziehern, Stemmeisen, Zwingen und Holzbohrern sowie zwei oder drei neue Werkzeuge, die Jimmy selber erfunden hatte und auf die er besonders stolz war. Ganze neunhundert Dollar mußte er auf den Tisch legen in — nun, wo man eben Werkzeuge für solche Berufszwecke herstellt.

Eine halbe Stunde später ging Jimmy wieder hinunter und durchschritt das Café. Er trug einen geschmackvollen, gut sitzenden Anzug, und in der Hand hielt er den abgestaubten und gesäuberten Handkoffer.

„Hast du etwas vor?" fragte Mike Dolan wohlwollend.

„Ich?" sagte Jimmy erstaunt. „Ich verstehe nicht. Ich vertrete die New Yorker Knall-Knusper-Keks-und-Weizenrauhflocken-Fabrik."

Diese Äußerung erfreute Mike dermaßen, daß er Jimmy sofort einen Milch-Soda spendierte. Jimmy trank nie harte Sachen. Eine Woche nach der Entlassung von Valentine, der Nummer 9762, hörte man von einem geschickten Safe-Einbruch in Richmond, Indiana, ohne eine Spur des Täters. Nahezu achthundert Dollar waren verschwunden. Zwei Wochen darauf wurde in Logansport ein geprüfter, einbruchsicherer Patentsafe wie eine Käseschachtel geöffnet, und das Kleingeld darin bis zum Betrag von fünfzehnhundert Dollar verschwand. Aktien und Silber blieben unberührt. Das begann die Spitzbubenfänger zu interessieren. Dann wurde ein altmodischer Banksafe in Jefferson City tätig und spuckte bei seinem Ausbruch fünftausend Dollar aus seinem Krater aus. Die Verluste waren jetzt so hoch geworden, daß sie in Ben Prices Ressort fielen. Beim Vergleichen der Untersuchungsergebnisse stellte man eine bemerkenswerte Ähnlichkeit der Einbruchsmethoden fest. Ben Price untersuchte die Einbrüche an Ort und Stelle und bemerkte dabei:

„Das ist die Handschrift des feinen Herrn Jimmy Valentine. Er hat seine Tätigkeit wieder aufgenommen. Schauen Sie sich das Kombinationsschloß an — ganz einfach rausgerissen wie ein Rettich aus dem nassen Boden. Nur er hat die Werkzeuge, mit denen man so etwas machen kann. Und sehen Sie, wie sauber dieser Verschluß herausgelöst wurde. Jimmy braucht nie mehr als ein Loch zu bohren. Ja, ich glaube, ich werde Mr. Valentine besuchen. Das nächste Mal sitzt er seine ganze Strafe ab, ohne diesen Begnadigungsquatsch nach kurzer Zeit."

Ben Price kannte Jimmys Gewohnheiten. Er hatte sie kennengelernt, als er mit der Aufklärung des Springfield-Falles beschäftigt gewesen war. Lange Vorbereitung, schnelle Flucht, keine Verbündeten, eine Vorliebe für gute Gesellschaft — das alles hatte Mr. Valentine geholfen, erfolgreich dem Arm des Gesetzes zu entkommen. Es wurde bekannt, daß Ben Price die Spur des flüchtigen Bankknackers aufgenommen hatte, und andere Besitzer einbruchsicherer Safes atmeten auf.

An einem Nachmittag kletterten Jimmy Valentine und sein Handkoffer aus dem Postomnibus in Elmore, einer kleinen Stadt, fünf Meilen von der nächsten Bahnstation entfernt, im Bergbaugebiet von Arkansas. Jimmy, der wie ein von der Universität heimgekehrtes, athletisches, junges altes Semester aussah, ging den Bürgersteig entlang auf ein Hotel zu.

Eine junge Dame überquerte die Straße, begegnete ihm an der Hausecke und ging durch die Tür, über der ein Schild mit der Aufschrift „Elmore-Bank" hing. Jimmy Valentine sah in ihre Augen, vergaß, wer er war, und wurde augenblicklich ein neuer Mensch. Sie senkte ihre Augen und errötete leicht. Junge Männer, die wie Jimmy aussahen, besaßen in Elmore Seltenheitswert.

Jimmy schnappte einen Jungen am Kragen, der auf den Stufen der Bank herumlungerte, als ob er einer der Hauptaktionäre wäre, und begann ihn über die Stadt auszufragen, wobei er ihn von Zeit zu Zeit mit Groschen fütterte. Langsam schob sich die junge Dame wieder aus der Türe, tat so, als bemerke sie den jungen Mann mit dem Koffer überhaupt nicht, und ging dann ihres Weges.

„Ist diese junge Dame nicht Miß Polly Simpson?" fragte Jimmy mit oberflächlicher Arglist.

„Nöö", sagte der Junge, „das ist Annabel Adams. Ihrem alten Herrn gehört die Bank. Warum sind Sie nach Elmore gekommen? Ist Ihre Uhrkette aus Gold? Ich werde mir eine Bulldogge kaufen. Haben Sie noch ein paar Groschen für mich?"

Jimmy ging in Planters Hotel, trug sich als Ralph D. Spencer ein und nahm ein Zimmer. Er lehnte sich über den Empfang und erklärte dem Portier den Zweck seines Hierseins. Er sagte, er sei nach Elmore gekommen, um sich nach einem Platz umzusehen, wo er ein Geschäft aufmachen könnte. Wie ging jetzt in der Stadt das Schuhgeschäft? Er hatte an ein Schuhgeschäft gedacht. Gab es da Chancen?

Dem Portier imponierten Jimmys Anzug und seine Manieren. Er selber war für die dünn gesäte Jeunesse dorée in Elmore eine Art Vorbild in der Mode, aber jetzt sah er, daß er noch viel zu lernen hatte. Während er sich überlegte, wie Jimmy seine Fliege gebunden hatte, gab er freundlich die gewünschten Auskünfte.

Ja, ein Schuhgeschäft hatte durchaus Chancen. Es gab kein Spezialschuhgeschäft in Elmore. Schuhe wurden von den Kurzwarenläden und den Kaufhäusern geführt. Die Geschäfte gingen auf allen Gebieten gut. Er hoffte, daß sich Mr. Spencer entschließen könne, in Elmore zu bleiben. Er würde selbst feststellen, daß es sich in dieser Stadt gut leben lasse, und auch die Einwohner seien sehr umgänglich.

Mr. Spencer hatte sich vorgenommen, einige Tage in der Stadt zu bleiben, um die Situation kennenzulernen. Nein, der Portier müsse keinen Boy holen. Er wolle seinen Koffer selber hinauftragen; der war sowieso reichlich schwer.

Mr. Ralph Spencer, der Phönix, der aus der Asche Jimmy Valentines herausgestiegen war — aus einer Asche, die die Flamme einer plötzlichen und wechselseitigen Liebe zurückgelassen hatte —, blieb in Elmore und hatte Erfolg. Er eröffnete einen Schuhladen und machte sehr gute Geschäfte.

Auch gesellschaftlich war er ein Erfolg und schloß viele Freundschaften. Außerdem erfüllte sich sein Herzenswunsch. Er lernte Miß Annabel Adams kennen und wurde mehr und mehr von ihrem Charme eingefangen.

Am Ende des Jahres war Mr. Ralph Spencers Situation folgende: er hatte Ansehen in der Stadt gewonnen, sein Schuhladen gedieh, er und Annabel hatten sich verlobt und sollten in zwei Wochen heiraten. Mr. Adams, der typische, sauer arbeitende Bankier vom Lande, war mit Spencer einverstanden. Annabels Stolz auf ihn war fast ebenso groß wie ihre Liebe. Er war bei Mr. Adams und der Familie von Annabels verheirateter Schwester schon so zu Hause, als gehöre er dazu.

Eines Tages setzte sich Jimmy in seinem Zimmer an den Tisch und schrieb diesen Brief, den er postlagernd an einen seiner alten Freunde in St. Louis schickte:

„Lieber alter Freund! Ich möchte Dich gern am nächsten Mittwochabend um neun Uhr bei Sullivan in Little Rock treffen. Ich möchte dich bitten, einige kleine Sachen für mich zu erledigen. Außerdem möchte ich Dir meinen Werkzeugkasten schenken. Ich weiß, daß Du Dich darüber freuen wirst — diese Werkzeuge könntest Du auch für tausend Dollar nicht nachmachen. Höre, Billy, ich habe das alte Geschäft aufgesteckt — schon vor einem Jahr. Ich habe einen hübschen Laden. Ich verdiene mir ehrlich meinen Unterhalt und werde heute in zwei Wochen das beste Mädchen der Welt heiraten. Das ist das einzig richtige, Billy — ein ehrliches Leben. Nicht für eine Million würde ich einem anderen Menschen jetzt einen Dollar stehlen. Nach meiner Heirat will ich hier alles verkaufen und in den Westen ziehen, denn dort besteht weniger Gefahr, daß ich wegen meiner alten Schandtaten belangt werde. Weißt Du, Billy, sie ist ein Engel. Sie glaubt an mich; und für nichts auf der Welt würde ich wieder ein krummes Ding drehen. Sei ganz bestimmt bei Sully, denn ich muß Dich sprechen. Ich werde die Werkzeuge mitbringen.

Dein alter Freund Jimmy."

An dem Montagabend, nachdem Jimmy diesen Brief geschrieben hatte, kam Ben Price unauffällig in einem gemieteten Pferdewagen nach Elmore gefahren. Er ging in seiner ruhigen Art durch die Stadt, bis er das herausfand, was er wissen wollte. Von der Drogerie aus, die gegenüber von Spencers Schuhgeschäft auf der anderen Straßenseite lag, konnte er sich Ralph D. Spencer genau betrachten.

„Du willst also die Tochter des Bankiers heiraten, Jimmy?" murmelte Ben leise vor sich hin. „Na, ich weiß nicht recht!"

Am nächsten Morgen frühstückte Jimmy bei Adams. Er wollte an diesem Tag nach Little Rock fahren, um sich seinen Anzug für die Hochzeit zu bestellen und irgendein hübsches Geschenk für Annabel zu kaufen. Das würde seine erste Fahrt aus der Stadt sein, seit er nach Elmore gekommen war. Es war jetzt schon länger als ein Jahr her, seit er seine letzten Dinger gedreht hatte, und er war der Ansicht, es gefahrlos wagen zu können.

Nach dem Frühstück fuhr eine ganze Familienversammlung gemeinsam in die Stadt — Mr. Adams, Annabel, Jimmy und Annabels verheiratete Schwester mit ihren beiden kleinen Mädchen im Alter von fünf und neun Jahren. Sie hielten vor dem Hotel, in dem Jimmy immer noch wohnte, und er rannte in sein Zimmer hinauf, um seinen Handkoffer zu holen. Dann fuhren sie alle weiter zur Bank. Dort warteten schon Jimmys Pferdewagen und Dolph Gibson, der ihn zum Bahnhof fahren sollte.

Sie gingen alle zwischen den hohen, geschnitzten Eichengittern hindurch in die innere Bankhalle — auch Jimmy, denn Mr. Adams' zukünftiger Schwiegersohn war überall willkommen. Die Bankbeamten freuten sich, daß sie von dem gutaussehenden, netten jungen Mann, der Miß Annabel heiraten würde, begrüßt wurden. Jimmy stellte seinen Handkoffer ab. Annabel, deren Herz vor Glück und jugendlichem Übermut überschäumte, setzte Jimmys Hut auf und nahm den Koffer hoch. „Gebe ich nicht einen guten Handlungsreisenden ab?" fragte Annabel. „Ach du meine Güte, Ralph! Wie schwer der ist. Als wenn er voller Goldbarren wäre."

„Eine ganze Menge Schuhlöffel aus Nickel", sagte Jimmy kaltblütig, „die ich wieder zurückgeben will. Ich dachte mir, daß ich viel Porto spare, wenn ich sie persönlich hinbringe. Ich fange an, kolossal sparsam zu werden."

Die Elmore-Bank hatte sich gerade einen neuen Safe und eine neue Stahlkammer angeschafft. Mr. Adams war sehr stolz darauf und wollte unbedingt alles zeigen. Die Stahlkammer war klein, aber sie hatte eine neue Patenttür. Sie wurde mit drei starken Stahlbolzen, die mit einem einzigen Handgriff zu bewegen waren, verschlossen und hatte ein Uhrwerkschloß. Mr. Adams erklärte den Mechanismus stolz Mr. Spencer, der ein höfliches, aber nicht allzu fachmännisches Interesse zeigte. Die beiden Kinder, May und Agatha, freuten sich über das glänzende Metall, das komische Uhrwerk und die Griffe.

Während sie noch alle mit der Stahlkammer beschäftigt waren, kam Ben Price hereingeschlendert, stützte sich auf seinen Ellenbogen auf und schaute gleichgültig hinter das Gitter in den inneren Bankraum. Er sagte zu dem Kassenbeamten, daß er nichts wolle; daß er nur auf einen Bekannten warte.

Plötzlich schrien die Frauen auf. Unbemerkt von den Erwachsenen hatte May, die Neunjährige, aus spielerischem Übermut Agatha in die Stahlkammer eingeschlossen. Dann hatte sie die Bolzen vorgeschoben und den Kombinationsgriff herumgedreht, wie sie es bei Mr. Adams gesehen hatte.

Der Bankier sprang auf den Griff zu und ruckte einen Moment daran. „Die Tür läßt sich nicht öffnen", stöhnte er. „Weder ist das Uhrwerk aufgezogen noch die Kombination eingestellt."

Agathas Mutter schrie wieder auf.

„Psst!" sagte Mr. Adams und hob seine Hand. „Seid mal alle einen Augenblick still. Agatha!" rief er, so laut er konnte. „Hör mir zu!" In die folgende Stille tönte nur schwach das Schreien des Kindes, das ein panischer Schrecken vor der dunklen Stahlkammer erfaßt hatte.

„Mein Liebling!" rief die Mutter. „Sie wird vor Angst sterben! Macht doch die Tür auf! Brecht sie doch irgendwie auf! Könnt ihr Männer nicht irgend etwas unternehmen?"

„Außer in Little Rock gibt es hier keinen Mann, der die Türe öffnen könnte", sagte Mr. Adams mit zitternder Stimme. „Mein Gott! Spencer, was sollen wir machen? Das Kind — es kann es nicht lange da drinnen aushalten. Sie bekommt keine Luft und verfällt in Angstkrämpfe."

Agathas Mutter trommelte jetzt verzweifelt mit ihren Händen gegen die Türe der Stahlkammer. Irgend jemand machte den phantastischen Vorschlag, es mit Dynamit zu versuchen. Annabel wandte sich Jimmy zu; in ihren großen Augen stand Angst, aber noch keine Hoffnungslosigkeit. Eine Frau hat unbegrenztes Vertrauen zu den Fähigkeiten des Mannes, den sie liebt.

„Kannst du nicht irgend etwas tun, Ralph — wenigstens versuchen?"

Er sah sie mit einem sonderbaren, zärtlichen Lächeln auf seinen Lippen und in seinen klaren Augen an.

„Annabel", sagte er, „gibst du mir bitte die Rose, die du angesteckt hast?"

Sie konnte kaum glauben, daß sie ihn richtig verstanden hatte, aber sie nahm die Blume von ihrem Kleid und gab sie ihm. Jimmy steckte sie in seine Westentasche, zog seinen Rock aus und krempelte sich die Ärmel hoch. Damit verschwand Ralph D. Spencer und machte Jimmy Valentine Platz.

„Tretet von der Tür zurück, alle", kommandierte er kurz. Er stellte seinen Handkoffer auf den Tisch und öffnete ihn. Von diesem Augenblick an schien er die Anwesenheit der anderen nicht mehr zu bemerken. Er legte sich die glitzernden, merkwürdigen Werkzeuge schnell und ordentlich zurecht und pfiff leise vor sich hin, wie er es immer bei der Arbeit zu tun pflegte. Wie hypnotisiert beobachteten ihn die anderen schweigend und unbeweglich.

Kurz darauf fraß sich Jimmys Lieblingsbohrer weich in die Stahltür. Nach zehn Minuten — womit er seinen eigenen Einbrecherrekord brach — schob er die Bolzen zurück und öffnete die Türe.

Agatha, beinahe ohnmächtig, aber unversehrt, wurde von ihrer Mutter in die Arme geschlossen.

Jimmy Valentine zog seinen Rock wieder an und ging zwischen den Gittern hindurch zur Eingangstüre. Während er ging, glaubte er in weiter Ferne eine Stimme, die er einst gekannt hatte, „Ralph!" rufen zu hören. Aber er zögerte keinen Augenblick.

An der Türe verstellte ihm ein großer Mann beinahe den Weg. „Hallo, Ben", sagte Jimmy, noch immer mit einem etwas sonderbaren Lächeln. „Haben Sie mich endlich gefunden? Na, schön, gehen wir. Ich wüßte nicht, was sich jetzt noch ändern sollte."

Und dann machte Ben Price etwas sehr Merkwürdiges.

„Ich glaube, Sie irren sich, Mr. Spencer. Ich glaube nicht, daß ich Sie kenne. Ihr Wagen wartet doch auf Sie, nicht wahr?"

Und Ben Price drehte sich um und ging die Straße hinunter.

Anna Drawe

Im Warenhaus

Betty Warner war eine gute Seele, aber sie hatte Hunger, und die Brieftasche, die aus der Hosentasche des Mannes hervorlugte, der im großen Warenhaus vor ihr herging, reizte ihre Begierde. Ihr war auch sehr kalt, ihre Kleider waren nur dünn, einen Mantel besaß sie nicht mehr. Zudem war sie eben an vielen Stellen gewesen, wo sie sich vergeblich um Arbeit bemüht hatte.

Sie war nicht ins Warenhaus gekommen, um Einkäufe zu machen, sondern nur, um sich zu wärmen, sie fror bis ins Innerste. Sie bemühte sich, nicht auf die Brieftasche zu schauen, aber die blickte so verführerisch zwischen den Rockschößen des Mannes hervor, und sie sah es dem Herrn an, daß er schon einmal eine Brieftasche verlieren konnte. Denn das, was allein sein Anzug kostete, hätte ihr monatelang zum Lebensunterhalt genügt.

Sie ging dicht hinter der Brieftasche und schaute die Leute ringsum an: eine freundlich aussehende, kleine alte Frau in Schwarz, zwei junge Mädels, die lebhaft miteinander plauderten. Wenn nicht ein Augenblick gekommen wäre, in dem die kleine alte Frau nach einem Taschentuch herumsuchte und die Mädels verschwunden waren, so hätte Betty die Brieftasche nicht genommen. In diesem Augenblick fiel jede Scheu und Hemmung von ihr ab. Sie nahm die Brieftasche mit einer hastigen Bewegung und ließ sie in ihrer Handtasche verschwinden.

Dieser fürchterliche Augenblick war nun vorüber, und sie war wieder das nette, rosige junge Mädchen, das in ihrem ganzen Leben kaum etwas wirklich Schlechtes begangen hatte.

Sie blieb stehen und tat so, als ob sie sich seidene Strümpfe anschaute. Am selben Ladentisch stand die kleine alte Frau. War sie Betty absichtlich gefolgt?

„Sie sehen müde aus", sprach die kleine alte Frau, „warum gehen Sie nicht in den Damenwarteraum und ruhen sich aus?"

„Ich – ich kann nicht, ich ... muß gehen", stammelte das Mädchen. In der warmen Luft wurde ihr, die schon lange nichts mehr gegessen hatte, schwindlig, sie taumelte und ließ ihr Handtäschchen fallen.

Die kleine alte Frau hob es auf und reichte es ihr. „Trotzdem sollten Sie erst ein wenig ausruhen."

Aber Betty hörte sie nicht. Sie hielt sich am Ladentisch, sie zitterte vor Angst. Über den Köpfen der Menge hin, die durch die Gänge des Warenhauses wogten, hatte sie das besorgte Gesicht des Besitzers der Brieftasche wahrgenommen, und neben ihm schimmerte eine Schutzmannsuniform. Die Leute im Warenhaus erschienen Betty alle wie sehr entfernte, kleine schwarze Punkte, so aufgeregt war sie.

„Gehen Sie nicht weg von mir", bat Betty, „– gehen Sie nicht fort!"

Die kleine alte Frau gab keine Antwort. Sie sah den Schupo an. Denn er berührte eben Betty an der Schulter. „Dieser Herr", sagte er grob, „– hat seine Brieftasche verloren."

Das Mädchen stammelte ein paar Worte, die ihr selbst fremd klangen. Dem Besitzer der Brieftasche schien sie leid zu tun. Er begann:

„Ich sage ja nicht, daß Sie die Brieftasche genommen haben, aber Sie waren ganz dicht hinter mir, als es geschah. Sie ging zuerst vor mir", sagte er zum Schutzmann, „– dann blieb sie zurück, und eine Sekunde später war die Tasche fort."

Betty glaubte in den Erdboden zu versinken. Sie starrte besinnungslos vor sich hin, während der Schupo die Handtasche öffnete. Sie starrte noch immer, als er sie auf den Ladentisch warf und zu dem Herrn sagte: „Das junge Mädchen hat sie nicht!"

Sie sah die beiden Männer fortgehen, aber ihre vor Angst stumpfen Sinne faßten es nicht.

„Ich habe natürlich die Brieftasche herausgenommen", sagte die kleine alte Frau, indem sie das Mädchen zum Ausgang führte. „Der Schutzmann wird die Adresse des Herrn haben, und ich will dafür sorgen, daß er die Tasche zurückerhält. Sind Sie hungrig?" „Ja, sehr."

„Sie mußten Ihren Mantel verkaufen aus Not, nicht wahr? Sie scheinen stellungslos zu sein und ohne Geld?"

„Ja –."

„Hm – das hab ich mir doch gedacht."

„Warum – warum haben Sie das für mich getan?"

„Weil ich solche Fälle kenne. Es war das erstemal, daß Sie so etwas machten?"

„Ja –."

„Versprechen Sie mir, es niemals wieder zu tun?"

„Ach ja, nie... nie wieder!"

„Sehen Sie –", sagte die alte Frau, „– darum habe ichs getan. Und jetzt, Kind, wollen wir etwas essen gehen."

„Wer... wer sind Sie?" fragte das Mädchen.

Die kleine alte Frau lächelte: „Ich bin nur die Warenhausdetektivin", sagte sie.

Boris Gorbatow

Warum schweigt UKL?

Alle Schiffe waren ausgelaufen, alle Flugzeuge gestartet, die Bucht war zugefroren, der erste Schnee fiel; noch waren es dicke, nasse Flocken. Da kam der Äther der Arktis endlich wieder zur Ruhe. Die Funker atmeten erleichtert auf, und Stepan Timofeïtsch schaute in den Spiegel — zum erstenmal seit drei Monaten — und erstarrte.

„Er ist ja rot!" murmelte er erschrocken und hielt den Spiegel ganz dicht an die Nase.

Kein Zweifel: Der Bart war rot!

Während der Sommermonate war es in der Arktis heiß hergegangen, und Stepan Timofeïtsch hatte keine Zeit, sich zu rasieren oder auch in den Spiegel zu schauen. Wie alle Funker der Zentrale war er Tag und Nacht auf Station; zwischen den Dienststunden schlief er ausgestreckt auf einer Bank im Akku-Raum, den Rock zusammengerollt unter dem Kopf. Nach wenigen Stunden wurde er schon wieder geweckt; dann steckte er den Kopf in den Feuerlöschbottich mit kaltem Tundrawasser, schnaubte wie ein Walroß, wischte sich den Schnurrbart und ging an den Dienst; setzte sich ans Gerät, nahm die Kopfhörer auf und legte die Finger auf die Taster.

Heute meldeten sich alle Stationen planmäßig, mit allen tauschte er die Meldungen aus, mit allen kam er rechtzeitig zu Rande — außer mit einer:

Die Hoffnungsbucht meldete sich nicht. Das war eine neue, unbedeutende Wetterstation; man hatte sie eingerichtet, um irgendeine Lücke in der Wetterkunde zu schließen; da zeigte sich irgendwo zwischen zwei wichtigen Punkten ein weißer Fleck, der die Wettermacher zur Verzweiflung brachte: sie versicherten, daß gerade hier, in der Hoffnungsbucht, die Zyklone sich brächen und das Wetter sich entschiede. So etwas behaupten sie ja von jedem Punkt, wo keine Wetterstation ist. Jedenfalls richtete man dort eine ein. Und jetzt meldete sich die nicht im Äther.

Timofeïtsch rief sie lange und gewissenhaft: u-k-l! u-k-l! tippte er wütend, aber UKL meldete sich nicht. Schließlich schrieb er voll Ärger ins Dienstbuch:

„UKL meldet sich nicht."

Auch am nächsten Tage schwieg UKL, gleichfalls an den drei folgenden Tagen. Timofeïtsch fuchtelte zornig mit seiner Pfeife umher. Am fünften Tag endlich kam UKL „herangeschlichen" und rief von sich aus die Zentrale an. Timofeïtsch antwortete mit einem Sturm von Schimpfworten.

Wo er denn die fünf Tage gesteckt habe? Wo der Wetterbericht bleibe? Was er nur für ein Kerl sei? Das etwa bedeutete, in normale Sprache übersetzt, was Timofeïtsch an den Funker der Hoffnungsbucht absetzte.

Der entschuldigte sich schüchtern:

„bin allein — maschine war unklar — selbst repariert — entschuldigen sie kamerad"

Er sprach so höflich, wie es dem Funker einer so unbedeutenden Station gegenüber einem Funker der Zentrale zukam. Das besänftigte Timofeïtsch etwas. Er tippte:

„g-a" (geben Sie!) und grinste bei dem Gedanken, der ihm eben kam: dem Kerl jetzt zur Strafe mal ordentlich einzuheizen!

„q-r-q, q-r-q (gebt schneller) q-r-q! sie geben zu lahm", hämmerte er und lachte laut: Los, los, Freundchen!

Da plötzlich hörte er klares, rasches, raschestes Trommeln im Hörer!

„Oho!" Er wurde blaß. „Der gibt ja hundertfünfzig!" und eilte sich mitzuschreiben und kam doch kaum mit.

In der halben Zeit waren alle Wetterberichte durch, die sich in den fünf Tagen angesammelt hatten. Toller Kerl! dachte Timofeïtsch, nebenbei sehr zufrieden mit sich selbst, daß er mitgekommen war. Er hatte nichts weiter für die Hoffnungsbucht vorliegen und beschloß, die übrige Zeit auszunutzen, um mit dem Funker dort Bekanntschaft zu schließen.

„neu?" tippte er. „kenne deinen taster nicht"
„neu — überwintere erstes mal"
„q-u-i" (wie heißt du?)
„kolywanoff"
„hier — timofeïtsch"
„sehr erfreut"
„habe angst daß sie mich jetzt stenjka rasin nennen — mir ist bart gewachsen — ganz rot"
„stenjka rasin hatte schwarzen bart"
„meiner ist rot"
„färben"
„guter gedanke"

So fing ihre Freundschaft an. UKL kam jetzt immer pünktlich, und die beiden Funker begrüßten sich herzlich und wechselten zwischen dem Dienstlichen freundliche Worte. Jeden Tag fragte der Funker von der Hoffnungsbucht:

„was macht bart?"

Und Timofeïtsch antwortete jedesmal: „danke — wächst und dunkelt"

An Funksprüchen für die Hoffnungsbucht gab es wenig. Timofeïtsch wußte inzwischen, daß nur zwei Mann überwinterten: der Funker Kolywanoff und der Meteorologe Sawinzeff.

So ging über Dienst, Gesprächen und Scherzen endlich die lange Polarnacht hin, und eines Tages teilte Kolywanoff Timofeïtsch mit:

„heute erstmals sonne — und bei euch?"

„erwarten morgen", erwiderte Timofeïtsch und fügte einen fröhlichen Glückwunsch hinzu.

Am nächsten Tag erkundigte sich Kolywanoff vor allem anderen, ob sich nun auch bei ihnen die Sonne gezeigt hätte, als fürchtete er, die Sonne könnte sich verschlafen haben oder der Himmelsmechanismus in Unordnung geraten sein.

Timofeïtsch bejahte. An der Art, wie die Frage durchkam, merkte er, auch ohne Kolywanoffs Stimme zu hören, wieviel die Sonne für den Funker der Hoffnungsbucht bedeutete. Und noch einmal beglückwünschte er ihn zum Erscheinen der Sonne.

Auf der Station wußten alle um Timofeïtschs Freundschaft mit Kolywanoff. Und als eines Tages im März Timofeïtsch finster und zerstreut vom Dienst kam, wußten sie sofort, daß mit Kolywanoff etwas nicht stimmte.

„UKL hat sich nicht gemeldet", sagte Timofeïtsch nur.

„Wieso nicht gemeldet?" wunderte sich der Dienstleiter.

Timofeïtsch zuckte die Achseln:

„Zwanzig Minuten lang habe ich gerufen. Ebenso in der zweiten Sendezeit und in der dritten. Nichts, gar nichts zu hören. Grabesstille."

„Vielleicht irgendeine Störung", meinte einer.

„Nein, alle Stationen sind gekommen. Ausgezeichneter Empfang. Ich verstehe das nicht, was ist nur mit ihm los?"

Den ganzen Abend war Timofeïtsch in Gedanken, und als UKL auch weiterhin nicht antwortete, in der Nacht nicht und am Morgen auch nicht, da stand für ihn fest, daß Kolywanoff etwas zugestoßen war. Aber was, was nur?

„Vielleicht sind die Akkus leer? Oder der Sender ist unklar?" versuchten die Kameraden zu trösten.

„Nein, das hätte er vorher gemeldet. Vor drei Tagen haben wir uns noch darüber unterhalten. Er hatte gerade die ganze Station generalüberholt."

„Na, dann wird er krank sein; kleine Grippe oder so."

„Ach, dann wäre er trotzdem dagewesen, und wenn er zum Taster gekrochen wäre!" Timofeïtsch machte eine verzweifelte Handbewegung. „Er ist Funker bis auf die Knochen. Gekrochen wäre er zum Taster auf allen vieren! Du etwa nicht? Und ich? Nein, nein, das riecht nach Unglück. Da ist — —", aber er fürchtete sich, den Satz weiterzudenken und sich das Unglück auszumalen. Immer wieder rief er UKL planmäßig an, immer wieder blieb er ohne Antwort.

Traurig zog er an seiner Pfeife, versah seinen Dienst, arbeitete – aber seine Gedanken waren bei Kolywanoff. Jedesmal wenn die Verkehrszeit kam, war er voll neuer Hoffnung. Er nahm die Funksprüche an die Hoffnungsbucht aus dem Fach – ein ganzer Packen hatte sich schon angesammelt – und rief beharrlich UKL. Die Zeit verstrich, UKL kam nicht. Bedrückt blätterte er die Funksprüche durch, schließlich legte er sie wieder ins Fach. Immer wieder griff er nach dem Taster. Immer wieder rief er UKL. Aber die Hoffnungsbucht schwieg. Er hielt inne, horchte auf Antwort, rief von neuem. Er änderte die Frequenz. Er preßte den Hörer ans Ohr, warf ihn mutlos auf den Tisch, riß ihn wieder ans Ohr – aber er hörte nur Pfeifen im Äther. Und doch, er verzweifelte nicht, gab es nicht auf – noch fester preßte er den Hörer ans Ohr, vielleicht daß doch etwas, wenigstens ein schwaches, unverständliches Kurz-lang zu vernehmen war – nichts, nichts. Nur dieses Pfeifen, das einem das Blut im Herzen gerinnen lassen konnte. Manchmal meinte er, in dem Pfeifen ganz ferne erstickte Notrufe zu hören: Hilfe! Hilfe! – Aber er wußte, daß er sich täuschte; das scharfe Ohr des Funkers ließ solchen Irrtum nicht bestehen. Zerschlagen und zerquält kehrte er nach dem Dienst in seine Stube zurück. Warf sich aufs Bett. Rauchte schweigend.

Die Kameraden kamen, setzten sich auf die Bettkante:

„Noch immer nichts?" Bedrückt schüttelte Timofeïtsch den Kopf.

„Keine Nachricht ist die beste Nachricht, sagen die Weisen." So versuchten sie ihn zu trösten. „Kolywanoff ist doch nicht allein dort. Sein Kamerad hätte längst Nachricht gegeben."

„Wie denn? Wie sollte er denn? Durch Brieftauben etwa? Der ist doch kein Funker!"

So vergingen weitere fünf quälende Tage; nun waren es schon sieben, seit UKL verstummt war.

Da landete ein Flugzeug auf der Station, die erste Frühlingsschwalbe, die erste Post. Der blaue Vogel glitt über das Eis der Bucht hin, wirbelte eine Wolke von Schneestaub auf, und dann kletterte ein unförmig dicker, pelzvermummter Mann aus dem Führerstand und nahm die Wollmaske ab, die sein Gesicht vor dem Frost schützte.

In dem Raum, der ihm als Quartier angewiesen war, pellte sich der Flieger aus seinen Pelzen, warf die Schals ab, die er sich um den Hals gewickelt und kreuzweis auf dem Rücken zusammengelegt hatte, zog die froststeifen Rentierlederstiefel und die zottigen Hundefellstrümpfe von den Füßen, legte die Kombination ab, die wattierte Wolljacke und die Stepphosen, und Timofeïtsch sah, daß er schlank, hager und jung war. Hoffnungsvoll sah der Funker diesen energiegeladenen Jungen an mit seinem windgegerbten Gesicht; nach Kälte roch er, nach Benzin und Ferne. Er war so ein richtiger Linienflieger, einer von jenen verwegenen Burschen, die auf den nördlichen Linien durch jedes Wetter fliegen, die jede beliebige Ladung an jeden beliebigen Fleck bringen und dabei nie den Humor verlieren.

„Hör mal, Kamerad", machte sich Timofeïtsch an den Flieger heran, als der im Speiseraum frühstückte und die Überwinterer auf ihren Zimmern mit ihrer Post beschäftigt waren. „Wie steht's — arg durchgefroren?"

„I wo!" lachte der Flieger. „Aber guten Kaffee kocht ihr hier!"

„Hast du's sehr eilig?"

„Hm, das kommt aufs Wetter an."

„Aber ... könntest du vielleicht ... einen Menschen retten?"

Verwundert sah ihn der Flieger an, antwortete jedoch nicht.

Da erzählte ihm Timofeïtsch von UKL und daß er keine Antwort von da bekäme.

„Und warum denkst du", erkundigte sich der Flieger aufmerksam, „daß deinem Freund etwas zugestoßen sei? Vielleicht ist am Sender etwas unklar?"

Timofeïtsch schüttelte traurig den Kopf:

„Nein, da ist ein Unglück geschehen. Ich weiß es. Wenn zum Beispiel einer von deinen Kameraden, ein Flieger bis auf die Knochen, starten würde, sagen wir: von Dickson nach Dudinka, und wäre nach zwei bis drei Tagen weder in Dickson noch in Dudinka noch auf einem der Flugplätze unterwegs gelandet — was würdest du da sagen? Krank geworden? Du weißt selber: unterwegs wird man nicht krank! Nein, du würdest sagen: der hat Havarie gehabt, ist abgestürzt oder notgelandet. Und würdest auf Suche fliegen. Stimmt's?"

„Natürlich", lächelte der Flieger.

„Siehst du. Und ich bin nun Funker. Und keiner von den schlechtesten, das nur nebenbei. Und wenn mein Kamerad dort sich sieben Tage lang nicht meldet, dann sag' ich dir: da ist was passiert. Und nun, Kamerad, habe ich die Bitte: hol meinen Freund 'raus!"

Der Flieger stand auf und ging schweigend im Zimmer auf und ab.

„Gut", sagte er schließlich und blieb vor Timofeïtsch stehen. „Hoffnungsbucht? Zwei bis drei Flugstunden Luftlinie über die Tundra. Tanken kann ich hier. Ab dafür, wir holen ihn! Aber ich brauche Genehmigung von Moskau."

„Die kriegen wir!" jubelte Timofeïtsch. „Die kann Moskau nicht verweigern! Es geht ja um ein Menschenleben. Los, ich frage gleich in Moskau an." Er sah auf die Uhr. „In fünfzehn Minuten haben wir eine direkte Leitung nach Moskau, in einer Stunde ist die Verbindung da. Soll ich die Anfrage selbst aufsetzen? Paß auf, ich gebe durch: ‚Mann in Gefahr. Hilfe dringend nötig.'" Noch in der Nacht kam die Genehmigung von Moskau. Timofeïtsch hatte aufgeregt am Apparat gewartet, eine Pfeife nach der anderen geraucht und rannte nun, den Antwort-Fernspruch schwingend, zu dem Flieger. Und am frühen Morgen schon startete die Maschine, einen Arzt an Bord, Kurs West, Kurs auf die Hoffnungsbucht. Stepan Timofeïtsch aber saß am Funkgerät und hielt mit dem Flugzeug Verbindung.

„steinbucht überflogen", notierte er mit fliegenden Fingern.
„fliegen über tundra"
„schneegestöber"
„schlechte sicht"
„nebel — keine sicht"
‚Wenn er bloß nicht umkehrt!' dachte Timofeïtsch verzweifelt, ‚wenn er bloß nicht umkehren muß!'
„keine sicht — waschküche"
„keine sicht"
„4.40 — schneesturm"
„5.10 — endlich durch — befinden uns über kap teufelstein"
„Sie sind durch! Sie sind durch!" jubelte Timofeïtsch am Empfänger. „Heida! Kerle sind das doch! Teufelskerle!"

All sein Denken, Fühlen, Hoffen, Fürchten war jetzt dort, bei den blaurippigen Schwingen der Maschine, bei den pelzverpackten Männern da oben. Mit ihnen zusammen schlug er sich durch den Schneesturm, stürzte sich in Nebelwände, stieg, sank, hoffte, verzweifelte — und stürmte mit ihnen doch immer weiter vorwärts.

Schneller! Schneller! Du mußt ihn 'rausholen! Halt durch Wassja Kolywanoff! Wir fliegen! Wir sind schon überm Teufelstein!...

„5.40 — kreuzbucht passiert"
„6.10 — stille bucht passiert"
„6.40 — hoffnungsbucht in sicht"
„6.47 — setzen zur landung an — komme wieder durch u-k-l"

Sie setzen zur Landung an! Die Verbindung ist unterbrochen. Zehn quälende Minuten. Gelungen oder nicht? Geht alles klar? Noch zehn Minuten Ungewißheit. Was tun sie jetzt? Sie werden schon aus der Kabine geklettert sein... Gehen durch den Schnee zur Station... Oder mußten sie weiter ab landen?

Noch zehn Minuten — Ewigkeiten. Was ist los dort? Warum schweigen sie?

„u-k-l — u-k-l"

Und noch zehn Minuten. Sie fallen wie Tropfen vom Dach, klingen auf, entschwinden, verdunsten...

„u-k-l — u-k-l"

Was ist los mit euch?

Da — plötzlich: di-di-da da-di-da di-da-di-dit — Morsezeichen, klar und deutlich, klicken in die Stille:

„hier u-k-l hier u-k-l zentrale — zentrale — hier u-k-l — hört ihr uns"
„q-r-v q-r-v" (ich höre), antwortete Timofeïtsch voll Freude.
„gebt sofort Wetterbericht — starten zurück"
„und der funker — funker kolywanoff", tippt Timofeïtsch und hält den Atem an.

„sehr schlecht — bringen ihn mit"
Er lebt also — lebt also doch wenigstens! Und das Flugzeug ist wieder gestartet. Und Kolywanoff ist jetzt dabei. Und sie fliegen hierher!
„9.10 — stille bucht"
„9.40 — kreuzbucht"
„was ist mit kolywanoff", funkt inzwischen Timofeïtsch.
„schlecht — war auf jagd — allein — schneesturm — wahrscheinlich verirrt — berg — abgestürzt — kopf ins packeis — gehirnerschütterung... q-r-x (warten!) — orientiere mich"
„teufelstein soeben passiert... sawinzeff hat ihn gefunden — mordskerl — kopf nicht verloren — zur station geschleppt — zur nächsten ansiedlung durchgeschlagen — von dort eingeborenen mit brief an arzt weiße bucht geschickt — wir früher da — immer bewußtlos — arzt sagt"
„was — was sagt arzt", funkt Timofeïtsch aufgeregt dazwischen. „arzt sagt — schlimm aber nicht hoffnungslos — noch immer bewußtlos... achtung — nähern uns insel — euer feuer in sicht — setze zur landung an — schalte aus"

Ohne Mütze rannte Timofeïtsch auf die Treppe hinaus und sah die Maschine über der Bucht kreisen, ihre Flügel schienen in der Sonne aus geschmolzenem Metall zu bestehen; man konnte kaum hinschauen.

Er zog den Mantel an und rannte dem Flugzeug entgegen. Dort waren schon die Kameraden und halfen; das Feuer war heruntergebrannt. Timofeïtsch drängte sich zum Flugzeug durch und sah, wie ein Mensch, ganz in Pelze verpackt, vorsichtig herausgehoben wurde. Er sprang zu, und dann trugen er und zwei Kameraden Kolywanoff in die Krankenstube.

... Als Kolywanoff allmählich, ganz allmählich zu sich kam, fand er sich in einem fremden Raum liegen, den er schließlich als Krankenstube erkannte. Er vermochte sich nicht zu erinnern, wo er war und wie er hierhingekommen war.

Da beugte sich ein unbekanntes, freundliches Gesicht über ihn.
Er sah einen Bart. Einen roten Bart.
Da entsann er sich.
„Timofeïtsch", flüsterte er und lächelte schwach.

Wolfgang Borchert

Schischyphusch
oder der Kellner meines Onkels

Dabei war mein Onkel natürlich kein Gastwirt. Aber er kannte einen Kellner. Dieser Kellner verfolgte meinen Onkel so intensiv mit seiner Treue und mit seiner Verehrung, daß wir immer sagten: Das ist sein Kellner. Oder: Ach so, sein Kellner.

Als sie sich kennenlernten, mein Onkel und der Kellner, war ich dabei. Ich war damals gerade so groß, daß ich die Nase auf den Tisch legen konnte. Das durfte ich aber nur, wenn sie sauber war. Und immer konnte sie natürlich nicht sauber sein. Meine Mutter war auch nicht viel älter. Etwas älter war sie wohl, aber wir waren beide noch so jung, daß wir uns ganz entsetzlich schämten, als der Onkel und der Kellner sich kennenlernten. Ja, meine Mutter und ich, wir waren dabei.

Mein Onkel natürlich auch, ebenso wie der Kellner, denn die beiden sollten sich ja kennenlernen, und auf sie kam es an. Meine Mutter und ich waren nur als Statisten dabei, und hinterher haben wir es bitter verwünscht, daß wir dabei waren, denn wir mußten uns wirklich sehr schämen, als die Bekanntschaft der beiden begann. Es kam dabei nämlich zu allerhand erschrecklichen Szenen mit Beschimpfung, Beschwerden, Gelächter und Geschrei. Und beinahe hätte es sogar eine Schlägerei gegeben. Daß mein Onkel einen Zungenfehler hatte, wäre beinahe der Anlaß zu dieser Schlägerei geworden. Aber daß er einbeinig war, hat die Schlägerei dann schließlich doch verhindert.

Wir saßen also, wir drei, mein Onkel meine Mutter und ich, an einem sonnigen Sommertag nachmittags in einem großen, prächtigen, bunten Gartenlokal. Um uns herum saßen noch ungefähr zwei- bis dreihundert andere Leute, die auch alle schwitzten. Hunde saßen unter den schattigen Tischen, und Bienen saßen auf den Kuchentellern. Oder kreisten um die Limonadengläser der Kinder. Es war so warm und so voll, daß die Kellner alle ganz beleidigte Gesichter hatten, als ob das alles nur stattfände aus Schikane. Endlich kam auch einer an unseren Tisch.

Mein Onkel hatte, wie ich schon sagte, einen Zungenfehler. Nicht bedeutend, aber immerhin deutlich genug. Er konnte kein s sprechen. Auch kein z oder tz. Er brachte das einfach nicht fertig. Immer wenn in einem Wort so ein harter s-Laut auftauchte, dann machte er ein weiches feuchtwässeriges sch daraus. Und dabei schob er die Lippen weit vor, daß sein Mund entfernte Ähnlichkeit mit einem Hühnerpopo bekam.

Der Kellner stand also an unserem Tisch und wedelte mit seinem Taschentuch die Kuchenkrümel unserer Vorgänger von der Decke. (Erst viele Jahre später erfuhr ich, daß es nicht sein Taschentuch, sondern eine Art Serviette gewesen sein muß.) Er wedelte also damit und fragte kurzatmig und nervös:

„Bitte schehr? Schie wünschen?"

Mein Onkel, der keine alkoholarmen Getränke schätzte, sagte gewohnheitsmäßig:

„Alscho: Schwei Aschbach und für den Jungen Schelter oder Brausche. Oder wasch haben Schie schonscht?"

Der Kellner war sehr blaß. Und dabei war es Hochsommer und er war doch Kellner in einem Gartenlokal. Aber vielleicht war er überarbeitet. Und plötzlich merkte ich, daß mein Onkel unter seiner blanken, braunen Haut auch blaß wurde. Nämlich als der Kellner die Bestellung der Sicherheit wegen wiederholte:

„Schehr wohl. Schwei Aschbach. Eine brausche. Bitte schehr."

Mein Onkel sah meine Mutter mit hochgezogenen Brauen an, als ob er etwas Dringendes von ihr wollte. Aber er wollte sich nur vergewissern, ob er noch auf dieser Welt sei. Dann sagte er mit einer Stimme, die an fernen Geschützdonner erinnerte:

„Schagen Schie mal, schind Schie wahnschinnig? Schie? Schie machen schich über mein Lischpeln luschtig? Wasch?" Der Kellner stand da und dann fing es an, an ihm zu zittern. Seine Hände zitterten. Seine Augendeckel. Seine Knie. Vor allem aber zitterte seine Stimme. Sie zitterte vor Schmerz und Wut und Fassungslosigkeit, als er sich jetzt Mühe gab, auch etwas geschützdonnerähnlich zu antworten:

„Esch ischt schamlosch von Schie, schich über mich schu amüschieren, taktlosch ischt dasch, bitte schehr."

Nun zitterte alles an ihm. Seine Jackenzipfel. Seine pomadenverklebten Haarsträhnen. Seine Nasenflügel und seine sparsame Unterlippe.

An meinem Onkel zitterte nichts. Ich sah ihn ganz genau an: Absolut nichts. Ich bewunderte meinen Onkel. Aber als der Kellner ihn schamlos nannte, da stand mein Onkel doch wenigstens auf. Das heißt, er stand eigentlich gar nicht auf. Das wäre ihm mit seinem einen Bein viel zu umständlich und beschwerlich gewesen. Er blieb sitzen und stand dabei doch auf. Innerlich stand er auf. Und das genügte auch vollkommen. Der Kellner fühlte dieses innerliche Aufstehen meines Onkels wie einen Angriff, und er wich zwei kurze zittrige unsichere Schritte zurück. Feindselig standen sie sich gegenüber. Obgleich mein Onkel saß. Wenn er wirklich aufgestanden wäre, hätte sich sehr wahrscheinlich der Kellner hingesetzt. Mein Onkel konnte es sich auch leisten, sitzen zu bleiben, denn er war noch im Sitzen ebenso groß wie der Kellner und ihre Köpfe waren auf gleicher Höhe.

So standen sie nun und sahen sich an. Beide mit einer zu kurzen Zunge, beide mit demselben Fehler. Aber jeder mit einem völlig anderen Schicksal.

Klein, verbittert, verarbeitet, zerfahren, fahrig, farblos, verängstigt, unterdrückt: der Kellner. Der kleine Kellner. Ein richtiger Kellner: Verdrossen, stereotyp, höflich, geruchlos, ohne Gesicht, numeriert, verwaschen und trotzdem leicht schmuddelig. Ein kleiner Kellner. Zigarettenfingrig, servil, steril, glatt, gut gekämmt, blaurasiert, gelbgeärgert, mit leerer Hose hinten und dicken Taschen an der Seite, schiefen Absätzen und chronisch verschwitztem Kragen — der kleine Kellner.

Und mein Onkel? Ach, mein Onkel! Breit, braun, brummend, baßkehlig, laut, lachend, lebendig, reich, riesig, ruhig, sicher, satt, saftig — mein Onkel!

Der kleine Kellner und mein großer Onkel. Verschieden wie ein Karrengaul vom Zeppelin. Aber beide kurzzungig. Beide mit demselben Fehler. Beide mit einem feuchten, wässerigen, weichen sch. Aber der Kellner ausgestoßen, getreten von seinem Zungenschicksal, bockig, eingeschüchtert, enttäuscht, einsam, bissig.

Und klein, ganz klein geworden. Tausendmal am Tag verspottet, an jedem Tisch belächelt, belacht, bemitleidet, begrinst, beschrien. Tausendmal an jedem Tag im Gartenlokal an jedem Tisch einen Zentimeter in sich hineingekrochen, geduckt, geschrumpft. Tausendmal am Tag bei jeder Bestellung an jedem Tisch, bei jedem „bitte schehr" kleiner, immer kleiner geworden. Die Zunge, gigantischer, unförmiger Fleischlappen, die viel zu kurze Zunge, formlose zyklopische Fleischmasse, plumper unfähiger roter Muskelklumpen, diese Zunge hatte ihn zum Pygmäen erdrückt: kleiner, kleiner Kellner!

Und mein Onkel! Mit einer zu kurzen Zunge, aber: als hätte er sie nicht. Mein Onkel, selbst am lautesten lachend, wenn über ihn gelacht wurde. Mein Onkel, einbeinig, kolossal, slickzungig. Aber Apoll in jedem Zentimeter Körper und jedem Seelenatom. Autofahrer, Frauenfahrer, Herrenfahrer, Rennfahrer. Mein Onkel, Säufer, Sänger, Gewaltmensch, Witzereißer, Zotenflüsterer, Verführer, kurzzungiger, sprühender sprudelnder spuckender Anbeter von Frauen und Kognak. Mein Onkel, saufender Sieger, prothesenknarrend, breitgrinsend, mit viel zu kurzer Zunge, aber: als hätte er sie nicht.

So standen sie sich gegenüber. Mordbereit, todwund der eine, lachfertig, randvoll mit Gelächtereruptionen der andere. Ringsherum sechs- bis siebenhundert Augen und Ohren, Spazierläufer, Kaffeetrinker, Kuchenschleckerer, die den Auftritt mehr genossen als Bier und Brause und Bienenstich. Ach, und mittendrin meine Mutter und ich. Rotköpfig, schamhaft, tief in die Wäsche verkrochen. Und unsere Leiden waren erst am Anfang.

„Schuchen Schie schofort den Wirt, Schie aggreschiver Schpatsch, Schie. Ich will Schie lehren, Gäschte schu inschultieren."

Mein Onkel sprach jetzt absichtlich so laut, daß den sechs- bis siebenhundert Ohren kein Wort entging. Der Asbach regte ihn in angenehmer Weise an. Er grinste vor Wonne über sein großes, gutmütiges, breites, braunes Gesicht. Helle salzige Perlen kamen aus der Stirn und trudelten abwärts über die massiven Backenknochen. Aber der Kellner hielt alles an ihm für Bosheit, für Gemeinheit, für Beleidigung und Provokation. Er stand mit faltigen, hohlen, leise wehenden Wangen da und rührte sich nicht von der Stelle.

„Haben Schie Schand in den Gehörgängen? Schuchen Schie den Beschitscher, Schie beschoffener Schpaschvogel. Losch, oder haben Schie die Ho`che voll, Schie mischgeschtalteter Schwerg?"

Da faßte der kleine Pygmäe, der kleine slickzungige Kellner, sich ein großmütiges, gewaltiges, für uns alle und für ihn selbst überraschendes Herz. Er trat ganz nah an unsern Tisch, wedelte mit seinem Taschentuch über unsere Teller und knickte zu einer korrekten Kellnerverbeugung zusammen. Mit einer kleinen männlichen und entschlossen leisen Stimme, mit überwältigender zitternder Höflichkeit sagte er: „Bitte schehr!" und setzte sich klein, kühn und kaltblütig auf den vierten freien Stuhl an unserem Tisch. Kaltblütig natürlich nur markiert. Denn in seinem tapferen kleinen Kellnerherzen flackerte die empörte Flamme der verachteten, gescheuchten, mißgestalteten Kreatur. Er hatte auch nicht den Mut, meinen Onkel anzusehen. Er setzte sich nur so klein und sachlich hin, und ich glaube, daß höchstens ein Achtel seines Gesäßes den Stuhl berührte. (Wenn er überhaupt mehr als ein Achtel besaß – vor lauter Bescheidenheit.) Er saß, sah vor sich hin auf die kaffeeübertropfte grauweiße Decke, zog seine dicke Brieftasche hervor und legte sie immerhin einigermaßen männlich auf den Tisch. Eine halbe Sekunde riskierte er einen kurzen Aufblick, ob er wohl zu weit gegangen sei mit dem Aufbumsen der Tasche, dann, als er sah, daß der Berg, mein Onkel nämlich, in seiner Tätigkeit verharrte, öffnete er die Tasche und nahm ein Stück pappartiges zusammengeknifftes Papier heraus, dessen Falten das typische Gelb eines oft benutzten Stück Papieres aufwiesen. Er klappte es wichtig auseinander, verkniff sich jeden Ausdruck von Beleidigtsein oder Rechthaberei und legte sachlich seinen kurzen abgenutzten Finger auf eine bestimmte Stelle des Stück Papiers. Dazu sagte er leise, eine Spur heiser und mit großen Atempausen:

„Bitte schehr. Wenn Schie schehen wollen. Schtellen Schie höflichscht schelbscht fescht. Mein Pasch. In Parisch gewoschen. Barschelona. Oschnabrück, bitte schehr. Allesch ausch meinem Pasch schu erschehen. Und hier: Beschondere Kennscheichen: Narbe am linken Knie (Vom Fußballspiel.) Und hier, und hier? Wasch ischt hier? Hier, bitte schehr: Schprachfehler scheit Geburt. Bitte schehr. Wie Schie schelbscht schehen!"

Das Leben war zu rabenmütterlich mit ihm umgegangen, als daß er jetzt den Mut gehabt hätte, seinen Triumph auszukosten und meinen Onkel herausfordernd anzusehen. Nein, er sah still und klein vor sich auf seinen vorgestreckten Finger und den bewiesenen Geburtsfehler und wartete geduldig auf den Baß meines Onkels.

Es dauerte nicht lange, bis der kam. Und als er dann kam, war es so unerwartet, was er sagte, daß ich vor Schreck einen Schluckauf bekam. Mein Onkel ergriff plötzlich mit seinen klobigen viereckigen Tatmenschenhänden die kleinen flatterigen Pfoten des Kellners und sagte mit der vitalen wütendkräftigen Gutmütigkeit und der tierhaft warmen Weichheit, die als primärer Wesenszug aller Riesen gilt: „Armesch kleinesch Luder! Schind schie schon scheit deiner Geburt hinter dir her und hetschen?"

Der Kellner schluckte. Dann nickte er. Nickte sechs-, siebenmal. Erlöst. Befriedigt. Stolz. Geborgen. Sprechen konnte er nicht. Er begriff nichts. Verstand und Sprache waren erstickt von zwei dicken Tränen. Sehen konnte er auch nicht, denn die zwei dicken Tränen schoben sich vor seine Pupillen wie zwei undurchsichtige allesversöhnende Vorhänge. Er begriff nichts. Aber sein Herz empfing diese Welle des Mitgefühls wie eine Wüste, die tausend Jahre auf einen Ozean gewartet hatte. Bis an sein Lebensende hätte er sich so überschwemmen lassen können! Bis an seinen Tod hätte er seine kleinen Hände in den Pranken meines Onkels verstecken mögen! Bis in die Ewigkeit hätte er das hören können, dieses: Armesch kleinesch Luder!

Aber meinem Onkel dauerte das alles schon zu lange. Er war Autofahrer. Auch wenn er im Lokal saß. Er ließ seine Stimme wie eine Artilleriesalve über das Gartenlokal hinwegdröhnen und donnerte irgendeinen erschrockenen Kellner an:

„Schie, Herr Ober! Acht Aschbach! Aber losch, schag ich Ihnen! Wasch? Nicht Ihr Revier? Bringen Schie schofort acht Aschbach oder tun Schie das nicht, wasch?"

Der fremde Kellner sah eingeschüchtert und verblüfft auf meinen Onkel. Dann auf seinen Kollegen. Er hätte ihm gern von den Augen abgesehen (durch ein Zwinkern oder so), was das alles zu bedeuten hätte. Aber der kleine Kellner konnte seinen Kollegen kaum erkennen, so weit weg war er von allem, was Kellner, Kuchenteller, Kaffeetasse und Kollege hieß, weit, weit weg davon.

Dann standen acht Asbach auf dem Tisch. Vier Gläser davon mußte der fremde Kellner gleich wieder mitnehmen, sie waren leer, ehe er einmal geatmet hatte. „Laschen Schie dasch da nochmal vollaufen!" befahl mein Onkel und wühlte in den Innentaschen seiner Jacke. Dann pfiff er eine Parabel durch die Luft und legte nun seinerseits seine dicke Brieftasche neben die seines neuen Freundes. Er fummelte endlich eine zerknickte Karte heraus und legte seinen Mittelfinger, der die Maße eines Kinderarms hatte, auf einen bestimmten Teil der Karte.

„Schiehscht du, dummesch Häschchen, hier schtehtsch: Beinamputiert und Unterkieferschusch. Kriegschverletschung." Und während er das sagte, zeigte er mit der anderen Hand auf eine Narbe, die sich unterm Kinn versteckt hielt.

„Die Öösch haben mir einfach ein Schtück von der Schungenschpitsche abgeschoschen. In Frankreich damalsch."

Der Kellner nickte.

„Noch bösche?" fragte mein Onkel.

Der Kellner schüttelte schnell den Kopf hin und her, als wollte er etwas ganz Unmögliches abwehren.

„Ich dachte nur schuerscht, Schie wollten mich utschen."

Erschüttert über seinen Irrtum in der Menschenkenntnis wackelte er mit dem Kopf immer wieder von links nach rechts und wieder zurück.

Und nun schien es mit einmal, als ob er alle Tragik seines Schicksals damit abgeschüttelt hätte. Die beiden Tränen, die sich nun in den Hohlheiten seines Gesichtes verliefen, nahmen alle Qual seines bisherigen verspotteten Daseins mit. Sein neuer Lebensabschnitt, den er an der Riesentatze meines Onkels betrat, begann mit einem kleinen aufstoßenden Lacher, einem Gelächterchen, zage, scheu, aber von einem unverkennbaren Asbachgestank begleitet.

Und mein Onkel, dieser Onkel, der sich auf einem Bein, mit zerschossener Zunge und einem bärigen baßstimmigen Humor durch das Leben lachte, dieser mein Onkel war nun so unglaublich selig, daß er endlich, endlich lachen konnte. Er war schon bronzefarben angelaufen, daß ich fürchtete, er müsse jede Minute platzen. Und sein Lachen lachte los, unbändig, explodierte, polterte, juchte, gongte, gurgelte — lachte los, als ob er ein Riesensaurier wäre, dem diese Urweltlaute entrülpsten. Das erste kleine neuprobierte Menschlachen des Kellners, des neuen kleinen Kellnermenschen, war dagegen wie das schüttere Gehüstel eines erkälteten Ziegenbabys. Ich griff angstvoll nach der Hand meiner Mutter. Nicht daß ich Angst vor meinem Onkel gehabt hätte, aber ich hatte doch eine tiefe tierische Angstwitterung vor den acht Asbachs, die in meinem Onkel brodelten. Die Hand meiner Mutter war eiskalt. Alles Blut hatte ihren Körper verlassen, um den Kopf zu einem grellen plakatenen Symbol der Schamhaftigkeit und des bürgerlichen Anstandes zu machen. Keine Vierländer Tomate konnte ein röteres Rot ausstrahlen. Meine Mutter leuchtete. Klatschmohn war blaß gegen sie. Ich rutschte tief von meinem Stuhl unter den Tisch. Siebenhundert Augen waren rund und riesig um uns herum. Oh, wie wir uns schämten, meine Mutter und ich.

Der kleine Kellner, der unter dem heißen Alkoholatem meines Onkels ein neuer Mensch geworden war, schien den ersten Teil seines neuen Lebens gleich mit einer ganzen Ziegenmeckerlachepoche beginnen zu wollen. Er mähte, bähte, gnuckte und gnickerte wie eine ganze Lämmerherde auf einmal. Und als die beiden Männer nun noch vier zusätzliche Asbachs über ihre kurzen

Zungen schütteten, wurden aus den Lämmern, aus den rosigen, dünnstimmigen, zarten, schüchternen, kleinen Kellnerlämmern, ganz gewaltige hölzernmeckernde, steinalte, weißbärtige, blechscheppernde, blödblökende Böcke.

Diese Verwandlung vom kleinen, giftigen, tauben, verkniffenen Bitterling zum andauernd, fortdauernd meckernden, schenkelschlagenden, geckernden, blechern blökenden Ziegenbockmenschen war selbst meinem Onkel etwas ungewöhnlich. Sein Lachen verglückerte langsam wie ein absaufender Felsen. Er wischte sich mit dem Ärmel die Tränen aus dem braunen, breiten Gesicht und glotzte mit asbachblanken sturerstaunten Augen auf den unter Lachstößen bebenden weißbejackten Kellnerzwerg. Um uns herum feixten drei- bis vierhundert Gesichter. Siebenhundert Augen glaubten, daß sie nicht richtig sahen. Drei- bis vierhundert Zwerchfelle schmerzten. Die, die am weitesten ab saßen, standen erregt auf, um sich ja nichts entgehen zu lassen. Es war, als ob der Kellner sich vorgenommen hatte, fortan als ein riesenhafter, boshaft bähender Bock sein Leben fortzusetzen. Neuerdings, nachdem er wie aufgezogen einige Minuten in seinem eigenen Gelächter untergegangen war, neuerdings bemühte er sich erfolgreich, zwischen den Lachsalven, die wie ein blechernes Maschinengewehrfeuer aus seinem runden Mund perlten, kurze schrille Schreie auszustoßen. Es gelang ihm, so viel Luft zwischen dem Gelächter einzusparen, daß er nun diese Schreie in die Luft wiehern konnte.

„Schischyphusch!" schrie er und patschte sich gegen die nasse Stirn. „Schischyphusch! Schiiischyyyphuuusch!" Er hielt sich mit beiden Händen an der Tischplatte fest und wieherte: „Schischyphusch!" Als er fast zwei dutzendmal gewiehert hatte, dieses „Schischyphusch" aus voller Kehle gewiehert hatte, wurde meinem Onkel das Schischyphuschen zuviel. Er zerknitterte dem unaufhörlich wiehernden Kellner mit einem einzigen Griff das gestärkte Hemd, schlug mit der anderen Faust auf den Tisch, daß zwölf leere Gläser an zu springen fingen, und donnerte ihn an: „Schlusch! Schlusch, schag ich jetscht. Wasch scholl dasch mit dieschem blödschinnigen schaudummen Schischyphusch? Schlusch jetscht, verschtehscht du!"

Der Griff und der gedonnerte Baß meines Onkels machten aus dem schischyphuschschreienden Ziegenbock im selben Augenblick wieder den kleinen, lispelnden, armseligen Kellner.

Er stand auf. Er stand auf, als ob es der größte Irrtum seines Lebens gewesen wäre, daß er sich hingesetzt hatte. Er fuhr sich mit dem Serviettentuch durch das Gesicht und räumte Lachtränen, Schweißtropfen, Asbach und Gelächter wie etwas hinweg, das fluchwürdig und frevelhaft war. Er war aber so betrunken, daß er alles für einen Traum hielt, die Pöbelei am Anfang, das Mitleid und die Freundschaft meines Onkels. Er wußte nicht: Hab ich nun eben Schischyphusch geschrien? Oder nicht? Hab ich schechsch Aschbach gekippt, ich, der Kellner dieschesch Lokalsch, mitten unter den Gäschten? Ich? Er war unsicher. Und für alle Fälle machte er eine abgehackte kleine Verbeugung und flüsterte: „Verscheihung!" Und dann verbeugte er sich noch einmal: „Verscheihung. Ja, verscheihen Schie dasch Schischyphuschgeschrei. Bitte schehr. Verscheihen der Herr, wenn ich schu laut war, aber der Aschbach, Schie wischen ja schelbscht, wenn man nichtsch gegeschen hat, auf leeren Magen. Bitte schehr darum. Schischyphusch war nämlich mein Schpitschname. Ja, in der Schule schon. Die gansche Klasche nannte mich scho. Schie wischen wohl, Schischyphusch, dasch war der Mann in der Hölle, diesche alte Schage, wischen Schie, der Mann im Hadesch, der arme Schünder, der einen groschen Felschen auf einen rieschigen Berg raufschieben schollte, eh, muschte, ja, dasch war der Schischyphusch, wischen Schie wohl. In der Schule muschte ich dasch immer schagen, immer diesch Schischyphusch. Und alles hat dann puschtet vor Lachen, können Schie schich denken, werter Herr. Allesch hat dann gelacht, wischen Schie, schintemalen ich doch die schu kursche Schungenschpitsche beschitsche. Scho kam esch, dasch ich schpäter überall Schischyphusch geheischen wurde und gehänschelt wurde, schehen Schie. Und dasch, verscheihen, kam mir beim Aschbach nun scho insch Gedächtnisch, alsch ich scho geschrien habe, verschtehen. Verscheihen Schie, ich bitte schehr, verscheihen Schie, wenn ich Schie beläschtigt haben schollte, bitte schehr."

Er verstummte. Seine Serviette war indessen unzählige Male von einer Hand in die andere gewandert. Dann sah er auf meinen Onkel.

Jetzt war der es, der still am Tisch saß und vor sich auf die Tischdecke sah. Er wagte nicht, den Kellner anzusehen. Mein Onkel, mein bärischer, bulliger, riesiger Onkel wagte nicht, aufzusehen und den Blick dieses kleinen verlegenen Kellners zu erwidern. Und die beiden dicken Tränen, die saßen nun in seinen Augen. Aber das sah keiner außer mir. Und ich sah es auch nur, weil ich so klein war, daß ich ihm von unten her ins Gesicht sehen konnte. Er schob dem still abwartenden Kellner einen mächtigen Geldschein hin, winkte ungeduldig ab, als der ihm zurückgeben wollte, und stand auf, ohne jemanden anzusehen.

Der Kellner brachte noch zaghaft einen Satz an: „Die Aschbach wollte ich wohl gern beschahlt haben, bitte schehr."

Dabei hatte er den Schein schon in seine Tasche gesteckt, als erwarte er keine Antwort und keinen Einspruch. Es hatte auch keiner den Satz gehört, und seine Großzügigkeit fiel lautlos auf den harten Kies des Gartenlokals und wurde da später gleichgültig zertreten.

Mein Onkel nahm seinen Stock, wir standen auf, meine Mutter stützte meinen Onkel, und wir gingen langsam auf die Straße zu. Keiner von uns dreien sah auf den Kellner. Meine Mutter und ich nicht, weil wir uns schämten. Mein Onkel nicht, weil er die beiden Tränen in den Augen sitzen hatte. Vielleicht schämte er sich auch, dieser Onkel. Langsam kamen wir auf den Ausgang zu, der Stock meines Onkels knirschte häßlich auf dem Gartenkies, und das war das einzige Geräusch im Augenblick, denn die drei- bis vierhundert Gesichter an den Tischen waren stumm und glotzäugig auf unseren Ausgang konzentriert.

Und plötzlich tat mir der kleine Kellner leid. Als wir am Ausgang des Gartens um die Ecke biegen wollten, sah ich mich schnell noch einmal nach ihm um. Er stand noch immer an unserem Tisch. Sein weißes Serviettentuch hing bis auf die Erde. Er schien mir noch viel, viel kleiner geworden zu sein. So klein stand er da, und ich liebte ihn plötzlich, als ich ihn so verlassen hinter uns herblicken sah, so klein, so grau, so leer, so hoffnungslos, so arm, so kalt und so grenzenlos allein. Ach, wie klein! Er tat mir so unendlich leid, daß ich meinen Onkel an die Hand tippte, aufgeregt und leise sagte: „Ich glaube, jetzt weint er."

Mein Onkel blieb stehen. Er sah mich an, und ich konnte die beiden dicken Tropfen in seinen Augen ganz deutlich erkennen. Noch einmal sagte ich, ohne genau zu verstehen, warum ich es eigentlich tat: „Oh, er weint. Kuck mal, er weint."

Da ließ mein Onkel den Arm meiner Mutter los, humpelte schnell und schwer zwei Schritte zurück, riß seinen Krückstock wie ein Schwert hoch und stach damit in den Himmel und brüllte mit der ganzen großartigen Kraft seines gewaltigen Körpers und seiner Kehle:

„Schischyphusch! Schischyphusch! Hörscht du? Auf Wiederschehen, alter Schischyphusch! Bisch nächschten Schonntag, dummesch Luder! Wiederschehen!"

Die beiden dicken Tränen wurden von den Falten, die sich jetzt über sein gutes, braunes Gesicht zogen, zu nichts zerdrückt. Es waren Lachfalten, und er hatte das ganze Gesicht voll davon. Noch einmal fegte er mit seinem Krückstock über den Himmel, als wollte er die Sonne herunterraken, und noch einmal donnerte er sein Riesenlachen über die Tische des Gartenlokals hin: „Schischyphusch! Schischyphusch!"

Und Schischyphusch, der kleine graue arme Kellner, wachte aus seinem Tod auf, hob seine Serviette und fuhr damit auf und ab wie ein wildgewordener Fensterputzer. Er wischte die ganze graue Welt, alle Gartenlokale der Welt, alle Kellner und alle Zungenfehler der Welt mit seinem Winken endgültig und für immer weg aus seinem Leben. Und er schrie schrill und überglücklich zurück, wobei er sich auf die Zehen stellte und ohne sein Fensterputzen zu unterbrechen:

„Ich verschtehe! Bitte schehr! Am Schonntag! Ja, Wiederschehen! Am Schonntag, bitte schehr!"

Dann bogen wir um die Ecke. Mein Onkel griff wieder nach dem Arm meiner Mutter und sagte leise: „Isch weisch, esch war schicher entschetschlich für euch. Aber wasch schollte ich andersch tun, schag schelbscht. Scho'n dummer Hasche. Läuft nun schein gansches Leben mit scho einem garschtigen Schungenfehler herum. Armesch Luder dasch!"

Konstantin Paustowskij

Die Hasenpfoten

Zum Tierarzt in unserem Dorf kam Wanja Maljawin vom Urschensker See und brachte, in eine zerschlissene Wattejacke gewickelt, einen kleinen, warmen Hasen mit. Der Hase weinte und zwinkerte schnell hintereinander mit seinen tränengeröteten Augen...

„Nanu, du bist wohl verrückt", rief der Tierarzt. „Nächstens bringst du mir noch Mäuse angeschleppt, du Lumpenmatz!"

„Schimpfen Sie nur nicht, das ist ein besonderer Hase", sagte Wanja mit heiserem Geflüster, „den schickt der Großvater, er will ihn gesundmachen lassen."

„Was fehlt ihm denn?"

„Seine Pfoten sind verbrannt."

Der Tierarzt drehte Wanja mit dem Gesicht zur Tür, gab ihm einen Schubs in den Rücken und rief ihm nach: „Verdufte, verdufte! Die kann ich nicht heilen. Brat ihn mit Zwiebeln, da hat dein Großvater was zum Frühstück."

Wanja sagte gar nichts. Er ging in den Flur, blinzelte, schniefte und drückte sich an die Balkenwand. Die Wand entlang liefen Tränen. Der Hase zitterte leicht unter der speckigen Jacke.

„Was hast du, Kleiner", fragte die mitleidige Großmutter Anissja. Sie führte ihre einzige Ziege zum Tierarzt. „Was habt ihr Lieben, daß ihr alle beide Tränen vergießt. Ist was passiert?"

„Verbrannt ist er, Großvaters Hase", sagte Wanja leise. „Beim Waldbrand hat er sich die Pfoten verbrannt und kann nicht laufen. Hier, guck nur, er stirbt."

„Er stirbt nicht, Kleiner", mümmelte Anissja. „Sag deinem Großvater, wenn er sehr gern den Hasen gesundmachen will, dann mög er ihn in die Stadt zu Karel Petrowitsch bringen."

Wanja wischte sich die Tränen ab und ging durch die Wälder nach Haus, an den Urschensker See. Er ging nicht, sondern lief den heißen sandigen Weg. Der Waldbrand neulich war dicht am See nach Norden abgewichen.

Es roch nach Brand und nach trockenen Weidenröschen. Sie wuchsen als große Inseln auf den Lichtungen.

Der Hase wimmerte.

Wanja fand auf dem Weg ein flaumiges, mit weichen silbernen Haaren bedecktes Blatt, riß es ab, legte es unter eine kleine Föhre und packte den Hasen aus. Der Hase sah das Blatt an, drückte seinen Kopf hinein und lag ganz still.

„Was hast du, Grauli", fragte Wanja leise. „Friß nur."

Der Hase schwieg.

„Friß nur", sagte Wanja noch einmal, und seine Stimme bebte. „Oder vielleicht willst du trinken?"

Der Hase bewegte ein zerrissenes Ohr und machte die Augen zu. Wanja nahm ihn auf den Arm und rannte quer durch den Wald — man mußte den Hasen schleunigst aus dem See trinken lassen.

Eine unglaubliche Hitze stand in jenem Sommer über den Wäldern. Morgens kamen Züge dichter weißer Wolken angeschwommen. Mittags stiegen die Wolken eilig nach oben, zum Zenit, wurden vor unseren Augen auseinandergetrieben und verschwanden irgendwo hinter den Himmelsrändern. Ein heißer, orkanartiger Wind wehte schon zwei Wochen ohne Aufhören. Das Harz, das an den Föhrenstämmen herunterlief, verwandelte sich in Bernstein.

Am Morgen zog der Großvater saubere Fußlappen und neue Bastschuhe an, nahm den Stecken und ein Stück Brot und trottete in die Stadt. Wanja trug den Hasen hinterher. Der Hase war gänzlich still geworden, nur ab und zu zuckte er mit dem ganzen Körper und seufzte krampfhaft.

Der dörrende Wind hatte über der Stadt eine Wolke aus mehlweichem Staub in die Höhe geblasen. Darin flogen Hühnerflaum, trockenes Laub und Stroh. Von fern sah es aus, als qualme über der Stadt eine lautlose Feuersbrunst.

Auf dem Marktplatz war es sehr still und schwül. Die Droschkenpferde dösten neben der Wasserbude und hatten Strohhüte auf den Köpfen. Der Großvater bekreuzigte sich. „Halb Pferd, halb Frauenzimmer — der Teufel finde sich zurecht", sagte er und spuckte aus.

Lange fragten sie die Straßenpassanten nach Karl Petrowitsch, aber niemand gab ihnen eine richtige Antwort. Sie gingen in die Apotheke. Ein dicker alter Mann mit Klemmer, der einen kurzen weißen Kittel anhatte, zuckte ärgerlich die Achseln und sagte: „Das gefällt mir! Reichlich sonderbare Frage! Karl Petrowitsch Korsch — Spezialist für Kinderkrankheiten. Seit drei Jahren praktiziert er nicht mehr. Was wollt ihr von ihm?"

Der Großvater, stotternd vor Hochachtung für den Apotheker und aus Schüchternheit, erzählte vom Hasen.

„Das gefällt mir!" sagte der Apotheker. „Interessante Patienten haben sich in unserer Stadt eingefunden. Das gefällt mir ausgezeichnet!"

Er nahm nervös den Klemmer ab, putzte ihn, zwickte ihn wieder auf die Nase und starrte den Großvater an. Der Großvater schwieg und trat von einem Fuß auf den anderen. Der Apotheker schwieg ebenfalls. Das Schweigen wurde ungemütlich.

„Poststraße! Drei!" rief der Apotheker auf einmal grimmig und schlug ein zerfleddertes Buch zu. „Drei!"

Der Großvater und Wanja hatten sich gerade noch rechtzeitig zur Poststraße hingeschleppt: über der Oka zog ein schweres Gewitter herauf. Träger Donner rollte hinterm Horizont, als recke ein verschlafener Hüne sich in den Schultern und rüttle unwillig die Erde. Ein grauer Schein lief über den Fluß. Lautlose Blitze schlugen verstohlen, aber zielbewußt und kraftvoll in die Wiesen ein. Fern bei Poljany brannte schon ein Heuschober, den sie angezündet hatten. Dicke Regentropfen fielen auf den staubigen Weg, und bald sah er aus wie die Mondoberfläche: jeder Tropfen hinterließ im Staub einen kleinen Kratzer.

Karl Petrowitsch spielte etwas Schwermütiges und Melodiöses auf dem Flügel, als im Fenster der zerzauste Bart des Großvaters erschien. Eine Minute später war Karl Petrowitsch bereits wütend. „Ich bin kein Tierarzt", sagte er und schlug den Flügel zu. Im selben Moment donnerte es über den Wiesen. „Ich hab mein Lebtag Kinder behandelt, aber keine Hasen!"

„Ein Kind oder ein Hase — das ist genau dasselbe", murmelte der Großvater hartnäckig, „alles eins! Mach ihn gesund, tu mir den Gefallen! Unser Tierarzt ist für solche Sachen nicht zuständig. Der ist Roßarzt. Dieser Hase, kann ich wohl sagen, ist mein Retter — ich verdanke ihm mein Leben, ich muß ihm Dankbarkeit erweisen, und du sagst, ich soll ihn aufgeben!"

Eine weitere Minute lang hörte sich Karl Petrowitsch — ein alter Mann mit gesträubten Augenbrauen — beunruhigt die gestammelte Erzählung des Großvaters an. Zu guter Letzt willigte er ein, den Hasen zu behandeln. Am nächsten Morgen ging der Großvater zurück an den See, aber Wanja blieb bei Karl Petrowitsch, um den Hasen zu pflegen.

Einen Tag später wußte die ganze mit Gänsekraut bewachsene Poststraße bereits, daß Karl Petrowitsch einen Hasen behandelte, der sich bei dem furchtbaren Feuer verbrannt und einen alten Mann gerettet hatte. Zwei Tage später wußte bereits die ganze kleine Stadt davon, und am dritten Tag kam zu Karl Petrowitsch ein langaufgeschossener Jüngling mit Filzhut, stellte sich als Mitarbeiter einer Moskauer Zeitung vor und bat um ein Interview über den Hasen.

Der Hase wurde gesund. Wanja wickelte ihn in ein Wattefetzchen und trug ihn nach Haus. Bald war die Geschichte vom Hasen vergessen, und nur ein Moskauer Professor bestürmte den Großvater lange, er solle ihm den Hasen verkaufen. Er schickte ihm sogar Briefe mit Rückporto. Aber der Großvater ergab sich nicht. Nach seinem Diktat schrieb Wanja dem Professor einen Brief:

„Der Hase ist unverkäuflich, eine lebende Seele, mög er in Freiheit leben. Hiermit verbleibe
Larion Maljawin."

In diesem Herbst nächtigte ich bei Großvater Larion am Urschensker See. Sternbilder schwammen kalt wie Graupelkörner im Wasser. Das trockene Schilf rauschte, die Enten fröstelten im Gestrüpp und quakten die ganze Nacht kläglich. Der Großvater konnte nicht schlafen. Er saß am Ofen und besserte ein zerrissenes Fischnetz aus. Dann steckte er den Samowar an, und da fingen die Fenster auf einmal an zu schwitzen und die Sterne verwandelten sich aus feurigen Pünktchen in trübe, verschwommene Kugeln. Draußen bellte Mursik. Er sprang in die Dunkelheit, knirschte mit den Zähnen und fuhr zurück — er kämpfte mit der undurchdringlichen Oktobernacht. Der Hase schlief im Flur und klopfte manchmal im Traum laut mit der Hinterpfote an die morsche Scheuerleiste.

Wir tranken den Tee nachts, denn wir warteten auf die ferne und zögernde Morgendämmerung, und beim Tee erzählte mir der Großvater endlich die Hasengeschichte.

Im August war der Großvater ans Nordufer des Sees auf die Jagd gegangen. Die Wälder waren trocken wie Pulver. Dem Großvater kam ein Häslein mit abgerissenem linken Ohr in die Quere. Er schoß nach ihm aus dem alten, drahtumwickelten Gewehr, traf aber nicht. Der Hase riß aus.

Der Großvater ging weiter. Doch auf einmal wurde er unruhig: von Süden, von Lopuchow her, roch es stark nach Brand. Wind kam auf. Der Rauch wurde dichter, er zog schon in weißen Schwaden durch den Wald und hüllte die Sträucher ein. Das Atmen wurde schwer. Der Großvater sah, daß ein Waldbrand ausgebrochen war und das Feuer gerade auf ihn zukam. Der Wind verwandelte sich in einen Orkan. Das Feuer jagte mit unerhörter Geschwindigkeit über die Erde. Soviel der Großvater sagte, hätte auch ein Zug einem solchen Feuer nicht entrinnen können. Der Großvater hatte recht: während des Sturmes lief das Feuer mit einer Geschwindigkeit von dreißig Stundenkilometern.

Der Großvater rannte über Grasbuckel, stolperte, fiel, der Rauch biß ihm in die Augen, und von hinten hörte er bereits das große Brausen und Prasseln der Flammen. Der Tod hatte den Großvater eingeholt, packte ihn an der Schulter. Und in diesem Augenblick sprang ein Hase unter Großvaters Füßen weg. Er lief langsam und schleppte die Hinterpfoten nach. Erst da merkte der Großvater, daß sie angesengt waren.

Der Großvater freute sich über den Hasen, als habe er seinen besten Freund getroffen. Als alter Waldbewohner wußte er, daß die Tiere viel besser als die Menschen spüren, woher das Feuer kommt, und sich immer retten. Sie kommen nur in jenen seltenen Fällen um, in denen das Feuer sie einkreist. Der Großvater lief hinter dem Hasen her. Er lief, weinte vor Angst und schrie: „Wart, Lieber, renn nicht so schnell!"

Der Hase führte den Großvater aus dem Feuer heraus. Als sie aus dem Wald an den See gelangt waren, fielen beide vor Müdigkeit um. Der Großvater hob den Hasen auf und trug ihn nach Haus. Der Hase hatte sich die Hinterläufe und den Bauch verbrannt. Dann ließ ihn der Großvater gesundmachen und behielt ihn bei sich.

„Ja", sagte der Großvater und sah den Samowar so wütend an, als sei der an allem schuld. „Ich bin also vor diesem Hasen sehr schuldig geworden, lieber Mann."

„Wieso bist du schuldig geworden?"

„Aber guck dir doch bloß mal den Hasen an, meinen Retter, dann wirst du's erfahren. Nimm die Laterne."

Ich nahm die Laterne vom Tisch und ging in den Flur. Der Hase schlief. Ich beugte mich mit der Laterne über ihn und erkannte, daß das linke Ohr des Hasen abgerissen war. Da war mir alles klar.

Wolfgang Borchert

Der Schriftsteller

Der Schriftsteller muß dem Haus, an dem alle bauen, den Namen geben. Auch den verschiedenen Räumen. Er muß das Krankenzimmer „Das traurige Zimmer" nennen, die Dachkammer „Das windige" und den Keller „Das düstere". Er darf den Keller nicht „Das schöne Zimmer" nennen.

Wenn man ihm keinen Bleistift gibt, muß er verzweifeln vor Qual. Er muß versuchen, mit dem Löffelstiel an die Wand zu ritzen. Wie im Gefängnis: Dies ist ein häßliches Loch. Wenn er das nicht tut in seiner Not, ist er nicht echt. Man sollte ihn zu den Straßenkehrern schicken.

Wenn man seine Briefe in anderen Häusern liest, muß man wissen: Aha. Ja. So also sind sie in jenem Haus. Es ist egal, ob er groß oder klein schreibt. Aber er muß leserlich schreiben. Er darf in dem Haus die Dachkammer bewohnen. Dort hat man die tollsten Aussichten. Toll, das ist schön und grausig. Es ist einsam da oben. Und es ist da am kältesten und am heißesten.

Wenn der Steinhauer Wilhelm Schröder den Schriftsteller in der Dachkammer besucht, kann ihm womöglich schwindelig werden. Darauf darf der Schriftsteller keine Rücksicht nehmen. Herr Schröder muß sich an die Höhe gewöhnen. Sie wird ihm gut tun. Nachts darf der Schriftsteller die Sterne begucken. Aber wehe ihm, wenn er nicht fühlt, daß sein Haus in Gefahr ist. Dann muß er posaunen, bis ihm die Lungen platzen!

Heinrich Böll

Die Waage der Baleks

In der Heimat meines Großvaters lebten die meisten Menschen von der Arbeit in den Flachsbrechen. Seit fünf Generationen atmeten sie den Staub ein, der den zerbrochenen Stengeln entstieg, ließen sich langsam dahinmorden, geduldige und fröhliche Geschlechter, die Ziegenkäse aßen und Kartoffeln, manchmal ein Kaninchen schlachteten; abends spannen und strickten sie in ihren Stuben, sangen, tranken Pfefferminztee und waren glücklich. Tagsüber brachen sie den Flachs in altertümlichen Maschinen, schutzlos dem Staub preisgegeben und der Hitze, die den Trockenöfen entströmte. In ihren Stuben stand ein einziges, schrankartiges Bett, das den Eltern vorbehalten war, und die Kinder schliefen ringsum auf Bänken. Morgens waren ihre Stuben vom Geruch der Brennsuppe erfüllt; an den Sonntagen gab es Sterz, und die Gesichter der Kinder röteten sich vor Freude, wenn an besonders festlichen Tagen sich der schwarze Eichelkaffee hell färbte, immer heller von der Milch, die die Mutter lächelnd in ihre Kaffeetöpfe goß.

Die Eltern gingen früh zur Arbeit, den Kindern war der Haushalt überlassen: Sie fegten die Stube, räumten auf, wuschen das Geschirr und schälten Kartoffeln, kostbare gelbliche Früchte, deren dünne Schale sie vorweisen mußten, um den Verdacht möglicher Verschwendung oder Leichtfertigkeit zu zerstreuen.

Kamen die Kinder aus der Schule, mußten sie in die Wälder gehen und — je nach der Jahreszeit — Pilze sammeln und Kräuter: Waldmeister und Thymian, Kümmel und Pfefferminz, auch Fingerhut, und im Sommer, wenn sie das Heu von ihren mageren Wiesen geerntet hatten, sammelten sie die Heublumen. Einen Pfennig gab es für ein Kilo Heublumen, die in der Stadt in den Apotheken für zwanzig Pfennig das Kilo an nervöse Damen verkauft wurden. Kostbar waren die Pilze: Sie brachten zwanzig Pfennig das Kilo und wurden in der Stadt für eine Mark zwanzig gehandelt. Weit in die grüne Dunkelheit der Wälder krochen die Kinder im Herbst, wenn die Feuchtigkeit die Pilze aus dem Boden treibt, und fast jede Familie hatte ihre Plätze, an denen sie Pilze pflückte, Plätze, die von Geschlecht zu Geschlecht weitergeflüstert wurden.

Die Wälder gehörten den Baleks, auch die Flachsbrechen, und die Baleks hatten im Heimatdorf meines Großvaters ein Schloß, und die Frau des Familienvorstandes jeweils hatte neben der Milchküche ein kleines Stübchen, in dem Pilze, Kräuter, Heublumen gewogen und bezahlt wurden. Dort stand auf dem Tisch die große Waage der Baleks, ein altertümliches, verschnörkeltes, mit Goldbronze bemaltes Ding, vor dem die Großeltern meines Großvaters schon gestanden hatten, die Körbchen mit Pilzen, die Papiersäcke mit Heublumen in ihren schmutzigen Kinderhänden, gespannt zusehend, wieviel Gewichte Frau Balek auf die Waage werfen mußte, bis der pendelnde Zeiger genau auf dem schwarzen Strich stand, dieser dünnen Linie der Gerechtigkeit, die jedes Jahr neu gezogen werden mußte. Dann nahm Frau Balek das große Buch mit dem braunen Lederrücken, trug das Gewicht ein und zahlte das Geld aus, Pfennige oder Groschen und sehr, sehr selten einmal eine Mark. Und als mein Großvater ein Kind war, stand dort ein großes Glas mit sauren Bonbons, von denen, die das Kilo eine Mark kosteten, und wenn die Frau Balek, die damals über das Stübchen herrschte, gut gelaunt war, griff sie in dieses Glas und gab jedem der Kinder ein Bonbon, und die Gesichter der Kinder röteten sich vor Freude, so wie sie sich röteten, wenn die Mutter an besonders festlichen Tagen Milch in ihre Kaffeetöpfe goß, Milch, die den Kaffee hell färbte, immer heller, bis er so blond war wie die Zöpfe der Mädchen.

Eines der Gesetze, die die Baleks dem Dorf gegeben hatten, hieß: Keiner darf eine Waage im Hause haben. Das Gesetz war schon so alt, daß keiner mehr darüber nachdachte, wann und warum es entstanden war, und es mußte geachtet werden; denn wer es brach, wurde aus den Flachsbrechen entlassen, dem wurden keine Pilze, kein Thymian, keine Heublumen mehr abgenommen, und die Macht der Baleks reichte so weit, daß auch in den Nachbardörfern niemand ihm Arbeit gab, niemand ihm die Kräuter des Waldes abkaufte. Aber seitdem die Großeltern meines Großvaters als kleine Kinder Pilze gesammelt, sie abgeliefert hatten, damit sie in den Küchen der reichen Prager Leute den Braten würzten oder in Pasteten verbacken werden konnten, seitdem hatte niemand daran gedacht, dieses Gesetz zu brechen: Fürs Mehl gab es Hohlmaße, die Eier konnte man zählen, das Gesponnene wurde nach Ellen gemessen, und im übrigen machte die altertümliche, mit Goldbronze verzierte Waage der Baleks nicht den Eindruck, als könne sie nicht stimmen, und fünf Geschlechter hatten dem auspendelnden schwarzen Zeiger anvertraut, was sie mit kindlichem Eifer im Walde gesammelt hatten.

Zwar gab es zwischen diesen stillen Menschen auch welche, die das Gesetz mißachteten, Wilderer, die begehrten, in einer Nacht mehr zu verdienen, als sie in einem ganzen Monat in der Flachsfabrik verdienen konnten, aber auch von diesen schien noch nie jemand den Gedanken gehabt zu haben, sich eine Waage zu kaufen oder sie zu basteln. Mein Großvater war der erste, der kühn genug war, die Gerechtigkeit der Baleks zu prüfen, die im Schloß wohnten, zwei Kutschen fuhren, die immer einem Jungen des Dorfes das Studium der Theologie im Prager Seminar bezahlten, bei denen der Pfarrer jeden Mittwoch zum Tarock war, denen der Bezirkshauptmann — das kaiserliche Wappen auf der Kutsche — zu Neujahr seinen Besuch abstattete und denen der Kaiser zu Neujahr des Jahres 1900 den Adel verlieh.

Mein Großvater war fleißig und klug: Er kroch weiter in die Wälder hinein, als vor ihm Kinder seiner Sippe gekrochen waren, er drang bis in das Dickicht vor, in dem der Sage nach Bilgan der Riese hausen sollte, der dort den Hort der Balderer bewacht. Aber mein Großvater hatte keine Furcht vor Bilgan: Er drang weit in das Dickicht vor, schon als Knabe, brachte große Beute an Pilzen mit, fand sogar Trüffeln, die Frau Balek mit dreißig Pfennig das Pfund berechnete. Mein Großvater trug alles, was er den Baleks brachte, auf der Rückseite eines Kalenderblattes ein: jedes Pfund Pilze, jedes Gramm Thymian, und mit seiner Kinderschrift schrieb er rechts daneben, was er dafür bekommen hatte; jeden Pfennig kritzelte er hin, von seinem siebten bis zu seinem zwölften Jahr, und als er zwölf war, kam das Jahr 1900, und die Baleks schenkten jeder Familie im Dorf, weil der Kaiser sie geadelt hatte, ein Viertelpfund echten Kaffee, von dem, der aus Brasilien kommt; es gab auch Freibier und Tabak für die Männer, und im Schloß fand ein großes Fest statt; viele Kutschen standen in der Pappelallee, die vom Dorf zum Schloß führt.

Aber am Tage vor dem Fest schon wurde der Kaffee ausgegeben, in der kleinen Stube, in der seit fast hundert Jahren die Waage der Baleks stand, die jetzt Baleks von Bilgan hießen, weil der Sage nach Bilgan der Riese dort ein großes Schloß gehabt haben soll, wo die Gebäude der Baleks stehen.

Mein Großvater hat mir oft erzählt, wie er nach der Schule dorthin ging, um den Kaffee für vier Familien abzuholen: für die Cechs, die Beidlers, die Vohlas und für seine eigene, die Brüchers. Es war der Nachmittag vor Silvester: die Stuben mußten geschmückt werden, es mußte gebacken werden, und man wollte nicht vier Jungen entbehren, jeden einzeln den Weg ins Schloß machen lassen, um ein Viertelpfund Kaffee zu holen.

Und so saß mein Großvater auf der kleinen schmalen Holzbank im Stübchen, ließ sich von Gertrud, der Magd, die fertigen Achtelkilopakete Kaffee vorzählen, vier Stück, und blickte auf die Waage, auf deren linker Schale der Halbkilostein liegengeblieben war; Frau Balek von Bilgan war mit den Vorbereitungen fürs Fest beschäftigt. Und als Gertrud nun in das Glas mit den sauren Bonbons greifen wollte, um meinem Großvater eines zu geben, stellte sie fest, daß es leer war: Es wurde jährlich einmal neu gefüllt, faßte ein Kilo von denen zu einer Mark.

Gertrud lachte, sagte: „Warte, ich hole die neuen", und mein Großvater blieb mit den vier Achtelkilopaketen, die in der Fabrik verpackt und verklebt waren, vor der Waage stehen, auf der jemand den Halbkilostein liegengelassen hatte, und mein Großvater nahm die Kaffeepaketchen, legte sie auf die leere Waagschale, und sein Herz klopfte heftig, als er sah, wie der schwarze Zeiger der Gerechtigkeit links neben dem Strich hängenblieb, die Schale mit dem Halbkilostein unten blieb und das halbe Kilo Kaffee ziemlich hoch in der Luft schwebte; sein Herz klopfte heftiger, als wenn er im Walde hinter einem Strauch gelegen, auf Bilgan den Riesen gewartet hätte, und er suchte aus seiner Tasche Kieselsteine, wie er sie immer bei sich trug, um mit der Schleuder nach den Spatzen zu schießen, die an den Kohlpflanzen seiner Mutter herumpickten – drei, vier, fünf Kieselsteine mußte er neben die vier Kaffeepakete legen, bis die Schale mit dem Halbkilostein sich hob und der Zeiger endlich scharf über dem schwarzen Strich lag. Mein Großvater nahm den Kaffee von der Waage, wickelte die fünf Kieselsteine in sein Sacktuch, und als Gertrud mit der großen Kilotüte voll saurer Bonbons kam, die wieder für ein Jahr reichen mußten, um die Röte der Freude in die Gesichter der Kinder zu treiben, als Gertrud die Bonbons rasselnd ins Glas schüttelte, stand der kleine blasse Bursche da, und nichts schien sich verändert zu haben. Mein Großvater nahm nur drei von den Paketen, und Gertrud blickte erstaunt und erschreckt auf den blassen Jungen, der den sauren Bonbon auf die Erde warf, ihn zertrat und sagte: „Ich will Frau Balek sprachen." – „Balek von Bilgan, bitte", sagte Gertrud.

„Gut, Frau Balek von Bilgan", aber Gertrud lachte ihn aus, und er ging im Dunkeln ins Dorf zurück, brachte den Cechs, den Beidlers, den Vohlas ihren Kaffee und gab vor, er müsse noch zum Pfarrer.

Aber er ging mit seinen fünf Kieselsteinen im Sacktuch in die dunkle Nacht. Er mußte weit gehen, bis er jemand fand, der eine Waage hatte, eine haben durfte: in den Dörfern Blaugau und Bernau hatte niemand eine, das wußte er, und er schritt durch sie hindurch, bis er nach zweistündigem Marsch in das kleine Städtchen Dielheim kam, wo der Apotheker Honig wohnte. Aus Honigs Haus kam der Geruch frischgebackener Pfannekuchen, und Honigs Atem, als er dem verfrorenen Jungen öffnete, roch schon nach Punsch, und er hatte die nasse Zunge zwischen den schmalen Lippen, hielt die kalten Hände des Jungen einen Augenblick fest und sagte: „Na, ist es schlimmer geworden mit der Lunge deines Vaters?"

„Nein, ich komme nicht um Medizin, ich wollte..." Mein Großvater nestelte sein Sacktuch auf, nahm die fünf Kieselsteine heraus, hielt sie Honig hin und sagte: „Ich wollte das gewogen haben." Er blickte ängstlich in Honigs Gesicht, aber als Honig nichts sagte, nicht zornig wurde, auch nicht fragte, sagte mein Großvater: „Es ist das, was an der Gerechtigkeit fehlt", und mein Großvater spürte jetzt, als er in die warme Stube kam, wie naß seine Füße waren. Der Schnee war durch die schlechten Schuhe gedrungen, und im Wald hatten die Zweige den Schnee über ihn geschüttet, der jetzt schmolz, und er war müde und hungrig und fing plötzlich an zu weinen, weil ihm die vielen Pilze einfielen, die Kräuter, die Blumen, die auf der Waage gewogen worden waren, an der das Gewicht von fünf Kieselsteinen an der

Gerechtigkeit fehlte. Und als Honig, den Kopf schüttelnd, die fünf Kieselsteine in der Hand, seine Frau rief, fielen meinem Großvater die Geschlechter seiner Eltern, seiner Großeltern ein, die alle ihre Pilze, ihre Blumen auf der Waage hatten wiegen lassen müssen, und es kam über ihn wie eine große Woge der Ungerechtigkeit, und er fing noch heftiger an zu weinen, setzte sich, ohne dazu aufgefordert zu sein, auf einen der Stühle in Honigs Stube, übersah den Pfannekuchen, die heiße Tasse Kaffee, die die gute und dicke Frau Honig ihm vorsetzte, und hörte erst auf zu weinen, als Honig selbst aus dem Laden vorne zurückkam und, die Kieselsteine in der Hand schüttelnd, leise zu seiner Frau sagte: „Fünfeinhalb Deka, genau."

Mein Großvater ging die zwei Stunden durch den Wald zurück, ließ sich prügeln zu Hause, schwieg, als er nach dem Kaffee gefragt wurde, sagte kein Wort, rechnete den ganzen Abend an seinem Zettel herum, auf dem er alles notiert hatte, was er der jetzigen Frau Balek geliefert hatte, und als es Mitternacht schlug, vom Schloß die Böller zu hören waren, im ganzen Dorf das Geschrei, das Klappern der Rasseln erklang, als die Familie sich geküßt, sich umarmt hatte, sagte er in das folgende Schweigen des neuen Jahres hinein: „Baleks schulden mir achtzehn Mark und zweiunddreißig Pfennig." Und wieder dachte er an die vielen Kinder, die es im Dorf gab, dachte an seinen Bruder Fritz, der viele Pilze gesammelt hatte, an seine Schwester Ludmilla, dachte an die vielen hundert Kinder, die alle für die Baleks Pilze gesammelt hatten, Kräuter und Blumen, und er weinte diesmal nicht, sondern erzählte seinen Eltern, seinen Geschwistern von seiner Entdeckung.

Als die Baleks von Bilgan am Neujahrstage zum Hochamt in die Kirche kamen, das neue Wappen — einen Riesen, der unter einer Fichte kauert — schon in Blau und Gold auf ihrem Wagen, blickten sie in die harten und blassen Gesichter der Leute, die alle auf sie starrten. Sie hatten im Dorf Girlanden erwartet, am Morgen ein Ständchen, Hochrufe und Heilrufe, aber das Dorf war wie ausgestorben gewesen, als sie hindurchfuhren, und in der Kirche wandten sich die Gesichter der blassen Leute ihnen zu, stumm und feindlich, und als der Pfarrer auf die Kanzel stieg, um die Festpredigt zu halten, spürte er die Kälte der sonst so friedlichen und stillen Gesichter, und er stoppelte mühsam seine Predigt herunter und ging schweißtriefend zum Altar zurück. Und als die Baleks von Bilgan nach der Messe die Kirche wieder verließen, gingen sie durch ein Spalier stummer, blasser Gesichter. Die junge Frau Balek von Bilgan aber blieb vorne bei den Kinderbänken stehen, suchte das Gesicht meines Großvaters, des kleinen, blassen Franz Brücher, und fragte ihn in der Kirche: „Warum hast du den Kaffee für deine Mutter nicht mitgenommen?", und mein Großvater stand auf und sagte: „Weil Sie mir noch so viel Geld schulden, wie fünf Kilo Kaffee kosten", und er zog die fünf Kieselsteine aus seiner Tasche, hielt sie der jungen Frau hin und sagte: „So viel, fünfeinhalb Deka, fehlen auf ein halbes Kilo an Ihrer Gerechtigkeit." Und noch ehe die Frau etwas sagen konnte, stimmten die

Männer und Frauen in der Kirche das Lied an: „Gerechtigkeit der Erden, o Herr, hat Dich getötet..."

Während die Baleks in der Kirche waren, war Wilhelm Vohla, der Wilderer, in das kleine Stübchen eingedrungen, hatte die Waage gestohlen und das große, dicke, in Leder eingebundene Buch, in dem jedes Kilo Pilze, jedes Kilo Heublumen, alles eingetragen war, was von den Baleks im Dorf gekauft worden war, und den ganzen Nachmittag des Neujahrstages saßen die Männer des Dorfes in der Stube meiner Urgroßeltern und rechneten, rechneten elf Zehntel von allem, was gekauft worden — aber als sie schon viele tausend Taler errechnet hatten und noch immer nicht zu Ende waren, kamen die Gendarmen des Bezirkshauptmannes, drangen schießend und stechend in die Stube meines Urgroßvaters ein und holten mit Gewalt die Waage und das Buch heraus. Die Schwester meines Großvaters wurde getötet dabei, die kleine Ludmilla, ein paar Männer verletzt, und einer der Gendarmen wurde von Wilhelm Vohla, dem Wilderer, erstochen.

Es gab Aufruhr, nicht nur in unserem Dorf, auch in Blaugau und Bernau, und fast eine Woche lang ruhte die Arbeit in den Flachsfabriken. Aber es kamen sehr viele Gendarmen, und die Männer und Frauen wurden mit Gefängnis bedroht, und die Baleks zwangen den Pfarrer, öffentlich in der Schule die Waage vorzuführen und zu beweisen, daß der Zeiger der Gerechtigkeit richtig auspendelte. Und die Männer und Frauen gingen wieder in die Flachsbrechen — aber niemand ging in die Schule, um dem Pfarrer zuzusehen: Er stand ganz allein da, hilflos und traurig mit seinen Gewichtssteinen, der Waage und den Kaffeetüten.

Und die Kinder sammelten wieder Pilze, sammelten wieder Thymian, Blumen und Fingerhut, aber jeden Sonntag wurde in der Kirche, sobald die Baleks sie betraten, das Lied angestimmt: „Gerechtigkeit der Erden, o Herr, hat Dich getötet", bis der Bezirkshauptmann in allen Dörfern austrommeln ließ, das Singen dieses Liedes sei verboten.

Die Eltern meines Großvaters mußten das Dorf verlassen, das frische Grab ihrer kleinen Tochter, sie wurden Korbflechter, blieben an keinem Ort lange, weil es sie schmerzte, zuzusehen, wie in allen Orten das Pendel der Gerechtigkeit falsch ausschlug. Sie zogen hinter dem Wagen, der langsam über die Landstraße kroch, ihre magere Ziege mit, und wer an dem Wagen vorbeikam, konnte manchmal hören, wie drinnen gesungen wurde: „Gerechtigkeit der Erden, o Herr, hat Dich getötet." Und wer ihnen zuhören wollte, konnte die Geschichte hören von den Baleks von Bilgan, an deren Gerechtigkeit ein Zehntel fehlte. Aber es hörte ihnen fast niemand zu.

Ernest Hemingway

Heute ist Freitag

Drei römische Soldaten sind um elf Uhr nachts in einer Kneipe. Rings an den Wänden sind Fässer. Hinter dem hölzernen Schanktisch ist ein hebräischer Weinverkäufer. Die drei römischen Soldaten sind ein bißchen blau.

Erster Soldat:	Hast du den Roten probiert?
Zweiter Soldat:	Nein, ich hab 'n nicht probiert.
Erster Soldat:	Du solltest 'n probieren.
Zweiter Soldat:	Also gut, George, schmeißen wir 'ne Runde vom Roten.
Der Hebräische Weinverkäufer:	Hier, meine Herren. Der wird Ihnen schmecken. *(Er setzt einen irdenen Krug, den er aus einem der Fässer gefüllt hat, vor sie hin.)* Das ist ein nettes, kleines Weinchen.
Erster Soldat:	Na, trink auch 'n Glas von. *(Er wendet sich an den dritten römischen Soldaten, der an einem Faß lehnt.)* Was ist denn mit dir los?
Dritter Soldat:	Hab Bauchweh.
Zweiter Soldat:	Kommt vom Wassertrinken.
Erster Soldat:	Probier mal den Roten.
Dritter Soldat:	Ich kann das verdammte Zeugs nicht trinken. Kriege Magensäure von.
Erster Soldat:	Warst zu lange hier draußen.
Dritter Soldat:	Zum Teufel, wem sagst du das?
Erster Soldat:	Sag mal, George, kannst du dem Herrn nicht was geben, um seinen Magen zu kurieren?

WEINVERKÄUFER:	Hier, schon parat. *(Der dritte Soldat probiert, was der Weinverkäufer für ihn gemischt hat.)*
DRITTER SOLDAT:	He, du, was hast du da reingetan, Kameldreck?
WEINVERKÄUFER:	Trinken Sie 's nur runter, Herr Leitnant. Wird Sie wieder ins Lot bringen.
DRITTER SOLDAT:	Na, schlimmer kann 's nicht werden.
ERSTER SOLDAT:	Riskier 's mal. George hat mich neulich tadellos wieder ins Lot gebracht.
WEINVERKÄUFER:	Waren in schlechter Verfassung, der Herr Leitnant. Ich weiß schon, was einen verdorbenen Magen kuriert. *(Der dritte römische Soldat trinkt das Glas runter.)*
DRITTER SOLDAT:	Jesus Christus! *(Er schneidet ein Gesicht.)*
ZWEITER SOLDAT:	Alles falscher Alarm!
ERSTER SOLDAT:	Ach, ich weiß nicht. Der hat sich recht ordentlich benommen heute.
ZWEITER SOLDAT:	Warum ist er nicht vom Kreuz 'runtergestiegen?
ERSTER SOLDAT:	Weil er nicht vom Kreuz steigen wollte. Das gehört nicht zu seiner Rolle.
ZWEITER SOLDAT:	Na, den Kerl möcht ich sehen, der nicht vom Kreuz runter will.
ERSTER SOLDAT:	Zum Teufel, davon verstehst du nichts. Frag mal George. Wollte er vom Kreuz steigen, George, oder nicht?
WEINVERKÄUFER:	Wissen Sie, meine Herren, ich war nicht mit draußen. Das ist eine Angelegenheit, die mich nicht interessiert hat.
ZWEITER SOLDAT:	Wißt ihr, ich hab schon 'ne Menge von denen gesehen — hier und auch anderswo. Ich sage euch, wenn ihr mir einen zeigt, der nicht vom Kreuz 'runter will, wenn's ernst wird — ich meine, wenn's wirklich ernst wird — dann will ich zu ihm raufklettern.
ERSTER SOLDAT:	Ich muß sagen — der hat sich recht ordentlich benommen heute.
DRITTER SOLDAT:	Der war tadellos.
ZWEITER SOLDAT:	Ihr Jungens wißt nicht, wovon ich rede. Ich sag nicht, ob er sich gut benommen hat oder nicht. Was ich sagen will,

	ist, wenn's ernst wird. Wenn sie mit dem Annageln anfangen, daß es dann wohl keinen gibt, der nicht halt sagen würde, wenn er könnte.
ERSTER SOLDAT:	Weißt du wirklich nicht, worum sich's handelt, George?
WEINVERKÄUFER:	Nein. Hab mich gar nicht für interessiert, Herr Leitnant.
ERSTER SOLDAT:	Ich war überrascht, wie der sich benommen hat!
DRITTER SOLDAT:	Was ich nicht mag, ist, wenn sie sie annageln. Wißt ihr, das muß einem furchtbar an die Nieren gehen.
ZWEITER SOLDAT:	Das ist nicht so schlimm, als wenn sie sie hochhissen. *(Er macht, beide Handflächen aneinandergepreßt, eine Hebebewegung.)* Wenn ihr Gewicht an ihnen zieht, das ist der Moment, wo 's sie alle packt.
DRITTER SOLDAT:	Manche packt's verdammt schlimm.
ERSTER SOLDAT:	Hab ich sie denn nicht auch gesehen? Ich habe 'ne Masse gesehen. Ich sag euch, der hat sich recht ordentlich benommen heute.

(Der zweite römische Soldat lächelt den hebräischen Weinverkäufer an.)

ZWEITER SOLDAT:	Du bist 'n regelrechter Christe, alter Freund.
ERSTER SOLDAT:	Na klar, mach nur weiter und veräppel ihn. Aber paß auf, was ich dir jetzt sage. Der hat sich recht ordentlich benommen heute.
ZWEITER SOLDAT:	Wie wär 's mit noch 'm bißchen Wein?

(Der Weinverkäufer sieht erwartungsvoll auf. Der dritte römische Soldat sitzt mit gesenktem Kopf da. Er sieht elend aus.)

DRITTER SOLDAT:	Ich will nicht mehr.
ZWEITER SOLDAT:	Bloß für zwei, George.

(Der Weinverkäufer nimmt einen Krug, eine Größe kleiner als vorher. Er lehnt sich über den hölzernen Schanktisch.)

ERSTER SOLDAT:	Hast du sein Mädel gesehen?
ZWEITER SOLDAT:	Hab ich nicht direkt neben ihr gestanden?
ERSTER SOLDAT:	'ne richt'ge Schönheit.

ZWEITER SOLDAT:	Ich kannte sie vor ihm. *(Er zwinkert dem Weinverkäufer zu.)*
ERSTER SOLDAT:	Ich hab sie häufig in der Stadt gesehen.
ZWEITER SOLDAT:	Der ging's früher glänzend. Aber er hat ihr kein Glück gebracht.
ERSTER SOLDAT:	Ach, der hat kein Glück. Aber ich muß sagen, er hat sich heute da recht ordentlich benommen!
ZWEITER SOLDAT:	Was ist denn aus seiner Blase geworden?
ERSTER SOLDAT:	Na, die haben sich verdrückt. Nur die Frauen haben zu ihm gehalten.
ZWEITER SOLDAT:	Das waren feine Drückeberger! Als sie ihn hochgehn sahen, hatten sie genug.
ERSTER SOLDAT:	Die Frauen haben bei ihm ausgehalten.
ZWEITER SOLDAT:	Sicher, die haben ausgehalten.
ERSTER SOLDAT:	Hast du gesehen, wie ich ihm den ollen Speer reingestoßen habe?
ZWEITER SOLDAT:	Wirst schon noch mal Unannehmlichkeiten kriegen, wenn du so was machst.
ERSTER SOLDAT:	Das war doch das wenigste, was ich für ihn tun konnte. Ich sag euch, der war schon recht ordentlich heute.
DER HEBRÄISCHE WEINVERKÄUFER:	Die Herren wissen, daß ich schließen muß.
ERSTER SOLDAT:	Wir trinken noch eine Runde.
ZWEITER SOLDAT:	Wozu denn? Das Zeugs taugt ja doch nichts. Kommt, wir wollen fortmachen.
ERSTER SOLDAT:	Na, nur noch eine Runde.
DRITTER SOLDAT:	*(Steht vom Faß auf.)* Nein, kommt man. Wir wollen gehen. Ich fühl mich heute nacht verdammt schlecht.
ERSTER SOLDAT:	Nur noch eine!
ZWEITER SOLDAT:	Nein, los. Wir gehn jetzt. Gute Nacht, George. Schreib's an.
WEINVERKÄUFER:	Gut Nacht, die Herren. *(Er sieht ein wenig bedrückt aus.)* Sie können mir wohl nicht 'ne kleine Anzahlung geben, Herr Leitnant?

ZWEITER SOLDAT:	Zum Teufel noch mal, George. Mittwoch ist Zahltag.
WEINVERKÄUFER:	Schon recht, Herr Leitnant. Gut Nacht, die Herren.

(Die drei römischen Soldaten gehen zur Tür raus auf die Straße.)
(Auf der Straße.)

ZWEITER SOLDAT:	George is 'n Judenjunge, genau wie die ganze übrige Bande.
ERSTER SOLDAT:	Ach, George ist 'n netter Kerl.
ZWEITER SOLDAT:	Bei dir ist heute abend jeder ein netter Kerl.
DRITTER SOLDAT:	Los, wir wollen in die Kaserne machen. Ich fühl mich heut verdammt schlecht.
ZWEITER SOLDAT:	Du bist schon zu lange hier draußen.
DRITTER SOLDAT:	Nein, das ist es nicht allein. Ich fühl mich verdammt schlecht.
ZWEITER SOLDAT:	Du bist schon zu lange hier draußen. Das ist alles.

Vorhang.

Josephine Johnson

Johannes, Kapitel VI

Ich war an jenem Abend ins graue Licht der Akazien hinausgetreten; undeutlich hörte ich, wie die Stimme des alten Mannes hinter mir sagte: „Guten Abend, Vater Valle", und wie eine Tür sich schloß; und ich hatte seinen Gruß wie stets erwidert, war aber noch in der abwesenden und gehobenen Stimmung eines Menschen, in dem Fleisch und Geist miteinander gekämpft haben, und dessen Geist im stillen Behagen seinen Triumph genießt. Noch waren in meinem Herzen der höchste Friede und die Gelassenheit der Worte, die ich gelesen hatte, und das Schweigen der Bibliothekssäle mit ihren hohen Wänden und ihrer vollkommenen Ruhe... „Schlichtheit und Klarheit ohne den Schatten eines Makels. Göttliche Klarheit." ... Und der Abend selbst war eine weite Höhle, reingewaschen von allem Staub.
Ich ging an dem Kloster entlang und hörte die Tauben, die sich bewegten und leise in den steinernen Dachrinnen gurrten. Die blauen Beeren des Efeus hingen in Trauben, und es war dunkel in dem schmalen Garten, in dem die Nonnen spazierengingen. Es war immer sehr beruhigend, sehr angenehm, hier vorbeizukommen, irgendwie abseits von allem Lärm und Leben. Unter den Chorbögen der Ulmen trieben die Schwestern still wie schwarze Blätter den Weg entlang. Manchmal blieben Kinder hier stehen und versuchten, ihre harten kleinen Schädel durch das eiserne Gitter zu schieben, und nannten laut flüsternd die Namen der Schwestern: „Maria Bogardus... Maria Agnes... Maria Malthus... Schwester Anna..." und sie klammerten sich wie weiße, flüsternde Affen an die verschlossene Pforte.
Ich war diesen Abend unerwartet auf die Kinder gestoßen; vier waren es, die kreischend in der Oktoberdämmerung am Gitter klebten: drei kleine Mädchen und Shean Lynn, klein und häßlich wie ein Äffchen. Die Mädchen sprangen herunter und verliefen sich kichernd, als sie den Priester erblickten, aber Shean sah mich groß an und zögerte. Über seiner Schulter hing eine Tasche mit Büchern, und darüber eine zweite voll unverkaufter Zeitschriften. Eine hielt er ausgestreckt und schwenkte sie, in einer Art schüchternen Trotzes auf dem Wege stehend, vor mir hin und her. „Neueste Ausgabe nur fünf

Cents", murmelte er. „Kaufen Sie mir die neueste Ausgabe ab, Vater! Alles über — alles über —" Er stotterte und wurde rot.

„Alles Neue über den letzten Liebes-Skandal und die Witwe aus dem Dachgartenhaus und das gebrochene Herz", vollendete ich für ihn, und nahm ihm das fleckige Heft ab. Ich sprach unbestimmt, ich war noch in jener abwesenden, ungetrübten Friedensstimmung. Ich streckte die Hand aus. Shean grinste und nahm sie zögernd.

Schweigend gingen wir ein paar Schritte, das Kind versuchte würdig daherzuschreiten, während ihm die Hefte an die Knie schlugen. Er hatte Schuhe an, aber einer war größer als der andere, und so wurde ein schlurfendes Hüpfen daraus. Wir gingen unter dem Schatten der Kirche, und die Fenster waren für die erste Abendandacht erleuchtet. Ein blaugoldener Lichtstrom fiel von innen über das Pflaster, und Shean blickte über die Schulter zurück. Ich fragte, ob er manchmal zur Kirche gehe; er schüttelte den Kopf, sagte aber nichts.

Wir gingen ein Stück weiter, und dann räusperte er sich wie ein alter Mann. „Ich habe die Apostel für mich allein gelesen", sagte er.

Ich war überrascht, blieb stehen und schaute zu ihm herab. „Die Apostel?" wiederholte ich verständnislos.

„Ja, die", sagte Shean. Er war ein sehr häßlicher und dünner kleiner Kerl, mit geschwollenen Drüsen und knochigen Wangen, aber seine Hand hatte einen harten, entschlossenen Griff, viel älter als sein Gesicht.

Ich suchte hastig in Gedanken in der Geschichte der Apostel nach dem Gegenstand, der ihn in der kurzen Chronik von Leiden und Auferstehung gefesselt haben mochte. Ich dachte: wie seltsam, wie unglaublich, daß auch Shean vielleicht die erstaunliche Kraft der Hoffnung und des Glaubens gefunden hat, jenes Erhobensein jenseits des Verstehens, das aus Worten geboren wird. Ich dachte an die Krippenszene, die Predigt im Tempel, die strenge Würde Christi vor Pilatus. Ich dachte an den Glanz der Auferstehung, die Prophezeiung einer Wiederkehr, ich dachte an Christi Worte: „Die Demütigen sollen das Erdreich besitzen." Ich dachte auch an die phantastische Herrlichkeit der Offenbarung und grübelte, ob sie es wohl war, die das seltsame und erregte Leuchten in seine Augen gebracht hatte. Und wenn es dies alles nicht war — was fand er dann in der Geschichte, das ihm die Mühe lohnte, alle Worte mit solchem Eifer zusammenzubuchstabieren und sein verhungertes Gesichtchen über die Seiten zu beugen? Dann sprang mir plötzlich ein Gedanke auf: „Meinst du die Stelle, wo Christus sagt: ‚Lasset die Kindlein zu mir kommen' — hast du die Stelle in den Aposteln gelesen, Shean?"

Shean schüttelte den Kopf. „Die Stelle ist es nicht", sagte er. „Die Stelle les ich nie. Ich lese immer in Johannes Sechs. Ich fang immer wieder da an, wo von Fisch und Brot die Rede ist. Wo es heißt, ein Junge kommt und verkauft diese Brote und zwei Fische an einer Angelschnur. Und Christus speist fünftausend Leute von dem Brot, und die zwei Fische verwandeln sich in einen Riesenhaufen und strecken sich meilenweit –" Er schwenkte die Arme im Kreis und machte einen schlurfenden kleinen Sprung. „Wo sie die Fische gebacken oder gebraten haben, weiß ich nicht; aber alle, alle aßen, daß sie beinahe platzten, und dann blieben noch zwölf Körbe mit Krumen übrig! Zwölf Körbe blieben übrig, und keiner wollte mehr etwas! Junge, Junge, diese Fische – das muß ein Anblick gewesen sein! Aber ich hätte nicht gewartet, bis ein anderer nach Christus zu essen anfing! Ich hätte gegessen, sobald mein Fisch gar war! Ich hätte ihn gegrapst und mit einem Stück Gerstenbrot hinuntergestopft!"

Aus der Art, wie sich sein Mund bewegte, und dem seltsamen, abwesenden Glanz in seinen Augen erkannte ich, daß Shean den Fisch und das Brot aß und die unsichtbaren Krumen zusammenraffte, die ihm über die Hände fielen. Dann schlurfte er wieder aufgeregt mit dem Bein und schaute zu mir auf. „Ist das nicht eine tolle Geschichte, Vater?"

„Eine tolle Geschichte, Shean!" antwortete ich ihm.

Er bückte sich und knotete seinen Schnürsenkel fest, dann sprang er auf, rot und aufgeregt durch einen plötzlichen Gedanken. „Sagen Sie, Vater", rief er, „was haben sie mit all den Krumen gemacht? Mit den zwölf Körben Krumen, die übriggeblieben waren? Sagen Sie – vielleicht hat Christus einen großen Pudding aus all dem Brot gemacht – Junge, was für einen Pudding hätte ER daraus gemacht!"

Ich sah von seinem ganzen kleinen Gesicht nur zwei riesige Augen. Antworten konnte ich nicht.

BERTOLT BRECHT

Der verwundete Sokrates

Sokrates, der Sohn der Hebamme, der in seinen Zwiegesprächen so gut und leicht und unter so kräftigen Scherzen seine Freunde wohlgestalter Gedanken entbinden konnte und sie so mit eigenen Kindern versorgte, anstatt wie andere Lehrer ihnen Bastarde aufzuhängen, galt nicht nur als der klügste aller Griechen, sondern auch als einer der tapfersten. Der Ruf der Tapferkeit scheint uns ganz gerechtfertigt, wenn wir beim Platon lesen, wie frisch und unverdrossen er den Schierlingsbecher leerte, den ihm die Obrigkeit für die seinen Mitbürgern geleisteten Dienste am Ende reichen ließ. Einige seiner Bewunderer aber haben es für nötig gehalten, auch noch von seiner Tapferkeit im Felde zu reden. Tatsächlich kämpfte er in der Schlacht bei Delion mit, und zwar bei den leichtbewaffneten Fußtruppen, da er weder seinem Ansehen nach, er war Schuster, noch seinem Einkommen nach, er war Philosoph, zu den vornehmeren und teueren Waffengattungen eingezogen wurde. Jedoch war, wie man sich denken kann, seine Tapferkeit von besonderer Art.

Sokrates hatte sich am Morgen der Schlacht so gut wie möglich auf das blutige Geschäft vorbereitet, indem er Zwiebeln kaute, was nach Ansicht der Soldaten Mut erzeugte. Seine Skepsis auf vielen Gebieten veranlaßte ihn zur Leichtgläubigkeit auf vielen andern Gebieten; er war gegen die Spekulation und für die praktische Erfahrung, und so glaubte er nicht an die Götter, wohl aber an die Zwiebeln.

Leider verspürte er keine eigentliche Wirkung, jedenfalls keine sofortige, und so trottete er düster in einer Abteilung von Schwertkämpfern, die im Gänsemarsch in ihre Stellung auf irgendeinem Stoppelfeld einrückte. Hinter und vor ihm stolperten Athener Jungens aus den Vorstädten, die ihn darauf aufmerksam machten, daß die Schilde der Athenischen Zeughäuser für dicke Leute wie ihn zu klein geschnitten seien. Er hatte denselben Gedanken gehabt, nur waren es bei ihm breite Leute gewesen, die durch die lächerlich schmalen Schilde nicht halbwegs gedeckt wurden.

Der Gedankenaustausch zwischen seinem Vorder- und seinem Hintermann über die Profite der großen Waffenschmieden aus zu kleinen Schilden wurde abgebrochen durch das Kommando „Lagern".

Man ließ sich auf den Stoppelboden nieder, und ein Hauptmann wies Sokrates zurecht, weil er versucht hatte, sich auf seinen Schild zu setzen. Mehr als der Anschnauzer selbst beunruhigte ihn die gedämpfte Stimme, mit der er erfolgte. Der Feind schien in der Nähe vermutet zu werden.

Der milchige Morgennebel verhinderte alle Aussicht. Jedoch zeigten die Laute von Tritten und klirrenden Waffen an, daß die Ebene besetzt war.

Sokrates erinnerte sich mit großer Unlust an ein Gespräch, das er am Abend vorher mit einem jungen vornehmen Mann geführt hatte, den er hinter den Kulissen einmal getroffen hatte und der Offizier bei der Reiterei war.

„Ein kapitaler Plan!" hatte der junge Laffe erklärt. „Das Fußvolk steht ganz einfach, treu und bieder aufgestellt da und fängt den Stoß des Feindes auf. Und inzwischen geht die Reiterei in der Niederung vor und kommt ihm in den Rücken."

Die Niederung mußte ziemlich weit nach rechts, irgendwo im Nebel liegen. Da ging wohl jetzt also die Reiterei vor.

Der Plan hatte Sokrates gut geschienen, oder jedenfalls nicht schlecht. Es wurden ja immer Pläne gemacht, besonders wenn man dem Feind unterlegen an Stärke war. In Wirklichkeit wurde dann einfach gekämpft, das heißt zugehauen. Und man ging nicht da vor, wo der Plan es vorschrieb, sondern da, wo der Feind es zuließ.

Jetzt, im grauen Morgenlicht, kam der Plan Sokrates ganz und gar miserabel vor. Was hieß das: das Fußvolk fängt den Stoß des Feindes auf? Im allgemeinen war man froh, wenn man einem Stoß ausweichen konnte, und jetzt sollte die Kunst darin bestehen, ihn aufzufangen! Es war sehr schlimm, daß der Feldherr selber ein Reiter war.

So viele Zwiebeln gab es gar nicht auf dem Markt, als für den einfachen Mann nötig waren.

Und wie unnatürlich war es, so früh am Morgen, statt im Bett zu liegen, hier mitten in einem Feld auf dem nackten Boden zu sitzen, mit mindestens zehn Pfund Eisen auf dem Leib und einem Schlachtmesser in der Hand! Es war richtig, daß man die Stadt verteidigen mußte, wenn sie angegriffen wurde, da man sonst dort großen Ungelegenheiten ausgesetzt war, aber warum wurde die Stadt angegriffen? Weil die Reeder, Weinbergbesitzer und Sklavenhändler in Kleinasien den persischen Reedern, Weinbergbesitzern und Sklavenhändlern ins Gehege gekommen waren! Ein schöner Grund!

Plötzlich saßen alle wie erstarrt.

Von links aus dem Nebel kam ein dumpfes Gebrüll, begleitet von einem metallenen Schallen. Es pflanzte sich ziemlich rasch fort. Der Angriff des Feindes hatte begonnen.

Die Abteilung stand auf. Mit herausgewälzten Augen stierte man in den Nebel vorn. Zehn Schritt zur Seite fiel ein Mann in die Knie und rief lallend die Götter an. Zu spät, schien es Sokrates.

Plötzlich, wie eine Antwort, erfolgte ein schreckliches Gebrüll weiter rechts. Der Hilfeschrei schien in einen Todesschrei übergegangen zu sein. Aus dem Nebel sah Sokrates eine kleine Eisenstange geflogen kommen. Ein Wurfspeer! Und dann tauchten, undeutlich im Dunst, vorn massive Gestalten auf: Die Feinde.

Sokrates, unter dem überwältigenden Eindruck, daß er vielleicht schon zu lange gewartet hatte, wandte sich schwerfällig um und begann zu laufen. Der Brustpanzer und die schweren Beinschienen hinderten ihn beträchtlich. Sie waren viel gefährlicher als Schilde, da man sie nicht wegwerfen konnte.

Keuchend lief der Philosoph über das Stoppelfeld. Alles hing davon ab, ob er genügend Vorsprung gewann. Hoffentlich fingen die braven Jungen hinter ihm den Stoß für eine Zeit auf.

Plötzlich durchfuhr ihn ein höllischer Schmerz. Seine linke Sohle brannte, daß er meinte, es überhaupt nicht aushalten zu können. Er ließ sich stöhnend zu Boden sinken, ging aber mit einem neuen Schmerzensschrei wieder hoch. Mit irren Augen blickte er um sich und begriff alles. Er war in ein Dornenfeld geraten!

Es war ein Gewirr niedriger Hecken mit sehr scharfen Dornen. Auch im Fuß mußte ein Dorn stecken. Vorsichtig, mit tränenden Augen, suchte er eine Stelle am Boden, wo er sitzen konnte. Auf dem gesunden Fuß humpelte er ein paar Schritte im Kreise, bevor er sich zum zweitenmal niederließ. Er mußte sofort den Dorn ausziehen.

Gespannt horchte er nach dem Schlachtlärm: Er zog sich nach beiden Seiten ziemlich weit hin, jedoch war er nach vorn mindestens hundert Schritte entfernt. Immerhin schien er sich zu nähern, langsam, aber unverkennbar.

Sokrates konnte die Sandale nicht herunterbekommen. Der Dorn hatte die dünne Ledersohle durchbohrt und stak tief im Fleisch. Wie konnte man den Soldaten, die die Heimat gegen den Feind verteidigen sollten, so dünne Schuhe liefern! Jeder Ruck an der Sandale war von einem brennenden Schmerz gefolgt. Ermattet ließ der Arme die massigen Schultern vorsinken. Was tun?

Sein trübes Auge fiel auf das Schwert neben ihm. Ein Gedanke durchzuckte sein Gehirn, willkommener als je einer in einem Streitgespräch. Konnte man das Schwert als ein Messer benutzen? Er griff danach.

In diesem Augenblick hörte er dumpfe Tritte. Ein kleiner Trupp brach durch das Gestrüpp. Den Göttern sei Dank, es waren eigene! Sie blieben einige Sekunden stehen, als sie ihn sahen. „Das ist der Schuster", hörte er sie sagen. Dann gingen sie weiter.

Aber links von ihnen kam jetzt auch Lärm. Und dort ertönten Kommandos in einer fremden Sprache. Die Perser!

Sokrates versuchte, wieder auf die Beine zu kommen, das heißt auf das rechte Bein. Er stützte sich auf das Schwert, das nur um wenig zu kurz war. Und dann sah er links, in der kleinen Lichtung, einen Knäuel Kämpfender auftauchen. Er hörte Ächzen und das Aufschlagen stumpfen Eisens auf Eisen oder Leder.

Verzweifelt hüpfte er auf dem gesunden Fuß rückwärts. Umknickend kam er wieder auf den verwundeten Fuß zu stehen und sank stöhnend zusammen. Als der kämpfende Knäuel, der nicht groß war, es handelte sich vielleicht um zwanzig oder dreißig Mann, sich auf wenige Schritt genähert hatte, saß der Philosoph auf dem Hintern zwischen zwei Dornsträuchern, hilflos dem Feind entgegenblickend.

Es war unmöglich für ihn, sich zu bewegen. Alles war besser, als diesen Schmerz im Fußballen noch ein einziges Mal zu spüren. Er wußte nicht, was machen, und plötzlich fing er an zu brüllen.

Genau beschrieben war es so: Er hörte sich brüllen. Er hörte sich aus seinem mächtigen Brustkasten brüllen wie eine Röhre: „Hierher, dritte Abteilung! Gebt ihnen Saures, Kinder!"

Und gleichzeitig sah er sich, wie er das Schwert faßte und es im Kreise um sich schwang, denn vor ihm stand, aus dem Gestrüpp aufgetaucht, ein persischer Soldat mit einem Spieß. Der Spieß flog zur Seite und riß den Mann mit.

Und Sokrates hörte sich zum zweiten Male brüllen und sagen: „Keinen Fußbreit mehr zurück, Kinder! Jetzt haben wir sie, wo wir sie haben wollen, die Hundesöhne! Krapolus, vor mit der sechsten! Nullos, nach rechts! Zu Fetzen zerreiße ich, wer zurückgeht!"

Neben sich sah er zu seinem Erstaunen zwei von den eigenen, die ihn entsetzt anglotzten. „Brüllt", sagte er leise, „brüllt, um des Himmels willen!" Der eine ließ die Kinnlade fallen vor Schrecken, aber der andere fing wirklich an zu brüllen, irgendwas. Und der Perser vor ihnen stand mühsam auf und lief ins Gestrüpp.

Von der Lichtung her stolperten ein Dutzend Erschöpfte. Die Perser hatten sich auf das Gebrüll hin zur Flucht gewandt. Sie fürchteten einen Hinterhalt.

„Was ist hier?" fragte einer der Landsleute Sokrates, der immer noch auf dem Boden saß.

„Nichts", sagte dieser. „Steht nicht so herum und glotzt nicht auf mich. Lauft lieber hin und her und gebt Kommandos, damit man drüben nicht merkt, wie wenige wir sind."

„Besser, wir gehen zurück", sagte der Mann zögernd.

„Keinen Schritt", protestierte Sokrates. „Seid ihr Hasenfüße?"

Und da es für den Soldaten nicht genügt, wenn er Furcht hat, sondern er auch Glück haben muß, hörte man plötzlich von ziemlich weit her, aber ganz deutlich, Pferdegetrappel und wilde Schreie, und sie waren in griechischer Sprache!

Jedermann weiß, wie vernichtend die Niederlage der Perser an diesem Tage war. Sie beendete den Krieg.

Als Alkibiades an der Spitze der Reiterei an das Dornenfeld kam, sah er, wie eine Rotte von Fußsoldaten einen dicken Mann auf den Schultern trug.

Sein Pferd anhaltend, erkannte er den Sokrates in ihm, und die Soldaten klärten ihn darüber auf, daß er die wankende Schlachtreihe durch seinen unerschütterlichen Widerstand zum Stehen gebracht hatte.

Sie trugen ihn im Triumph bis zum Train. Dort wurde er, trotz seines Protestes, auf einen der Fouragewagen gesetzt, und umgeben von schweißübergossenen, aufgeregt schreienden Soldaten gelangte er nach der Hauptstadt zurück.

Man trug ihn auf den Schultern in sein kleines Haus.

Xanthippe, seine Frau, kochte ihm eine Bohnensuppe. Vor dem Herd kniend und mit vollen Backen das Feuer anblasend, schaute sie ab und zu nach ihm hin. Er saß noch auf dem Stuhl, in den ihn seine Kameraden gesetzt hatten.

„Was ist mit dir passiert?" fragte sie argwöhnisch.

„Mit mir?" murmelte er, „nichts."

„Was ist denn das für ein Gerede von deinen Heldentaten?" wollte sie wissen.

„Übertreibungen", sagte er, „sie riecht ausgezeichnet."

„Wie kann sie riechen, wenn ich das Feuer noch nicht anhabe? Du hast dich wieder zum Narren gemacht, wie?" sagte sie zornig. „Morgen kann ich dann wieder das Gelächter haben, wenn ich einen Wecken holen gehe."

„Ich habe keineswegs einen Narren aus mir gemacht. Ich habe mich geschlagen."

„Warst du betrunken?"

„Nein. Ich habe sie zum Stehen gebracht, als sie zurückwichen."

„Du kannst nicht einmal dich zum Stehen bringen", sagte sie aufstehend, denn das Feuer brannte. „Gib mir das Salzfaß vom Tisch."

„Ich weiß nicht", sagte er langsam und nachdenklich, „ich weiß nicht, ob ich nicht am allerliebsten überhaupt nichts zu mir nähme. Ich habe mir den Magen ein wenig verdorben."

„Ich sagte dir ja, besoffen bist du. Versuch einmal aufzustehen und durchs Zimmer zu gehen, dann werden wir ja sehen."

Ihre Ungerechtigkeit erbitterte ihn. Aber er wollte unter keinen Umständen aufstehen und ihr zeigen, daß er nicht auftreten konnte. Sie war unheimlich klug, wenn es galt, etwas Ungünstiges über ihn herauszubekommen. Und es war ungünstig, wenn der tiefere Grund seiner Standhaftigkeit in der Schlacht offenbar wurde.

Sie hantierte weiter mit dem Kessel auf dem Herd herum, und dazwischen teilte sie ihm mit, was sie sich dachte.

„Ich bin überzeugt, deine feinen Freunde haben dir wieder einen Druckposten ganz hinten, bei der Feldküche, verschafft. Da ist ja nichts als Schiebung."

Er sah gequält durch die Fensterluke auf die Gasse hinaus, wo viele Leute mit weißen Laternen herumzogen, da der Sieg gefeiert wurde.

Seine vornehmen Freunde hatten nichts dergleichen versucht, und er würde es auch nicht angenommen haben, jedenfalls nicht so ohne weiteres.

„Oder haben sie es ganz in der Ordnung gefunden, daß der Schuster mitmarschiert? Nicht den kleinen Finger rühren sie für dich. Er ist Schuster, sagen sie, und Schuster soll er bleiben. Wie könnten wir sonst zu ihm in sein Dreckloch kommen und stundenlang mit ihm schwatzen und alle Welt sagen hören: Sieh mal an, ob er Schuster ist oder nicht, diese feinen Leute setzen sich doch zu ihm und reden mit ihm über Philosophie. Dreckiges Pack."

„Es heißt Philerphobie", sagte er gleichmütig.

Sie warf ihm einen unfreundlichen Blick zu.

„Belehr mich nicht immer. Ich weiß, daß ich ungebildet bin. Wenn ich es nicht wäre, hättest du niemand, der dir ab und zu ein Schaff Wasser zum Füßewaschen hinstellt."

Er zuckte zusammen und hoffte, sie hatte es nicht bemerkt. Es durfte heute auf keinen Fall zum Füßewaschen kommen. Den Göttern sei Dank, fuhr sie schon in ihrer Ansprache fort.

„Also betrunken warst du nicht und einen Druckposten haben sie dir auch nicht verschafft. Also mußt du dich wie ein Schlächter aufgeführt haben. Blut hast du an deiner Hand, wie? Aber wenn ich eine Spinne zertrete, brüllst du los. Nicht als ob ich glaubte, daß du wirklich deinen Mann gestanden hättest, aber irgend etwas Schlaues, so etwas hintenrum, mußt du doch wohl gemacht haben, damit sie dir so auf die Schulter klopfen. Aber ich bringe es schon noch heraus, verlaß dich drauf."

Die Suppe war jetzt fertig. Sie roch verführerisch. Die Frau nahm den Kessel, stellte ihn, mit ihrem Rock die Henkel anfassend, auf den Tisch und begann ihn auszulöffeln.

Er überlegte, ob er nicht doch noch seinen Appetit wiedergewinnen sollte. Der Gedanke, daß er dann wohl an den Tisch mußte, hielt ihn rechtzeitig ab.

Es war ihm nicht wohl zumute. Er fühlte deutlich, daß die Sache noch nicht vorüber war. Sicher würde es in der nächsten Zeit allerhand Unangenehmes geben. Man entschied nicht eine Schlacht gegen die Perser und blieb ungeschoren. Jetzt, im ersten Siegesjubel, dachte man natürlich nicht an den, der das Verdienst hatte. Man war vollauf beschäftigt, seine eigenen Ruhmestaten herumzuposaunen. Aber morgen oder übermorgen würde jeder sehen, daß sein Kollege allen Ruhm für sich in Anspruch nahm, und dann würde man ihn hervorziehen wollen. Viele konnten zu vielen damit etwas am Zeug flicken, wenn sie den Schuster als den eigentlichen Haupthelden erklärten. Dem Alkibiades war man sowieso nicht grün. Mit Wonne würde man ihm zurufen: Du hast die Schlacht gewonnen, aber ein Schuster hat sie ausgekämpft.

Und der Dorn schmerzte wilder denn je. Wenn er die Sandale nicht bald ausbekam, konnte es Blutvergiftung werden.

„Schmatz nicht so", sagte er geistesabwesend.

Der Frau blieb der Löffel im Mund stecken.

„Was tue ich?"

„Nichts", beeilte er sich erschrocken zu versichern. „Ich war gerade in Gedanken."

Sie stand außer sich auf, feuerte den Kessel auf den Herd und lief hinaus. Er seufzte tief auf vor Erleichterung. Hastig arbeitete er sich aus dem Stuhl hoch und hüpfte, sich scheu umblickend, zu seinem Lager hinter. Als sie wieder hereinkam, um ihren Schal zum Ausgehen zu holen, sah sie mißtrauisch, wie er unbeweglich auf der lederbezogenen Hängematte lag. Einen Augenblick dachte sie, es fehle ihm doch etwas. Sie erwog sogar, ihn danach zu fragen, denn sie war ihm sehr ergeben. Aber sie besann sich eines Besseren und verließ maulend die Stube, sich mit der Nachbarin die Festlichkeiten anzusehen. Sokrates schlief schlecht und unruhig und erwachte sorgenvoll. Die Sandale hatte er herunter, aber den Dorn hatte er nicht zu fassen bekommen. Der Fuß war stark geschwollen.

Seine Frau war heute morgen weniger heftig.

Sie hatte am Abend die ganze Stadt von ihrem Mann reden hören. Es mußte tatsächlich irgend etwas stattgefunden haben, was den Leuten so imponiert hatte. Daß er eine ganze persische Schlachtreihe aufgehalten haben sollte, wollte ihr allerdings nicht in den Kopf. Nicht er, dachte sie. Eine ganze Versammlung aufhalten mit seinen Fragen, ja, das konnte er. Aber nicht eine Schlachtreihe. Was war also vorgegangen?

Sie war so unsicher, daß sie ihm die Ziegenmilch ans Lager brachte.

Er traf keine Anstalten aufzustehen.

„Willst du nicht raus?" fragte sie.

„Keine Lust", brummte er.

So antwortete man seiner Frau nicht auf eine höfliche Frage, aber sie dachte sich, daß er vielleicht nur vermeiden wollte, sich den Blicken der Leute auszusetzen, und ließ die Antwort passieren.

Früh am Vormittag kamen schon Besucher.

Es waren ein paar junge Leute, Söhne wohlhabender Eltern, sein gewöhnlicher Umgang. Sie behandelten ihn immer als ihren Lehrer, und einige schrieben sogar mit, wenn er zu ihnen sprach, als sei es etwas ganz Besonderes.

Heute berichteten sie ihm sogleich, daß Athen voll von seinem Ruhm sei. Es sei ein historisches Datum für die Philosophie (sie hatte also doch recht gehabt, es hieß Philersophie und nicht anders). Sokrates habe bewiesen, daß der groß Betrachtende auch der groß Handelnde sein könne.

Sokrates hörte ihnen ohne die übliche Spottsucht zu. Während sie sprachen, war es ihm, als höre er, noch weit weg, wie man ein fernes Gewitter hören kann, ein ungeheures Gelächter, das Gelächter einer ganzen Stadt, ja eines Landes, weit weg, aber sich nähernd, unaufhaltsam heranziehend, jedermann anstedkend, die Passanten auf den Straßen, die Kaufleute und Politiker auf dem Markt, die Handwerker in ihren kleinen Läden.

„Es ist alles Unsinn, was ihr da redet", sagte er mit einem plötzlichen Entschluß. „Ich habe gar nichts gemacht."

Lächelnd sahen sie sich an. Dann sagte einer:

„Genau, was wir auch sagten. Wir wußten, daß du es so auffassen würdest. Was ist das jetzt für ein Geschrei plötzlich, fragten wir Eusopulos vor den Gymnasien. Zehn Jahre hat Sokrates die größten Taten des Geistes verrichtet, und kein Mensch hat sich auch nur nach ihm umgeblickt. Jetzt hat er eine Schlacht gewonnen, und ganz Athen redet von ihm. Seht ihr nicht ein, sagten wir, wie beschämend das ist?"

Sokrates stöhnte.

„Aber ich habe sie ja gar nicht gewonnen. Ich habe mich verteidigt, weil ich angegriffen wurde. Mich interessierte diese Schlacht nicht. Ich bin weder ein Waffenhändler, noch habe ich Weinberge in der Umgebung. Ich wüßte nicht, für was ich Schlachten schlagen sollte. Ich steckte unter lauter vernünftigen Leuten aus den Vorstädten, die kein Interesse an Schlachten haben, und ich tat genau, was sie alle auch taten, höchstens einige Augenblicke vor ihnen."

Sie waren wie erschlagen.

„Nicht wahr", riefen sie, „das haben wir auch gesagt. Er hat nichts getan, als sich verteidigt. Das ist seine Art, Schlachten zu gewinnen. Erlaube, daß wir in die Gymnasien zurückeilen. Wir haben ein Gespräch über dieses Thema nur unterbrochen, um dir guten Tag zu sagen."

Und sie gingen, wollüstig in Gespräch vertieft.

Sokrates lag schweigend, auf die Ellbogen gestützt, und sah nach der rußgeschwärzten Decke. Er hatte recht gehabt mit seinen finsteren Ahnungen.

Seine Frau beobachtete ihn von der Ecke des Zimmers aus. Sie flickte mechanisch an einem alten Rock herum.

Plötzlich sagte sie leise: „Also was steckt dahinter?"

Er fuhr zusammen. Unsicher schaute er sie an.

Sie war ein abgearbeitetes Wesen, mit einer Brust wie ein Brett und traurigen Augen. Er wußte, daß er sich auf sie verlassen konnte. Sie würde ihm noch die Stange halten, wenn seine Schüler schon sagen würden: Sokrates? Ist das nicht dieser üble Schuster, der die Götter leugnet? Sie hatte es schlecht mit ihm getroffen, aber sie beklagte sich nicht, außer zu ihm hin. Und es hatte noch keinen Abend gegeben, wo nicht ein Brot und ein Stück Speck für ihn auf dem Sims gestanden hatte, wenn er hungrig heimgekommen war von seinen wohlhabenden Schülern.

Er fragte sich, ob er ihr alles sagen sollte. Aber dann dachte er daran, daß er in der nächsten Zeit in ihrer Gegenwart eine ganze Menge Unwahres und Heuchlerisches würde sagen müssen, wenn Leute kamen wie eben jetzt und von seinen Heldentaten redeten, und das konnte er nicht, wenn sie die Wahrheit wußte, denn er achtete sie.

So ließ er es sein und sagte nur: „Die kalte Bohnensuppe von gestern abend stinkt wieder die ganze Stube aus."

Sie schickte ihm nur einen neuen mißtrauischen Blick zu.

Natürlich waren sie nicht in der Lage, Essen wegzuschütten. Er suchte nur etwas, was sie ablenken konnte. In ihr wuchs die Überzeugung, daß etwas mit ihm los war. Warum stand er nicht auf? Er stand immer spät auf, aber nur, weil er immer spät zu Bett ging. Gestern war es sehr früh gewesen. Und heute war die ganze Stadt auf den Beinen, der Siegesfeiern wegen. In der Gasse waren alle Läden geschlossen. Ein Teil der Reiterei war früh fünf Uhr von der Verfolgung des Feindes zurückgekommen, man hatte das Pferdegetrappel gehört. Menschenaufläufe waren eine Leidenschaft von ihm. Er lief an solchen Tagen von früh bis spät herum und knüpfte Gespräche an. Warum stand er also nicht auf?

Die Tür verdunkelte sich, und herein kamen vier Magistratspersonen. Sie blieben mitten in der Stube stehen, und einer sagte in geschäftsmäßigem, aber überaus höflichem Ton, er habe den Auftrag, Sokrates in den Areopag zu bringen. Der Feldherr Alkibiades selber habe den Antrag gestellt, es solle ihm für seine kriegerischen Leistungen eine Ehrung bereitet werden.

Ein Gemurmel von der Gasse her zeigte an, daß sich die Nachbarn vor dem Haus versammelten.

Sokrates fühlte, wie ihm der Schweiß ausbrach. Er wußte, daß er jetzt aufstehen und, wenn er schon mitzugehen ablehnte, doch wenigstens stehend etwas Höfliches sagen und die Leute zur Tür geleiten mußte. Und er wußte, daß er nicht weiter kommen würde als höchstens zwei Schritte weit. Dann würden sie nach seinem Fuß schauen und Bescheid wissen. Und das große Gelächter würde seinen Anfang nehmen, hier und jetzt.

Er ließ sich also, anstatt aufzustehen, auf sein hartes Polster zurücksinken und sagte mißmutig:

„Ich brauche keine Ehrung. Sagt dem Areopag, daß ich mich mit einigen Freunden für elf Uhr verabredet habe, um eine philosophische Frage, die uns interessiert, durchzusprechen, und also zu meinem Bedauern nicht kommen kann. Ich eigne mich durchaus nicht für öffentliche Veranstaltungen und bin viel zu müde."

Das letztere fügte er hinzu, weil es ihn ärgerte, daß er die Philosophie hereingezogen hatte, und das erstere sagte er, weil er sie mit Grobheit am leichtesten loszuwerden hoffte.

Die Magistratspersonen verstanden denn auch diese Sprache. Sie drehten sich auf den Hacken um und gingen weg, dem Volk, das draußen stand, auf die Füße tretend.

„Dir werden sie die Höflichkeit zu Amtspersonen noch beibringen", sagte seine Frau verärgert und ging in die Küche.

Sokrates wartete, bis sie draußen war, dann drehte er seinen schweren Körper schnell im Bett herum, setzte sich, nach der Tür schielend, auf die Bettkante und versuchte mit unendlicher Vorsicht, mit dem kranken Fuß aufzutreten. Es schien aussichtslos.

Schweißüberströmt legte er sich zurück.

Eine halbe Stunde verging. Er nahm ein Buch vor und las. Wenn er den Fuß ruhig hielt, merkte er fast nichts.

Dann kam sein Freund Antisthenes.

Er zog seinen dicken Überrock nicht aus, blieb am Fußende des Lagers stehen, hustete etwas krampfhaft und kratzte sich seinen struppigen Bart am Hals, auf Sokrates schauend.

„Liegst du noch? Ich dachte, ich treffe nur Xanthippe. Ich bin eigens aufgestanden, um mich nach dir zu erkundigen. Ich war stark erkältet und konnte darum gestern nicht dabei sein."

„Setz dich", sagte Sokrates einsilbig.

Antisthenes holte sich einen Stuhl aus der Ecke und setzte sich zu seinem Freund.

„Ich beginne heute abend wieder mit dem Unterricht. Kein Grund, länger auszusetzen."

„Nein."

„Ich fragte mich natürlich, ob sie kommen würden. Heute sind die großen Essen. Aber auf dem Weg hierher begegnete ich dem jungen Pheston, und als ich ihm sagte, daß ich abends Algebra gebe, war er einfach begeistert. Ich sagte, er könne im Helm kommen. Der Protagoras und die andern werden vor Ärger hochgehen, wenn es heißt: Bei dem Antisthenes haben sie am Abend nach der Schlacht weiter Algebra studiert."

Sokrates schaukelte sich ganz leicht in seiner Hängematte, indem er sich mit der flachen Hand an der etwas schiefen Wand abstieß. Mit seinen herausstehenden Augen sah er forschend auf den Freund.

„Hast du sonst noch jemand getroffen?"

„Menge Leute."

Sokrates sah schlechtgelaunt nach der Decke. Sollte er dem Antisthenes reinen Wein einschenken? Er war seiner ziemlich sicher. Er selber nahm nie Geld für Unterricht und war also keine Konkurrenz für Antisthenes. Vielleicht sollte er ihm wirklich den schwierigen Fall unterbreiten.

Antisthenes sah mit seinen funkelnden Grillenaugen neugierig den Freund an und berichtete: „Der Gorgias geht herum und erzählt allen Leuten, du müßtest davongelaufen sein und in der Verwirrung die falsche Richtung, nämlich nach vorn, eingeschlagen haben. Ein paar von den besseren jungen Leuten wollen ihn schon deswegen verprügeln."

Sokrates sah ihn unangenehm überrascht an.

„Unsinn", sagte er verärgert. Es war ihm plötzlich klar, was seine Gegner gegen ihn in der Hand hatten, wenn er Farbe bekannte.

Er hatte nachts, gegen Morgen zu, gedacht, er könne vielleicht die ganze Sache als ein Experiment drehen und sagen, er habe sehen wollen, wie groß die Leichtgläubigkeit aller sei. „Zwanzig Jahre habe ich auf allen Gassen Pazifismus gelehrt, und ein Gerücht genügte, daß mich meine eigenen Schüler für einen Berserker hielten" usw. usw. Aber da hätte die Schlacht nicht gewonnen werden dürfen. Offenkundig war jetzt eine schlechte Zeit für Pazifismus. Nach einer Niederlage waren sogar die Oberen eine Zeitlang Pazifisten, nach einem Sieg sogar die Unteren Kriegsanhänger, wenigstens eine Zeitlang, bis sie merkten, daß für sie Sieg und Niederlage nicht so verschieden waren. Nein, mit Pazifismus konnte er jetzt nicht Staat machen.

Von der Gasse kam Pferdegetrappel. Reiter hielten vor dem Haus, und herein trat, mit seinem beschwingten Schritt, Alkibiades.

„Guten Morgen, Antisthenes, wie geht das Philosophiegeschäft? Sie sind außer sich", rief er strahlend. „Sie toben auf dem Areopag über deine Antwort, Sokrates. Um einen Witz zu machen, habe ich meinen Antrag, dir den Lorbeerkranz zu verleihen, abgeändert in den Antrag, dir fünfzig Stockschläge zu verleihen. Das hat sie natürlich verschnupft, weil es genau ihrer Stimmung entsprach. Aber du mußt doch mitkommen. Wir werden zu zweit hingehen, zu Fuß."

Sokrates seufzte. Er stand sich sehr gut mit dem jungen Alkibiades. Sie hatten oftmals miteinander getrunken. Es war freundlich von ihm, ihn aufzusuchen. Es war sicher nicht nur der Wunsch, den Areopag vor den Kopf zu stoßen. Und auch dieser letztere Wunsch war ehrenvoll und mußte unterstützt werden.

Bedächtig sagte er endlich, sich weiterschaukelnd in seiner Hängematte: „Eile heißt der Wind, der das Baugerüst umwirft. Setz dich."

Alkibiades lachte und zog einen Stuhl heran. Bevor er sich setzte, verbeugte er sich höflich vor Xanthippe, die in der Küchentür stand, sich die nassen Hände am Rock abwischend.

„Ihr Philosophen seid komische Leute", sagte er ein wenig ungeduldig. „Vielleicht tut es dir schon wieder leid, daß du uns hast die Schlacht gewinnen helfen. Antisthenes hat dich wohl darauf aufmerksam gemacht, daß nicht genügend viele Gründe dafür vorlagen?"

„Wir haben von Algebra gesprochen", sagte Antisthenes schnell und hustete wieder.

Alkibiades grinste.

„Ich habe nichts anderes erwartet. Nur kein Aufheben machen von so was, nicht? Nun, meiner Meinung nach war es einfach Tapferkeit. Wenn ihr wollt, nichts Besonderes, aber was sollen eine Handvoll Lorbeerblätter Besonderes sein? Beiß die Zähne zusammen und laß es über dich ergehen, Alter. Es ist schnell herum und schmerzt nicht. Und dann gehen wir einen heben."

Neugierig blickte er auf die breite, kräftige Figur, die jetzt ziemlich stark ins Schaukeln geraten war.

Sokrates überlegte schnell. Es war ihm etwas eingefallen, was er sagen konnte. Er konnte sagen, daß er sich gestern nacht oder heute morgen den Fuß verstaucht hatte. Zum Beispiel, als ihn die Soldaten von ihren Schultern heruntergelassen hatten. Da war sogar eine Pointe drin. Der Fall zeigte, wie leicht man durch die Ehrungen seiner Mitbürger zu Schaden kommen konnte.

Ohne aufzuhören, sich zu wiegen, beugte er sich nach vorn, so daß er aufrecht saß, rieb sich mit der rechten Hand den nackten linken Arm und sagte langsam:

„Die Sache ist so. Mein Fuß . . ."

Bei diesem Wort fiel sein Blick, der nicht ganz stetig war, denn jetzt hieß es, die erste wirkliche Lüge in dieser Angelegenheit auszusprechen, bisher hatte er nur geschwiegen, auf Xanthippe in der Küchentür.

Sokrates versagte die Sprache. Er hatte plötzlich keine Lust mehr, seine Geschichte vorzubringen. Sein Fuß war nicht verstaucht.

Die Hängematte kam zum Stillstand.

„Höre, Alkibiades", sagte er energisch und mit ganz frischer Stimme, „es kann in diesem Falle nicht von Tapferkeit geredet werden. Ich bin sofort, als die Schlacht begann, das heißt, als ich die ersten Perser auftauchen sah, davongelaufen, und zwar in der richtigen Richtung, nach hinten. Aber da war ein Distelfeld. Ich habe mir einen Dorn in den Fuß getreten und konnte nicht weiter. Ich habe dann wie ein Wilder um mich gehauen und hätte beinahe einige von den eigenen getroffen. In der Verzweiflung schrie ich irgendwas von anderen Abteilungen, damit die Perser glauben sollten, da seien welche, was Unsinn war, denn sie verstehen natürlich nicht Griechisch. Andrerseits scheinen sie aber ebenfalls ziemlich nervös gewesen zu sein. Sie konnten wohl das Gebrüll einfach nicht mehr ertragen, nach allem, was sie bei dem Vormarsch hatten durchmachen müssen. Sie stockten einen Augenblick, und dann kam schon unsere Reiterei. Das ist alles."

Einige Sekunden war es sehr still in der Stube. Alkibiades sah ihn starr an. Antisthenes hustete hinter der vorgehaltenen Hand, diesmal ganz natürlich. Von der Küchentür her, wo Xanthippe stand, kam ein schallendes Gelächter. Dann sagte Antisthenes trocken:

„Und da konntest du natürlich nicht in den Areopag gehen und die Treppen hinaufhinken, um den Lorbeerkranz in Empfang zu nehmen. Das verstehe ich."

Alkibiades legte sich in seinem Stuhl zurück und betrachtete mit zusammengekniffenen Augen den Philosophen auf dem Lager. Weder Sokrates noch Antisthenes sahen nach ihm hin.

Er beugte sich wieder vor und umschlang mit den Händen sein eines Knie. Sein schmales Knabengesicht zuckte ein wenig, aber es verriet nichts von seinen Gedanken oder Gefühlen.

„Warum hast du nicht gesagt, du hast irgendeine andere Wunde?" fragte er.

„Weil ich einen Dorn im Fuß habe", sagte Sokrates grob.

„Oh, deshalb?" sagte Alkibiades. „Ich verstehe." Er stand schnell auf und trat an das Bett.

„Schade, daß ich meinen eigenen Kranz nicht mit hergebracht habe. Ich habe ihn meinem Mann zum Halten gegeben. Sonst würde ich ihn jetzt dir dalassen. Du kannst mir glauben, daß ich dich für tapfer genug halte. Ich kenne niemand, der unter diesen Umständen erzählt hätte, was du erzählt hast."

Und er ging rasch hinaus.

Als dann Xanthippe den Fuß badete und den Dorn auszog, sagte sie übellaunig:

„Es hätte eine Blutvergiftung werden können."

„Mindestens", sagte der Philosoph.

Heinrich Böll

Anekdote zur Senkung der Arbeitsmoral

In einem Hafen an einer westlichen Küste Europas liegt ein ärmlich gekleideter Mann in seinem Fischerboot und döst. Ein schick angezogener Tourist legt eben einen neuen Farbfilm in seinen Fotoapparat, um das idyllische Bild zu fotografieren: blauer Himmel, grüne See mit friedlichen, schneeweißen Wellenkämmen, schwarzes Boot, rote Fischermütze. Klick. Noch einmal: klick, und da aller guten Dinge drei sind und sicher sicher ist, ein drittes Mal: klick. Das spröde, fast feindselige Geräusch weckt den dösenden Fischer, der sich schläfrig aufrichtet, schläfrig nach seiner Zigarettenschachtel angelt. Aber bevor er das Gesuchte gefunden, hat ihm der eifrige Tourist schon eine Schachtel vor die Nase gehalten, ihm die Zigarette nicht gerade in den Mund gesteckt, aber in die Hand gelegt, und ein viertes Klick, das des Feuerzeuges, schließt die eilfertige Höflichkeit ab. Durch jenes kaum meßbare, nie nachweisbare Zuviel an flinker Höflichkeit ist eine gereizte Verlegenheit entstanden, die der Tourist — der Landessprache mächtig — durch ein Gespräch zu überbrücken versucht.

„Sie werden heute einen guten Fang machen."

Kopfschütteln des Fischers. „Aber man hat mir gesagt, daß das Wetter günstig ist." Kopfnicken des Fischers.

„Sie werden also nicht ausfahren?"

Kopfschütteln des Fischers, steigende Nervosität des Touristen. Gewiß liegt ihm das Wohl des ärmlich gekleideten Menschen am Herzen, nagt an ihm die Trauer über die verpaßte Gelegenheit. „Oh? Sie fühlen sich nicht wohl?"

Endlich geht der Fischer von der Zeichensprache zum wahrhaft gesprochenen Wort über.

„Ich fühle mich großartig", sagt er. „Ich habe mich nie besser gefühlt." Er steht auf, reckt sich, als wollte er demonstrieren, wie athletisch er gebaut ist. „Ich fühle mich phantastisch."

Der Gesichtsausdruck des Touristen wird immer unglücklicher, er kann die Frage nicht mehr unterdrücken, die ihm sozusagen das Herz zu sprengen droht: „Aber warum fahren Sie dann nicht aus?"

Die Antwort kommt prompt und knapp. „Weil ich heute morgen schon ausgefahren bin."

„War der Fang gut?"

„Er war so gut, daß ich nicht noch einmal auszufahren brauche, ich habe vier Hummer in meinen Körben gehabt, fast zwei Dutzend Makrelen gefangen."

Der Fischer, endlich erwacht, taut jetzt auf und klopft dem Touristen beruhigend auf die Schultern. Dessen besorgter Gesichtsausdruck erscheint ihm als ein Ausdruck zwar unangebrachter, doch rührender Kümmernis. „Ich habe sogar für morgen und übermorgen genug", sagt er, um des Fremden Seele zu erleichtern. „Rauchen Sie eine von meinen?" – „Ja, danke."

Zigaretten werden in Münder gesteckt, ein fünftes Klick, der Fremde setzt sich kopfschüttelnd auf den Bootsrand, legt die Kamera aus der Hand, denn er braucht jetzt beide Hände, um seiner Rede Nachdruck zu verleihen.

„Ich will mich ja nicht in Ihre persönlichen Angelegenheiten mischen", sagt er, „aber stellen Sie sich mal vor, Sie führen heute ein zweites, ein drittes, vielleicht sogar ein viertes Mal aus, und Sie würden drei, vier, fünf, vielleicht gar zehn Dutzend Makrelen fangen. Stellen Sie sich das mal vor!"

Der Fischer nickt.

„Sie würden", fährt der Tourist fort, „nicht nur heute, sondern morgen, übermorgen, ja, an jedem günstigen Tag zwei-, dreimal, vielleicht viermal ausfahren – wissen Sie, was geschehen würde?"

Der Fischer schüttelt den Kopf.

„Sie würden sich in spätestens einem Jahr einen Motor kaufen können, in zwei Jahren ein zweites Boot, in drei oder vier Jahren könnten Sie vielleicht einen kleinen Kutter haben, mit zwei Booten oder dem Kutter würden Sie natürlich viel mehr fangen – eines Tages würden Sie zwei Kutter haben, Sie würden...", die Begeisterung verschlägt ihm für ein paar Augenblicke die Stimme, „Sie würden ein kleines Kühlhaus bauen, vielleicht eine Räucherei, später eine Marinadenfabrik, mit einem eigenen Hubschrauber rundfliegen, die Fischschwärme ausmachen und Ihren Kuttern per Funk Anweisung geben. Sie könnten die Lachsrechte erwerben, ein Fischrestaurant eröffnen, den Hummer ohne Zwischenhändler direkt nach Paris exportieren – und dann..." – wieder verschlägt die Begeisterung dem Fremden die Sprache. Kopfschüttelnd, im tiefsten Herzen betrübt, seiner Urlaubsfreude schon fast verlustig, blickt er auf die friedlich hereinrollende Flut, in der die ungefangenen Fische munter springen. „Und dann", sagt er, aber wieder verschlägt ihm die Erregung die Sprache.

Der Fischer klopft ihm auf den Rücken wie einem Kind, das sich verschluckt hat. „Was dann?" fragt er leise.

„Dann", sagt der Fremde mit stiller Begeisterung, „dann könnten Sie beruhigt hier im Hafen sitzen, in der Sonne dösen – und auf das herrliche Meer blicken."

„Aber das tu ich ja schon jetzt", sagt der Fischer, „ich sitze beruhigt am Hafen und döse, nur Ihr Klicken hat mich dabei gestört."

Tatsächlich zog der solcherlei belehrte Tourist nachdenklich von dannen, denn früher hatte er auch einmal geglaubt, er arbeite, um eines Tages einmal nicht mehr arbeiten zu müssen, und es blieb keine Spur von Mitleid mit dem ärmlich gekleideten Fischer in ihm zurück, nur ein wenig Neid.

Hellmut Holthaus

Höchster Luxus im Haushalt

Der erste sagte: „Ich habe eine automatische Waschmaschine angeschafft. Sie war natürlich teuer, aber wenn auch die Frau Geld verdient, kann man sich das schon leisten. Meine Ottilie ist Verkäuferin bei Gebrüder Weitersberg. So ein Gerät gehört einfach in eine moderne Familie. Man muß mit der Zeit gehen."

„Auch meine Frau", sagte der zweite, „ist berufstätig. Sie ist Buchhalterin bei Tiefbau-Strack und bringt sogar mehr Geld heim als ich. Wir haben jetzt eine automatische Tellerwaschmaschine gekauft. Hinein mit dem Geschirr, und schon ist alles sauber und trocken. Damit fällt eine der leidigsten Hausarbeiten weg. Eine großartige Erleichterung."

„Gewiß", nickte der dritte. „Aber wenn man schon anfängt mit der Automation des Haushalts, muß man sie auch konsequent zu Ende führen. Das haben wir uns gesagt und die elektrische ‚Traumküche' erworben. Darin ist alles enthalten: Tellerwäscher, Waschautomat, Schnellgrill, Mixer, Kaffeemühle, Abfallschlucker und noch verschiedenes andere. Wenn Erna aus der Praxis nach Hause kommt, drückt sie nur ein paar Knöpfe."

„Allerhand. Der reinste Luxus. Aber das muß ja fast unerschwinglich sein?"

„Ich habe ein schönes Gehalt", antwortete der dritte, „und meine Frau ist Zahnärztin. Auf diese Weise können wir gut nachkommen mit den Raten."

„All diese Maschinen", sagte der vierte, „mögen bescheidenen Ansprüchen genügen, gegen unseren Haushalts-Super sind sie der reinste Murks. Wir, meine Herren, haben die vollautomatische Universalhauswirtschaftsmaschine ‚Prodigio', eine Luxusfabrikation von Fabricator Mundi. Das Komfortabelste und Perfekteste, was es überhaupt geben kann, ein Wunderwerk. Ihr solltet diese Maschine einmal in Tätigkeit sehen! Sie ist unvergleichlich, unübertrefflich, wäscht, plättet, macht sauber, putzt Fenster, räumt auf und kocht."

„Das ist ja wohl nicht möglich!"

„Oh, sie kann noch mehr: Betten machen, nähen, stopfen, flicken, stricken und sterilisieren."

„Kaum zu glauben. Es gehört wohl ein Spezialstudium dazu, so eine Maschine zu bedienen?"

„Gar kein Studium. Man schafft sie an und kümmert sich um nichts, sie schaltet sich selbsttätig ein und aus, je nach Bedarf. Und was das wunderbarste ist, sie stellt ihren Arbeitsplan selber auf und erledigt die verschiedenen Arbeiten in der zweckmäßigsten Reihenfolge und Kombination. Sie hat ein Elektronenhirn. Das ermöglicht es ihr auch, den Kindern bei den Schularbeiten zu helfen. Sie leistet überhaupt Vorzügliches in der Kindererziehung."

„Was? Du mußt ja der reinste Krösus sein, daß du dir eine solche Maschine leisten kannst. Die müssen wir sehen."

„Kommt alle mit, ich führe sie euch vor."

Die Herren tranken aus und gingen zum Hause des vierten. Da stand die Maschine und wusch gerade Spinat. Sie hatte eine Schürze um, hieß Ursula und war die Hausfrau. Eine Frau, die nicht Geld verdienen ging und den ganzen Tag zu Hause war.

„Das", riefen die drei, „ist allerdings der höchste Luxus."

Die vollautomatische Universalhauswirtschaftsmaschine lächelte. Lächeln konnte sie wahrhaftig auch.

Hellmut Holthaus

Wie die Stadt Zachzarach gesucht, aber nicht gefunden wurde und wie die Zachurische Bundespost sie finden kann, ohne zu wissen, wo sie liegt

Auf meiner Zachureikarte konnte ich die bedeutende Stadt Zachzarach nicht finden. Ich fragte den Schuljungen Zolf: „Sag mal, wo liegt Zachzarach?"
„Keine Ahnung."
„Lernt ihr denn das nicht in der Schule?"
„Ich habe in Erdkunde eine Fünf", strahlte der junge Zachure.
„Das braucht er auch nicht zu wissen", erklärte sein Vater. „Er wird Postbeamter."
„Dann steckt er ja alles in den falschen Postsack", sagte ich verwundert. „Ein Postbeamter muß doch gerade gut sein in Geographie."
Der Vater schüttelte lächelnd den Kopf: „Der fortschrittliche Beamte nicht. Sie sind aber von gestern, lieber Freund. Eine Fünf in Erdkunde ist Einstellungsbedingung bei der Zachurischen Bundespost. Erdkunde hält den Postbetrieb nur auf."
Da ich sowieso im nahen Postamt zu tun hatte, fragte ich den Schalterbeamten: „Können Sie mir bitte sagen, wo Zachzarach liegt?"
„Das wissen wir nicht. Wenn Sie aber nach Zachzarach schreiben wollen – es ist 372. Das genügt. Kommt ganz sicher an."
„Ja, in Paphlaph vielleicht oder in Zems", rief ich. „Wie kann ein Brief richtig in Zachzarach ankommen, wenn die ganze Post nicht weiß, wo es liegt?"
„Für die geographische Lage sind wir nicht zuständig, mein Herr. Wenden Sie sich an den Herrn Bundespostminister! Vielleicht weiß er es."
Das war eine Idee. Die Zachurei ist ein fremdenfreundliches Land, einen ausländischen Berichterstatter würde der Minister gewiß empfangen.
So war es auch. Postminister Phelix zeigte sich als leutseliger Herr. „Schießen Sie nur los mit Ihren Fragen!" ermunterte er mich.
„Ich habe nur eine, Exzellenz. Können Sie mir sagen, wo Zachzarach liegt?"

„Selbstverständlich. Fräulein Zittekind, geben Sie mir mal die Liste her! Zachzarach, hier, 372. Kann Ihnen übrigens jedes Postamt sagen."

„Ich meine, in welcher Himmelsrichtung. In welcher Gegend? Im zachurischen Mittelgebirge, im Mündungsgebiet der Zachau oder noch woanders?"

„Wie soll ich das wissen? Das wissen ja die Zachzaracher kaum. Schauen Sie her: 372, das heißt Leitobergebiet 3, Leitmittelgebiet 7, Leituntergebiet 2. Zachzarach liegt also im zweiten Leituntergebiet des siebten Leitmittelgebiets des dritten Leitobergebiets. Verstehen Sie? Ja, wir haben die perfekten Postleitzahlen."

„Ich erinnere mich", sagte ich, „daß die zachurische Post früher berühmt war wegen ihrer Findigkeit. Sie wußte so gut Bescheid in der Geographie, daß sie das kleinste Dörfchen fand ganz ohne Zahlen."

„Ja, früher", wiederholte er. „Früher wußten die Zachuren manches. Jetzt wissen wir nichts mehr. Wozu sollen wir schlau sein? Schlau sind die Maschinen! Eine Postleitmaschine haben wir, mein werter Herr, die hat einen Kopf wie ein Nilpferd, hinein mit den Briefen, schon ist alles sortiert. Da ist Erdkunde nur hinderlich. Wir brauchen daher den fortschrittlichen Beamten. In diesem Lande werden täglich hundert Millionen Briefe und Karten geschrieben, mein Lieber. Das Nilpferd verdaut sie spielend. Je mehr wir schreiben, um so dümmer werden wir, hahaha! Wir halten es mit Sophokles, da, sehen Sie!"

Er deutete auf einen Wandspruch, und ich las: Im Unverstand nur ist das Leben angenehm. Sophokles.

„Wir haben es gut", fuhr er freudig fort. „Was sollen wir uns mit geographischen Kenntnissen belasten? Der Erdkundeunterricht in den Schulen wird auch abgeschafft, im Erziehungsministerium wird das Gesetz schon vorbereitet. Denn der Autofahrer braucht keine Erdkunde mehr, er fährt in Zukunft nicht mehr von Zems nach Quaph, sondern von 428 nach 214, Autoleitzahlen leiten ihn auf allen Straßen. Erdkunde ist veraltet. Wer viel lernen muß, der muß viel leiden. Ist von Salomo. Die Zachuren lernen nicht."

„Mit Ausnahme", überlegte ich, „der wenigen, die sich die fortschrittliche Dummheit nicht leisten können, weil sie das ersinnen und bauen müssen, was hinter den Knöpfchen ist, auf die ihr drückt – der Fachteams, die die Drähte spannen, an denen sich der Zachure entlangtastet. Ist das kein unheimliches Gefühl, immer so im dusteren zu tappen?"

„Gar nicht!" lachte er. „Die Zachuren sind ein glückliches Volk. Hören Sie!"

Er öffnete das Fenster. Unten zog eine Schulklasse mit schallendem Gesang vorbei. „Hundertzwölf ist meine Heimat", sangen sie, „hundertzwölf, wie bist du so schön!"

Hermann Kasack

Mechanischer Doppelgänger

„Ein Herr wünscht Sie zu sprechen", meldete die Sekretärin. Ich las auf der Besuchskarte: Tobias Hull, B. A. – Keine Vorstellung. Auf meinen fragenden Blick: „Ein Herr in den besten Jahren, elegant."
Anscheinend ein Ausländer. Immer diese Störungen. Irgendein Vertreter. Oder? Was weiß man. – „Ich lasse bitten."
Herr Tobias Hull tritt mit vorsichtigen Schritten ein. Er setzt Fuß vor Fuß, als fürchte er, zu stark aufzutreten. Ob er leidend ist? Ich schätze sein Alter auf Mitte Vierzig. Eine große Freundlichkeit strahlt aus seinem glattrasierten, nicht unsympathischen Gesicht. Sehr korrekt angezogen, beinahe zu exakt in seinen verbindlichen Bewegungen, scheint mir. Nun, man wird sehen. Mit der Hand zum Sessel weisend: „Was verschafft mir die Ehre Ihres Besuches?"
„Oh! Ich wollte mich Ihnen nur vorstellen."
„Sehr angenehm", sage ich.
„Oh! Sie verstehen!" Dieses mit einem leicht jaulenden Ton vorgebrachte Oh! ist unnachahmlich. Seine müde, etwas monotone Stimme hat einen kleinen fremden Akzent. Er sieht mich mit freundlicher Erwartung an.
Über das Benehmen seines Besuches doch ein wenig erstaunt, wiederhole ich: „Sehr angenehm. Aber darf ich Sie fragen –"
Da werde ich sogleich mit seinem „Oh!" unterbrochen: „Bitte fragen Sie mich nicht." Und dann beginnt er seine Geschichte zu erzählen, die er anscheinend schon hundertmal vorgebracht hat: „Ich bin nämlich ausgestopft!"
„Aber – erlauben Sie mal!"
Das eigentümliche Wesen, das mich überlegen fixiert, beachtet den Einwurf nicht, sondern fährt unbeirrt fort: „Erschrecken Sie nicht, weil ich eine Art Automat bin, eine Maschine in Menschenform, ein Ersatz sozusagen. Mr. Tobias Hull existiert wirklich. Der Chef einer großen Fabrik zur Herstellung von mechanischen Doppelgängern. Ich bin, wie sagt man, seine Projektion, ja, Agent in Propaganda. Ich kann Ihnen natürlich meinen Mechanismus im einzelnen nicht erklären – Sie verstehen: Fabrikationsgeheimnis!

Aber wenn Sie daran denken, daß die meisten Menschen heutzutage ganz schablonenmäßig leben, handeln und denken, dann werden Sie sofort begreifen, worauf sich unsere Theorie gründet! Herz und Verstand werden bei uns ausgeschaltet. Sie sind es ja, die im Leben so oft die störenden Komplikationen hervorrufen. Bei uns ersetzt die Routine alles. Sehr einleuchtend, nicht wahr?"

Ich nickte verstört.

„Oh! Mein Inneres ist ein System elektrischer Ströme, automatischer Hebel, großartig! Eine Antennenkonstruktion, die auf die feinsten Schwingungen reagiert. Sie läßt mich alle Funktionen eines menschlichen Wesens verrichten, ja, in gewisser Weise noch darüber hinaus. Sie sehen selbst, wie gut ich funktioniere."

Zweifelnd, mißtrauisch betrachte ich das seltsame Geschöpf. „Unmöglich!" sage ich. „Ein Taschenspielertrick. Sehr apart. Indessen —"

„Oh! Ich kann mich in sieben Sprachen verständigen. Wenn ich zum Beispiel den obersten Knopf meiner Weste drehe, so spreche ich fließend englisch, und wenn ich den nächsten Knopf berühre, so spreche ich fließend französisch, und wenn ich —"

„Das ist wirklich erstaunlich!"

„Oh! In gewisser Weise; vor allem aber angenehm. Wünschen Sie ein Gespräch über das Wetter, über Film, über Sport? Über Politik oder abstrakte Malerei? Fast alle Themen und Vokabeln des modernen Menschen sind in mir vorrätig. Auch eine Spule von Gemeinplätzen läßt sich abrollen. Alles sinnreich, komfortabel und praktisch. Wie angenehm wird es für Sie sein, wenn Sie sich erst einen mechanischen Doppelgänger von sich halten — oder besser, wenn Sie gleich zwei Exemplare von sich zur Verfügung haben. Sie könnten gleichzeitig verschiedene Dienstreisen unternehmen, an mehreren Tagungen teilnehmen, überall gesehen werden und selber obendrein ruhig zu Hause sitzen. Sie haben einen Stellvertreter Ihres Ich, der Ihre Geschäfte wahrscheinlich besser erledigt als Sie selbst. Sie werden das Doppelte verdienen und können Ihre eigene Person vor vielen Überflüssigkeiten des Lebens bewahren. Ihr Wesen ist vervielfältigt. Sie können sogar sterben, ohne daß die Welt etwas davon merkt. Denn wir Automaten beziehen unsere Existenz aus jeder Begegnung mit wirklichen Menschen."

„Aber dann werden ja die Menschen allmählich ganz überflüssig."

„Nein. Aus eben diesem Grunde nicht. Zwei Menschenautomaten können mit sich selber nur wenig anfangen. Haben Sie also einen Auftrag für mich?"

Mit jähem Ruck sprang das Wesen auf und sauste im Zimmer hin und her.

„Oh! Wir können auch die Geschwindigkeit regulieren. Berühmte Rennfahrer und Wettläufer halten sich schon Doppelgänger-Automaten, die ihre Rekorde ständig steigern."

„Phantastisch! Man weiß bald nicht mehr, ob man einen Menschen oder einen Automaten vor sich hat."

„Oh!" zischte es an mein Ohr, „das letzte Geheimnis der Natur werden wir nie ergründen. — Darf ich also ein Duplikat von Ihnen herstellen lassen? Sie sind nicht besonders kompliziert zusammengesetzt, das ist günstig. Das hineingesteckte Kapital wird sich bestimmt rentieren. Morgen wird ein Herr kommen und Maß nehmen."

„Die Probe Ihrer Existenz war in der Tat verblüffend, jedoch —" Mir fehlten die Worte und ich tat so, als ob ich überlegte.

„Jedoch, sagen Sie nur noch: Der Herr, der morgen kommen soll, ist das nun ein Automat oder ein richtiger Mensch?"

„Ich nehme an, noch ein richtiger Mensch. Aber es bliebe sich gleich. Guten Tag."

Mr. Tobias Hull war fort. Von Einbildung kann keine Rede sein, die Sekretärin ist mein Zeuge. Aber es muß diesem Gentlemangeschöpf unmittelbar nach seinem Besuch bei mir etwas zugestoßen sein, denn weder am nächsten noch an einem späteren Tage kam jemand, um für meinen Doppelgänger Maß zu nehmen. Doch hoffe ich, wenigstens durch diese Zeilen die Aufmerksamkeit der Tobias-Hull-Gesellschaft wieder auf meine Person zu lenken.

Denn eines weiß ich seit jener Unterhaltung gewiß: Ich bin inzwischen vielen Menschen begegnet, im Theater und im Kino, bei Versammlungen und auf Gesellschaften, im Klub und beim Stammtisch, die bestimmt nicht sie selber waren, sondern bereits ihre mechanischen Doppelgänger.

MICHAIL SOSTSCHENKO

Radfahren verboten

Ich besitze ein ganz gutes Fahrrad. Eine anständige Maschine, auf der ich zuweilen Spazierfahrten mache — zur Beruhigung der Nerven und Erhaltung des seelischen Gleichgewichts.

Es ist wirklich eine ausgezeichnete Maschine. Schade, nur die Räder sind nicht vollzählig. Das heißt, vollzählig sind sie schon, aber sie sind grundverschieden. Das eine ist englisch, das andere aber deutsch. Und die Lenkstange ist ukrainischer Herkunft. Aber immerhin, man kann damit sogar fahren. Bei trockenem Wetter.

Das heißt, offen gesagt, ist das Fahren darauf die reinste Qual und Langeweile, aber um das Herzchen jung zu erhalten und wenn mir das Leben nicht allzu teuer erscheint, fahre ich auf meinem Fahrrad aus.

Also fahre ich einmal Rad. Auf einer großen, breiten Uferstraße. Auf dem Boulevard. Und biege dann seitwärts in die Allee ein, die neben dem Boulevard läuft.

Um mich blüht der Sommer. Das grüne Gras. Die Blumenbeete mit den verwelkten Blumen. Und über mir der blaue Himmel. Die Vöglein zwitschern. Eine Krähe pickt im Kehricht. Ein graues Hündchen bellt am Hoftor.

Ich schaue auf dieses sommerliche Bild, und das Herz wird mir plötzlich so weit, und ich habe keine Lust, an etwas Schlimmes zu denken. Ich träume von einem anständigen Leben. Von lieben, verständnisvollen Mitmenschen. Und von gegenseitiger Achtung und Feinheit der Sitten. Und Liebe zum Nächsten.

In diesem Augenblick möchte ich alle umarmen, möchte jedem etwas Liebes sagen oder ihn in ein Speisehaus führen und mit einem guten Mittagessen abfüttern. Geld möchte ich verteilen für all die viele Not und alles Leid.

Plötzlich gellt in der Ferne ein Pfiff.

Jemand hat sich gegen die Verkehrsordnung vergangen — denke ich mir. Jemand hat wahrscheinlich die Straße nicht richtig überquert. In Zukunft wird es so was sicher nicht mehr geben. Es wird nicht mehr diese grellen, beleidigenden Pfiffe geben, die jetzt noch durch ganz Rußland erschallen.

Wieder gellt nicht weit von mir ein Pfiff, und ich höre Schreie und saugrobes Geschimpfe.

So grob wird man wahrscheinlich in Zukunft auch nicht mehr schreien.

Das heißt, schreien wird man vielleicht noch hie und da, aber solch gemeines und beleidigendes Schimpfen wird es sicher nicht mehr geben.

Jemand, höre ich, läuft hinter mir. Und schreit mit heiserer Stimme: „Ausreißen willst du, du Schweinehund! Daß dich der Teufel hole! Auf der Stelle bleibst du stehen!"

Man jagt hinter jemand her — denke ich mir und fahre still und rüstig weiter.

„Ljoschka!" schreit einer. „Lauf mal, du Rindvieh, links herum! Laß ihn nicht aus den Augen!"

Ich sehe, von links kommt ein Bürschlein gelaufen. Fuchtelt mit einem Knüppel und droht mit der Faust. Ich drehe mich um. Ein grauhaariger ehrsamer Wächter läuft auf der Straße und brüllt aus Leibeskräften: „Packt ihn, Brüderchen, packt ihn! Ljoschka, laß ihn nicht aus den Augen!" In dem Augenblick legt Ljoschka auf mich an und wirft mir einen Knüppel in die Speichen. Jetzt beginne ich zu verstehen, daß die ganze Sache mich angeht, und springe gleich ab.

Der Wächter kommt herangelaufen. „Haltet ihn, haltet ihn!" röchelt er atemlos. Gefällige Menschen, zehn an der Zahl, packen meine Hände, quetschen, kneten und drehen sie und biegen sie mir hinter den Rücken.

„Brüderchen", sage ich, „seid ihr ganz verrückt geworden? Habt ihr mitsamt dem Dummkopf da den Verstand verloren?"

Schreit der Wächter: „Ich werde dir gleich das Maul stopfen! Wirst mich noch bei der Ausübung dienstlicher Pflichten beleidigen! Haltet ihn fest! Laßt ihn nicht aus, den Schweinehund!"

Allmählich versammelt sich das Volk. Und jemand fragt: „Ja, was hat er denn getan?"

Der Wächter sagt: „Er hat mich 53jährigen alten Mann fast zu Tode gejagt, der Hundesohn! Hier ist doch das Radfahren verboten! Hing sogar ein Schild dort. Aber dieser Teufel fährt ganz ungeniert vorbei. Ich pfeife ihm, aber er strampelt nur weiter mit den Beinen. Gut, daß mein Gehilfe ihn mit dem Stock treffen konnte!"

„Brüderchen", sage ich. „Ich wußte nicht, daß man hier nicht fahren darf. Ich wollte ja gar nicht ausreißen!"

„Er wollte nicht ausreißen!" keucht der Wächter. „Habt ihr solche unverschämten Reden gehört? Schleppt ihn zur Miliz!"

Irgend jemand ruft: „Reißt ihm doch nicht die Arme aus!" Und ich sage: „Brüderchen, ich werde die Strafe bezahlen. Ich weigere mich ja gar nicht. Dreht mir nicht die Hände aus!"

Wieder meint einer: „Laßt ihn seine Papiere vorweisen und kassiert die Strafe ein. Was schleift ihr ihn unnütz zur Miliz?"

Der Wächter und ein Haufen Freiwilliger haben Lust, mich zur Miliz zu schleppen, doch nehmen sie schließlich, unter dem Druck der Mehrheit, davon Abstand. Schrecklich fluchend kassiert der Wächter das Strafgeld ein und entläßt mich mit sichtbarem Bedauern in die Freiheit.

Ich gehe schwankend und taumelnd mit meinem Fahrrad fort. Im Kopfe brummt es, und vor den Augen tanzen Kreise und glühende Punkte. Mit ausgerenkten Armen und wundem Herzen schleppe ich mich weiter. Und habe verteufelt reaktionäre Redensarten im Sinn: „Herrgott! Mein Gott!" Ich massiere meine Hände und sage leise: „Pfui!"

Dann trete ich wieder auf die große Uferstraße hinaus und setze mich auf mein Rad und fahre still den Kai entlang. Und vergesse allmählich die rohe Szene. Und wieder male ich mir die herrlichsten Bilder der unfernen Zukunft aus. Zum Beispiel fahre ich in Gedanken auf einem Fahrrad, dessen beide Räder sich gleichen wie ein Wassertropfen dem anderen. Dann biege ich in die bewußte Unglücksallee ein und höre plötzlich jemand lachen. Ich schaue — da kommt der Wächter. In den Händen hält er ein Blümchen, ein Vergißmeinnicht, oder ist es eine Tulpe? Er dreht die Blume in der Hand und sagt lachend: „Ja, wo fährst du denn spazieren, Freundchen? Du Dummkopf bist ja auf den verbotenen Weg gekrochen! Bist mir ein rechter Maulaffe, mein Seelchen! Aber nun mal runter von hier, sonst gibt es Strafe — bekommst die Blume nicht!"

Hierauf gibt er mir lächelnd das Vergißmeinnicht, und wir trennen uns, nachdem wir Wohlgefallen aneinander gefunden haben. Dieses freundliche Bild besänftigt die erlittenen Leiden, ich fahre tapfer weiter, strampele rüstig mit den Beinen und spreche zu mir selbst: „Das macht fast gar nichts. Das Herz wird mir davon nicht brechen. Ich bin noch ziemlich jung. Ich kann warten!"

Michail Sostschenko

Der Wunderhund

Dem Kaufmann Jeremias Babkin hat man einen Waschbärpelz gestohlen. Und dieser unvorhergesehene Verlust, Sie werden es begreifen, wurmt ihn nun.

„Der Pelz", sagt er, „war gar zu schön, Genossen! Das nagt mir am Herzen! Kein Geld soll mir leid tun, den Dieb zu finden. Ins Gesicht werde ich ihm spucken, dem Gauner, dem Hundesohn!"

Und also ließ Jeremias Babkin den amtlichen Spürhund kommen.

Es erschien ein Mann mit Schirmmütze und Wickelgamaschen, und mit ihm der Hund. So ein riesiger brauner Köter, mit spitzer, unsympathischer Nase.

Der Mann stieß sein Hündchen auf die Spuren an der Tür, sagte: „Pss! pss!" und ging zur Seite.

Der Hund schnupperte ein wenig in die Luft, schaute sich die Mieter an, die sich natürlich versammelt hatten, und schießt schon auf Mütterchen Fjokla los. Das Mütterchen weicht entsetzt zurück. Der Hund hinter ihr drein. Sieht da Mütterchen Fjokla, es gibt kein Entweichen vor diesem schrecklichen Hund, und stürzt vor dem Agenten in die Knie.

„Hat mich erwischt!" sagt sie, „das Wundertier! Ich leugne nichts. Fünf Eimer Branntwein sind es und der Apparat! Alles in der Rumpelkammer versteckt!"

Die Mieter sperrten Mund und Ohren auf.

„Und der Pelz?" fragte jemand.

„Vom Pelz", sagt sie, „weiß ich nichts, hab ihn mein Lebtag nicht gesehen! Aber alles andere ist wahr. Ich leugne nichts."

Also führte man Mütterchen Fjokla ab.

Wieder nahm der Agent seinen Hund, stieß ihn mit der Schnauze auf die Spur, sagte „Pss!" und ging zur Seite.

Der Hund wirft nur einen kurzen Blick auf die Mieter, schnuppert in die leere Luft und springt plötzlich auf den Genossen Hausverwalter zu.

Der wird kreidebleich. „Bindet mich", ächzt er, „ehrenwerte Genossen! Ich habe von euch Geld für Wasser einkassiert", sagt er, „aber das Geld habe ich für mich selbst verbraucht!"

Vergessen waren Hund und Pelz; mit Wutgeheul fielen alle Mieter über den Hausverwalter her. Jeremias Babkin aber begann mit den Augen zu blinzeln. Ängstlich schaute er um sich, nahm dann schnell etwas Geld aus der Tasche und reichte es dem Agenten.

„Führ nur", sagte er, „deinen Hund schnell weg, wo der Pfeffer wächst! Laß lieber den Pelz futsch sein! Hol's der Teufel!"

Aber schon ist der Köter zur Stelle. Steht vor Jeremias Babkin und dreht mit dem Schwanz. Hämisch grinsend.

Der Kaufmann begann zu schlottern.

„Ja!" krächzte er, „Gott sieht die Wahrheit! Ich selbst", sagte er, „bin der Hundesohn und Gauner! Der Pelz gehört meinem Bruder. Er hat ihn mir zur Aufbewahrung gegeben; und ich selbst habe ihn mir geklaut! Ich bin der Schuft!"

Hier stob das Volk wie der Wind auseinander. Der Hund hatte nicht einmal Zeit, in die Luft zu schnuppern. Zwei, drei hatte er gerade noch erwischt und hielt sie fest.

Auch diese beichteten. Der eine hatte Staatsgelder im Kartenspiel durchgebracht, der andere hatte seiner lieben Genossin eins mit dem eisernen Bügeleisen versetzt, der dritte hatte etwas so Peinliches gesagt — das man gar nicht wiedergeben darf ...

Das Volk hatte sich verlaufen. Leer lag der Hof da. Nur der Hund und der Agent blieben zurück.

Und plötzlich tritt der Hund auf den Agenten zu und wedelt mit dem Schwanze. Und jetzt wurde auch dieser bleich und fiel vor dem Wunderhund in die Knie.

„Beißen Sie mich, Genossin!" schluchzte er. „Ich bekomme für euren Hundefraß drei Tscherwonzen[1] im Monat und behalte zweie für mich!"

Was weiter geschah, weiß ich nicht. Auch ich suchte schleunigst das Weite.

---

[1] Russische Münzeinheit.

Stefan Heym

Ein sehr guter zweiter Mann

„Robert!"
Der Mann, der unter dem Ventilator saß, wandte sich träge um. Dann erkannte er mich. „Mein Gott!" Er sprang auf. „Wie in aller Welt kommst du denn hierher?" Über die offene Veranda hinweg wies er auf die staubigen Palmen, die dastanden wie die abgekämpften Letzten eines verlorenen Bataillons. Aus dem Lautsprecher, der an einem weißgetünchten Pfosten hing, klangen in monotonem Wechsel monotone Sätze, zuerst in unserer Sprache, dann in der Sprache des Landes.

„Ich bin hergekommen, um über die Sache hier zu schreiben", sagte ich. „Das ist doch einen Artikel wert – besonders für unsere Blätter zu Hause –, daß wir diese Brücke gebaut haben. Immerhin ist unser Projekt den besten Entwürfen der westlichen Konkurrenz vorgezogen worden. Aber wem erzähl' ich das – schließlich bist du der Mann, der die Brücke gebaut hat..."

„Der Mann, der die Brücke gebaut hat", sagte Robert, „steht jetzt dort und hält eine Rede."

„Oh!" sagte ich.

„Whisky und Soda?" Robert setzte sich wieder hin und schob Flaschen und Glas über den Tisch. Das stetige Schwirren des Ventilators, der unter der Decke angebracht war, hielt die spärlichen Haare auf seinem sonnengebräunten Schädel in leiser Bewegung. Robert war älter geworden. Hagerer und älter, mit einem sehnigen Hals und müden, rotumränderten Augen. Vielleicht trank er zuviel.

„Und was ist das für ein Mann?" fragte ich.

„Er heißt Kriwitzky", sagte er.

„Hoffentlich versteht er von der Technik mehr als vom Reden", sagte ich.

„Willst du damit sagen, daß du noch nie von Kriwitzky gehört hast?" erkundigte sich Robert. „Was bist du für ein Journalist! Er hat den großen Viadukt über die Lungfo-Schlucht gebaut und den Damm, der Nord- und Süd-Machabar verbindet, und die Hängebrücke über den Blauen Mvani –

du müßtest doch etwas gelesen haben von der Berühmtheit, die unser großer Ingenieur erlangt hat, und von dem großen Ansehen, das er unserer Republik eingebracht hat?" Er trank.

Ich erinnerte mich dunkel; da hatte in den Zeitungen und Zeitschriften einiges gestanden über diese Brücken, die gleichzeitig auch Brücken waren von unserer sozialistischen Republik zu den vom Kolonialismus befreiten Ländern, und daß wir nicht bloß technische Kenntnisse exportierten, sondern auch Freundschaft zwischen den Völkern. Nur dachte ich immer ...

„Ich dachte immer, der Lungfo-Viadukt wäre deine Arbeit, Robert!" meinte ich. „Hast du mir das nicht selber gesagt, als wir uns das letztemal trafen?"

„Das war vor vier Jahren!" erklärte er. „Inzwischen bin ich eines Besseren belehrt worden."

Ich goß meinen Whisky in einem Zug herunter. Mein Buschhemd, so dünn es war, kam mir vor wie eine mittelalterliche Rüstung. Dem Ventilator schien es schwerzufallen, die dicke, heiße Luft zu durchschneiden. Kriwitzkys Stimme klang auf uns herab, voller Würde und Schmelz.

„Bei uns hieß er immer die Maus."

„Wer?" fragte ich, erstaunt über sein scheinbares Abschweifen vom Thema.

„Kriwitzky", sagte Robert. „Er hat so ein Mausegesicht, alles läuft spitz auf die Nase zu; aber selbst der Nase fehlt Charakter. Und wenn er schon ankam mit seinen gezierten Schrittchen ... Nein, damals schwang er noch keine Reden. Und wenn er etwas sagte, leitete er es immer mit dem gleichen Satz ein: Natürlich kann ich mich irren, ich bin ja nur der einfache Sohn eines einfachen Arbeiters ..."

„Robert!" wandte ich ein. „Übertreibst du nicht ein bißchen? Oder macht das die Hitze? ..."

Er lachte freudlos. „Geh und schreib deinen Artikel", sagte er. „Sammle seine Weisheiten und serviere sie — der Leser ist Kummer gewöhnt. Ich kenne Kriwitzkys Rede schon. Du hast noch mindestens fünfzehn Minuten vor dir, mit Übersetzung sogar dreißig, das dürfte dich hinreichend beschäftigen, und ich habe meine Ruhe."

Ich goß mir noch ein Glas ein, ein Drittel Whisky, zwei Drittel Soda, und setzte mich in meinem Stuhl zurecht. Es gibt dort unten diese Stühle mit langen Armlehnen, auf denen man die Füße ausstrecken kann; mit einem Drink daneben ist das in neun von zwölf Monaten die einzige erträgliche Körperhaltung in diesem Lande.

„Also erzähl, Robert", sagte ich. „Ich bin bereits bei meinem Artikel."

Er schaute mich über den Rand seines Glases hinweg an. „Wirklich? Man wird dir die Geschichte nicht drucken; sie ist weder schön noch genügend positiv, noch regt sie zur Vollbringung von Heldentaten sozialistischer Arbeit an."

„Du bist Ingenieur für Stahlbau und ich für menschliche Seelen", sagte ich. „Mach dir daher um mein Fach keine so großen Sorgen. Ich werde das Positive aus der Sache schon herausholen."

„Na schön", sagte er, rieb sich die Augen und knöpfte sein Hemd auf. „Angefangen hat es mit der Verwechslung an der Lungfo-Schlucht. Irgendeiner in unserer Kaderabteilung hatte entschieden, daß Kriwitzky mitkommen müsse. Vielleicht wollte ihn jemand für ein Weilchen los sein, oder jemand hatte ein schlechtes Gewissen, weil der einfache Sohn des einfachen Arbeiters niemals irgendwohin kam, oder vielleicht..."

„Aber du bist doch auch ein Arbeiterkind!"

„Ich habe als Schweißer angefangen", sagte Robert ungeduldig. „Soll ich damit Reklame machen?"

Ich verscheuchte ein paar müde Fliegen, die sich auf meinem Knöchel ausruhen wollten. Ich kannte den Weg, den Robert gegangen war, die schwere körperliche Arbeit am Tage, die durchstudierten Nächte, dazwischen die Jahre im Gefängnis, während Hitler Europa einkassierte...

„Ich hatte nichts für und nichts gegen diesen Mann", fuhr er fort. „Ich empfand höchstens eine Art Mitleid mit ihm — diesem Mäuschentyp, der versuchte, jemand zu sein, und dabei genau wußte, daß er für die Arbeit nicht zu gebrauchen war, und sich dennoch ständig bemüßigt fühlte, eine Meinung zu äußern, und weder Russisch noch Englisch noch eine der asiatischen Sprachen kannte, und überhaupt verratzt und verraten war... Sooft ich eine freie Minute hatte, übersetzte ich für ihn oder zeigte ihm die Sehenswürdigkeiten oder versuchte ihm einen Begriff zu geben von dem Land, in dem er sich befand, und dem Volk, mit dem er arbeiten sollte. Bis er mir einmal erklärte, daß er als Marxist nicht viel von einem Lande gesehen zu haben brauchte, um zu wissen, was dort los sei. Auch danach zog ich ihn immer noch hinzu, wenn wir mit den einheimischen Ingenieuren verhandelten oder mit den Behörden oder den Arbeitern und ihren Organisationen. Du weißt ja, wie das ist, du weißt, wie die Menschen hier auf Europäer reagieren — sogar auf Europäer aus dem sozialistischen Teil Europas —, und wir zwei waren die einzigen Vertreter unserer Republik. Ich wollte die Leute hier nicht merken lassen, daß einer von den zweien, die zu ihnen geschickt wurden, ein Versager war."

Er schwieg einen Augenblick. Die Stimme aus dem Lautsprecher, die das Nebengeräusch zu seiner Erzählung geliefert hatte, wurde deutlicher. Sie sprach über unsere sozialistische Republik und über dieses vom Kolonialismus befreite Land, die beide durch diese Brücke verbunden wurden, und daß wir nicht bloß technische Kenntnisse exportierten, sondern auch Freundschaft zwischen den Völkern...

„Als der Lungfo-Viadukt fertig war", sprach Robert mit geschlossenen Augen weiter, „gab es eine kleine Feier — das übliche, Reden und Fahnen und ein paar Trinksprüche, und dann wurde ein Band durchschnitten, bevor der erste Zug mit wehenden Flaggen über die Brücke polterte. Wie Weintrauben hingen die Menschen an der Lokomotive! Es war schon großartig, die Lokomotive mit dem roten Stern am Bug! Es war großartig, weil das die erste Lokomotive war, die je die Schlucht überquerte, ganz hoch oben — wie einer von diesen winzigen Käfern auf einem Grashalm, die man auf chinesischen Aquarellen sieht — und weil sie ein neues Land erschloß für ich weiß nicht wie viele Millionen Menschen..."

Der Hals der Flasche klirrte hart gegen Roberts Glas; seine Hand zitterte beim Eingießen.

„Nimm es nicht so schwer", sagte ich.

„Es packt einen eben manchmal", meinte er, ließ aber offen, was ihn packte.

„Kann man diesen Krach nicht abstellen?" fragte ich.

Er zuckte die Achseln und fuhr fort: „Ich mußte damals eine Rede halten. Ich versuchte zu sagen, was ich empfand. Ich bin kein besonders guter Redner; ich sehe etwas, ich spüre es bis in die Fingerspitzen, aber ich habe Hemmungen und kann es nicht in die richtigen Worte fassen. Doch damals waren meine Hemmungen wie weggeblasen. Ich dachte an die vielen Menschen, die gemeinsam gearbeitet hatten, an die vielen tausend Bauern, die geschippt und gehackt und mit ihren Karren den Dreck abgefahren hatten, an die Arbeiter, die in schwindelnder Höhe gehangen hatten, nietend und schweißend, in eisigen Stürmen, in der schlimmsten Hitze, in Nächten, in denen man keinen Hund hinausjagen würde. Und ich glaube, ich habe das einigermaßen zum Ausdruck gebracht, denn nachher kamen ein paar von diesen Bauern und ein paar von den Arbeitern und umarmten mich, als wäre ich ihr Bruder. Und dann, ein paar Tage später, zeigte mir jemand einen Artikel in der Zeitung der nächsten Bezirksstadt und übersetzte mir, daß der weltberühmte Ingenieur B. R. Kriwitzky, den die Arbeiter unserer sozialistischen Bruderrepublik zu uns gesandt hatten und so weiter und so fort, bei der Einweihung des Lungfo-Viadukts, zu dessen Bau er so viel beigetragen hatte und so weiter und so fort, äußerst bewegende Worte fand und erklärte, daß — und so weiter und so fort."

Ich lachte.

„Ich habe damals auch gelacht", sagte Robert. „Was kommt es darauf schon an, habe ich mir gedacht. Irgendein Lokalreporter, der weder den einen noch den anderen von uns kennt, hat sich im Baubüro erkundigt und unsere Namen verwechselt, und so ist Kriwitzky endlich in die Zeitung gekommen, wenn sie auch in Buchstaben gedruckt war, die er nicht entziffern konnte, und in einer Stadt erschien, die kaum mehr war als eine Ansammlung von Lehmhütten. Ich gab ihm sogar ein Exemplar der Zeitung als Andenken, und er hat es mit vielem Dank eingesteckt."

„Hat er denn das Witzige der Sache nicht begriffen?"

Robert überlegte einen Augenblick. „Vielleicht", meinte er schließlich. „Aber wenn auch, auf wessen Kosten ging der Witz? Jedenfalls glaube ich nicht, daß er Sinn für Humor besitzt. Sonst hätte das, was nachher kam, nie geschehen können."

„Was kam nachher?"

„Diese verfluchte Zeitungsnachricht hat uns verfolgt, den ganzen Weg von der Lungfo-Schlucht bis nach Hause ins Hauptbüro. Als wir in der Hauptstadt jenes Landes eintrafen, war die Geschichte schon bis dorthin gedrungen und begrüßte mich auf der ersten Seite der englischsprachigen Zeitung, die dort erscheint. In Moskau mußten wir das Flugzeug wechseln. Ich hatte gerade genug Zeit, die Abendzeitung zu kaufen — zweite Seite, dritte Spalte: Brücke von Rekordlänge und Rekordhöhe in Rekordzeit errichtet — Einweihung durch den bekannten Ingenieur B. R. Kriwitzky. Und als das Flugzeug den Boden unserer kleinen Republik berührte, warteten die Photographen schon auf Kriwitzky, und die Leute von der Wochenschau filmten ihn, wie er die Laufbrücke heruntertrippelte und von sechs kleinen Mädchen in Pionierkleidung mit einem Strauß rosa Rosen begrüßt wurde. Vielleicht hast du's sogar zu Hause im Kino gesehen."

Ich stand auf. Sobald ich außer Reichweite des Ventilators kam, umhüllte mich die erbarmungslose Hitze. Ich ging trotzdem weiter, aus dem Zimmer über die Veranda, aus dem Schatten in die Sonne, bis zu dem weißgetünchten Pfosten. Mit einem Daumendruck ließ ich die große Klinge meines Taschenmessers herausspringen und zerschnitt das Kabel.

Die gesegnete Stille, die dann folgte, wurde durch das Lachen hinter mir, wo Robert saß, zerrissen. Ich ging zu ihm zurück. Ich hob meine Füße wieder auf die Armlehnen meines Stuhls und unterbrach sein Lachen mit einer ärgerlichen Handbewegung und fragte: „Und er? Was hat er eigentlich zu der ganzen Komödie gesagt?"

„Er? Er hat sich gesträubt, mit genau dem richtigen Aufwand an Bescheidenheit — es wäre zu viel Auszeichnung für ihn, und ich müßte die Hälfte seiner Rosen bekommen, und schließlich mußten die Pressephotographen ein Bild von uns beiden aufnehmen, von ihm und von mir, umgeben von den sechs kleinen Mädchen..."

„Rührend", sagte ich.

„Rührend", bestätigte Robert.

„Aber bei deiner Firma hätten sie doch Bescheid wissen müssen", sagte ich. „Sie wußten doch, wen sie geschickt hatten, und sie kannten die Fähigkeiten von euch beiden!"

„Gott, ja", sagte er. „Natürlich wußten sie. Aber das Komische an den Menschen ist, daß die meisten sich ihres eigenen Urteils nicht ganz sicher sind. Ich erkannte das an der Art, wie sie mich in der Kaderabteilung ausfragten. Sie haben es niemals ausgesprochen, aber ich konnte es förmlich riechen: Vielleicht war doch etwas dran an der Geschichte, die von der Lungfo-Schlucht gekommen war und die die bedeutendsten Zeitungen unserer Republik gebracht hatten. Vielleicht hatte ich mal Pech gehabt bei der Arbeit oder die Übersicht verloren, oder ich war einfach krank geworden, und Kriwitzky hatte die Leitung übernommen. Deswegen war er ja hingeschickt worden, um sie im Notfall übernehmen zu können, das stimmte doch? Und konnte man einen Bericht, der in unseren wichtigsten Zeitungen erschienen war, einfach so außer acht lassen? Schon hatte jemand von der Regierung angerufen und angedeutet, daß im Hinblick auf die Bedeutung des Lungfo-Projektes für die Freundschaft zwischen unserer Republik und den Brudervölkern der anderen sozialistischen Staaten sowie den vom Kolonialismus befreiten Menschen der unterentwickelten Länder Ingenieur Kriwitzky beim nächsten Staatsfeiertag durchaus für eine ehrenvolle Erwähnung, wenn nicht gar für einen mit Prämie verbundenen Orden in Frage kommen könnte."

„Nein!" sagte ich.

„Nein", sagte er, „er hat es nicht bekommen. Damals jedenfalls nicht."

Die Fliegen waren wieder da. In diesem Teil der Welt veranstalten die Fliegen ganze Völkerwanderungen, und wo der Stammeshäuptling hinfliegt, fliegen sie alle hin, und wo er sich niederläßt, lassen sich alle nieder und trotzen jeder Gegenmaßnahme. Die Fliegen saßen wieder auf meinem Knöchel.

„Du mußt sie marinieren", schlug Robert vor. „Versuch's mit Whisky."

Ich griff nach der Flasche, füllte mein Glas und schlug mit meinem Notizbuch auf die Fliegen ein. „Ich werde mich lieber selber marinieren", sagte ich. Der Einband meines Notizbuchs war mit toten Fliegen beklebt. Der Häuptling der Fliegen führte sein Gefolge auf den Lampenschirm, zwecks Umdisponierung der Truppe.

„Warum hast du geschwiegen und kein Wort gesagt?" fragte ich.

„Warum?" Robert runzelte die Stirn. „Wahrscheinlich, weil es zu peinlich gewesen wäre."

„Peinlich! Auch noch! Der Tag, wo wir uns Empfindsamkeit und andere edle Gefühle leisten können, wird kommen; wir arbeiten darauf hin; aber es wird noch ein paar Jahre dauern."

„Nun", sagte er, „versetze dich in meine Lage! Auf der einen Seite stehe ich, ein Fachmann von Renommee, bekannt, geschätzt wegen einiger sehr großer Projekte, und schlage Lärm wegen einer Sache, die letzten Endes nichts weiter ist als ein Druckfehler. Und auf der anderen Seite Kriwitzky, das Mäuschen, der einfache Sohn eines einfachen Arbeiters, und er hat seine erste Chance bekommen, sich draußen zu bewähren, und ich erdrücke ihn. Ich sage, er hat überhaupt nichts beigetragen zu dem Viadukt über die Lungfo-Schlucht, alles habe ich selber geleistet, einschließlich der Abschlußrede. Wie hört sich das an? Gut oder schlecht?"

„Schlecht", sagte ich.

„Na also", fuhr er fort. „Dazu kommt, daß sie ihn immer übersehen haben, weil er so klein ist und so mäuschenhaft und gehemmt. Aber andere, so fürchten sie, haben ihn nicht übersehen — ein Reporter in dem fremden

Land dort an der Lungfo-Schlucht, dann Dutzende von Redakteuren, und jetzt sogar jemand vom Ministerium. Womöglich haben sie einen Fehler gemacht? Sie sind unsicher. Ihr Gewissen macht ihnen zu schaffen. Ein Wort von mir gegen ihn, und sie würden noch entdecken, daß sie schon immer gewußt haben, wer der größte Ingenieur der Republik ist, und daß Leute wie ich sich verschworen haben, Kriwitzky nicht hochkommen zu lassen."

„Ich verstehe", sagte ich.

„Aber gewiß verstehst du", sagte Robert, trank, wischte sich mit dem Handrücken den Mund und dann die Stirn. „Aber gewiß verstehst du — und er verstand auch. Er spielte seine Karten richtig aus. Er bezwang sich, obgleich er fast platzte im Bewußtsein seiner neuen Persönlichkeit. Er trippelte immer noch herum und leitete seine abgedroschenen Bemerkungen in der üblichen Weise ein, aber seine Bemerkungen wurden häufiger und ihr Ton autoritativer, und bei den Konferenzen in unserm Büro saß er manchmal mit großartiger Geste da, den Arm über die Rückenlehne des Stuhls gehakt."

Robert drapierte sich in seinem Stuhl und zauberte allein durch seine gewundene Haltung eine perfekte Mischung von Eitelkeit und falscher Bescheidenheit hin. Eine Sekunde später schlug er auf die Fliegen ein, die sich auf seinem verschwitzten Nacken niedergelassen hatten, und der widerliche Eindruck war verschwunden.

„Dann kam der Machabar-Damm", sagte er, „und die Frage, wer dort hingehen und die Verantwortung für den Bau übernehmen sollte. Bist du mal über den Damm gefahren?"

Ich schüttelte den Kopf. „Aber ich habe gelesen, daß es eine sehr schwierige Arbeit war."

„Leicht war es nicht", sagte er. Die Fliegen hatten sich davongemacht, und er war wieder ruhig geworden und trank in kleinen Schlucken. „Nicht etwa, daß die Bucht von Machabar besonders tief wäre; aber sie hat praktisch überhaupt keinen Grund. Was man auch hineinkippt, wird vom Schlamm aufgesaugt. Unheimlich! Und ein Teil des Damms mußte als Drehbrücke gebaut werden, damit die Schiffe vorbeikommen."

„Also hat man dich geschickt?"

Er nickte.

„Zusammen mit Kriwitzky?"

Er nickte wieder.

„Und du hast dir das gefallen lassen?"

Er trank. Er wollte das Glas von neuem füllen, aber die Flasche war leer, und er warf sie durch die Tür. Sie fiel auf die Veranda und rollte die Treppen hinunter.

„Wir hören wohl besser mit dem Trinken auf", sagte ich.

„Du begreifst nicht", sagte er. „Du begreifst überhaupt nicht, worum es geht. Es gibt in der ganzen Welt vielleicht ein halbes Dutzend Männer, die den Damm hätten bauen können, und nur ein einziger davon ist Bürger unserer Republik..."

„Um so eher hättest du deine Bedingungen durchsetzen können!" warf ich ein.

Er winkte ab. „Sie luden mich zu einer kleinen Besprechung mit dem Leiter der Kaderabteilung ein", sagte er, „in Gegenwart von noch ein paar anderen hohen Tieren. Sie beglückwünschten mich zu dem großen Projekt, das sie mir anvertrauten, und erzählten mir, was für eine Aufgabe und von welch politischer Wichtigkeit es wäre, und daß sie sicher seien, ich würde es so glänzend schaffen wie immer, und daß sie sich schrecklich freuten, das gleiche Kollektiv hinschicken zu können, das bei der Lungfo-Schlucht so harmonisch zusammengearbeitet hätte... Da unterbrach ich sie."

Er schwieg einen Augenblick. Er kicherte in sich hinein. Seine Augen suchten den Whisky, fanden keinen, wurden ärgerlich.

„Aber warum denn nur? fragten sie mich. Was hätte ich gegen Kriwitzky einzuwenden? Der Mann fände nur Anerkennung für mich; er liefe herum und erzählte jedem, was für ein großartiger Ingenieur ich wäre und wie ich die Arbeiter begeistert hätte und daß er überzeugt sei, ohne mich wäre man heute noch bei dem Versuch, die Lungfo-Schlucht zu überbrücken — und ob ich mich nicht ein wenig zu subjektiv verhalte in bezug auf einen unglückseligen Irrtum eines fernen Zeitungsreporters..."

Er bemerkte mein Grinsen.

„Keine Sorge!" sagte er. „Ich habe ihnen die Meinung gesagt. Ich habe ihnen gesagt, sie sollten Kriwitzky Pissoirs bauen lassen, aber für den Damm tauge er nicht. Ich sagte ihnen, sie sollten ihn zum Nordpol schicken, aber nicht an die Bucht von Machabar. Ich sagte ihnen..."

„Und sie?"

„Sie lächelten. Sie klopften mir auf den Rücken. Warum ich bloß so störrisch wäre, sagten sie. Und ob ich wirklich mich und mein eigenes Urteil über das des Kollektivs stellen wollte? Das Kollektiv sei der Meinung, daß Kriwitzky und ich, selbst bei einigen persönlichen Gegensätzen, großartig zusammenarbeiteten, und wenn Kriwitzky vielleicht auch nicht der allerbeste sei, so müsse man doch bedenken, daß er nur der einfache Sohn eines einfachen Arbeiters wäre, und objektiv betrachtet, wäre es doch eigentlich meine Pflicht, ihm bei seiner Weiterentwicklung zu helfen..."

Er brach ab. „Ich bin völlig ausgedörrt von dem vielen Gerede", sagte er. „Ich muß noch etwas zu trinken haben."

„Trink Limonade", sagte ich. „Oder Tee."

Er schüttelte sich. „Du kennst das doch", sagte er. „Wenn sie eine Weile auf dir herumgeritten sind, wirst du langsam weich. Du fängst selbst an zu glauben, daß du die Dinge vielleicht doch nicht richtig siehst und daß du dich möglicherweise doch geirrt haben könntest und daß du deine persönlichen Zuneigungen und Abneigungen nicht mit dir durchgehen lassen darfst und daß größere Dinge auf dem Spiel stehen als die Frage, ob Kriwitzky mit an die Machabar-Bucht kommt oder nicht... Aber ich bestand darauf, daß absolut und hundertprozentig klargemacht würde, wer der Chef ist; und sie sagten, selbstverständlich, und wenn das meine ganze Sorge wäre, dann sollte ich es schleunigst vergessen..."

Er stand auf. Er faltete eine Zeitung der vorigen Woche zusammen und begann damit auf die Fliegen einzuschlagen, wild, unsystematisch, aber mit großer Wirkung. Endlich fiel er atemlos auf seinen Stuhl zurück.

„Nach unserer Ankunft in der Bucht von Machabar", sagte er, „stellte ich fest, daß jedem von uns beiden genau die gleiche Stellung gegeben worden war."

„Das war zu erwarten", sagte ich. „Ich bin ein großer Freund der kollektiven Arbeit und des kollektiven Denkens, aber wenn jemand das Kollektiv als Knüppel über deinem Haupt benutzt, dann ist gewöhnlich etwas faul an der Sache. Warum hast du nicht auf der Stelle kehrtgemacht? Warum bist du nicht nach Hause geflogen und hast ihnen erklärt, sie sollen Kriwitzky den Damm bauen lassen?"

„Das meinst du doch nicht im Ernst?" sagte er. „Ich bin Ingenieur!"

„Ich verstehe!" sagte ich. Ich blickte ihn an, seinen dürren Hals, seine müden Augen, die eingesunkenen Wangen, und ich erinnerte mich, wie er vor wenigen Jahren noch ausgesehen hatte, straff und stämmig. Und ich wußte, daß er einen Teil seiner selbst hingegeben hatte an die Stahlträger, die sich über die Lungfo-Schlucht schwingen, und an den Beton des Machabar-Damms und an die Kabel, die die Brücke über den Blauen Mvani halten, und an alles, was er mitgeholfen hatte zu bauen, damit die Welt wohnlicher werde. „Ich verstehe", sagte ich noch einmal.

„Ich hatte in der Machabar-Bucht nicht viel Zeit, mich um Kriwitzky zu kümmern", begann er wieder. „Ich steckte bis über beide Ohren in der Arbeit. Jede Stunde war ein anderes Problem zu lösen, und der Damm wuchs und mit ihm die Menschen, die daran arbeiteten. Ich begegnete Kriwitzky nur gelegentlich. Er hatte ein Motorboot für sich organisiert und ein verkrachtes, versoffenes Subjekt als Dolmetscher gefunden, und überall dort, wo er Leute bei der Arbeit fand, erschien er mit seinem Boot und sah zu, Arme in die Hüfte gestemmt und seinem schwankenden Adjutanten zuweilen bedeutsam zunickend. Manchmal richteten die Leute über diesen Kerl eine Frage an ihn, und Kriwitzky gab dann eine jener Antworten, die alles bedeuten konnten und die durch die Übersetzung noch unverständlicher wurden. Es war sehr eindrucksvoll, und das Verwaltungspersonal begann zu ihm aufzublicken. Ein Mann, der nichts anderes zu tun hatte, als in einem Boot herumzufahren und anderen Leuten bei der Arbeit zuzusehen, mußte ein wahrer Chef sein. Die örtlichen Beamten fingen an, sich an ihn zu wenden, und bald lud er sie ein zu Rundfahrten durch den Bau und erklärte ihnen den Fortschritt der Arbeit entsprechend seinen begrenzten Fähigkeiten und den begrenzten Möglichkeiten seines Übersetzers. Eines Tages hörte jemand zufällig, wie er zu einem beturbanten, juwelenbehängten Ehrengast, der mich bemerkt hatte und Näheres wissen wollte, erklärte: Ach der ..., das ist auch ein Ingenieur, ... ein sehr guter zweiter Mann ... Ich erfuhr das erst ein paar Tage darauf, und irgendwie kam ich nicht dazu, Kriwitzky zur Rede zu stellen, und der Mann, der mir das berichtet hatte, war inzwischen fort, so daß nichts übrigblieb als unbewiesene Worte, und womöglich hätte Kriwitzky alles abgestritten oder auf seinen betrunkenen Dolmetscher geschoben ..."

„Und nach der Fertigstellung des Dammes", fragte ich, „wer hielt da die Rede?"

Robert senkte den Kopf. „Wir beide." Wenn es je einen Augenblick gegeben hat, wo ich mich für ihn schämte, dann jetzt. „Ich sprach am Anfang der Feier und er am Ende."

Ich griff in die hintere Hosentasche und stellte das flache Fläschchen vor ihn hin, das ich für Notfälle stets bei mir habe.

„Danke", sagte er.

„Bitte", sagte ich. Und dann: „Also habt ihr beide gesprochen. Aber in den Zeitungen zu Hause, nehme ich an, wurde nur sein Name erwähnt und deiner nicht. Stimmt's?"

„Ja."

„Und was geschah dann?"

„Gar nichts. Wir kamen zu Hause an, und das Blaue-Mvani-Projekt wartete schon auf uns."

„Uns?"

Robert entkorkte meine Flasche. „Diesmal versuchten sie nicht mehr, schonend zu sein. Sie sagten, Kriwitzky hätte bewiesen, daß er eine Chance verdiente. Sie hätten eine Menge Berichte von den örtlichen Behörden in der Machabar-Bucht bekommen, und die waren allesamt des Lobes voll über Kriwitzkys Arbeit. Sie beabsichtigten, Kriwitzky zum Chef des Projekts am Blauen Mvani zu machen, und verlangten von mir, daß ich mitgehe, um die praktische Seite der Arbeit zu leiten, während Kriwitzky sich sozusagen der Gesamtleitung des Projektes widmen sollte."

„Ein ziemliches Stück!" sagte ich.

Er schnupperte an meiner Flasche. Der Geruch schien ihn zu befriedigen. „Hol's der Teufel!" sagte er. „Da fiel mir doch diese Bemerkung Kriwitzkys wieder ein, und ich fragte sie, ihr meint also, ich wäre ein sehr guter zweiter Mann."

Ich lachte.

„Sie blickten einander an", sagte er, „und dann blickten sie Kriwitzky an, und dann sagten sie, na ja, so ungefähr. In diesem Augenblick hakte sich Kriwitzky von seinem Stuhl los und trippelte zu mir herüber und sagte, das käme für ihn gar nicht in Frage. Für ihn gäbe es keinen ersten und keinen zweiten Mann, es gäbe nur das Kollektiv, und entweder gingen wir beide zum Blauen Mvani, oder er bliebe auch hier. Es war eine herrliche Szene."

„Er muß eine höllische Angst vor dem Blauen-Mvani-Projekt gehabt haben", sagte ich.

„Eine herrliche Szene!" wiederholte Robert. Er goß etwas von dem Inhalt meiner Flasche in sein Glas und lauschte dem Blub-Blub. „Der Leiter der Kaderabteilung kam hinter seinem Schreibtisch hervor und ergriff meine Hand und legte sie in Kriwitzkys Hand und sagte, wir sollten uns die Hände schütteln, und wies darauf hin, um wieviel großzügiger Kriwitzkys Verhalten wäre als meines damals vor unserer Abreise zum Machabar-Damm und daß Kriwitzky uns allen ein praktisches Beispiel unserer neuen Ethik gegeben hätte und daß jeder von uns daraus lernen sollte."

„Warum hast du nicht einfach Schluß gemacht?" sagte ich.

Robert trank. Er goß meinen Whisky in einem Zug herunter, ohne Soda. „Weil ich wußte, wie wichtig dieses Blaue-Mvani-Projekt war", sagte er, „für das Land dort und für unseres. Und weil ich ein verantwortungsbewußter Bürger einer sozialistischen Republik bin", fügte er hinzu.

Er verfiel in Schweigen. Der Häuptling der Fliegen hatte beschlossen, seine Truppen zurückzuziehen, und nur noch die Flügel des Ventilators und die leicht schwankenden Kronen der Palmen bewegten sich. Dann kamen Stimmen, eine davon in unserer Sprache. Die Einweihungsfeierlichkeiten schienen beendet zu sein.

Draußen verabschiedeten sich Leute mit viel Lärm voneinander, dunkelhäutige und solche mit hellerer Gesichtsfarbe. Nur ein einziger Mann kam näher. Er trippelte die Stufen herauf, betrat die Veranda und dann den Raum. Er sah mich und zögerte.

„Dies", sagte Robert, „ist Ingenieur Kriwitzky." Und auf mich zeigend, erklärte er Kriwitzky, daß ich gekommen sei, um über die Eröffnung der neuen Brücke und über die Einweihungsfeier zu schreiben.

„Aber ich habe Sie draußen doch gar nicht gesehen", sagte Kriwitzky zu mir, mit einem leicht argwöhnischen Unterton und einem vorsichtigen Blick auf Robert.

„Ein guter Journalist", erwiderte ich, „kann sich sein Material überall besorgen." Ich sah ihn mir an. Die Leute, die ihn die Maus getauft hatten, hatten gar nicht unrecht, aber seither war die Maus fett geworden, aufgeschwemmt durch die Körner des Erfolges und den Speck der Selbstzufriedenheit. „Also Sie haben diese Brücke gebaut, Herr Kriwitzky?" erkundigte ich mich gleichgültig.

Wieder warf Kriwitzky einen Blick auf Robert. Seine Unsicherheit war offensichtlich.

„Nun, Sie sind doch der Chefingenieur", fragte ich weiter, „nicht wahr?"

„Bin ich, ja..."

„Also haben Sie die Brücke gebaut!"

„Ja", sagte er, „sozusagen ... Sie wissen ja ...., es sind doch immer die Arbeiter ... Ich selbst bin nur der Sohn eines einfachen Arbeiters ..."

„Wenn also Sie es sind, der die Brücke gebaut hat", fragte ich, „was denken Sie, wird sie halten?"

„Halten?"

Kriwitzkys Gesicht zog sich zur Nase hin zusammen und schien zu etwas Verschrecktem, Häßlichem einzuschrumpfen. „Halten?" sagte er, verwirrt und beleidigt. „Was meinen Sie damit?"

„Nun", wandte ich mich an Robert. „Was glaubst du? Wird diese Brücke nicht einstürzen?"

Robert hob sein Glas. Ein Finger breit Whisky war noch drin. Ein langsames Lächeln breitete sich über die Falten seines Gesichts.

„Wie kann die Brücke halten", beharrte ich, „wenn er sie gebaut hat?"

„Mach dir da keine Sorgen!" sagte Robert. „Die Brücke stürzt nicht ein!" Er trank und schmetterte das Glas gegen den Türpfosten, als wollte er diesen statt der Brücke taufen. Er schaute Kriwitzky an, der sich geduckt hatte. Er lachte. „Die Brücke wird stehen", sagte er, „weil sie von Menschen gebaut wurde, von unseren Arbeitern und von den Menschen hier — und weil ich ein sehr guter zweiter Mann ..."

Seine Stimme erhob sich —

„... und weil ich Kommunist bin!"

SIEGFRIED LENZ

Ein Freund der Regierung

Zu einem Wochenende luden sie Journalisten ein, um ihnen an Ort und Stelle zu zeigen, wie viele Freunde die Regierung hatte. Sie wollten uns beweisen, daß alles, was über das unruhige Gebiet geschrieben wurde, nicht zutraf: die Folterungen nicht, die Armut und vor allem nicht das wütende Verlangen nach Unabhängigkeit. So luden sie uns sehr höflich ein, und ein sehr höflicher, tadellos gekleideter Beamter empfing uns hinter der Oper und führte uns zum Regierungsbus. Es war ein neuer Bus; ein Geruch von Lack und Leder umfing uns, leise Radiomusik, und als der Bus anfuhr, nahm der Beamte ein Mikrofon aus der Halterung, kratzte mit dem Fingernagel über den silbernen Verkleidungsdraht und hieß uns noch einmal mit sanfter Stimme willkommen. Bescheiden nannte er seinen Namen — „ich heiße Garek", sagte er —; dann wies er uns auf die Schönheiten der Hauptstadt hin, nannte Namen und Anzahl der Parks, erklärte uns die Bauweise der Mustersiedlung, die auf einem kalkigen Hügel lag, blendend unter dem frühen Licht.

Hinter der Hauptstadt gabelte sich die Straße, wir verloren die Nähe des Meers und fuhren ins Land hinein, vorbei an steinübersäten Feldern, an braunen Hängen; wir fuhren zu einer Schlucht und auf dem Grunde der Schlucht bis zur Brücke, die über ein ausgetrocknetes Flußbett führte. Auf der Brücke stand ein junger Soldat, der mit einer Art lässiger Zärtlichkeit eine handliche Maschinenpistole trug und uns fröhlich zuwinkte, als wir an ihm vorbei über die Brücke fuhren. Auch im ausgetrockneten Flußbett, zwischen den weißgewaschenen Kieseln, standen zwei junge Soldaten, und Garek sagte, daß wir durch ein sehr beliebtes Übungsgebiet führen.

Serpentinen hinauf, über eine heiße Ebene, und durch die geöffneten Seitenfenster drang feiner Kalkstaub ein, brannte in den Augen; Kalkgeschmack lag auf den Lippen. Wir zogen die Jacketts aus. Nur Garek behielt sein Jackett an; er hielt immer noch das Mikrofon in der Hand und erläuterte mit sanfter Stimme die Kultivierungspläne, die sie in der Regierung für dieses tote Land ausgearbeitet hatten. Ich sah, daß mein Nebenmann die Augen geschlossen, den Kopf zurückgelegt hatte; seine Lippen waren trocken und kalkblaß, die Adern der Hände, die auf dem vernickelten Metallgriff lagen, traten bläulich hervor. Ich wollte ihn in die Seite stoßen, denn mitunter traf uns ein Blick aus dem Rückspiegel, Gareks melancholischer Blick, doch während ich es noch überlegte, stand Garek auf, kam lächelnd über den schmalen Gang nach hinten und verteilte Strohhalme und eiskalte Getränke in gewachsten Papptüten.

Gegen Mittag fuhren wir durch ein Dorf; die Fenster waren mit Kistenholz vernagelt, die schäbigen Zäune aus trockenem Astwerk löcherig, vom Wind der Ebene auseinandergedrückt. Auf den flachen Dächern hing keine Wäsche zum Trocknen. Der Brunnen war abgedeckt; kein Hundegebell verfolgte uns, und nirgendwo erschien ein Gesicht. Der Bus fuhr mit unverminderter Geschwindigkeit vorbei, eine graue Fahne von Kalkstaub hinter sich herziehend, grau wie eine Fahne der Resignation.

Wieder kam Garek über den schmalen Gang nach hinten, verteilte Sandwiches, ermunterte uns höflich und versprach, daß es nicht mehr allzu lange dauern würde, bis wir unser Ziel erreicht hätten. Das Land wurde hügelig, rostrot; es war jetzt von großen Steinen bedeckt, zwischen denen kleine farblose Büsche wuchsen. Die Straße senkte sich, wir fuhren durch einen tunnelartigen Einschnitt. Die Halbrundungen der Sprenglöcher warfen schräge Schatten auf die zerrissenen Felswände. Eine harte Glut schlug in das Innere des Busses. Und dann öffnete sich die Straße, und wir sahen das von einem Fluß zerschnittene Tal und das Dorf neben dem Fluß.

Garek gab uns ein Zeichen, Ankündigung und Aufforderung; wir zogen die Jacketts an, und der Bus fuhr langsamer und hielt auf einem lehmig verkrusteten Platz, vor einer sauber gekalkten Hütte. Der Kalk blendete so stark, daß beim Aussteigen die Augen schmerzten. Wir traten in den Schatten des Busses, wir schnippten die Zigaretten fort. Wir blickten aus zusammengekniffenen Augen auf die Hütte und warteten auf Garek, der in ihr verschwunden war.

Es dauerte einige Minuten, bis er zurückkam, aber er kam zurück, und er brachte einen Mann mit, den keiner von uns je zuvor gesehen hatte.

„Das ist Bela Bonzo", sagte Garek und wies auf den Mann; „Herr Bonzo war gerade bei einer Hausarbeit, doch er ist bereit, Ihnen auf alle Fragen zu antworten."

Wir blickten freimütig auf Bonzo, der unsere Blicke ertrug, indem er sein Gesicht leicht senkte. Er hatte ein altes Gesicht, staubgrau; scharfe, schwärzliche Falten liefen über seinen Nacken; seine Oberlippe war geschwollen. Bonzo, der gerade bei einer Hausarbeit überrascht worden war, war sauber gekämmt, und die verkrusteten Blutspuren an seinem alten, mageren Hals zeugten von einer heftigen und sorgfältigen Rasur. Er trug ein frisches Baumwollhemd, Baumwollhosen, die zu kurz waren und kaum bis zu den Knöcheln reichten; seine Füße steckten in neuen, gelblichen Rohlederstiefeln, wie Rekruten sie bei der Ausbildung tragen.

Wir begrüßten Bela Bonzo, jeder von uns gab ihm die Hand, dann nickte er und führte uns in sein Haus. Er lud uns ein, voranzugehen, wir traten in eine kühle Diele, in der uns eine alte Frau erwartete; ihr Gesicht war nicht zu erkennen, nur ihr Kopftuch leuchtete in dem dämmrigen Licht. Die Alte bot uns faustgroße, fremde Früchte an, die Früchte hatten ein saftiges Fleisch, das rötlich schimmerte, so daß ich am Anfang das Gefühl hatte, in eine frische Wunde zu beißen.

Wir gingen wieder auf den lehmigen Platz hinaus. Neben dem Bus standen jetzt barfüßige Kinder; sie beobachteten Bonzo mit unerträglicher Aufmerksamkeit, und dabei rührten sie sich nicht und sprachen nicht miteinander. Nie trafen ihre Blicke einen von uns. Bonzo schmunzelte in rätselhafter Zufriedenheit.

„Haben Sie keine Kinder?" fragte Pottgießer.

Es war die erste Frage, und Bonzo sagte schmunzelnd: „Doch, doch, ich hatte einen Sohn. Wir versuchen gerade, ihn zu vergessen. Er hat sich gegen die Regierung aufgelehnt. Er war faul, hat nie etwas getaugt, und um etwas zu werden, ging er zu den Saboteuren, die überall für Unruhe sorgen. Sie kämpfen gegen die Regierung, weil sie glauben, es besser machen zu können." Bonzo sagte es entschieden, mit leiser Eindringlichkeit; während er sprach, sah ich, daß ihm die Schneidezähne fehlten.

„Vielleicht würden sie es besser machen", sagte Pottgießer. Garek lächelte vergnügt, als er diese Frage hörte, und Bonzo sagte:

„Alle Regierungen gleichen sich darin, daß man sie ertragen muß, die einen leichter, die andern schwerer. Diese Regierung kennen wir, von der anderen kennen wir nur die Versprechungen."

Die Kinder tauschten einen langen Blick.

„Immerhin ist das größte Versprechen die Unabhängigkeit", sagte Bleiguth.

„Die Unabhängigkeit kann man nicht essen", sagte Bonzo schmunzelnd. „Was nützt uns die Unabhängigkeit, wenn das Land verarmt. Diese Regierung aber hat unsern Export gesichert. Sie hat dafür gesorgt, daß Straßen, Krankenhäuser und Schulen gebaut wurden. Sie hat das Land kultiviert und wird es noch mehr kultivieren. Außerdem hat sie uns das Wahlrecht gegeben."

Eine Bewegung ging durch die Kinder, sie faßten sich bei den Händen und traten unwillkürlich einen Schritt vor. Bonzo senkte das Gesicht, schmunzelte in seiner rätselhaften Zufriedenheit, und als er das Gesicht wieder hob, suchte er mit seinem Blick Garek, der bescheiden hinter uns stand.

„Schließlich", sagte Bonzo, ohne gefragt worden zu sein, „gehört zur Unabhängigkeit auch eine gewisse Reife. Wahrscheinlich könnten wir gar nichts anfangen mit der Unabhängigkeit. Auch für Völker gibt es ein Alter, in dem sie mündig werden: Wir haben dieses Alter noch nicht erreicht. Und ich bin ein Freund dieser Regierung, weil sie uns in unserer Unmündigkeit nicht im Stich läßt. Ich bin ihr dankbar dafür, wenn Sie es genau wissen wollen."

Garek entfernte sich zum Bus, Bonzo beobachtete ihn aufmerksam, wartete, bis die schwere Bustür zufiel und wir allein dastanden auf dem trockenen, lehmigen Platz. Wir waren unter uns, und Finke vom Rundfunk wandte sich mit einer schnellen Frage an Bonzo: „Wie ist es wirklich? Rasch, wir sind allein." Bonzo schluckte, sah Finke mit einem Ausdruck von Verwunderung und Befremden an und sagte langsam: „Ich habe Ihre Frage nicht verstanden."

„Jetzt können wir offen sprechen", sagte Finke hastig.

„Offen sprechen", wiederholte Bonzo bedächtig und schmunzelte breit, so daß seine Zahnlücken sichtbar wurden.

„Was ich gesagt habe, ist offen genug: Wir sind Freunde dieser Regierung, meine Frau und ich; denn alles, was wir sind und erreicht haben, haben wir mit ihrer Hilfe erreicht. Dafür sind wir ihr dankbar. Sie wissen, wie selten es vorkommt, daß man einer Regierung für irgend etwas dankbar sein kann – wir sind dankbar. Und auch mein Nachbar ist dankbar, ebenso wie die Kinder dort und jedes Wesen im Dorf. Klopfen Sie an jede Tür, Sie werden überall erfahren, wie dankbar wir der Regierung sind."

Plötzlich trat Gum, ein junger, blasser Journalist, auf Bonzo zu und flüsterte: „Ich habe zuverlässige Nachricht, daß Ihr Sohn gefangen und in einem Gefängnis der Hauptstadt gefoltert wurde. Was sagen Sie dazu?"

Bonzo schloß die Augen, Kalkstaub lag auf seinen Lidern; schmunzelnd antwortete er: „Ich habe keinen Sohn, und darum kann er nicht gefoltert worden sein. Wir sind Freunde der Regierung, hören Sie? Ich bin ein Freund der Regierung."

Er zündete sich eine selbstgedrehte, krumme Zigarette an, inhalierte heftig und sah zur Bustür hinüber, die jetzt geöffnet wurde. Garek kam zurück und erkundigte sich nach dem Stand des Gesprächs. Bonzo wippte, indem er die Füße von den Hacken über die Zehenballen abrollen ließ. Er sah aufrichtig erleichtert aus, als Garek wieder zu uns trat, und er beantwortete unsere weiteren Fragen scherzhaft und ausführlich, wobei er die Luft mitunter zischend durch die vorderen Zahnlücken entweichen ließ.

Als ein Mann mit einer Sense vorüberging, rief Bonzo ihn an; der Mann kam mit schleppendem Schritt heran, nahm die Sense von der Schulter und hörte aus Bonzos Mund die Fragen, die wir zunächst ihm gestellt hatten. Der Mann schüttelte unwillig den Kopf: Er war ein leidenschaftlicher Freund der Regierung, und jedes seiner Bekenntnisse quittierte Bonzo mit stillem Triumph. Schließlich reichten sich die Männer in unserer Gegenwart die Hand, wie um ihre gemeinsame Verbundenheit mit der Regierung zu besiegeln.

Auch wir verabschiedeten uns, jeder von uns gab Bonzo die Hand – ich zuletzt; doch als ich seine rauhe, aufgesprungene Hand nahm, spürte ich eine

Papierkugel zwischen unseren Handflächen. Ich zog sie langsam mit gekrümmten Fingern ab, ging zurück und schob die Papierkugel in die Tasche. Bela Bonzo stand da und rauchte in schnellen, kurzen Stößen; er rief seine Frau heraus, und sie, Bonzo und der Mann mit der Sense beobachteten den abfahrenden Bus, während die Kinder einen mit Steinen und jenen farblosen kleinen Büschen bedeckten Hügel hinaufstiegen.

Wir fuhren nicht denselben Weg zurück, sondern überquerten die heiße Ebene, bis wir auf einen Eisenbahndamm stießen, neben dem ein Weg aus Sand und Schotter lief. Während dieser Fahrt hielt ich eine Hand in der Tasche, und in der Hand die kleine Papierkugel, die einen so harten Kern hatte, daß die Fingernägel nicht hineinschneiden konnten, so sehr ich auch drückte. Ich wagte nicht, die Papierkugel herauszunehmen, denn von Zeit zu Zeit erreichte uns Gareks melancholischer Blick aus dem Rückspiegel. Ein schreckhafter Schatten flitzte über uns hinweg und über das tote Land; dann erst hörten wir das Propellergeräusch und sahen das Flugzeug, das niedrig über den Eisenbahndamm flog in Richtung zur Hauptstadt, kehrtmachte am Horizont, wieder über uns hinwegbrauste und uns nicht mehr allein ließ.

Ich dachte an Bela Bonzo, hielt die Papierkugel mit dem harten Kern in der Hand, und ich fühlte, wie die Innenfläche meiner Hand feucht wurde. Ein Gegenstand erschien am Ende des Bahndamms und kam näher, und jetzt erkannten wir, daß es ein Schienenauto war, auf dem junge Soldaten saßen. Sie winkten freundlich mit ihren Maschinenpistolen zu uns herüber. Vorsichtig zog ich die Papierkugel heraus, sah sie jedoch nicht an, sondern schob sie schnell in die kleine Uhrtasche, die einzige Tasche, die ich zuknöpfen konnte. Und wieder dachte ich an Bela Bonzo, den Freund der Regierung: Noch einmal sah ich seine gelblichen Rohlederstiefel, die träumerische Zufriedenheit seines Gesichts und die schwarzen Zahnlücken, wenn er zu sprechen begann. Niemand von uns zweifelte daran, daß wir in ihm einen aufrichtigen Freund der Regierung getroffen hatten.

Am Meer entlang fuhren wir in die Hauptstadt zurück; der Wind brachte das ziehende Kußgeräusch des Wassers herüber, das gegen die unterspülten Felsen schlug. An der Oper stiegen wir aus, höflich verabschiedet von Garek. Allein ging ich ins Hotel zurück, fuhr mit dem Lift in mein Zimmer hinauf, und auf der Toilette öffnete ich die Papierkugel, die der Freund der Regierung mir heimlich anvertraut hatte: Sie war unbeschrieben, kein Zeichen, kein Wort, doch eingewickelt lag im Papier ein von bräunlichen Nikotinspuren bezogener Schneidezahn. Es war ein menschlicher, angesplitterter Zahn, und ich wußte, wem er gehört hatte.

Siegfried Lenz

Füsilier in Kulkaken

Kurz nach der Kartoffelernte erschien bei meinem Großvater, Hamilkar Schaß, der Briefträger und überbrachte ihm ein Dokument von ganz besonderer Bedeutung. Dies Dokument: Es kam direkt von allerhöchster Stelle, wofür allein schon die Tatsache spricht, daß es unterschrieben war mit dem Namen Theodor Trunz. Es gab, Ehrenwort, wohl keinen Namen in Suleyken und Umgebung, der geeignet gewesen wäre, mehr Respekt, mehr Hochachtung hervorzurufen als Theodor Trunz. Hinter diesem Namen nämlich steckte niemand anderes als der Kommandant der berühmten Kulkaker Füsiliere, die, elf an der Zahl, jenseits der Wiesen in Garnison lagen. Der Ruf, der ihnen nicht nur voraus, sondern auch hinterher ging, war dergestalt, daß jeder, der in dieser Truppe die Ehre hatte zu dienen, unfehlbar in den Geschichtsbüchern Suleykens und Umgebung Aufnahme fand. Ganz zu schweigen von der mündlichen Überlieferung.

Gut. Hamilkar Schaß, mein Großvater, witterte in besagtem Dokument sofort eine neue ausgedehnte Lektüre, erbrach, wie man sagt, die Siegel und begann zu lesen. Und er las, während der Briefträger, Hugo Zappka, neben ihm stand, heraus, daß er im Augenblick und auf kürzestem Weg nach Kulkaken zu eilen habe – als Ersatz für den Oberfüsilier Johann Schmalz, der wegen allzu plötzlichem Zahnausfall hatte entlassen werden müssen. Und darunter, in riesigen Buchstaben: Trunz, Kommandant.

Hugo Zappka, der Briefträger, verbeugte sich, nachdem er alles vernommen hatte, vor meinem Großvater, beglückwünschte ihn aufrichtig und empfahl sich; und nachdem er gegangen war, zog mein Großvater seine alte Schrotflinte hervor, band sich ein Stück Rauchfleisch auf den Rücken, nahm langwierigen Abschied und schritt über die Wiesen davon.

Schritt forsch aus, das rüstige Herrchen, und gelangte alsbald zur Garnison der berühmten Kulkaker Füsiliere, welche dargestellt wurde durch ein schmuckloses ungeheiztes Häuschen am Waldesrand. Der Posten, ein langer, verhungerter, mürrischer Mensch, hieß meinen Großvater nah herankommen, und als er unmittelbar vor ihm stand, schrie er: „Wer da?!" Woraufmein Großvater in ergreifender Schlichtheit antwortete: „Hamilkar Schaß, wenn ich bitten darf." Sodann wies er das Dokument vor, schenkte dem Posten ein Stück Rauchfleisch und durfte passieren.

Na, er besah sich erst einmal alles von unten bis oben, inspizierte den ganzen Nachmittag, und plötzlich geriet er an eine Tür, hinter der eine Stimme zu hören war. Mein Großvater, er öffnete das Türchen, schob seinen Kopf herein und gewahrte eine Anzahl Füsiliere, die gerade ergriffen einem Vortrag lauschten, welcher übergetitelt war: Was tut und wie verhält sich der Kulkaker Füsilier, wenn der Feind flieht? Da er nach längerem Zuhören Interesse an dem Vortrag fand, mischte er sich unter die Lauschenden und blickte nach vorn.

Wer da vorn saß? Trunz natürlich, der Kommandant. War ein kleiner, schwarzer, jähzorniger Mensch, dieser Theodor Trunz, und außerdem trug er ein Holzbein. (Das richtige hatte er, wie er sich auszudrücken beliebte, dem Vaterland in den Schoß geworfen.) Jedenfalls: Er war, alles in allem, ein ungewöhnlicher Mensch, schon aus dem Grunde, weil er sein Holzbein bei den taktischen Vorträgen abzuschnallen pflegte und damit die vor den Kopf stieß, die einzuschlafen drohten. Also Hamilkar Schaß, mein Großvater, kam hier herein und wollte es sich gerade gemütlich machen, als Trunz seinen Vortrag abbrach und, nach erprobter Gewohnheit, Fragen stellte zum Zwecke der Wiederholung. Fragte er also zum Beispiel einen üppigen Füsilier in der ersten Reihe: „Was wird", fragte er, „getan, wenn der Feind sich anschickt zu fliehen?"

„Lauschen und abwarten von wegen heimlichem Hinterhalt", kam die Antwort.

„Richtig", sagte Trunz, überlegte rasch und rief: „Und wie ist es bei Nahrung? Darf man essen zurückgelassene Nahrung?"

„Man darf", rief ein anderer Füsilier, „aber nur Eingemachtes. Anderes könnte sein unbekömmlich."

„Auch richtig", sprach Trunz. „Aber wie verhält es sich beispielsweise mit Büchern? Du da, in der letzten Reihe. Was würdest du machen mit den Büchern?"

Mein Großvater, dem die Frage galt, sah sich zunächst um, weil er glaubte, hinter ihm säße noch jemand. Es war jedoch niemand da, und darum sagte er: „Ich würde schnell lesen und dann dem Feind einheizen mit der Flinte."

Diese Antwort, aus argloser Leidenschaft gegeben, rief, wie man sich denken kann, den Jähzorn des Theodor Trunz hervor; er schwang jachrig das Holzbein, fuchtelte damit herum, wurde rein tobsüchtig, dieser Mensch. Dann rief er meinen Großvater nach vorn und schrie: „Wer, zum Teufel, bist du?"

„Ich bin", sagte mein Großvater, „Hamilkar Schaß. Und ich möchte zunächst um Höflichkeit bitten von Füsilier zu Füsilier."

Na, jetzt kam Theodor Trunz nahezu um den Verstand, wurde abwechselnd weiß, blau und rot im Gesicht, fast hätte man sich sorgen können um ihn.

Schließlich schnallte er sein Holzbein an, schrie: „Der Feind ist da!" und jagte seine Füsiliere auf den Hinterhof. Und jetzt ging es los: winkte sich zuerst Hamilkar Schaß, meinen Großvater, heran und rief: „Füsilier Schaß", rief er, „der Feind ist hinter der Scheune. Was mußt du tun?"

„Ich fühle mich", sagte mein Großvater, „unpäßlich heute. Auch war der Weg über die Wiesen nicht sehr angenehm."

„Dann zeig' mal", schrie Trunz, „wo überall ein Füsilier kann Deckung finden. Aber schnell, wenn ich bitten darf."

„Das ergibt sich", sagte mein Großvater, „von Fall zu Fall."

„Zeigen sollst du uns das", schrie Trunz und wurde rein verrückt.

„Eigentlich", sagte mein Großvater, „möchte ich jetzt ein wenig schlummern. Der Weg über die Wiesen war nicht sehr angenehm."

Theodor Trunz, der Kommandant, warf sich jetzt auf die Erde, um Hamilkar Schaß, meinem Großvater, zu zeigen, worauf es ankäme. „So", rief er, „so macht ein Füsilier."

Mein Großvater beobachtete ihn eine Weile erstaunt und sprach dann: „Es sind", sprach er, „nach Suleyken nur ein paar Stunden. Wenn ich jetzt gehe, bin ich noch zu Hause vor Mitternacht."

Darauf wurde Theodor Trunz zunächst einmal von einem Schreikrampf heimgesucht, und zwar hallte sein Geschrei so eindringlich durch das Gehölz, daß sämtliches Wild floh und die Umgebung nachweislich mehrere Jahre mied. Dann aber kam er allmählich zu sich, blinzelte umher, riskierte ein unsicheres Lächeln und verkündete den Befehl: „Feind tot" – woraufhin die Füsiliere mit einer gewissen Erleichterung der Garnison zustrebten.

Auch Hamilkar Schaß, mein Großvater, strebte ihr zu, suchte sich ein Kämmerchen, ein Bett und legte sich nieder zum Schlummer. Schlummerte vielleicht so vier Stunden, als eine Trompete gegen sein Ohr blies, was ihn dazu bewog, auf seine Taschenuhr zu blicken und sich, bei der Feststellung, daß Mitternacht erst gerade vorbei war, wieder hinzulegen. Gelang ihm auch, dem Großväterchen, wieder einzudruseln, als die Tür aufgerissen wurde, der Kommandant hereinstürzte und schrie: „Es ist, Füsilier Schaß, gegeben worden Alarm!"

„Der Alarm", sagte mein Großvater, „ist gekommen zur unrechten Zeit. Könnte man ihn nicht, bitte schön, nach dem Frühstück geben?"

„Es handelt sich", schrie Trunz, „um einen Alarm auf Schmuggler. Sie sind gesichtet worden an der Grenze. Zu dieser Zeit, nicht nach dem Frühstück."

„Dann muß ich", sagte Hamilkar Schaß, „auf den Alarm verzichten."

Rollte sich auch gleich wieder in sein Deckchen und befand sich schon nach wenigen Atemzügen in lieblichem Schlummer. Schlummerte durch bis zum nächsten Morgen, frühstückte von seinem Rauchfleisch im Bett und ging dann hinunter, wo bereits ein taktischer Vortrag lief, übergetitelt: Was tut und wie verhält sich ein Kulkaker Füsilier, wenn er zu fangen hat Schmuggler? Trunz saß vorn und redete, und die Füsiliere lauschten ergriffen und voll verhaltenen Zornes — voll Zornes, weil sie seit sechsundzwanzig Jahren fast täglich Alarme hatten auf Schmuggler, aber noch nie einen von dieser Sorte fangen konnten. Das hörte Hamilkar Schaß, mein Großvater, und er stand einfach auf und wollte hinausgehen. Doch Trunz schrie gleich: „Füsilier Schaß, wohin?"

„An die frische Luft, wenn es beliebt", sagte mein Großvater, „erstens möchte ich mir, wenn es genehm ist, die Beine vertreten, und zweitens möchte ich fangen ein paar Schmuggler."

„Um Schmuggler zu fangen, Füsilier Schaß, müssen wir erst geben Alarm. Du wirst jetzt bleiben und anhören die Lehre von der Taktik. Jetzt ist Dienst."

Worauf mein Großvater sagte: „Von Füsilier zu Füsilier: Jetzt sind die Haselnüsse soweit, und mir leckert, weiß der Teufel, so nach Haselnüssen. Ich werde mir schnell ein paar pflücken."

Na, daraufhin war es wieder soweit: Theodor Trunz, der Kommandant, ließ sämtliche Füsiliere strammstehen und rief: „Hiermit wird gefragt der Füsilier Hamilkar Schaß, ob es ihm ein Bedürfnis ist, dem Vaterland zu dienen."

„Es ist Bedürfnis", sagte mein Großvater. „Aber erst einmal will ich Haselnüsse holen."

„Dann", rief Trunz, „muß ich dem Füsilier Schaß geben den Befehl zu bleiben. Befehl ist Befehl."

„Nach Suleyken", drohte mein Großvater freundlich, „sind es nur vier Stunden. Wenn ich jetzt losgehe, bin ich noch zum Kaffee da."

Und er verneigte sich vor dem erstaunten Trunz, streichelte, im Vorübergehen, einige der stramm stehenden Füsiliere und ging hinaus. Ging, mein Großväterchen, in den Stall, suchte sich eine ausgestopfte Schafhaut und verließ mit ihr die Garnison. Er pflückte sich Haselnüsse, knackte so viele, wie er gerade begehrte, und näherte sich dabei der Grenze. Und als er nahe genug war, zog er sich die Schafhaut über den Körper, ließ sich auf alle viere hinab und mischte sich unter eine grasende Schafherde.

Die Schafe, sie waren nicht unfreundlich zu ihm, nahmen ihn in ihre Mitte, stupsten ihn kameradschaftlich und suchten eine Unterhaltung mit ihm — in die er sich, aus gegebenen Gründen, nicht einlassen konnte.

Gut. Er zuckelte mit den Schafen so eine ganze Zeit herum, als er, in der Dämmerung, unvermutet folgendes entdeckte: Er entdeckte, wie sich zwei besonders schwerfällige Schafe von der Herde lösten, und, in reichlich schaukelndem Gang, der Grenze zustrebten. Mein Großvater, er setzte ihnen wie übermütig nach, umsprang die beiden, stupste sie mit dem Kopf und neckte sie so anhaltend, bis er hörte, was er hören wollte. Er hörte nämlich wie das eine Schaf zum anderen sprach: „Hau", sprach es, „diesem Lamm eins auf den Dassel, sonst macht es mir noch die Flaschen kaputt."

Jetzt, wie man ganz richtig erwartet, sprang mein Großvater auf, tat den beiden das, was sie mit ihm hatten tun wollen, fesselte sie vorn und hinten und trieb sie frohgemut zur Garnison. Summte ein Liedchen dabei und erschien gerade, als ein Kampfunterricht stattfand, welcher übergetitelt war: Wie sticht und wohin der Kulkaker Füsilier einen Schmuggler mit dem Seitengewehr?

Die Füsiliere, sie fielen fast in Ohnmacht, als sie Hamilkar Schaß, meinen Großvater, als summenden Hirten erlebten, der seine Schäfchen vor sich hertrieb. Und Trunz, der Kommandant, raste auf ihn zu und schrie: „Die Beschäftigung, Füsilier Schaß, mit Tieren während des Dienstes ist verboten."

Worauf mein Großvater antwortete: „Eigentlich", antwortete er, „möchte ich jetzt schlummern. Aber vorerst werd' ich sie häuten."

Und er zog den schwanger aussehenden Schafen die Häute ab und brachte zwei ausgewachsene Schmuggler zum Vorschein, welche überdies beladen waren mit einer Anzahl Schnapsflaschen.

Muß ich noch viel mehr erzählen?

Nachdem der Jubel der Füsiliere sich gelegt hatte, trat Theodor Trunz, der Kommandant, an meinen Großvater heran, küßte ihn und sprach: „Du darfst jetzt, Brüderchen, schlummern, und wenn du aufwachst, dann ist der Füsilier Schaß tot. Leben wird dann der Unterkommandant Schaß, ausgezeichnet mit der Kulkaker Ehrenspange für Höhere Füsiliere."

„Zunächst", sprach mein Großvater, „muß ich mir aber noch ein paar Haselnüsse holen."

Übrigens blieb er bei den Kulkaker Füsilieren nicht bis zu seinem Tode; im Frühjahr verschwand er eines Tages zum Kartoffelpflanzen und kam nicht mehr zurück.

WOLFDIETRICH SCHNURRE

Das Manöver

In Kürze schon konnte der Ordonnanzoffizier der Manöverleitung melden, daß sich kein menschliches Wesen mehr innerhalb der Sperrzone befand. Der General ordnete zwar noch einige Stichproben an, doch seine Sorge erwies sich als unbegründet: Jedes der untersuchten Gehöfte war leer; die Übung konnte beginnen. Zuerst setzten sich die Geländewagen der Manöverleitung in Marsch, gefolgt von der Jeepkette der Militärdelegationen. Den Abschluß bildete ein Sanitätsfahrzeug. Es herrschte strahlendes Wetter; ein Bussardpaar kreiste vor der Sonne, Lerchen hingen über der Heide, und alle paar hundert Meter saß in den Büschen am Weg ein Raubwürger oder stob leuchtend ein Goldammernschwarm ab.
    Die Herren waren blendender Laune. Sie hatten nicht mehr lange zu fahren, eine dreiviertel Stunde vielleicht; dann bog das Fahrzeug des Generals, langsam von den anderen gefolgt, vom Feldweg ab und hielt am Rand eines kurzen, mit Ginster bestandenen Höhenzugs. Hier war schon alles vorbereitet. Eine Gulaschkanone dampfte, Marketenderware lag aus, Feldkabelleitungen wurden gezogen, Klappstühle standen herum, und durch die bereitgehaltenen Ferngläser konnte man weithin über die Ebene sehen.
    Der General gab zunächst einen kurzen Aufriß der geplanten Gefechtsübungen; sie sollten vornehmlich von Panzern und Infanterieeinheiten bestritten werden. Der General war noch jung, Ende Vierzig vielleicht, er sprach abgehackt, wegwerfend und in leicht ironischem Tonfall; er wünschte, man möchte ihm anmerken, daß er dieses Manöver für eine Farce hielt, denn es fehlte die Luftwaffe.
    Das Manövergelände wurde im Norden von einer ausgedehnten Kusselkiefernschonung und im Süden von einem verlandeten Luch abgegrenzt. Nach Osten zu ging es in eine dunstflimmernde Heidelandschaft über. Es war schwer zu übersehen, zahlreiche Wacholdergruppen und allerlei mit Heide oder Ginster bewachsene Hügel und Bodensenken würden es den Panzern nicht leicht machen; zudem waren die dazwischen verstreuten Gehöfte, wie sich der Adjutant ausgedrückt hatte, für PAK- und IG-Nester geradezu prädestiniert.

Es war Mittag geworden. Die Ordonnanzen hatten eben die Blechteller, von denen die Herren ihr Essen zu sich genommen hatten, wieder eingesammelt, und allerorts auf dem Hügel stiegen blaue Zigarettenwölkchen in die reglose Luft, da mischte sich in das Lerchengedudel und das monotone Zirpen der Grillen von fern das dumpfe Gleitkettenrasseln und asthmatische Motorgedröhn der sich nähernden Panzerverbände. Zugleich wurden überall im Gelände wandernde Büsche sichtbar, die jedoch ständig wieder mit dem Landschaftsbild verschmolzen. Lediglich die unruhig hier und dort aufsteigenden Goldammerntrupps ließen vermuten, daß die Infanterie dort Stellung bezog.

Es dauerte eine halbe Stunde vielleicht, da brachen, mit den Ferngläsern eben erkennbar, aus den Kusselkiefern die ersten Panzer hervor, dicht auf von kleineren, jedoch ungetarnten Infanterieeinheiten gefolgt; und nicht lange, und man sah auch um das Luch herum sich ein tief gestaffeltes Feld von Panzern heranschieben. Die Luft dröhnte; der Lärm hatte den Lerchengesang ausgelöscht, es blieb jedoch zu vermuten, daß er weiter ertönte, denn die Lerchen hingen noch genauso in der Luft wie zuvor. Die getarnte Infanterie hatte sich inzwischen eingegraben. Auch die in der Nähe der Gehöfte in Stellung gegangenen IG's und PAK's waren ganz unter ihren Tarnnetzen verschwunden.

Jetzt sahen sich allmählich auch jene Offiziere genötigt, ihre Ferngläser vor die Augen zu heben, die bisher etwas gelangweilt abseits gestanden hatten, denn nun eröffneten die Panzer das Feuer. Anfangs streuten sie zwar noch wahllos das Gelände ab, doch als dann auch das sich von Süden her nähernde Feld beidrehte, um sich durch eine weit ausholende Zangenbewegung mit dem nördlichen zu vereinigen, fraßen sich die Einschläge immer mehr auf das eigentliche Übungsgelände zu.

Die eingegrabenen Infanterieverbände ließen sich überrollen. Sie warteten, bis das Gros der Panzer vorbei war; dann erst ging Gruppe um Gruppe, unterstützt von PAK's und IG's, zum Angriff teils auf die begleitende Infanterie, teils, mit allerlei Spezialwaffen, auf die einzelnen Panzer über, die sich nachhaltig, wenn auch etwas schwerfällig, zur Wehr setzten. Nun war die Schlacht in vollem Gang.

Unglücklicherweise war aber ein Wind aufgekommen, der die Staub- und Pulverdampfwolken auf den Hügel der Manöverleitung zutrieb, so daß den Offizieren einige Zeit jede Sicht entzogen war. In den Ginsterbüschen um sie herum waren indes allerlei verängstigte Vögel eingefallen, Stieglitze, Goldammern und einige Raubwürger. Ihre Angst hatte sie zutraulich gemacht, sie schienen die Offiziere ebenfalls für eine Schar durch die Schlacht in Mitleidenschaft gezogener Heidebewohner zu halten. Der General mußte sich Mühe geben, sich sein Ungehaltensein nicht anmerken zu lassen. Es gelang ihm nur schwer; er ärgerte sich, daß der Wind sich ihm widersetzte. Plötzlich flaute der Gefechtslärm unvermutet ab, und als im selben Augenblick eine

Bö den Qualmschleier zerriß, bot sich den Offizieren ein merkwürdiges Bild. Das gesamte Übungsgelände, durch die Zangenbewegung der Panzer nun etwa auf einen knappen Quadratkilometer zusammengeschrumpft, wimmelte von Schafen, die, von offensichtlicher Todesangst gejagt, in mehreren unglaublich breiten, gegeneinander anprallenden und ineinander verschmelzenden Strömen zwischen den Panzern umherrasten.

Die Panzer hatten gehalten und, um die Tiere nicht noch kopfscheuer zu machen, auch ihre Motoren abgestellt. Die PAK's und IG's schwiegen ebenfalls, und durch die Ferngläser konnte man erkennen, wie hier und dort in den Fenstern der zunächst gelegenen Gehöfte neugierige Soldatengesichter erschienen, die gebannt auf das seltsame Schauspiel herabsahen. Auch die Turmluks der Panzer gingen jetzt auf, immer zwei bis drei ölverschmierten Gesichtern Raum lassend, und plötzlich war die Luft, eben noch bis zum Bersten geschwellt vom Gefechtslärm, mit nichts angefüllt als dem tausend- und abertausendfachen Getrappel der Schafhufe, einem Geräusch, das sich auf dem ausgedörrten Boden wie ein gewaltiger, drohend aufbrandender Trommelwirbel anhörte, der lediglich hin und wieder mal ein halb ersticktes Blöken freigab.

Der General, fleckig vor Zorn im Gesicht, sah sich nach seinem Ordonnanzoffizier um, der mit der Evakuierung des Geländes beauftragt gewesen war.

Der war blaß geworden. Er stammelte einige unbeholfene Entschuldigungen und vermochte sich nur mühsam so weit zu rechtfertigen, daß er behauptete, die Schafe könnten einzig von außerhalb des Gefechtsgeländes eingebrochen sein.

Mit Rücksicht auf die anwesenden Gäste verbiß sich der General eine Erwiderung und rief den Gefechtsstand an. Die Schafe, befahl er mit bebender Stimme, hätten umgehend zu verschwinden, die verantwortlichen Herren sollten sofort die entsprechenden Befehle erteilen.

Die Offiziere am Gefechtsstand sahen sich an. Auch ihnen war die Peinlichkeit der Situation klar. Doch wie sich gegen diese Flut von Sinnen gekommener Schafherden zur Wehr setzen? Sie fanden, daß der General es sich etwas leicht machte. Immerhin, sie gaben an die nördliche Flanke einen Feuerbefehl und befahlen gleichzeitig den Panzern auf dem südlichen Flügel, den Tieren einen Durchlaß zu öffnen, in der Hoffnung, daß das immer noch wirr durcheinanderwogende Feld so fluchtartig sich ordnen und ausbrechen werde.

Doch die Tiere gehorchten anderen Gesetzen. Als die Schußsalve ertönte, fuhr zwar ein großer Schreck in die einzelnen Herden, aber vor der erhofften Ausbruchsstelle stauten sich die Tierströme plötzlich, bäumten sich auf und fluteten, womöglich noch kopfloser als vorher, wieder in den Kessel zurück, wobei die in ihren Erdlöchern kauernden Infanteristen alle Mühe hatten, sich der über sie wegdonnernden Schafhufe zu erwehren.

Nun konnte der General sein Ungehaltensein nicht länger verbergen. Er rief abermals den Gefechtsstand an und schrie in die Muschel, er werde die verantwortlichen Offiziere nach Beendigung des Manövers zur Rechenschaft ziehen, und sie sollten jetzt gefälligst mal achtgeben, wie man mit so einer Schafherde umspränge, er, der General, würde es ihnen jetzt vorexerzieren. Darauf entschuldigte er sich bei den Delegationen, befahl dem Ordonnanzoffizier, ihn zu vertreten, begab sich den Hang hinunter zu seinem Jeep und ließ sich, so weit es ging, in das Getümmel der Schafleiber hineinfahren.

Es ging aber längst nicht so weit, wie er gedacht hatte; die Tiere scheuten zwar vor den Panzern, doch der Jeep des Generals war ihrer Angst zu unbedeutend, und im Nu war er derart eingekeilt, daß er weder vorwärts konnte noch rückwärts.

Der General hatte eigentlich vorgehabt, ein paar Züge Infanterie zusammenzuraffen und mit ihrer Hilfe die Schafe zu jener Ausbruchstelle zu treiben; jetzt mußte er einsehen, daß das unmöglich war. Aber er sah noch etwas ein; er sah ein, daß er sich lächerlich gemacht hatte. Er spürte im Nacken, daß die Militärattachés auf dem Hügel ihn durch ihre Ferngläser beobachteten, und in Gedanken hörte er sie lachend allerlei Witzeleien austauschen. Ein maßloser Zorn stieg plötzlich in ihm auf; ihn, der sich in zwei Weltkriegen und Dutzenden von Schlachten bewährt hatte, ihn sollte dieses Gewimmel dumpfer, nur ihrem Herdeninstinkt gehorchender Tiere der Lächerlichkeit preisgeben?

Er spürte, wie ihm das Blut ins Gehirn stieg, er schrie den Chauffeur an, er solle Gas geben und weiterfahren; der Chauffeur gehorchte auch, aufheulend fraßen die Räder sich in den staubigen Boden; aber der Wagen rührte sich nicht, der Gegendruck der ihn umwogenden Schafherden war stärker. Da riß der General, verrückt fast vor Zorn, die Pistole aus dem Gurt und schoß, wahllos in die Herden hineinhaltend, sein Magazin leer. Im selben Augenblick wurde der Wagen auf der einen Seite eine Kleinigkeit angehoben, er schwankte, als würde er von windbewegten Wellen getragen, neigte sich etwas, und ehe noch der General und der Chauffeur sich hätten auf die entgegengesetzte Seite werfen können, stürzte er langsam und fast vorsichtig um.

Es dauerte eine Weile, bis der General sich gegen die über ihn herrasenden Schafhufe nachhaltig genug zur Wehr setzen konnte und die schmerzenden Beine unter der Jeepkante hervorgezogen hatte. Benommen erhob er sich und blickte sich um.

Die Welt schien nur aus Schafen zu bestehen; so weit das Auge reichte, reihte sich Wollrücken an Wollrücken, die Panzer ragten wie zum Untergang bestimmte Stahlinseln aus dieser Tierflut hervor.

Jetzt erst bemerkte der General, daß sich um ihn und den Jeep ein winziger freier Platz gebildet hatte, die Schafe schienen vor irgend etwas zurückgewichen zu sein. Der General wollte sich eben dem Chauffeur zuwenden, der sich den Kopf angeschlagen hatte und ohnmächtig geworden war, da gewahrte er, daß sich noch jemand innerhalb des Bannkreises befand: ein riesiger, schweratmender Widder.

Reglos stand er da, den zottigen Schädel mit dem unförmigen Schneckengehörn abwartend gesenkt; das Weiß seiner Augen spielte ins Rötliche, Brust und Vorderbeine des Tieres zitterten wie von einem im Innern laufenden Motor erschüttert, Hals und Gehörnansatz wiesen mehrere frische Schußwunden auf, aus denen in schmalen Rinnsalen fast tiefschwarzes Blut quoll, das sich langsam im klettenverklebten Brustfell verlief.

Der General wußte sofort: Dieses Tier hatte er vorhin verwundet, und diesem Tier würde er sich jetzt stellen müssen. Er tastete nach seiner Pistolentasche, sie war leer. Behutsam, ohne den Widder dabei aus den Augen zu lassen, machte er einen tastenden Schritt zum Jeep hin, den er gern zwischen sich und den Widder gebracht hätte. Doch kaum sah der sich den Gegner aus seiner Starre lösen, da raste er mit zwei, drei federnden Sätzen heran, der General warf sich zur Seite, und der Kopf des Widders krachte gegen die Karosserie. Er schüttelte sich und starrte einen Augenblick betäubt vor sich nieder.

Dem General schlug das Herz bis in den Hals, er spürte, wie ihm Stirn und Handflächen feucht wurden. Sein Zorn war verflogen. Er dachte auch nicht mehr an die Bemerkungen der Herren auf dem Manöverhügel, er dachte nur: Er darf mich nicht töten, er darf mich nicht töten. Er war jetzt kein General mehr, er war nur noch Angst, nackte, bebende Angst; nichts anderes hatte mehr in ihm Platz, nur diese Angst.

Da warf sich der Widder herum; der General spürte einen wahnsinnigen Schmerz in den Eingeweiden, eine Motorsäge kreischte in seinem Kopf auf, er mußte sich übergeben, er stürzte, und noch während er umsank, stieß ihm der Widder abermals das klobige Schneckengehörn in die Bauchgrube; der General spürte, wie etwas, das ihn an diese Erde gebunden hatte, zerriß, dann ging das Kreischen der Motorsäge in einen unsagbar monotonen Geigenstrich über, und ihm schwanden die Sinne.

Niemand hatte geahnt, daß der General sich in Lebensgefahr befunden hatte. Einige der Panzerbesatzungen und die Offiziere auf dem Manöverhügel hatten zwar, als der Jeep umgekippt und dann plötzlich der Widder auf den General losgegangen war, den Eindruck von etwas Ehrenrührigem und Peinlichem gehabt, aber auf die Idee, der Widder könnte dem General gefährlich werden, war niemand gekommen. Die Offiziere fühlten sich daher, als der General sich nicht wieder erhob, etwas merkwürdig berührt; ein Teil versuchte sich abzulenken, ein Teil überlegte aber auch, wie man durch dieses Meer von Tierleibern hindurch zu ihm hingelangen könnte.

Es waren die Schafe selbst, die die Herren der Peinlichkeit ihres Untätigseinmüssens enthoben. Ganz plötzlich, wie auf einen unhörbaren Befehl hin, entstand nämlich inmitten der immer noch hektisch gegeneinander anbrandenden Herden so etwas wie eine Art ordnender Wirbel, der ständig breitere Tierströme mit einbezog, bis sich auf einmal eine gewaltige Sogwelle von ihm ablöste, die ihn im Nu aufgerollt hatte und, das gesamte Feld hinter sich herreißend, sich ostwärts in die dunstflimmernde Heide ergoß, wo die Tiere, innerhalb kürzester Frist, hinter einer riesigen, rötlichen Staubwolke verschwunden waren.

Als der Ordonnanzoffizier, zugleich mit den Offizieren vom Gefechtsstand, bei dem umgestürzten Jeep angelangt war, hatten die Sanitäter, unterstützt von einigen Panzersoldaten, den Leichnam des Generals schon auf eine Leichtmetallbahre gehoben und waren dabei, ihn zum Krankenwagen zu tragen; der Chauffeur des Generals half ihnen dabei.

Eine Wiederaufnahme der Gefechtsübungen erschien nicht ratsam. Da die Panzer sich hierfür wieder auf ihre Ausgangspositionen hätten zurückziehen müssen, was gleichbedeutend mit einem gut dreifachen Spritverbrauch gewesen wäre, glaubte der rangälteste Offizier es verantworten zu können, die Übung kurzerhand abzublasen.

Enttäuscht schlenderten die Herren wieder zu ihren Geländewagen, die Fahrer ließen die Motoren an, und langsam, vorbei an den schwerfällig wendenden Panzern und den Trupps sich sammelnder Infanterie, setzte die Jeepkette sich in Marsch; den Abschluß bildete der Sanitätswagen.

Es dauerte nicht lange, da zog auch die Infanterie ab; ihr folgten die PAK's und IG's; und zuletzt war nur noch die Feldküche übrig, auf die die Ordonnanzen die Klappstühle verluden, während zwei Nachrichtenleute die Feldkabel abbauten. Bald war auch diese Arbeit getan. Der Fahrer der Feldküche pfiff die Leute zusammen, sie stiegen auf, und einen sorgsam mit Wasser besprengten Aschenhaufen zurücklassend, rollte die Feldküche mit halb angezogenen Bremsen den Abhang hinab.

Nun kehrte den Vogelscharen, die zu Beginn des Gefechts auf dem Ginsterhügel eingefallen waren, der Lebensmut wieder. Sie schüttelten sich, sie putzten sich umständlich, und Schwarm nach Schwarm stoben sie ab, hinab in die Ebene, über der immer noch, fast unbeweglich, die Lerchen hingen, deren Gesang nun wieder mit dem monotonen Zirpen der Grillen, dem Summen der Bienen und dem trunkenen Schrei des Bussardpaares verschmolz.

Wilhelm Niemeyer

Der Aufzug

Als wir in das Dorf kamen, wehte uns ein süßer aromatischer Duft entgegen, ein wunderbares Gemisch aus dem Ruch aller rheinischen Apfelsorten. Wir schüttelten uns unter der feuchten Kälte, die unsere dünnen Anzüge unangenehm durchdrang, und gingen dem verlockenden Duft nach. Auf dem engen Fabrikhof lagen die Äpfel in hohen Bergen; aus der Halle quoll der warme Dunst in weißen Schwaden; am Tor hing ein Schild, auf dem zu lesen war, daß Arbeiter gesucht würden.

„Was meint ihr?" fragte Karl. Otto reckte den Kopf nach den Mädchen, die im Erdgeschoß umherliefen. Er zog die Nase kraus und nickte, und ich nickte auch.

So kamen wir drei zu Meister Jünger. Was Arbeiten hieß, hatten wir bis dahin nicht gelernt. Dazu hatten wir keine Zeit und keine Gelegenheit gehabt. Der Meister zeigte es uns. Er hatte seine Manier. Uns gefiel sie nicht. Der Meister ging uns gegen den Strich. Einige Tage lang jagte er uns hin und her. Wir brachten die Apfelernte in Schiebkarren vom Hof herein, wir kippten sie in die Waschtrommel, in die Mühle, in die Presse. Wir fuhren mit Schaufeln und weitzinkigen Gabeln in die duftenden Berge. Wir schwitzten, und er war es zufrieden. Wir mußten Mützen tragen, die Mädchen und Frauen Kopftücher. „Haarig Gelee gibt es bei mir nicht", knurrte er und wurde fuchsteufelswild, wenn doch einer seine Mütze für einen Augenblick abzusetzen wagte.

Anfangs meinten wir, der Meister habe es auf uns besonders abgesehen. Bald merkten wir, daß er mit den andern nicht anders verfuhr. Sie kannten ihn schon lange und schätzten ihn vielleicht sogar. Wir lernten ihn erst kennen.

Die Hauptsache in der ganzen Fabrik war der Aufzug. Es war ein elektrischer Kettenaufzug, nicht mehr neu, aber stabil und kinderleicht zu bedienen. Alles, was in der oberen Halle verarbeitet wurde, brachte er nach oben. Vom ersten Tag an liebäugelten wir mit ihm. Endlich stellte uns der Meister an den Platz, der nach unserer Meinung wie kein anderer für uns geeignet war.

Wir kamen uns wie befördert vor, aber unser Groll legte sich trotzdem nicht. Wir hatten nichts Bestimmtes verabredet. Wir wußten eigentlich auch nicht, wie wir es anfangen sollten, ihm eins auszuwischen. Denn das wollten wir, Karl, Otto und ich. Es war uns geradezu widerlich, wie wichtig er sich und die Arbeit nahm und von allen respektvoll ‚Meister' angeredet wurde.

Eines Tages kam es wie von selbst. Es war Hochbetrieb, die Halle dröhnte. Die Karren rollten im Erdgeschoß, die Apfelmühle ratterte, die Presse drückte knarrend Schicht um Schicht durch die festen Tücher, die Frauen und Mädchen sangen, während sie an den Laufbändern die Früchte sortierten und mit kurzen Schälmessern die schlechten Stellen herausschnitten. Dem Meister ging wieder einmal nichts flink genug. Die Apfelschwemme war sein Leben, es gab nichts Schöneres für ihn als diese Kampagne. Er trieb uns an, er trieb alle an. Die Mädchen sangen weiter, wir lachten spöttisch hinter seinem Rücken. Unten drängte er Otto beiseite und warf selber die Ketten um die schweren kleinen Wagen, die mit Apfelkisten beladen und aufgehievt wurden. Selbst der Aufzug arbeitete ihm nicht schnell genug, und ich schonte den Motor wirklich nicht.

Oben riß er Karl die Ketten aus der Hand und schlang sie mit geübtem Schwung zurück. Wir schwitzten unter dem Dampf der kochenden Äpfel und kniffen die Lippen zusammen. Die Mädchen sahen lachend zu uns herüber. Wir mußten beweisen, daß wir ihrem Tempo und dem Tempo der Maschinen gewachsen waren.

Ich stand auf der vorgebauten Kanzel am Rand der Bühne und bediente den Hebel. Ich hatte am meisten Zeit. Eigentlich hatte ich nur aufzupassen, daß der Aufzug keine Sekunde verlor. Der Motor schnurrte, die Ketten strafften sich, der Apfelkarren schwebte, ich schwenkte die Ladung ein. Und nun blieb Karl oben mit den Ketten hängen, die Haken hatten sich in den Ösen verklemmt.

Der Meister aber stand schon neben dem Karren wie immer in solchen Augenblicken. Da überkam es Karl. Er schlang blitzschnell dem Meister die Kette um die Brust, unter den Armen durch, und ich, der ich das Spiel begriff und wie in einem Rausch merkte, was zu tun sei, ich ließ den Aufzug sausen und bremste ihn wieder. Der Meister hing in der Luft, ehe er's sich versah. Ich drehte den Hebel herum und schwenkte die Last über die Bühne hinaus ins Leere.

Otto, der unten gewartet hatte und sein Warten auf diese überraschende Weise belohnt fand, riß mit einem Jubelschrei die Mütze ab und winkte grüßend zu Jünger hinauf. Der hing jetzt mitten in der Halle, eine Marionettenfigur an eisernem Faden. Und wenn schon seine selten benutzte Meisterbude am hinteren Rand der Bühne wegen ihrer guten Aussicht in die Halle zu loben war, jetzt konnte er von oben hinter jede einzelne Kiste blicken.

Nun war es an uns zu grinsen — ach, Jünger hatte gar nicht gegrinst. Wir hatten ihm das Grinsen angedichtet. Aber jetzt hatten wir es ihm gezeigt. Wir würden gleich auf dem Büro unsere Papiere holen. Das war nicht schlimm. Mit diesem Triumph konnten wir befriedigt den Bau verlassen. Schöner hätten wir es uns nicht wünschen können.

„Glück ab!" rief Otto von unten und warf die Kappe in die Luft. Mit einem Schlag wurde es still in der Halle. Das heißt, die Maschinen ratterten weiter und die Laufbänder auch. Die Frauen und Mädchen hörten mit Singen auf. Sie ließen die Messer sinken und erhoben sich, voller Neugier, bereit zu lachen und doch wohl nicht ganz überzeugt, daß es der richtige Anlaß zum Lachen sei. Sie näherten sich auf Zehenspitzen der Rampe, ihre Augen glänzten dunkel und erwartungsvoll unter den hellen Kopftüchern. Wir hatten gemeint, der Meister werde nun etwas vom Herunterlassen brüllen oder ähnliches. Weit gefehlt. Er sagte mit Nachdruck und nicht lauter, als notwendig war, erst zu Otto, der immer noch breit zu ihm hinaufgrinste: „Setz die Kappe auf!" und dann zu der Schar an der Rampe: „Wollt ihr wohl an die Arbeit gehen, ihr Frauleut! Seht ihr nicht, daß die guten Äpfel in die schlechten fallen? Seht ihr nicht, daß ihr mir die ganze Mischung verderbt? Meint ihr, ich will euretwegen schlechtes Zeug liefern?"

Und da sie gewohnt waren, seiner Stimme zu gehorchen, so geschah es, daß sie sich alle an die Tische zurückbegaben, jede an ihren Platz, und ihre Hände wieder auszulesen und auszuschneiden begannen, indes ihre Augen noch oben hingen und mit Spannung verfolgten, was weiter geschehen werde. Das war also kein richtiger Erfolg für uns, die wir mit dem Gelächter der Mädchen gerechnet hatten.

Und gerade in dem Augenblick, als alle Hände wieder bei der Arbeit waren, trat durch die Glasbude der Geschäftsführer herein. Ich sah ihn, und das machte mich so verlegen, daß ich den Hebel falsch herumdrehte, so daß der Meister Jünger jetzt, statt sich zu senken und zur Bühne herabzuschweben, wie es angebracht gewesen wäre, langsam gegen das Dach der Halle stieg. Unter unseren erstarrenden Blicken kletterte die Kette immer höher und er mit ihr. Er hielt bedachtsam die Augen aufwärts gerichtet, bis er mit dem Kopf an der Aufhängung und dicht unter dem milchigen Glas war. Da befahl er scharf: „Halt!" und mit dem Befehl brachte ich es auch sofort fertig, den Hebel in die Ruhestellung zu rücken.

Wer nun zu schimpfen anfing, das war der Geschäftsführer. Ob Jünger verrückt geworden sei, was das heißen solle und was ihm einfalle, da oben herumzuturnen, fragte er, er solle sich sofort herunterscheren, zum Teufel nochmal.

Der Meister — oh, er hatte den Namen verdient, wenn ihm auch wahrscheinlich nie im Leben ein Diplom verliehen wurde — ließ sich da oben von der Schreierei gar nicht beunruhigen. Uns dehnten sich die Sekunden unerträglich lang, bis er endlich „Abwärts!" befahl. Ich rückte den Hebel diesmal richtig ein, ich schwenkte die lebendige Last vollendet herum, so daß sie schwungvoll und doch sanft neben dem aufgeregten Herrn landete. Und dann hörten wir eine ruhige Stimme in das puterrote Gesicht des Geschäftsführers sagen: „Wissen Sie, ich mußte das Lager da oben prüfen. Es war hohe Zeit. Um ein Gerüst zu bauen, brauchen wir einen ganzen Tag. Wollen Sie jetzt in der Kampagne auf einen ganzen Tag verzichten? Ich nicht. Es müssen zwei Scheiben ausgewechselt werden, und das machen wir heute abend."

Er drehte sich um, als ob er uns zur Bestätigung aufforderte, und fuhr gleich darauf energisch fort: „Worauf wartet ihr denn jetzt noch? Steht da unten nicht Zeug genug herum? Wollt ihr es vielleicht auf dem Buckel herschleppen?"

Karl warf die Kette um den Wagen, ich ruckte den Hebel ein, Otto drückte die Mütze fester auf den Kopf und streckte die Hände der Last entgegen. Wir zitterten vor Eifer und kamen uns vor wie dumme ungezogene Jungen, denen zum Glück ein Streich mißraten war. Er hatte uns gezeigt, was das war: ein Meister.

Ilse Aichinger

Das Fenster-Theater

Die Frau lehnte am Fenster und sah hinüber. Der Wind trieb in leichten Stößen vom Fluß herauf und brachte nichts Neues. Die Frau hatte den starren Blick neugieriger Leute, die unersättlich sind. Es hatte ihr noch niemand den Gefallen getan, vor ihrem Haus niedergefahren zu werden. Außerdem wohnte sie im vorletzten Stock, die Straße lag zu tief unten. Der Lärm rauschte nur mehr leicht herauf. Alles lag zu tief unten. Als sie sich eben vom Fenster abwenden wollte, bemerkte sie, daß der Alte gegenüber Licht angedreht hatte. Da es noch ganz hell war, blieb dieses Licht für sich und machte den merkwürdigen Eindruck, den aufflammende Straßenlaternen unter der Sonne machen. Als hätte einer an seinen Fenstern die Kerzen angesteckt, noch ehe die Prozession die Kirche verlassen hat. Die Frau blieb am Fenster.

Der Alte öffnete und nickte herüber. Meint er mich? dachte die Frau. Die Wohnung über ihr stand leer und unterhalb lag eine Werkstatt, die um diese Zeit schon geschlossen war. Sie bewegte leicht den Kopf. Der Alte nickte wieder. Er griff sich an die Stirn, entdeckte, daß er keinen Hut aufhatte, und verschwand im Innern des Zimmers.

Gleich darauf kam er in Hut und Mantel wieder. Er zog den Hut und lächelte. Dann nahm er ein weißes Tuch aus der Tasche und begann zu winken. Erst leicht und dann immer eifriger. Er hing über die Brüstung, daß man Angst bekam, er würde vornüberfallen. Die Frau trat einen Schritt zurück, aber das schien ihn nur zu bestärken. Er ließ das Tuch fallen, löste seinen Schal vom Hals – einen großen bunten Schal – und ließ ihn aus dem Fenster wehen. Dazu lächelte er. Und als sie noch einen weiteren Schritt zurücktrat, warf er den Hut mit einer heftigen Bewegung ab und wand den Schal wie einen Turban um seinen Kopf. Dann kreuzte er die Arme über der Brust und verneigte sich. Sooft er aufsah, kniff er das linke Auge zu, als herrsche zwischen ihnen ein geheimes Einverständnis. Das bereitete ihr so lange Vergnügen, bis sie plötzlich nur mehr seine Beine in dünnen, geflickten Samthosen in die Luft ragen sah. Er stand auf dem Kopf. Als sein Gesicht gerötet, erhitzt und freundlich wiederauftauchte, hatte sie schon die Polizei verständigt.

Und während er, in ein Leintuch gehüllt, abwechselnd an beiden Fenstern erschien, unterschied sie schon drei Gassen weiter über dem Geklingel der Straßenbahnen und dem gedämpften Lärm der Stadt das Hupen der Überfallautos. Denn ihre Erklärung hatte nicht sehr klar und ihre Stimme erregt geklungen. Der alte Mann lachte jetzt, so daß sich sein Gesicht in tiefe Falten legte, streifte dann mit einer vagen Gebärde darüber, wurde ernst, schien das Lachen eine Sekunde lang in der hohlen Hand zu halten und warf es dann hinüber. Erst als der Wagen schon um die Ecke bog, gelang es der Frau, sich von seinem Anblick loszureißen.

Sie kam atemlos unten an. Eine Menschenmenge hatte sich um den Polizeiwagen gesammelt. Die Polizisten waren abgesprungen, und die Menge kam hinter ihnen und der Frau her. Sobald man die Leute zu verscheuchen suchte, erklärten sie einstimmig, in diesem Hause zu wohnen. Einige davon kamen bis zum letzten Stock mit. Von den Stufen beobachteten sie, wie die Männer, nachdem ihr Klopfen vergeblich blieb und die Glocke allem Anschein nach nicht funktionierte, die Tür aufbrachen. Sie arbeiteten schnell und mit einer Sicherheit, von der jeder Einbrecher lernen konnte. Auch in dem Vorraum, dessen Fenster auf den Hof sahen, zögerten sie nicht eine Sekunde. Zwei von ihnen zogen die Stiefel aus und schlichen um die Ecke. Es war inzwischen finster geworden. Sie stießen an einen Kleiderständer, gewahrten den Lichtschein am Ende des schmalen Ganges und gingen ihm nach. Die Frau schlich hinter ihnen her.

Als die Tür aufflog, stand der alte Mann mit dem Rücken zu ihnen gewandt noch immer am Fenster. Er hielt ein großes weißes Kissen auf dem Kopf, das er immer wieder abnahm, als bedeutete er jemandem, daß er schlafen wolle. Den Teppich, den er vom Boden genommen hatte, trug er um die Schultern.

Da er schwerhörig war, wandte er sich auch nicht um, als die Männer schon knapp hinter ihm standen und die Frau über ihn hinweg in ihr eigenes finsteres Fenster sah.

Die Werkstatt unterhalb war, wie sie angenommen hatte, geschlossen. Aber in die Wohnung oberhalb mußte eine neue Partei eingezogen sein. An eines der erleuchteten Fenster war ein Gitterbett geschoben, in dem aufrecht ein kleiner Knabe stand. Auch er trug sein Kissen auf dem Kopf und die Bettdecke um die Schultern. Er sprang und winkte herüber und krähte vor Jubel. Er lachte, strich mit der Hand über das Gesicht, wurde ernst und schien das Lachen eine Sekunde lang in der hohlen Hand zu halten. Dann warf er es mit aller Kraft den Wachleuten ins Gesicht.

Franz Kafka

Der Nachbar

Mein Geschäft ruht ganz auf meinen Schultern. Zwei Fräulein mit Schreibmaschinen und Geschäftsbüchern im Vorzimmer, mein Zimmer mit Schreibtisch, Kasse, Beratungstisch, Klubsessel mit Telephon, das ist mein ganzer Arbeitsapparat. So einfach zu überblicken, so leicht zu führen. Ich bin ganz jung, und die Geschäfte rollen vor mir her. Ich klage nicht, ich klage nicht.

Seit Neujahr hat ein junger Mann die kleine leerstehende Nebenwohnung, die ich ungeschickterweise so lange zu mieten gezögert habe, frischweg gemietet. Auch ein Zimmer mit Vorzimmer, außerdem aber noch eine Küche. — Zimmer und Vorzimmer hätte ich wohl brauchen können — meine zwei Fräulein fühlten sich schon manchmal überlastet —, aber wozu hätte mir die Küche gedient. Dieses kleinliche Bedenken war daran schuld, daß ich mir die Wohnung habe wegnehmen lassen. Nun sitzt dort dieser junge Mann. Harras heißt er. Was er dort eigentlich macht, weiß ich nicht. Auf der Tür steht: „Harras Bureau". Ich habe Erkundigungen eingezogen, man hat mir mitgeteilt, es sei ein Geschäft ähnlich dem meinigen. Vor Kreditgewährung könne man nicht geradezu warnen, denn es handle sich doch um einen jungen aufstrebenden Mann, dessen Sache vielleicht Zukunft habe, doch könne man zum Kredit nicht geradezu raten, denn gegenwärtig sei allem Anschein nach kein Vermögen vorhanden. Die übliche Auskunft, die man gibt, wenn man nichts weiß.

Manchmal treffe ich Harras auf der Treppe, er muß es immer außerordentlich eilig haben, er huscht förmlich an mir vorüber. Genau gesehen habe ich ihn noch gar nicht, den Büroschlüssel hat er schon vorbereitet in der Hand. Im Augenblick hat er die Tür geöffnet. Wie der Schwanz einer Ratte ist er hineingeglitten, und ich stehe wieder vor der Tafel „Harras Bureau", die ich schon viel öfter gelesen habe, als sie es verdient.

Die elend dünnen Wände, die den ehrlich tätigen Mann verraten, den unehrlichen aber decken. Mein Telephon ist an der Zimmerwand angebracht, die mich von meinem Nachbar trennt. Doch hebe ich das bloß als besonders ironische Tatsache hervor. Selbst wenn es an der entgegengesetzten Wand hinge, würde man in der Nebenwohnung alles hören. Ich habe mir abgewöhnt, den Namen der Kunden beim Telephon zu nennen. Aber es gehört natürlich nicht viel Schlauheit dazu, aus charakteristischen, aber unvermeidlichen Wendungen des Gesprächs die Namen zu erraten. — Manchmal umtanze ich, die Hörmuschel am Ohr, von Unruhe gestachelt auf den Fußspitzen den Apparat und kann es doch nicht verhüten, daß Geheimnisse preisgegeben werden.

Natürlich werden meine geschäftlichen Entscheidungen unsicher, meine Stimme zittrig. Was macht Harras, während ich telephoniere? Wollte ich sehr übertreiben — aber das muß man oft, um sich Klarheit zu verschaffen —, so könnte ich sagen: Harras braucht kein Telephon, er benutzt meins, er hat ein Kanapee an die Wand gerückt und horcht, ich dagegen muß, wenn geläutet wird, zum Telephon laufen, die Wünsche des Kunden entgegennehmen, schwerwiegende Entschlüsse fassen, großangelegte Überredungen ausführen — vor allem aber während des Ganzen unwillkürlich durch die Zimmerwand Harras Bericht erstatten.

Vielleicht wartet er gar nicht das Ende des Gesprächs ab, sondern erhebt sich nach der Gesprächsstelle, die ihn über den Fall genügend aufgeklärt hat, huscht nach seiner Gewohnheit durch die Stadt und, ehe ich die Hörmuschel aufgehängt habe, ist er vielleicht schon daran, mir entgegenzuarbeiten.

Elly Heuss-Knapp

Der Pförtner

Oft war es den Mitbewohnern aufgefallen, wie völlig unähnlich der junge Karl Ulrich seiner Mutter sah. Er war ein hochaufgeschossener Junge mit dunklem Haar und tief samtenen, schönen, klugen Augen hinter einer Brille, etwas eckig in den Bewegungen, ein wenig unsicher wirkend durch die gesenkte Kopfhaltung. Die Mutter schien noch sehr jung und zart, fast mädchenhaft, klein und graziös, mit einer dicken Krone hellblonden Haares über der klaren Stirn.

Die beiden waren erst zugezogen nach dem Tod des Mannes, der, ein bedeutender Arzt, an einer Sepsis gestorben war. Der Junge mochte damals zehn Jahre alt gewesen sein. Er war still und wohlerzogen, wie alle Hausbewohner anerkannten, und mehr als sie merken konnten, war er seiner Mutter wie ein Kavalier zugetan.

Erst als das Dritte Reich angebrochen war und die „Blockwarte" der Partei alle Familienverhältnisse durchsuchten, verbreitete sich die Kunde, daß Frau Dr. Bernhard gar nicht die richtige Mutter des Jungen sei. Sie habe als blutjunges arisches Mädchen den weit älteren Arzt geheiratet, dessen erste Frau, wie er jüdischer Abstammung, im Wochenbett gestorben war. Karl Ulrich war also Jude.

Langsam vollzog sich die Isolierung der beiden, deutlicher spürbar erst, als der Sohn den Judenstern tragen mußte und aus der Schule ausgeschlossen wurde. Die Mitbewohner gingen scheu und verlegen an ihm vorbei. Seine Stiefmutter half ihm über die böse Zeit weg ohne Verbitterung. Sie setzte sich auch ganz selbstverständlich beim Klang der Sirene zu ihm in den engen Kohlenkeller, seit der Blockwart den getrennten Luftschutzraum für den einzigen Juden des Hauses verlangt hatte.

Nur der Kreis der näheren Freunde aus ihrer glücklichen Ehezeit hielt den Verkehr getreulich aufrecht. Als im Verlauf des Krieges alle Frauen zur Dienstpflicht aufgerufen waren, half sie im nahe gelegenen Postamt, der Sohn arbeitete auf einem Bau.

Dann schlug eine neue Welle von Judenverfolgung in das mühselige, aber friedliche Familienleben ein. Als Frau Bernhard eines Abends vom Dienst heimkehrte, fand sie Karl Ulrich nicht mehr vor: abgeholt, weggebracht – auf einem Zettel stand die Adresse des jüdischen Sammellagers.

Wie ein angeschossenes Reh schlich sie durch die Wohnung, halb betäubt von Schmerz und Zorn. Vor dem Bild ihres Mannes stand noch in flacher Schale der Strauß bunter Stiefmütterchen, den der Junge mit einem zärtlichen Lächeln und dem Wort „Stiefmütterchen" ihr gestern gebracht hatte. Sie blieb vor dem Bild stehen und gelobte sich und ihm, seinen Sohn nicht ohne Widerstand in die Hand der Menschen fallen zu lassen. Hinter ihrer schmerzenden Stirn jagten sich die Bilder. Sie sah sich selber wie auf einer Bühne bittend, flehend, weinend vor einem SS-Mann knien. Dann wieder sah sie sich ihr Haus in Brand stecken, nein, Handgranaten werfend – eine vergiftete Füllfeder, mit der man zustechen könne, schwebte ihr vor...

Hie und da erschrak sie, wenn ihr der Spiegel beim Vorbeigehen ihr zerstörtes Antlitz zeigte. Was war aus ihr geworden, was würde man aus ihr machen, aus ihr, der Schüchternen, Sanftmütigen? Plötzlich erinnerte sie sich eines kleinen Erlebnisses auf der ersten Reise in ihrer jungen Ehe: in Marseille, mitten im Straßengewühl, blieb ein junger Maurer staunend stehen, starrte sie an und rief aus: „Sainte Vierge priez pour moi!" – Und jetzt war sie zu jedem Mord bereit.

Als das graue Morgenlicht zwischen den Stäben der Jalousie durchsickerte, hatte sie ihre Schlacht geschlagen. Nur mit ihren eigenen Machtmitteln, denen der Friedfertigen, wollte sie kämpfen.

Statt zum Dienst zu gehen, stand sie in ihrer Küche und strich Brote mit den geringen Vorräten, die sie für Festtage gesammelt hatte. Sie legte die zierlichen Päckchen in ihre bunte Basttasche, zog sich sorgfältig an und fuhr in die völlig unbekannte Gegend wie in die fremdeste Ferne.

Im hohen grauen Häuserkomplex stand sie schließlich vor dem Pförtner, der sie mit unbewegtem Gesicht musterte. Sie dachte nur daran, daß er vielleicht in wenigen Minuten ihren Sohn sehen würde, daher war es ein liebevoller Blick, der ihn traf, als sie ihm die Päckchen reichte: „Nehmen Sie bitte von allem die Hälfte und geben Sie meinem Sohn die andere Hälfte, gelt, Sie tun es gewiß?"

Er schwieg und nahm die Gaben entgegen.

Sie fuhr heim, grundlos getröstet. Am folgenden Tag wiederholte sie den Besuch. Sie zeigte ihm, was sie gebacken hatte, eigentlich sei es Weihnachtsgebäck, aber ihr Sohn liebe es so sehr. Der Mann blieb wortkarg und unzugänglich. Als sie am dritten Tag mit zwei Schachteln Zigaretten wiederkam, tat der stumme Pförtner den Mund auf zu der Frage: „Sie sind doch keine Jüdin?!" – „Nein", sagte sie errötend wie ein Schulmädchen, „ich bin ja nur die Stiefmutter, aber der Sohn ist das Letzte und Beste, was ich habe." – Der Pförtner wies auf eine Türnische im Durchgang zum Hof: „Da stellen Sie sich morgen früh hin und reden kein Wort." Damit drehte er ihr den Rücken.

Pünktlich zur angegebenen Stunde war sie zur Stelle; ihr Herz zitterte wie das eines gefangenen Vogels. Der Pförtner trat aus seiner Loge, worin ein Kollege seinen Dienst versah, durchschritt langsam den Hof, ohne sie zu beachten, setzte in einer Ecke einige Backsteine ab und verließ ruhig das Grundstück. Bald darauf öffnete sich eine Tür, die zum Hof führte, Karl Ulrich trat heraus, ein Bündel in der Hand. Gemächlich und ohne sie anzublicken, kam er an ihr vorbei und trat auf die Straße hinaus. Sie folgte ihm mit versagenden Knien.

Auf der menschenleeren Straße beschleunigte er seine Schritte; kaum konnte sie ihm folgen. An der nächsten Ecke erreichten sie die heranfahrende Straßenbahn. Beim Aussteigen, nahe ihrer Wohnung, sagte er leise, „Geh voraus!" So trafen sie sich erst in der Wohnung, die er auf einem Umweg erreichte. Er hatte eigentlich nicht viel zu berichten oder zu erklären. Der wortkarge Pförtner hatte ihm befohlen, schweigend herauszugehen, sobald die Steine unter seinem Fenster lägen.

Freude und Angst lagen nebeneinander auf den folgenden Tagen wie das Schwarz und Weiß im Onyx. Niemand im Haus durfte etwas von Karl Ulrichs Dasein merken. Wenn die Mutter im Dienst war, schlich der Sohn vorsichtig auf den Teppichen umher. Nachts ging er hie und da auf die Straße, um Luft zu schnappen. Seinen gesunden jungen Appetit zu stillen war ohne Marken wahrhaftig nicht leicht. Zum Glück bildeten die alten Freunde in ihrer Mitfreude einen Hilfsdienst und brachten Lebensmittelmarken. Am Morgen des fünften Tages lag ein Päckchen im Briefkasten. Karl Ulrich öffnete es, obwohl es an die Mutter adressiert war. Ein kurzer Brief fiel heraus: „Ihr Stiefsohn ist an einer ansteckenden Krankheit gestorben. Wir übersenden anbei die Asche."

Er war sehr blaß, als er der Mutter den Brief überreichte. Die Asche hatte er gleich in den Mülleimer geschüttet. Die Mutter lächelte unter Tränen: „Der gute Pförtner", sagte sie, „was hat er gewagt, und nie kann ich ihm danke sagen."

„Aber die anderen", sagte Karl Ulrich leise, „die anderen, was ist mit denen?" Die beiden schwiegen lange.

Am Abend brachte ein junger Freund die Nachricht, er könne im Lieferwagen eines Schuhgeschäfts den Jungen auf ein nahes Landgut bringen, er müsse dort als Pole gelten. Hier verbrachte Karl Ulrich die beiden letzten Jahre des Krieges und wurde nach der Einnahme von Berlin seiner Stiefmutter zurückgegeben. Es machte ihnen kaum mehr etwas aus, daß ihre Wohnung in Schutt und Asche lag.

WOLFDIETRICH SCHNURRE

Jenö war mein Freund

Als ich Jenö kennenlernte, war ich neun; ich las Edgar Wallace und Conan Doyle, war eben sitzengeblieben und züchtete Meerschweinchen. Jenö traf ich zum ersten Mal auf dem Stadion am Faulen See beim Grasrupfen; er lag unter einem Holunder und sah in den Himmel. Weiter hinten spielten sie Fußball und schrien manchmal „Toooooor!" oder so was. Jenö kaute an einem Grashalm; er hatte ein zerrissenes Leinenhemd an und trug eine Manchesterhose, die nach Kokelfeuer und Pferdestall roch.

Ich tat erst, als sähe ich ihn nicht und rupfte um ihn herum; aber dann drehte er doch ein bißchen den Kopf zu mir hin und blinzelte schläfrig und fragte: Ich hätte wohl Pferde. „Nee", sagte ich, „Meerschweinchen." Er schob sich den Grashalm in den anderen Mundwinkel und spuckte aus. „Schmecken nicht schlecht." „Ich eß sie nicht", sagte ich; „dazu sind sie zu nett." „Igel", sagte Jenö und gähnte, „die schmecken auch nicht schlecht." Ich setzte mich zu ihm. „Igel?" „Tooooor!" schrien sie hinten. Jenö sah wieder blinzelnd in den Himmel. Ob ich Tabak hätte. „Hör mal", sagte ich; „ich bin doch erst neun." „Na und", sagte Jenö; „ich bin acht." Wir schwiegen und fingen an, uns leiden zu mögen. Dann mußte ich gehen. Doch bevor wir uns trennten, machten wir aus, uns möglichst bald wieder zu treffen.

Vater hatte Bedenken, als ich ihm von Jenö erzählte. „Versteh mich recht", sagte er, „ich habe nichts gegen Zigeuner; bloß –" „Bloß –? fragte ich. „Die Leute", sagte Vater und seufzte. Er nagte eine Weile auf seinen Schnurrbartenden herum. „Unsinn", sagte er plötzlich; „schließlich bist du jetzt alt genug, um dir deine Bekannten selbst auszusuchen. Kannst ihn ja erst mal zum Kaffee mitbringen."

Das tat ich dann auch. Wir tranken Kaffee zusammen, und Vater hielt sich auch wirklich hervorragend. Obwohl Jenö wie ein Wiedehopf roch und sich auch sonst ziemlich komisch benahm – Vater ging darüber weg. Ja, er machte ihm sogar ein Katapult aus richtigem Vierkantgummi und sah sich obendrein noch alle unsere neu erworbenen Konversationslexikonbände mit uns an. Als Jenö weg war, fehlte das Barometer über Vaters Schreibtisch.

Ich war sehr bestürzt; Vater gar nicht so sehr. „Sie haben andere Sitten als wir; es hat ihm eben gefallen. Außerdem hat es sowieso nicht mehr viel getaugt." „Und was ist", fragte ich, „wenn er es jetzt nicht mehr rausrückt?" „Gott —" sagte Vater, „früher ist man auch ohne Barometer ausgekommen." Trotzdem, das mit dem Barometer, fand ich, ging ein bißchen zu weit. Ich nahm mir jedenfalls fest vor, es ihm wieder abzunehmen.

Aber als wir uns das nächste Mal trafen, hatte Jenö mir ein so herrliches Gegengeschenk mitgebracht, daß es unmöglich war, auf das Barometer zu sprechen zu kommen. Es handelte sich um eine Tabakspfeife, in deren Kopf ein Gesicht geschnitzt worden war, das einen Backenbart aus Pferdehaar trug. Ich war sehr beschämt, und ich überlegte lange, wie ich mich revanchieren könnte. Endlich hatte ich es; ich würde Jenö zwei Meerschweinchen geben. Es bestand dann zwar die Gefahr, daß er sie aufessen würde, aber das durfte einen jetzt nicht kümmern; Geschenk war Geschenk.

Und er dachte auch gar nicht daran, sie zu essen; er lehrte sie Kunststücke. Innerhalb weniger Wochen liefen sie aufrecht auf zwei Beinen, und wenn Jenö ihnen Rauch in die Ohren blies, legten sie sich hin und überkugelten sich. Auch Schubkarrenschieben und Seiltanzen lehrte er sie. Es war wirklich erstaunlich, was er aus ihnen herausholte, Vater war auch ganz beeindruckt.

Ich hatte damals außer Wallace und Conan Doyle auch gerade die zehn Bände von Doktor Dolittle durch, und das brachte mich auf den Gedanken, mit Jenö zusammen so etwas wie einen Meerschweinchenzirkus aufzumachen. Aber diesmal hielt Jenö nicht durch. Schon bei der Vorprüfung der geeigneten Tiere verlor er die Lust. Er wollte lieber auf Igeljagd gehen, das wäre interessanter. Tatsächlich, das war es. Obwohl, mir war immer ziemlich mulmig dabei. Ich hatte nichts gegen Igel, im Gegenteil, ich fand sie sympathisch. Aber es wäre sinnlos gewesen, Jenö da beeinflussen zu wollen; und das lag mir auch gar nicht.

Er hatte sich für die Igeljagd einen handfesten Knüppel besorgt, der unten mit einem rauhgefeilten Eisenende versehen war; mit dem stach er in Laubhaufen rein oder stocherte auf Schutthalden unter alten Eimern herum. Er hat so oft bis zu vier Stück an einem Vormittag harpuniert; keine Ahnung, wie er sie aufspürte; er muß sie gerochen haben, die Biester.

Jenös Leute wohnten in ihren Wohnwagen. Die standen zwischen den Kiefern am Faulen See, gleich hinter dem Stadion. Ich war oft da, viel häufiger als in der Schule, wo man jetzt doch nichts Vernünftiges mehr lernte. Besonders Jenös Großmutter mochte ich gut leiden. Sie war unglaublich verwahrlost, das stimmt. Aber sie strahlte so viel Würde aus, daß man ganz andächtig wurde in ihrer Nähe. Sie sprach kaum; meist rauchte sie nur schmatzend ihre Stummelpfeife und bewegte zum Takt eines der Lieder, die von den Lagerfeuern erklangen, die Zehen.

Wenn wir abends mit Jenös Beute dann kamen, hockte sie schon immer am Feuer und rührte den Lehmbrei an. In den wurden die Igel jetzt etwa zwei

Finger dick eingewickelt. Darauf legte Jenö sie behutsam in die heiße Asche, häufelte einen Glutberg auf über ihnen, und wir kauerten uns hin, schwiegen, spuckten ins Feuer und lauschten darauf, wie das Wasser in den Lehmkugeln langsam zu singen begann. Ringsum hörte man die Maulesel und Pferde an ihren Krippen nagen, und manchmal klirrte leise ein Tamburin auf, oder mit einer hohen, trockenen Männerstimme zusammen begann plötzlich ein Banjo zu schluchzen.

Nach einer halben Stunde waren die Igel gar. Jenö fischte sie mit einer Astgabel aus der Glut. Sie sahen jetzt wie kleine, etwas zu scharf gebackene Landbrote aus; der Lehm war steinhart geworden und hatte Risse bekommen, und wenn man ihn abschlug, blieb der Stachelpelz an ihm haften, und das rostrote Fleisch wurde sichtbar. Man aß grüne Paprikaschoten dazu oder streute rohe Zwiebelkringel darauf; ich kannte nichts, das aufregender schmeckte.

Aber auch bei uns zu Hause war Jenö jetzt oft. Wir sahen uns die sechs Bände unseres neuen Konversationslexikons an; ich riß die Daten der nationalen Erhebung aus meinem Diarium und schrieb rechts immer ein deutsches Wort hin, und links malte Jenö dasselbe Wort auf Rotwelsch daneben. Ich habe damals eine Menge gelernt; von Jenö meine ich, von der Schule rede ich jetzt nicht. Später stellte sich auch heraus, es verging kein Tag, daß sich die Hausbewohner nicht beim Blockwart über Jenös Besuche beschwerten; sogar zur Kreisleitung ist mal einer gelaufen. Weiß der Himmel, wie Vater das jedesmal abbog; mir hat er nie etwas davon gesagt.

Am meisten hat sich Jenö aber doch für meine elektrische Eisenbahn interessiert; jedesmal, wenn wir mit ihr gespielt hatten, fehlte ein Waggon mehr. Als er dann aber auch an die Schienenteile, die Schranken und die Signallampen ging, fragte ich doch mal Vater um Rat. „Laß nur", sagte er, „kriegst eine neue, wenn Geld da ist." Am nächsten Tag schenkte ich Jenö die alte. Aber merkwürdig, jetzt wollte er sie plötzlich nicht mehr; er war da komisch in dieser Beziehung.

Und dann haben sie sie eines Tages doch abgeholt; die ganze Bande; auch Jenö war dabei. Als ich früh hinkam, hatte SA und SS das Lager umstellt, und alles war abgesperrt, und sie scheuchten mich weg. Jenös Leute standen dicht zusammengedrängt auf einem Lastwagen. Es war nicht herauszubekommen, was man ihnen erzählt hatte, denn sie lachten und schwatzten, und als Jenö mich sah, steckte er zwei Finger in den Mund und pfiff und winkte rüber zu mir.

Nur seine Großmutter und die übrigen Alten schwiegen; sie hatten die Lippen zusammengepreßt und sahen starr vor sich hin. Die anderen wußten es nicht. Ich habe es damals auch nicht gewußt; ich war nur traurig, daß Jenö jetzt weg war. Denn Jenö war mein Freund.

Paul Schallück

Pro Ahn sechzig Pfennig

Da ich mit sechzehn Jahren ein etwas bleicher und nervöser Junge war, schickten mich meine Eltern in den Ferien regelmäßig aufs Land zu Onkel Pastor, einem Bruder meiner Mutter. Die Nähe dieses weißhaarigen, rechtschaffenen Mannes, der, ich weiß nicht seit wie vielen Jahren schon, das Pfarramt der Gemeinde Gummersdorf versah, hielt meine Mutter in jeder Beziehung für geeignet, meinen unreifen und zu Dummheiten aufgelegten Geist gediegen zu beeinflussen. Ihre Hoffnung baute sie vor allem auf die Strenge der Haushälterin meines Onkels, deren ganzes Wesen mir heute in einem kleinen, mit Nadeln gespickten Haarknötchen zusammengefaßt erscheinen will.

Anna, ich nannte sie Tante, obgleich wir außer von Adam und Eva her keinen verwandtschaftlichen Tropfen Blutes hatten, Tante Anna also bestimmte meinen Onkel, meinem Aufenthalt im Pfarrhaus dadurch geringe Ordnung und eine kleine Nützlichkeit zu verleihen, daß er mich beauftragte, die Anfragen verzogener Familien nach ihren Vorfahren zu beantworten.

Damals nämlich war jene Zeit ausgebrochen, in der man keineswegs im chinesischen Sinne der Verehrung, sondern lediglich zum Sauberkeitsbeweis der eigenen Blutmenge seinen Ahnen nachforschte und ihnen in neuer Hochachtung vor dem roten Saft gleichsam nachträglich auf die Finger sah. Manch einer mag damals in einer plötzlichen, mir jedoch unverständlichen Wandlung ein neuer Mensch geworden sein, wenn sich herausstellte, daß er seine Ahnenkette bis in die Zeiten Wallensteins oder gar noch weiter ins Vergangene hinein ohne Unterbrechung und in artbewußter Reinlichkeit zu verfolgen imstande war.

So war ich denn bei der Aufstellung einiger Stammbäume als ein sonderbarer Gärtner beteiligt, und für jeden Ahn, den ich in den muffigen Kirchenbüchern erjagte, erhielt ich von Onkel Pastor sechzig Pfennig; für Altvordere, die sich vor dem Dreißigjährigen Krieg nachweisen ließen, sogar eine Mark. Hat er sich eigentlich nie gefragt, welchen Versuchungen er mich damit aussetzte, welchen wunderlichen Anfechtungen? Tatsächlich bin ich ihnen denn auch einige Male erlegen, indem ich kaltblütig Geschlechterfolgen erfand, die nie die verwirrende Wonne dieses Erdenlebens genossen haben, mir aber in ihrer Unschuld zur Aufbesserung meines Taschengeldes verhalfen.

Allmählich gewann ich Vergnügen an meiner Tätigkeit, und ich hätte sie auch dann fortgeführt, wenn mir dafür kein finanzieller Gewinn zugeflossen wäre. Es machte mir nämlich Spaß, die eingegangenen Briefe zu studieren, bevor ich in die Jahrhunderte zurückblätterte. Die Briefköpfe und die Anreden untersuchte ich genau, die zwischen „Euer Hochwohlgeboren" und dem schlichten „Herr Pastor" variierten oder bisweilen überhaupt fehlten. Den Ton der Anfrage horchte ich ab, der ebenso wechselvoll war zwischen Bitte und Forderung. Ganz besonders prüfte ich die letzten Worte, den Schluß und Gruß. Von den Briefschlüssen machte ich einiges abhängig. Wenn ich einem frommen, christlichen „Vergelt's Gott" oder „der Himmel lohne es Ihnen" begegnete, und wenn auch der Ton des Schreibens dem Abschiedsgruß entsprach, dann gab ich mich gern zu den eben erwähnten und für jene Zeit erfreulichen Abänderungen des Stammbaumes her. Wenn aber schon die Anrede fehlte, wenn es den Formulierungen an Demut gebrach, und wenn dann noch unter der Bekundung einer germanischen Rasseüberheblichkeit das Kennwort all dieses Unsinns und vor dem Namen ein markantes und dummes und für die Zukunft des Volkes verhängnisvolles „Heil" zu lesen war, dann, man verzeihe mir, dann schloß ich die Tür meiner Dachkammer ab, damit ich in meinem Ärger und der daraus entspringenden Tätigkeit nicht gestört würde. In solchen Fällen schnitt ich die Wurzeln des Stammbaumes einfach ab, oder, je nach der Stärke meiner Gemütswallung, einige Äste, unterbrach den Strom der roten Flüssigkeit, der durch die Jahrhunderte strömte, und ließ ganze Generationen im Dämmer des Ungeborenen verbleiben, so daß sich der Briefschreiber einer nur mäßig in der Zeit verwurzelten Familie erfreuen konnte. Ich leugne nicht, daß mich bei diesen Unternehmungen verdorbene Genugtuung beschlich, war ich doch imstande, vollständige Reihen von Altvorderen ohne Blutvergießen — buchstäblich mit einem Federstrich — zu vernichten. Und als mich einmal der Brief eines Herrn Klaaps ganz besonders geärgert hatte, weil vom Briefkopf, der einem Gauleiterbüro entstammte, bis zur Unterschrift ein dummer Stolz nachhaltig zu spüren war und auf mich, der ich infolge meiner Erziehung das Gegenteil einer blauäugigen Gesinnung besaß, geradezu beleidigend wirkte, da befiel mich eine satanische Idee, ich kann es nicht anders sagen. Diesmal beschnitt ich die Wurzeln des Stammbaumes nicht, ich trieb sie vielmehr ungebührlich weit in die Vergangenheit hinein. Aber ich korrigierte die Vornamen, vom Ur-ur-ur-großvater an rückwärts, damit dem so Gestraften durch Deportation dennoch kein wirkliches Unheil widerfahre. Ich verwandelte also in meiner Antwort an Herrn Klaaps „Siegfried" in „Salomon", „Dagobert" in „Daniel", „Arnold" in „Aron" und „Joseph" in „Josua". Als mein Onkel den Brief unterschrieb, stand ich leicht zitternd neben ihm.

Um allen kommenden Schwierigkeiten zu begegnen — denn daß welche eintreten würden, ahnte ich wohl —, trug ich die Namen auch in den Kirchenbüchern nach. Das war keine leichte Arbeit, das darf man mir glauben. Die Bücher waren vergilbt, und die Schreiber hatten sich einer Schrift befleißigt, die im Vergleich mit unseren Schreibweisen, besonders mit meiner eigenen, von einem viel höher entwickelten Sinn für Ausgewogenheit und Schönheit zeugte. Ich übte mich tagelang, wohl eine Woche hindurch. Außerdem hatte ich eine Tinte zu mischen, wie sie damals benutzt wurde, und ich mußte die alte aufs sorgfältigste tilgen oder ausradieren. Die Übungsbogen verbrannte ich selbstverständlich, auch die Blätter der Generalprobe, die ich auf einem leeren, herausgerissenen Bogen eines Kirchenbuches ablegte. Dann endlich konnte ich klopfenden Herzens darangehen, das Geschlecht des Herrn Klaaps nach meinem Sinne zu nuancieren. Ich löschte die Tinte mit einem alten, von mir jedoch neu entdeckten Sandstreuverfahren, gilbte die Schriftzüge an einer Kerze, blies noch etwas Spinnenstaub darüber, den ich eigens vom Dachboden importiert hatte, und war zufrieden. Das schwere Werk war getan, und meinem geschulten Auge gab sich keine Nachlässigkeit preis.

Es dauerte dann auch nicht lange, bis ein zweiter Brief aus dem Gauleiterbüro eintraf, den mein Onkel stirnrunzelnd und der allgemeinen politischen Lage wegen furchtsam an mich weitergab. Der Briefschreiber, keineswegs der Gauleiter selbst, hatte sich von seiner Wut diktieren lassen: mit „unglaubwürdig" begann es, setzte sich fort mit „Familienehre", „Rassen- und Blutbewußtsein"; er sprach von „Irrtum, wenn nicht gar Intrige und Neid auf die Möglichkeiten meiner politischen Karriere" und endete schließlich mit der Drohung, daß er, Herr Klaaps, in den nächsten Tagen „höchst persönlich" (als ob es unpersönlich vorstellbar gewesen wäre) vorfahren werde, da er in der Gegend ohnehin zu tun habe.

„Was sagst du dazu?" fragte mich mein Onkel. Ich sagte, daß er getrost kommen möge. Und wenn ihm die Stimme des Blutes keine Kunde von den seltsamen Vornamen seiner Altvorderen zu geben bereit sei, dann müsse er sich halt über die Bücher beugen und sich durch „Schwarz auf Weiß" überzeugen lassen. Trotz der wohlgesetzten Rede sah mein Onkel dem Besuch mit einiger Bangnis entgegen; ich übrigens auch, warum soll ich es verschweigen.

Es war gegen Abend. Ein Fahrer öffnete die Wagentür, und der ganz und gar braune Anzug über einem fetten Leibe, die blank gewichsten braunen Stiefel und das fleischfeste, rosige Gesicht sagten mir, daß es nur Herr Klaaps sein könne. Er wartete, bis der Fahrer auch einer Dame in reizvollem Sommerkleid beim Aussteigen geholfen hatte, dann marschierte er voraus auf das Pfarrhaus zu. Im Studierzimmer meines Onkels wiederholte er, was er in seinem Brief geschrieben hatte. Und als mein Onkel ihn unterbrach, um ihm zu sagen, daß ich allein verantwortlich sei für alles, was die Ahnen betraf, lächelte er erleichtert, vermutlich, weil er glaubte, mit mir besser fertig werden zu können. Ich ging auf seine Worte erst gar nicht ein; ich holte die

Kirchenbücher, blätterte und blätterte, obgleich ich die Seiten genau wußte, und schlug endlich die betreffenden Ärgernisse vor den Augen unseres braunen Gastes auf. Er beugte sich darüber, las, las sehr lange, so lange, bis meine Stirn feucht zu werden begann, lehnte sich dann zurück und sagte schließlich: „Ich bin ruiniert!"

Diese Salomon und David und Josua seien noch im Grabe fähig, ihn aus dem Sattel zu heben; denn er habe einige Aussicht, Stellvertreter des stellvertretenden Gauleiters zu werden, aber mit einem Salomon oder Aron nagend an der Wurzel seines Stammbaumes sozusagen sei es so gut wie ausgeschlossen, daß man ihm fernerhin vertraue. Er drückte sich freilich in kürzeren Sätzen und gröberen Worten aus, in jener Art, die heute wohl — und ich sage mit Betonung: Gott sei Dank — in keinem unserer Ämter mehr zu hören ist. Herr Klaaps ärgerte sich nicht etwa, er war erschüttert. Und ohne Übergang fragte er Onkel Pastor und mich, ob wir denn keine Möglichkeit sähen, ihm diese Schande zu ersparen, die Vornamen zu unterschlagen etwa, ja, unterschlagen, sagte er.

„Sie erwarten von uns", sagte ich, „daß wir die Kirchenbücher fälschen? Sie scheinen zu vergessen, Herr Gauleiter, in welch einem Hause Sie sich befinden!" Er wurde noch kleiner auf seinem Stuhl, und sein Gesicht verlor die rosige Frische. Er begann zu bitten, er rang schweren Atems um mein Mitleid. Er demütigte sich und flehte, und das reizend-blonde Mädchen, seine Sekretärin übrigens, ruckte auf dem Stuhl zurück und machte mir ein Zeichen, hart zu bleiben, nicht nachzugeben. Dem klugen, politisch weitsichtigen Zuspruch dieses Mädchens ist es zu verdanken, daß ich schließlich nicht doch noch weich wurde vor der bejammernswürdigen und ehrlich verzweifelten Gestalt, die sich einmal an meinen Onkel wandte, der nur die Schultern hob, dann wieder an mich. „Es tut mir leid, Herr Klaaps", sagte ich. Und als er einsah, daß er nichts auszurichten vermöchte, stand er auf wie ein alter Mann, sagte mit leichter Verneigung und ehrlichem Gesicht: „Grüß Gott, Herr Pfarrer", und ging hinaus.

In der darauffolgenden Nacht habe ich schlecht und nur wenig geschlafen.

Paul Schallück

Wir sind ja auch bald drüben

Als keiner mehr etwas sagte, schaute er sie der Reihe nach an, zuerst den großen Blonden, der die Mütze mit dem Totenkopf davor draußen an die Garderobe gehängt und immer wieder auf ihn eingeredet hatte; dann den anderen, das junge, harte Gesicht, das er nicht verstehen, nur fürchten und ein wenig hassen konnte; und schließlich die Frau, die mit verweinten Augen neben dem Herd auf der Holzkiste saß. Er schaute sie der Reihe nach an, und sein zahnloser Mund blieb schmal und bewegte sich nicht. Dann stand er auf und ließ das Verdunkelungspapier herunterrollen, obwohl es draußen noch hell war. Und für einen Augenblick war es ganz still in der Küche, das blecherne Ticken des Weckers kreiste die Stille ein, und sie konnten alle nichts sehen, bis er das Licht anknipste, sich wieder den Uniformen gegenüber an den Tisch setzte und sie alle ganz ruhig anschaute, unbeweglich fast.

„Na was ist, Alter?" sagte der Blonde, „fahren Sie mit?"

„Fahr mit, Vater", sagte die Frau auf der Holzkiste und weinte. „Fahr doch mit."

Und der andere sagte ungeduldig laut: „Sie können ja gar nicht anders, Mensch, wo Sie jetzt alles wissen."

„Wein doch nicht, Mutter", sagte er und paffte an seiner Pfeife. Dann zog er die Uhr aus der Tasche und verglich sie mit dem Wecker, der neben dem Volksempfänger stand.

„Hast du die Butterbrote eingepackt?" fragte er.

„Es ist alles fertig. Ich habe dir Eier drauf getan. Er ißt nämlich am liebsten Eier."

„Mach noch zwei dazu, Mutter. Es wird lange dauern heute. Ich muß bis morgen früh auf dem Stellwerk bleiben. Arthur ist krank, weißt du."

„Ja und der Junge? Willst du denn nicht hinfahren?"

„Arthur ist nicht mehr der Jüngste. Morgen mittag muß ich wieder hin, ich hab es ihm versprochen. Er wird sein Rheuma nicht los."

„Aber der Junge", weinte die Frau, „der Junge", stand auf und kam an den Tisch. „Das geht doch jetzt vor. Der Junge ist doch jetzt das Wichtigste. Wenn du nicht hinfährst, Vater, was soll dann aus dem Jungen werden?"

Die beiden Uniformen nickten sich zu und grinsten zufrieden.
„Wenn du nicht hinfährst, dann muß ich es eben tun."
„Du?"
Er machte eine Pause und stopfte mit dem Zeigefinger die Asche in seiner Pfeife nach. „Du nicht, Mutter."
„Warum soll ich nicht? Einer muß doch mit dem Jungen sprechen."
„Du fährst nicht", sagte er, „dich laß ich nicht fahren."
„Warum denn nicht? Es muß doch einer hin." Die beiden Uniformen nickten wieder.
„Du nicht. Es hat überhaupt keinen Zweck, er hört nicht auf uns, ich kenne ihn."
„Wir müssen es doch wenigstens versuchen."
„Du bleibst schön zu Haus."
„Warum läßt du mich denn nicht fahren? Auf seine Mutter wird er doch wohl hören. Dann haben wir es doch wenigstens versucht. Wie soll ich ihm denn später, drüben, in die Augen schauen können, wenn wir nicht wenigstens das versucht haben?"
Er gab keine Antwort mehr, er saß da, die Pfeife im Mund und wiegte den Kopf.
„Dann fahr du, Vater, fahr doch bitte, fahr und sprich mit ihm, er läßt sich bestimmt überreden."
„Haben Sie sonst noch was auf dem Herzen, meine Herren?" fragte er. „Ich muß gleich zum Dienst", und dabei blickte er wieder auf die Uhr und dann auf den Wecker; man sah ihm jedoch an, daß er an etwas ganz anderes dachte.
„Sie wissen nicht, was Sie tun", sagte der Blonde. „Mensch, stellen Sie sich doch nicht so an", sagte der andere. „Ist Ihnen denn noch immer nicht klar, was hier anliegt?"
„Fahr, Vater, oder laß mich fahren."
„Du bleibst schön zu Haus, Mutter."
„Dann ist er morgen erledigt, Mensch, verstehen Sie immer noch nicht! Erledigt, jawoll, kapiert?" „Ruhig Blut", sagte der Blonde, „er kommt ja mit, gar keine Frage."
Und als der Alte ihm klarmachte, daß er nicht ohne Nachricht oder Entschuldigung vom Stellwerk wegbleiben könne, zumal er Arthurs Vertretung übernommen habe, da zog der Blonde einen Zettel aus der Tasche, schrieb etwas darauf und gab ihn der Frau.
„Bringen Sie das zum Dienststellenleiter, oder wie der Mann heißt. Wenn wir einen Stempel daruntersetzen, dann ist alles in Ordnung, darauf können Sie sich verlassen. Und nun kommen Sie. Morgen früh sind Sie wieder zu Haus, mit Ihrem Sohn."
Der Alte zog noch ein paarmal an seiner Pfeife, ehe er sie ausklopfte und sich ganz ruhig erhob.

„Wein doch nicht, Mutter", sagte er, „geh damit zum Dienststellenleiter, aber bitte sofort, es muß ja noch ein Ersatzmann geholt werden."

„Ja, ja", sagte sie erfreut, „ja, ja", und brachte ihm den Mantel, schob die Butterbrote hinein, wickelte etwas in ein Stück Papier und steckte es zu den Broten in die Manteltasche.

„Komm mir aber nicht ohne den Jungen nach Haus", rief sie, als die drei hinuntergingen. Dann weinte sie, zog in der Küche das Verdunkelungspapier hoch und sah vom Fenster aus zu, wie eine der Uniformen vorn einstieg, die andere mit ihrem Mann hinten in den geschlossenen Kastenwagen. Das Auto fuhr ab, und jetzt erst begann es zu dunkeln.

Im Kastenwagen war es vollkommen dunkel, eine weiche Finsternis ohne Grenzen, und die Luft war verbraucht. Es roch nach Staub und feuchten Decken und nach Soldatenschweiß. Es war einer jener Gerüche, die man eine Weile einatmen muß, bevor man ihrer inne wird.

Der große Blonde lag auf einem ungefalteten Deckenberg. Beim Einsteigen hatte er dem Alten ein Zeichen gemacht, sich neben ihn zu legen. Der hatte nicht einmal den Kopf geschüttelt, er hatte sich in der Nähe der Tür auf eine der Holzbänke gesetzt, die an den Längsseiten angebracht waren.

Da saß er nun, stützte sich vornübergeneigt auf die Knie, hielt die Augen weit auf, obwohl er nichts sehen konnte, und horchte nach draußen. Bisher war es in rascher Fahrt immer geradeaus gegangen, so daß er sich ungefähr vorstellen konnte, wo sie sich jetzt befanden. Sie mußten aus der Stadt heraus und auf der südlichen Ausfallstraße sein. Schnell und regelmäßig sauste ein Zischen an ihnen vorbei. Daran erkannte er, daß sie auf der Landstraße waren und an Bäumen vorbeibrausten. Dann aber ging es links in die Kurve, das war noch nicht verwirrend, rechts in die Kurve, rechts und wieder links, und er hörte eine Weile nicht mehr das Vorüberzischen der Bäume und wußte nicht mehr, wohin sie ihn fuhren, noch immer nach Süden oder jetzt nach Norden. Er stellte nur noch fest, daß der Wagen einen großen Bogen machte, und er hatte den Eindruck, daß der Bogen sich zu einem Kreis rundete. Vielleicht war es Absicht, ihn in einem weiten Kreis herumzufahren, vielleicht wollte man ihn absichtlich verwirren, damit er später nicht sagen könne, wo sich das Lager befand. Er holte die Pfeife heraus und sagte zum Blonden: „Es ist schlechte Luft hier drinnen. Soll ich die Tür etwas aufmachen?" Da gewahrte er, daß der Fahrtwind und das Motorengeräusch viel zu laut waren, als daß er mit gewöhnlicher Stimme dagegen hätte ansprechen können. Er mußte schreien: „Die Luft ist mir zu schlecht, ich mach die Tür etwas auf!" Seine Stimme klang ihm fremd in dem kleinen, grenzenlosen Kasten, stumpf, ohne Widerhall. Er hatte noch nie in einem so kleinen Kasten so laut schreien müssen.

„Was ist los?" kam es genauso stumpf von den Decken.
„Ich mach die Tür auf!"
„Sind Sie verrückt geworden?" schrie der andere.

„Es ist schlechte Luft hier drinnen."

„Ganz egal. Sie sind wohl noch nie mit 'nem Auto gefahren! Wollen mir wohl hinten rauskippen, und ich hab nachher die Schererei."

Ein Streichholz flammte auf. Der Blonde zündete sich eine Zigarette an. Solange das Streichholz brannte, sah der kleine Kasten viel größer aus, als er in Wirklichkeit war. Dann stürzte wieder die Dunkelheit über die beiden Männer. Nur die glühende Zigarette atmete einen kleinen roten Kreis aus, der die Hand des Blonden anhauchte, und es sah aus, als ob die Hand ohne Verbindung in der Luft schwebte.

„Wie alt sind Sie eigentlich?" fragte der Blonde.

„Zweiundsiebzig."

„Donnerwetter! Und noch immer bei der Reichsbahn."

„Dienstverpflichtet."

„Ach so, heute muß eben jeder ran, klar. Sind Sie auch Bibelforscher, wie Ihr Junge?"

Der Alte sagte nichts, er lächelte traurig und bewegte schwer, langsam und verneinend den Kopf. Die Pfeife dampfte rot auf bei jedem Zug, und von den Decken her antwortete die Zigarette, die das Gesicht des Blonden maskenhaft aufglühen und dann wieder verlöschen ließ.

„Ist mir auch egal, verstehen Sie?" sagte der Blonde. „Wenn Sie nur Ihren Filius überreden, den Wisch zu unterschreiben, hängt viel davon ab, mein Lieber, für ihn — und auch für mich, stehe nämlich kurz vor meiner Beförderung."

Der Wagen fuhr jetzt langsamer. Am häufigen Hupen erkannte der Alte, daß sie durch eine Stadt fuhren. Er wollte wissen, wie spät es war, zog seine Uhr und hielt sie über den Pfeifenkopf, während er die Glut kräftig anfachte. Über eine Stunde saß er nun schon in diesem Kastenwagen mit dem blonden Uniformmann, von dem er nicht wußte, ob er sein Feind war oder einer, der nur an seine Beförderung dachte. Er tastete in der Manteltasche die Butterbrote ab und berührte dabei den kleinen Papierknubbel, den ihm die Frau nachträglich zugesteckt hatte. Er wickelte ihn auf. Dann nahm er das Gebiß vorsichtig zwischen zwei Finger, lächelte und schob es in den Mund. Damit ich besser sprechen und den Jungen überreden kann, dachte er. Mutter denkt an alles.

„Was steht eigentlich auf dem Papier, das er unterschreiben soll?" fragte er laut zu den Decken hin.

„Auf dem Wisch?" Die Zigarette glühte dreimal stark auf. „Nicht viel. Nichts Besonderes. Steht nicht viel drauf."

„Aber was steht drauf?"

„Eigentlich kleine Fische. Ich verstehe überhaupt nicht, wie ein ausgewachsener Mensch Pazifist sein kann. Ist doch der reinste Quatsch, so was!" Und er lachte und tat, als sei er sehr vergnügt. Der Alte lachte nicht und glaubte auch nicht an die Vergnügtheit des Mitreisenden.

„Steht das auf dem Wisch?"
„Das gerade nicht. Eid auf den Führer steht drauf, und daß er sich freiwillig zum Wehrdienst meldet und den pazifistischen Quatsch aufgibt. Also wirklich kleine Fische."
„Haben Sie schon mal erlebt, daß einer von denen unterschrieben hat?"
„Massenweise", schrie der Blonde, und jetzt war der Alte überzeugt, daß diese Vorstellung dem Uniformierten Vergnügen bereitete. „Massenweise", und er erzählte, wie jeden Tag einer von denen in die Volksgemeinschaft zurückkehre, voller Reue und überwältigt vom überwältigenden Zeitgeschehen und dem Glauben an den Führer, „wenn's drauf ankommt, gehen sie alle in die Knie, alle durch die Bank. Ist ja auch das Gescheiteste, was sie tun können."
Aber der Alte glaubte ihm kein Wort. Er schwieg und schaute ganz ruhig ins Dunkel. Dann sagte der Blonde auch nichts mehr, und es verging beinahe eine stumme halbe Stunde, bis der Wagen hielt. Es war ein schwindelerregendes Gefühl, plötzlich in vollkommener Stille und Bewegungslosigkeit dazusitzen. Der Wagen wurde noch einige Male hin- und herrangiert. Dann öffnete der Blonde die Tür, ließ den Alten aussteigen und marschierte mit ihm auf eine Holzbaracke zu, die im Dunkel lag. Außer dieser breiten, finsteren Baracke, aus der nicht ein einziger Lichtstrahl fiel, konnte er nichts erkennen. Sie gingen hinein und dann durch einen langen Gang, der spärlich erleuchtet war, an Türen vorbei, hinter denen er immer die gleiche Schlagermusik vernahm.
„So, hier hinein!"
Er wurde in einen leeren, halbdunklen Raum geschoben und hörte noch, wie auf dem Gang jemand sagte: „Diese verdammten Bibelwürmer. Wollen doch mal sehen, ob wir die Jordanschleichen nicht kleinkriegen."
„Halt doch deine Schnauze!" fuhr ein anderer dazwischen.
Dann war es draußen still, und der Alte sah, wie sich aus einer schummerigen Ecke ein Mann erhob, in gestreiftem Sträflingsanzug.
„Tag Vater", sagte der Mann.
„Tag mein Junge. Wie geht's dir?"
„Komm, setzen wir uns."
„Wohin denn?"
„Hier hinten steht eine Bank."
„Meine Augen sind schlecht geworden", sagte der Alte.
„Blödes Licht. Setz dich, Vater. Ist Mutter nicht mitgekommen?"
„Ach weißt du, es ist besser, wenn sie nicht dabei ist. Mutter weint so rasch. Ich erzähle ihr alles, wenn ich nach Hause komme."
Er hatte ein heftiges Bedürfnis, seinen Sohn unter die Lampe zu ziehen, um sein Gesicht zu sehen, das ihm klein und gelb vorkam, kleiner, als es in Kindertagen gewesen war, und gelber als in den Wochen, da er die Gelbsucht gehabt hatte. Aber er traute sich nicht. Er setzte sich auf die Bank, rückte

etwas zur Seite, damit er ihn anschauen konnte, ohne ihn berühren zu müssen.

„Und wie geht's Mutter sonst?"

„Ach danke. Sie wird älter, aber daran ist ja nichts zu ändern."

„Hat sie noch immer Last mit ihrer Galle?"

„Schon lange nicht mehr. Mit einemmal war's vorbei. Sie merkt jetzt überhaupt nichts mehr. Nur die Geschichte mit dem Herzen, weißt du ..."

„Seit wann hat sie denn das?" Er rutschte hin und her.

„Eigentlich schon lange. Als du auf die Welt kamst, da hat sie das erste Mal darüber geklagt. Kriegst du genug zu essen?"

„Ich hab aber nie gehört, daß Mutter darüber geklagt hat."

„Hat sie auch nicht, war auch gar nicht so schlimm all die Jahre über. Nur jetzt, wo sie älter wird, klagt sie ein bißchen."

„Und wie geht's dir?" Er rutschte wieder hin und her, und der Alte dachte, daß er vielleicht nicht mehr genügend im Fleische wäre, um auf einer harten Holzbank ruhig sitzen zu können.

„Mir geht's gut. Ich mach wieder Dienst auf dem Stellwerk."

„Wo du früher schon gearbeitet hast?"

„Ja. Jetzt bin ich dienstverpflichtet. Sag mal Junge, kriegst du eigentlich genug zu essen hier?"

„Es geht. Ich hab dich auf dem Stellwerk manchmal besucht, als ich noch klein war, erinnerst du dich?"

„Und ob ich mich erinnere. Ist jetzt alles neu eingerichtet. Brauchst du Decken oder sonst was zum Anziehen? Wir könnten dir doch was schicken."

„Laß nur, Vater. Kannst du die Arbeit denn noch machen?"

„Warum nicht? Ich bin sogar noch im Nachtdienst."

Und während der Junge hin- und herrutschte, um eine angenehmere Stellung zu finden, schaute ihn der Alte zum ersten Male eindringlich an und sah auf dem gestreiften Anzug das violette Dreieck, und am Arm eine Nummer. Er hätte gern danach gefragt und nach allem, was sich in diesem Lager abspielte. Er überlegte, ob er danach fragen sollte, es war ganz still, und der Junge hielt sich die Hände unter den Hintern, um wenigstens für einige Augenblicke das Holz nicht zu spüren.

„Habt ihr noch immer euern Garten?" fragte er.

„Natürlich. Wir haben dir Obst geschickt, hast du's bekommen?"

„Obst; Äpfel und Pflaumen von den beiden großen Bäumen?"

„Die kennst du noch? Ja, und auch Trauben vom Gartenhäuschen. Du bist lange nicht mehr in unserm Garten gewesen. Sag mal, wann hast du uns überhaupt das letzte Mal besucht?"

„Vor fünf Jahren, bevor ich nach Berlin ging", sagte er und nahm die Pfeife, die ihm der Alte hinhielt, ließ sich Feuer geben und qualmte mit plötzlich hervorbrechendem jungenhaftem Ungestüm drauflos, und der Alte lachte und klopfte ihm auf die Schulter.

„Die Hälfte der Trauben haben sie uns übrigens in diesem Jahre gestohlen. Ich habe Wennemars in Verdacht."

„Die hinter unserm Garten wohnen?"

„Ja die, die beiden Jungen. Mit ihrem Vater hast du früher gespielt. Was hat man eigentlich mit euch vor hier im Lager?"

Die Tür wurde aufgerissen, der große Blonde kam herein und sagte mit lachendem Gesicht: „Hier, schnapp, Sonderzuteilung", warf dem Jungen eine Packung Zigaretten hin und verschwand wieder.

Die beiden Zurückgelassenen schauten sich an, und der Junge lächelte, so gut er es noch vermochte mit dem kleinen, gelben Gesicht, tippte sich an die Stirn, gab die Pfeife zurück und rauchte eine Zigarette. Er hielt sie zwischen zwei Fingern, und der Vater sah sich die Finger seines Sohnes an, die so gelb waren wie das Gesicht, aber dünn, sehr dünn, viel dünner, als gewöhnliche Finger sein dürfen, wenn man sie für die Finger eines lebendigen Menschen halten soll, und so lang, daß es aussah, als gäbe es zwischen ihnen bis zu den Handknöcheln hinunter keine Haut mehr. Der Junge spürte, daß er beobachtet wurde, und fragte nach Verwandten und Bekannten, und der Vater antwortete und berichtete ihm alles sehr genau, und während er erzählte, mußte er immer wieder diese langen Finger ansehen, die länger waren als die Finger anderer Menschen.

Dann wurde erneut die Tür aufgerissen, und wieder stand der Blonde im Türrahmen: „Na, sind Sie soweit, meine Herren? Es wird allmählich Zeit."

„Ja", sagte der Alte, „einen Augenblick noch." Und der Blonde machte die Tür auffallend sanft hinter sich zu.

„Also, mein Junge..." – „Laß gut sein, Vater..."

„Hier, nimm die Brote. Mutter hat Eier drauf getan, die hast du doch früher so gern gegessen. Und den Tabak und die Pfeife. Brauchst du sonst noch irgend etwas? Sag's nur."

„Danke, grüß alle von mir. Besonders Mutter, hörst du."

„Ich erzähl ihr alles. Also auf Wiedersehen, mein Junge. Mach's gut."

„Wiedersehen, Vater, drüben."

Sie standen sich gegenüber, hielten sich scheu und nur kurz die Hand und schauten sich auch nur einen Augenblick lang an, so lange, wie man braucht, um rasch auf Wiedersehen zu sagen, und es sah aus, als wären sie gleichaltrig, der Vater und sein Junge.

„Drüben, ja", sagte der Alte, als er den Sohn schon nicht mehr anblickte. „Brauchst nicht mehr lange auf uns zu warten." Dann ging er hinaus. Und während das junge, harte Gesicht hineinrief: „Sofort zur Schreibstube kommen!" wischte sich der Vater mit dem Ärmel über die Augen.

Dann stieg er allein hinten in den Kastenwagen, wurde zur nächsten Stadt gefahren und am Bahnhof abgesetzt, bekam eine Fahrkarte, stieg in den Zug und fuhr nach Haus. Dort saß die Mutter am Tisch, wartete und weinte, als er eintrat.

„Wein doch nicht, Mutter", sagte er, nahm sie in den Arm wie früher und sagte mit ruhiger Stimme: „Du solltest deine Tropfen nehmen und dich hinlegen. Wir sind ja auch bald drüben."

Und kurz darauf gingen sie zu Bett. Draußen wurde es langsam hell. Sie lagen eine lange Weile da, beobachteten, wie es hell wurde, und sagten kein Wort.

ALBRECHT GOES

Begegnung in Ungarn

Das war, als wir dem polnischen Winter, diesem harten, grauweißen Winter, zu Beginn des Jahres 1944 entronnen waren. Ein Marschbefehl, den wir angesichts der russischen Heere, die auf Lemberg vorstürmten, wie eine Rettung empfanden, hatte uns nach Ungarn entführt. Zehn Tage waren wir unterwegs, und schon schien es uns, als seien wir auf einem anderen Stern. Drüben hatte der Ostermorgen noch Schnee gebracht, hier aber war in diesen ersten Maitagen schon Sommer, ungarischer Sommer, Jubel und Überschäumen; Blühendes in allen Gärten, Farben in allen Gassen, Heiterkeit unter allem Himmel. Nicht ungedämpft freilich war diese Heiterkeit, das sahen wir wohl, nicht unbeschwert auch hier. Nicht wenig erschrocken blickten sie uns entgegen, die Madjaren ringsum, und ob wir nun als Verbündete kamen oder als Feinde, das war so ausgemacht noch lange nicht, wie das die Herren der Länder meinten. Was bringt ihr mit, und was führt ihr im Gefolge? Englische Luftangriffe gewiß, und wann steht die Rote Armee am Duklapaß?

Und da war es auch, daß wir zum erstenmal wieder Juden trafen, wohlgekleidete Juden, und man erkannte sie auf zehn Schritte. Denn eben war auch hier das Höllenzeichen eingeführt worden, der gelbe Stern. In einer ansehnlichen Stadt hatten wir uns einzurichten, ein Wein- und Kornparadies schien die Landschaft in der Theißmulde zu sein. Quartiere wurden gemacht, und ein Befehl belegte in den vornehmen jüdischen Häusern einige Zimmer für uns. Sandor-Petöfi-utca II – so las ich's auf meinem Quartierzettel – und darunter den Namen Dr. Lajos. Ich lief des Weges, suchte mich zurecht, gedachte dabei Petöfis, des ungarischen Goethe, und wünschte mir, dies und das aus seinem Werke kennenzulernen. Nummer II: da war zunächst nichts als eine kahle Hausmauer, einstöckig, und ein hochgeschossiges Hof- und Gartentor, nichts, was einladen mochte auf den ersten Blick. Kaum aber war man durch das Tor eingetreten, so gewahrte man einen wohlgepflegten Gartenbereich und ein stattliches Haus, dessen Fenster und Türen ins Lilien- und Rosengehege wiesen. Ich stieg einige Treppenstufen hinauf und trat vor die Schwelle. Die Tür öffnete sich, und zwei Männer standen mir gegenüber, Vater und Sohn, wie sich auf den ersten Blick erkennen ließ; die Hausherren, Ärzte beide, die Schilder wiesen es aus.

„Guten Tag." Befangen genug tauscht man den Gruß und nennt Namen und Stand. Die Verständigung ist möglich. Die Juden sind fast die einzigen Leute in diesem Teil des Landes, die der deutschen Sprache mächtig sind. Sie hören, welchem Stand ich angehöre, und der Alte faßt sich ein Herz zu sagen: „Es ist uns sehr lieb, einen Geistlichen künftig im Haus zu haben." Kleine Verbeugung. Man hatte uns keine Befehle gegeben, wie wir uns zu verhalten hätten ... und was hätten sie auch bedeuten können? In solcher Lage tut jeder nach der Weise seines innersten Lebens.

Sie führten mich in das Zimmer, das mir zugewiesen ist. Ein sehr großes, unpersönliches Zimmer, dunkle, kalte Pracht. Seltsam, gleich in der ersten Stunde schmeckt alles nach Aufbruch, Abschied, Ende. Mich fröstelt mitten in dem strahlenden Tag. Ein schöner grüner Teppich bedeckt fast den ganzen Boden, die Schränke sind schwer, alt und dunkel, sie sind abgeschlossen und scheinen gefüllt zu sein. Mein Küster kommt, wir richten uns notdürftig ein. Es ist in der Tat nirgends recht Platz für die eigenen Sachen, die Bücher stehen auf der Marmorplatte eines Büfetts; Schwinghammer, der hilfreiche Soldat, bemängelte mit entschiedenen Worten diese Situation; ich freilich merke wohl, daß ich unfähig bin, auch nur Wünsche zu äußern in diesem Hause, zu schweigen ganz von Befehlen und eigenmächtigen Korrekturen. „Behelfen wir uns so", sage ich, „es wird schon gehen."

In einer Stunde haben wir das Wichtigste hier getan. Großes, goldenes Licht scheint nun durchs Fenster herein, spätes Licht schon, es geht dem Abend entgegen. Jemand klopft. „Bitte!" Die beiden Ärzte kommen herein. Der Vater, siebzigjährig, wie man denken möchte, doch von der zähen Rüstigkeit seiner Rasse, große, dunkle, schmerzlich verschleierte Augen. Der Sohn, den Vater um eine Haupteslänge überragend, mit weicheren Zügen, ein Mann in meinem Alter — beide machen einen gebildeten Eindruck. Ob ich alles nach Wunsch gefunden habe. Ich möchte nur äußern, was mir etwa noch fehle. „Herr Pfarrer soll sich hier wohl fühlen." Ich murmle etwas davon, ob sich vielleicht in diesem Schrank ein Fach frei machen ließe für meine Wäsche. — „Ach, das ist noch nicht geschehen? Das ist ein Versäumnis. Verzeihen Sie. Es ist hier im Hause keine Frau, das heißt nur eine Wirtschafterin, die tagsüber für einige Stunden kommt. Ich bin Witwer, und mein Sohn ist noch unverheiratet. Es wird morgen Platz geschaffen. Natürlich, das muß sein. Verzeihen Sie." Ich sage etwas Verbindliches, ein Wort des Dankes. Nun gehen die beiden rückwärts und halb unschlüssig der Tür zu.

Plötzlich steht die Frage im Zimmer, ich wußte es ja, daß sie nun kommen würde: „Nicht wahr, Herr Pfarrer, Sie werden uns schützen?" Lieber Gott, was für eine Frage! Was für eine Vorstellung! Wir wußten ja, jeder auf seine Weise, was mit dieser Frage gemeint war. Wir wußten, wie hinter uns, auf den Fersen uns folgend, ganz andere Verbände Einzug halten würden. Nicht Lazarettleute, sondern Mordkommandos. Die Schurkerei der Judenpogrome, wie lange würde sie noch auf sich warten lassen? Einen Monat vielleicht noch, oder, wenn es hoch kommt, auch zwei. Und da sollte ich sie nun schützen? Rührende Erwartung, beklemmende Vorstellung.

Was sollte ich erwidern? Ich erwiderte: „Ich gehöre zum Roten Kreuz. Sie wissen, wir sind ein Lazarett. Von uns geschieht Ihnen nichts Böses." Reden. Ausflüchte. Sie wußten es so gut wie ich.

Sie fingen wieder an: „Sie sehen ja, wir müssen jetzt den Stern tragen, wenn wir uns auf der Straße zeigen. Es wird Einschränkungen geben in der Praxis, und auch sonst. Wir fürchten, daß das alles nur der Anfang zu Schlimmerem ist, wir wissen nicht..."

Ach ja, sie wußten nicht. Wir — wie war es mit uns? Wußten wir? Nein, wir wußten ja auch nicht viel. Freilich, wir kamen aus der Ukraine, wir hatten, von ferne nur, aber doch noch nah genug, Schreckliches gehört, Unsägliches. Nächte, im Fleckfieberlazarett durchwachte Nächte, kamen mir in den Sinn. Geständnisse der Hochfiebernden, der Irren. Wie hatte der immer phantasiert, der SS-Polizist, der in den ersten Tagen, da sich seine Krankheit harmlos anließ, immer so verkniffen dreingeschaut hatte, wenn ich den kleinen Krankensaal betrat...? Dann war das Fieber auch über ihn gekommen, rote Feuerglocke, und er rief in die Krankennacht hinein seine Satzfetzen, mochte einer zusammensetzen, was immer: „nicht — nicht — bitte nicht schießen — laß doch, ich habe doch immer geholfen —" ... dann wieder: „ausziehen — nackt — nackte Frauen — hinlegen — Gesicht nach unten —" Eine Vision nur war es in dieser Abendstunde im ungarischen Mai. Eine Schreckminute ... Ein Bild, Hieronymus Bosch.

Da standen sie. Vater und Sohn. Ärzte beide. Kluge Gesichter, leiderfüllte Gesichter. Juden. Verse stürzen über mich her, Franz Werfels Verse vom jüdischen Schicksal: Ich selbst, ohne Volk, ohne Land,
        Stütz nun meine Stirn in die Hand.

Nun ist das Licht schon im Abschiednehmen. Es ist so dunkelgolden, wie es nur selten einmal bei uns drüben in Deutschland zu sehen sein kann. Die Kuppel der Synagoge ist wohl zu erkennen von dem Platz aus, an dem ich stehe. Mir fällt ein, daß hierzulande Judesein immer zugleich auch Israelitsein bedeutet, Gliedschaft im Alten Bund und Gesetz. Mose, denke ich, David, Jeremia. Immer wieder Jeremia. Und dann sage ich plötzlich in die Stille hinein: „Schema, Jisrael, Jahwae elohenu Jahwae aechad." Das alte „Höre, Israel, der Herr, unser Gott, ist ein einiger Gott"; — das Wort, das sie einst auf ihr Handgelenk geschrieben hatten, feierliches Wort ihres Bundes. Ihres Bundes und unsres Bundes.

Da geschieht dies: kaum, daß ich das Wort ausgesprochen habe, kaum, daß hier in dieser ungarischen Stube die hebräischen Laute verklungen sind, geht eine Bewegung durch die beiden. Tränen stehen dem Vater in den Augen, und der Sohn blickt zu mir her mit einer erschütternden Glut. Sie gehen auf mich zu. Sie geben mir die Hand. Was Fremde war und Angst — es ist alles versunken. Der Herr, unser Gott, ist ein einiger Gott.

Eyvind Johnson

Advent

Während die alte Frau die Laterne anzündet, denkt sie plötzlich, gerade in dem Augenblick, da das Streichholz aufzischt, wie unglaublich gut sie es doch jetzt hat. Sie freut sich jeden Abend darüber, wenn sie hinausgehen und das Schwein füttern will, jedesmal, wenn sie abends in den Schweinestall oder den Holzschuppen gehen muß. Das Glücksgefühl kommt immer in zwei Etappen. Zuerst denkt sie, man müßte auch elektrisches Licht im Schweinestall haben, und dann, wie schön und sauber und wie unglaublich bequem es ist, daß sie elektrisches Licht im Hause hat. Sie besitzen es jetzt schon vier Jahre, es wurde angelegt, als der eine Sohn Karl zum letzten Male hier war, und sie empfindet es noch als etwas ganz Besonderes. Das Radio ist zwar auch ein merkwürdiger Kasten, aber das muß man als einen Einfall, ja, als ein Wunder auffassen, doch mit dem elektrischen Licht ist es etwas anderes, ganz Besonderes. Über das Radio mit seinen schönen Stimmen und seiner Musik muß man sich fast schämen, obwohl es manchmal bockt und nicht funktioniert. Aber dem elektrischen Licht kann man auf eine ganz andere Weise befehlen. Es werde Licht, und es ward Licht, bei dem man arbeiten oder lesen kann. Jedesmal, wenn sie die Laterne anzündet, denkt sie: man müßte es auch im Schweinestall haben. Und dann ist sie voller Befriedigung, daß sie es im Hause besitzt. Sie stellt sich vor, wie es auf der Haustreppe, auf dem Wege zum Schweinestall und drinnen beim Schwein scheinen würde, und sagt leise: „Du mußt dich mit der Petroleumlampe begnügen, Schwein. Da siehste genug, um zu fressen. Das kannste auch im Dunkeln, wenn's sein muß. Jetzt haste nich mehr lange zu leben." Sie hat das Schwein gern, man könnte fast sagen, daß sie es liebt — da der Traum von einer Kuh doch nie in Erfüllung gehen kann. Sie versucht zu zählen, wie viele Schweine sie schon gehabt haben, aber es gelingt ihr nicht. Man müßte es an den Fingern abzählen oder mit Feder und Papier. In einem Jahre hatten sie kein Schwein, das war 1912, als sie fast das ganze Jahr krank war. Aber an die vierzig Schweine haben sie wohl schon gehabt.

Sie öffnet die äußere Tür zum Schweinestall, wo die Tonne mit Schweinefutter zu stehen pflegt, ehe es im Herbst zu kalt wird; jetzt steht sie im Stall.

Als sie die Klinke der frostkalten Innentür öffnet, schlägt ihr die Wärme entgegen. Die Innenseite der Tür und die gekalkten Wände leuchten feuchtglänzend im Laternenschein. Das Schwein begrüßt sie zuerst mit zögerndem Grunzen, dann erhebt es sich schwerfällig und schlachtreif und kommt an den Trog, und jetzt klingt das Grunzen schon lebhafter. Die Frau schöpft aus der Schweinefuttertonne und vermischt es mit dem warmen, das sie im Eimer hat. Ein dichter Dampf von Stall und Futter umgibt sie und steigt in Wolken auf, während sie mit der Kelle umrührt und in den Trog füllt. Das Schwein grunzt ruhig und zufrieden, während es in sich hineinschlürft. Sie beugt sich in den Verschlag und krault ihm den Rücken.

„Du Fettwanst!" sagt sie. Sie kann sich nicht an jedes einzelne Schwein erinnern. Ein Schwein hatten sie gehabt, das fast ebenso klug wie ein Mensch gewesen war, sie nannten es „Rosenknopp", aber es war nicht sehr schwer geworden. Es grübelte zuviel, meinte Niklas.

Niklas ist seit anderthalb Jahren kränklich, im Frühling wird er siebzig Jahre alt. Es ist nichts Gefährliches, er ist nur ständig müde, und dann ist sein Magen nicht in Ordnung. Das kommt nicht vom unsoliden Leben, er hat weder seinen Lohn versoffen noch ist er mit einem Priem im Munde eingeschlafen. Und die wenigen Male, da er etwas ausgelassen war, auf ihrer Hochzeit, auf der Taufe von Lina (die später starb), auf der Konfirmation von Karl und Isak (sie mußten sie zusammen einsegnen lassen, da Isak etwas zurückgeblieben war) und beim Begräbnis des alten Isak, beteiligte er sich nicht an den Schlägereien, sondern nur am Tanzen und höchstens am Hackeln.

Sie krault das Schwein und denkt, wie gut doch ihr Leben gewesen ist. Daß Lina mit siebzehn Jahren sterben mußte, war, wenn man es nach so langer Zeit betrachtete, vielleicht gut, denn einerseits war sie verwöhnt, andererseits hatte sie ein Muttermal im Gesicht und hätte wohl nie einen Mann gekriegt. Isak wurde Bahnwärter im Süden, alle seine Kinder lebten und waren gesund. Karl ging zur See mit allem, was dazugehört, und durfte die Welt sehen und etwas lernen. Er sollte ein Kind in Bohuslän haben, sagten die Leute, ja, das Leben war sonderbar. Er schickte jede Weihnacht etwas Geld nach Hause und manchmal auch zwischendurch, wenn er konnte. Niklas selbst erhielt sechshundert Kronen Pension vom Staate, solange er lebte, und man hoffte ja, daß er das noch einige Jahre tun würde. Und das Schwein schien sich auch in seinen letzten Lebenstagen recht wohl zu fühlen, gewiß wog es neunzig Kilo. Sie pflegten nach dem zweiten Adventssonntag zu schlachten, damit man Zeit genug hatte, Sülze zu machen, und der Speck hielt sich gut bis Weihnachten, wenn sie ihn in den Bottich legten. Morgen war Samstag. Henrik Nilsson wollte am Nachmittag kommen, wenn er frei war, und es schlachten. Er bekam ein Kilo Seitenspeck für seine Mühe und die Blase für seine Kinder, damit sie Weihnachten damit Luftballon spielen konnten.

Sie hebt die Laterne mit ihrer knochigen Hand und beleuchtet das Schwein. Das Glück ist ein seltsames und einfaches Gefühl. Sie ist ganz davon erfüllt und glaubt in diesem Augenblick, daß auch das Schwein glücklich ist, obwohl es sterben muß. Es hat ein gutes Leben gehabt, die kurze Zeit, die es leben durfte, es hat gutes Futter gehabt, sie hat ihm Abfälle gekocht und dicken Grieß hineingerührt. Der Stall ist warm und auf seine Weise schön, wenn man vom Fußboden absieht, aber das Schwein hat sich darauf wohl gefühlt. es hat Stroh gehabt, um darauf zu liegen und es über den Fußboden zu verstreuen, und es hat es so sauber gehabt, wie es sich ein Schwein nur wünschen kann, wenn es sich so etwas wünscht. Sie hofft, daß es einen leichten Tod haben wird, das heißt Tod darf man es nicht nennen. Ein Schwein stirbt nicht, es wird geschlachtet und ergibt Speck.

„Nö – öff!" grunzt das Schwein und sieht zu ihr auf, ihr ist, als ob es lächele.

Das Licht glänzt auf den feuchtwarmen, weißgestrichenen Wänden und den Wassertropfen an der Decke. Hin und wieder fällt ein Tropfen herab, der dort oben hing und angeschwollen ist, und er betont nur noch das tiefe, stille Glück.

Sie sieht ihn nicht gleich, sie merkt nur, daß jemand im Schneedunkel vor der Haustreppe steht. Als sie die Laterne hebt, fällt das Licht auf einen Mann. Sie kommt einige Schritte näher und sagt:

„Guten Abend."

Er murmelt etwas, was sie zuerst nicht versteht, dann räuspert er sich und wiederholt:

„Gun' Abend."

Beim Klang der heiseren Stimme hebt sie die Laterne noch höher und betrachtet ihn genau. Er ist mit einem alten abgenutzten Mantel bekleidet, auf dem Kopf trägt er eine ähnliche Sportmütze, wie Karl sie hat, an den Füßen Halbschuhe. Sein Gesicht ist dunkel und müde und hat grobe Bartstoppeln.

Er nimmt die Mütze ab und verbeugt sich vor ihr.

„Gun' Abend", sagt er noch einmal.

Die Augen glänzen sie dunkel an. Er ist ein Landstreicher, denkt sie, ein Zigeuner. Sie kommt nicht näher heran, sie richtet sich aber auf und fragt:

„Was will Er?"

Niklas und sie sind allein im Häuschen, es ist einen Kilometer vom Dorf entfernt.

Er murmelt wieder etwas und verbeugt sich vor ihr, als wäre sie eine reiche Schöffenfrau, und bringt nur ein Wort hervor:

„Essen!"

Seine Augen sind bittend, die Lider blinzeln vor Müdigkeit.

Sie überlegt, ob er Läuse hat. Denn Läuse will man nicht haben. Man kann sagen, was man will, aber verlaust ist man nie gewesen, man hat es immer rein und sauber gehabt, wenn man auch noch so arm war, als die Kinder noch klein waren. Aber sie kann sich nicht gleich entschließen, zu fragen, es dauert eine kleine Weile, ehe sie sagt:

„Er hat doch nicht etwa Ungeziefer?"

Er versteht es nicht gleich, vielleicht ist er nicht ganz gescheit. Sie zeigt auf ihn und sich selbst und weist mit dem Zeigefinger an die Schläfe unter der dicken Haube. Da schüttelt er den Kopf, aber es wirkt nicht gerade überzeugend.

„Warte Er hier", sagte sie und beleuchtete noch einmal sein Gesicht mit der Laterne und geht an ihm vorbei die Haustreppe hinauf.

Er hat sie nicht verstanden und folgt ihr zögernd.

Als sie die Haustür öffnet, wendet sie sich um und sagt:

„Er kann wohl hier draußen warten."

Da versteht er und geht die Treppe wieder hinunter.

Sie schließt die Tür hinter sich und bleibt auf dem Flur stehen und überlegt. Aber sie schließt nicht zu. Auf alle Fälle nimmt sie die Axt von der Wand und trägt sie in die Küche, stellt sie hinter die Herdmauer und geht in die Kammer zu Niklas.

Er schaut sie groß an, ihr kommt flüchtig in den Sinn, daß sie seinen Bart zu Weihnachten sauber schneiden muß.

„Es steht draußen ein Mann auf dem Hof. Er will Essen haben. Aber er sieht so sonderbar aus und kann kaum vernünftig reden."

Niklas hebt seine knochige, magere Greisenhand und fährt damit langsam durch den grauen zottigen Bart. Er überlegt. Sie denken beide das gleiche.

„Hast du die Axt mit hereingenommen?" fragt er.

„Sie steht hinter dem Herd."

„Und das kleine Beil?"

Sie hat das Beil vergessen, es steht in der Ecke zwischen Flurtür und Küchentür.

„Hol es auch rein", sagt er, „gib es mir."

Sie holt das kleine Beil, er nimmt es unter seine Decke. Man hat so vieles gehört und in der Zeitung gelesen.

„Wie sieht er aus?" fragt der Alte.

„Nicht gerade böse", sagt sie, „aber zerlumpt und schwarz wie ein Zigeuner."

„Ist er stark und groß?"

Es knackt in den Knochen des großen, aber ausgemergelten Greisenkörpers, als er sich reckt und im Bett aufrichtet.

Sie muß überlegen, sie weiß es nicht recht.

„Ja, so mittelmäßig. Er sah aus, als habe er lange nichts zu essen gehabt. Er sah fast so aus, als ob er Schwindsucht habe – und seine Stimme war heiser."

Der Alte dachte eine Weile nach.

„Es ist bald Weihnachten", sagt er.

„Ja", nickt die Frau.
Wieder überlegen sie eine Weile.
„Du muß ihm wohl'n Brot geben und was drauf", sagt Niklas.
Sie öffnet vorsichtig die Haustür. Der Mann wartet unten an der Treppe. Sie beleuchtet ihn mit der Laterne, die noch auf dem Flur stand, und winkt ihm:
„Er kann dann wohl hereinkommen, es ist kalt draußen."
Der Mann kommt zögernd näher, aber als sie die Küchentür öffnet, ruft Niklas aus der Kammer:
„Er kann sich ja in die Wärme setzen."
Die Alte zeigt auf die Flurtür, die der Mann schließt, und als sie in die Küche geht, kommt er hinterher. Sie wischt einen Stuhl mit der Schürze ab und stellt ihn an die Längswand in der Nähe des Küchenfensters. Niklas kann ihn von seinem Bett in der Kammer aus betrachten.
Der Alte sieht das schwarze, gelockte Haar, das an den Schläfen grau ist, die gebogene Nase, die schweren Augenlider — die müden Augen sind braun —, die Haut gelb unter den groben, blauschwarzen Bartstoppeln. Er denkt an Tataren oder Zigeuner, das ist für ihn ein und dasselbe. Und er sieht, wie der Fremde ißt.
Der Fremde hält das runde weiße Brot mit Margarine darauf in seinen beiden schmalen Händen: er starrt es an und kaut mit einer Art stiller Gier, die in dieser behaglichen Küche fremd wirkt. Er sagt kein Wort, sondern ißt nur.
„Ist Er lange unterwegs gewesen?" fragt die Alte endlich, aber er antwortet nicht, sondern blickt nur fragend auf; dann scheint er zu verstehen und nickt zwischen zwei Bissen.
„Ja, das ist manchmal schwer", sagt der Alte vom Bett, und der Fremde blickt auf und nickt wieder. Dann scheint er sich an etwas zu erinnern; er steht auf, verbeugt sich vor dem Alten da drinnen und setzt sich wieder.
Die Alte holt eine Schale mit Milch. Er legt das Brot aufs Knie und trinkt.
„Vielleicht will Er einen Teller Grütze haben?" fragt die Alte.
Es ist noch etwas Grütze im Kochtopf, sie wollte sie morgen zum Frühstück braten. Die Frau füllt einen Teller voll und steht einen Augenblick unschlüssig da, dann sagt sie mutig:
„Er kann wohl an den Tisch kommen."
Sie zeigt nach dem Tisch, der Mann erhebt sich; jetzt sitzt er am Tisch und ißt schweigend. Zwar nicht mehr so schnell wie zuvor, denn er beginnt satt zu werden. Niklas bewegt sich unruhig im Bett, er kann ihn nicht sehen. Die Alte steht in der Herdecke, die Axt befindet sich hinter ihrem Rücken.
„Will Er vielleicht auch eine Tasse Kaffee haben?" fragt sie.
Er nickt. Der Kessel ist warm, es ist guter Kaffee, sie hat ihn heute morgen frisch aufgebrüht. Niklas und sie können ihren Abendkaffee trinken, wenn der Mann fortgegangen ist. Der Fremde nickt schweigend, er

tut zwei Zuckerstücke hinein und trinkt aus der Tasse und nicht aus dem Schälchen. Dann steht er vom Tisch auf und verbeugt sich vor ihr.
„Will Er noch einen Schluck?"
Sie kommt mit dem Kaffeekessel, aber er schüttelt den Kopf und lächelt: ein stilles, warmes Lächeln, und ehe sie's überlegt, zeigt sie auf den Stuhl am Fenster und sagt:
„Er kann sich ja noch eine Weile hinsetzen und ausruhen, wenn Er will."
Der Alte, der im Bett gesessen und gelauscht hat — die eine Hand unter der Schaffelldecke —, atmet auf. Jetzt sieht er, daß das Gesicht des Fremden hübscher geworden ist, das kommt wohl vom Essen und vom Kaffee, er hat etwas Farbe auf den Wangen, und der Blick ist nicht mehr so scheu. Aber müde sieht er aus, er sitzt zusammengesunken, als ob er keine rechte Kraft mehr hätte.
„Er ist wohl von weither gekommen?" fragt der Alte.
Der Mann auf dem Stuhl begreift es nicht gleich, aber ehe der Alte noch einmal fragt, hat er genickt:
„Ja, so ist's."
Er hat eine sonderbare Aussprache, hier aus dieser Gegend ist er jedenfalls nicht.
„Er ist wohl von weiter gekommen?" fragt der Alte.
Der Mann muß wieder nachdenken, dann nickt er:
„Weit, serr weit."
„Woher denn?" fragt der Alte.
Mühsam bringt er die Antwort heraus:
„Oh, nirgends. Serr weit."
„Nirgends?" wiederholt sie, beugt sich vor und sieht ihn an. Die Axt hinter ihr gibt ihr Sicherheit, sie kann das kalte Eisen mit der Hand fühlen — und ihr Mann greift fester um den Beilschaft unter der Decke. Aber der Mann sieht ganz vernünftig aus. „Oh, Er ist doch wohl irgendwo eingetragen, im Kirchenbuch", fügt sie erklärend hinzu.
Er versteht vielleicht nicht ganz, was sie sagt, aber er antwortet:
„Ich bin Jude."
Sie erwidern nichts. Jude? denkt sie, das waren doch die, die Christus, unseren Heiland, ans Kreuz geschlagen haben, Amen. Aber dann mußten sie zur Strafe um die Erde wandern, oder war es nur der Schuhmacher in Jerusalem, der sich alle hundert Jahre einmal zeigen sollte, den anderen zur Warnung? Und einmal vor vielen Jahren war ein Jude aus dem Dorf hierher gekommen, der Schürzen und Knöpfe und Garn und Hosenträger und wer weiß was verkaufte. Sie trieben Hausierhandel, die Juden.
Ihr kommt ein Gedanke, ihre Stimme klingt ängstlich, aber sie möchte es wissen:
„Hat Er denn nichts zu verkaufen? Garn und Strumpfbänder und so was?"

„Verkaufen?"

Aber dann lächelt er und schüttelt den Kopf.

„Nein, nichts verkaufen."

„Aber irgend etwas muß Er doch tun?" meinte der Alte. „Was ist Er denn von Beruf?" Und der Alte versucht mit diesem fremden Mann, der so schwer verstehen kann, was die Leute zu ihm sagen, recht deutlich zu sprechen: „Womit beschäftigt Er sich? Ich meine, mit was für Arbeit oder sozusagen Handwerk oder Beruf?"

Der Mann versteht ihn diesmal recht schnell; er lächelt und antwortet, indem er mühsam nach Worten sucht:

„Ick bin — ick bin", er sucht nach dem Wort — „ick bin Lehrer — ick bin Lehrer und Doktor."

„Himmel, ist er Lehrer und Doktor!" sagt die Alte und betrachtet ihn erstaunt und mißtrauisch.

Und der Alte kann mit seinem selbstverständlichen Gedanken nicht zurückhalten:

„Dann ist Er aber recht runtergekommen, wenn man so sagen darf."

Eine Röte zieht über das Gesicht des Fremden, als er begreift, was der Alte im Bett meint. Seine Wangen glühen, die braunen Augen funkeln in dem elektrischen Licht, und er faltet nervös die Hände (ganz wie ein richtiger Christ, denkt die Alte, aber vielleicht hat er ganz bereut und ist bekehrt, in Jesu Namen, Amen, es soll auch solche geben), und er reckt den Kopf auf dem mageren Halse vor und versucht zu erklären, er sei kein Doktor für Kranke, sondern ein Doktor für Bücher.

„Bücher?" sagt der Alte. „Hat das denn wohl Aussichten, so was Sonderbares wie ein Doktor für Bücher? Ja, ja, man hat wohl so was gehört."

Und wieder versucht der Fremde zu erklären. Er sei Lehrer, dürfte aber nicht in seinem Lande sein und vielleicht auch nicht hier. Er müsse sich irgendwo eine Arbeit suchen, irgend etwas, nur um bleiben zu können.

Er erzählt den alten Leuten einiges. Sie fahren bei dem wunderlichen Worte zusammen — Konzentrationslager. Sie haben davon gehört, sie haben es in der Zeitung gelesen, aber es liegt ja so weit fort, das Land, wo sie Leute peitschen, die eigentlich nichts Böses getan, außer daß sie vor langer Zeit unseren Heiland gekreuzigt haben. Es kam, wie es kommen mußte, dachte die Alte, denn das war prophezeit. Sie versuchen, sich an sein Sprechen zu gewöhnen und kommen ihm entgegen, und zuletzt ist ihnen alles klar. Er ist ein Ausländer, er war Lehrer, man verhaftete ihn, weil er Doktor für Bücher war, die man verboten hatte — und dann — ja, und dann schlug man ihn. Er war als junger Bursche mit im Krieg gewesen. Er hatte viel gesehen.

„Er hätte doch seine Pflicht tun und Doktor in anderen Büchern werden können", sagte Niklas vorwurfsvoll.

„Scht! Niklas", sagte die Alte, „das verstehst du nicht!"

„Verstehen!" sagte der Alte. „Sollte ich das nicht verstehen? Wenn man seine Pflicht tut und ordentlich ist und seine Zeit exerziert hat und mit im Kriege gewesen ist, dann muß man doch sein Recht kriegen!"

„Ja, dann natürlich", gab die Alte zu. Aber dann fiel ihr ein: „Er sagt ja, daß er Jude ist, und das soll doch verboten gewesen sein." Und sie wendet sich zu dem Fremden: „Sagte Er nicht, daß Er Jude ist, wie? Ein richtiger Jude?"

Er lächelt müde in ihr faltiges Gesicht und nickt.

Der Alte sagt:

„Er sieht recht müde aus. Wenn er kein Ungeziefer hat, könnte er heute nacht auf der Küchenbank schlafen. Außerdem, man kann auch Läuse kriegen, ohne daß man etwas dafür kann. Einmal, als sie die Bahn bauten, kriegten wir alle welche in einer Baracke. Wir wuschen uns das Haar mit grüner Seife und zogen saubere Hemden und Hosen an."

Die alte Frau sieht ihn an. Jetzt liegen beide Hände des Alten auf der Decke.

„Wenn's sein soll", sagt sie, „kann er sich waschen und ein reines Hemd kriegen, ehe er sich hinlegt. Denn du hast ja doch so viele, daß es für dein Leben reicht."

Der Mann sitzt vor ihnen mit geschlossenen Augen. Jedesmal, wenn er zusammensackt, reißt er sich wieder hoch.

„Er kann vielleicht auf der Bank heute nacht schlafen", sagte sie, „dann..."

Sie fährt zusammen; sie hat schon, fast ohne es zu wissen, entschieden, daß er hierbleiben soll, bis er sich ausgeruht hat. Oder bis (sie denkt es nur sehr dunkel) der Gemeindevorsteher aus dem Dorf hiergewesen ist und ihn ausgefragt hat.

Er darf sich auf die Ausziehbank legen, bekommt ein Kissen unter den Kopf und ein paar alte Flickendecken zum Zudecken. Er schläft sofort ein.

Nun gießt sie eine Tasse Kaffee für Niklas ein und bringt sie ihm in die Kammer und nimmt sich selbst auch eine Tasse. Schweigend sitzt sie am Küchentisch und grübelt.

Niklas hat nichts zu ihrem Entschluß gesagt, doch sie muß sich irgendwie entschuldigen.

„Du, Niklas..."

„Ja-a?"

„Er könnte Henrik morgen nachmittag mit dem Schwein helfen, das Blut umrühren und schaben, wenn wir abbrühen. Wenn er das kann..."

Niklas überlegt einen Augenblick.

„Das muß er doch wohl können", sagt er schließlich sehr ernst. „Er ist Lehrer und Doktor und ist im Kriege gewesen, da muß er doch allerhand gelernt haben. Ich weiß wohl, wie's da ist, als ich meine Zeit abdiente."

Sie macht alles für die Nacht in Ordnung. Sie schließt die Haustür. Dann fällt ihr plötzlich etwas ein. Sie geht in die Küche und holt die Axt und hängt sie wieder in den Flur. Es sieht vielleicht schlecht aus, wenn sie hinterm Herd steht.

Sie löscht das Licht in der Küche und geht in die Kammer. Sie überlegt einen Augenblick, als sie die Tür schließt. Das Schloß ist entzwei, es ist auch viele Jahre nicht benutzt. Und es ist kein Riegel vorhanden.

Der Alte schaut sie an, sagt aber nichts.

Nachdem sie das elektrische Licht ausgedreht hat (es ist so bequem, daß man sich nicht den Atem aus der Seele zu blasen, sondern nur einen Knopf zu drehen braucht) und zu dem Alten ins Bett kriecht, fragt sie:

„Und..."

Sie schämt sich, es mit Namen zu nennen.

„Das habe ich unters Bett gelegt", sagt er.

Eine Weile liegen sie schweigend, aber dann fält dem Alten plötzlich etwas ein:

„Sie sagen, daß Juden kein Schweinefleisch essen dürfen."

Es klingt bedauernd.

„Ja", antwortet sie, „aber vielleicht ist es nicht so mit allen. Blutpfannkuchen wird er wohl vertragen können."

Wieder vergeht eine Weile.

„Du, Niklas", sagt sie. „Einmal als Mädchen habe ich in einem Buche eine Tafel oder wie es heißt, gesehen. Er da draußen – ja, er ist Ihm ähnlich."

Der Alte erinnert sich, daß sie ihm vor langer Zeit einmal von dem Bilde erzählt hat.

„Ja, ja, es gibt vieles hier in der Welt, was man nicht ergründen kann", sagt er.

Elisabeth Langgässer

Saisonbeginn

Die Arbeiter kamen mit ihrem Schild und einem hölzernen Pfosten, auf den es genagelt werden sollte, zu dem Eingang der Ortschaft, die hoch in den Bergen an der letzten Paßkehre lag. Es war ein heißer Spätfrühlingstag, die Schneegrenze hatte sich schon hinauf zu den Gletscherwänden gezogen. Überall standen die Wiesen wieder in Saft und Kraft; die Wucherblume verschwendete sich, der Löwenzahn strotzte und blähte sein Haupt über den milchigen Stengeln; Trollblumen, welche wie eingefettet mit gelber Sahne waren, platzten vor Glück, und in strahlenden Tümpeln kleinblütiger Enziane spiegelte sich ein Himmel von unwahrscheinlichem Blau. Auch die Häuser und Gasthöfe waren wie neu: ihre Fensterläden frisch gestrichen, die Schindeldächer gut ausgebessert, die Scherenzäune ergänzt. Ein Atemzug noch: dann würden die Fremden, die Sommergäste kommen — die Lehrerinnen, die mutigen Sachsen, die Kinderreichen, die Alpinisten, aber vor allem die Autobesitzer in ihren großen Wagen ... Ford und Mercedes, Fiat und Opel, blitzend von Chrom und Glas. Das Geld würde anrollen. Alles war darauf vorbereitet. Ein Schild kam zum andern, die Haarnadelkurve zu dem Totenkopf, Kilometerschilder und Schilder für Fußgänger: Zwei Minuten zum Café Alpenrose.

An der Stelle, wo die Männer den Pfosten in die Erde einrammen wollten, stand ein Holzkreuz, über dem Kopf des Christus war auch ein Schild angebracht. Seine Inschrift war bis heute die gleiche, wie sie Pilatus entworfen hatte: J. N. R. J. — die Enttäuschung darüber, daß es im Grund hätte heißen sollen: er behauptet nur, dieser König zu sein, hatte im Lauf der Jahrhunderte an Heftigkeit eingebüßt. Die beiden Männer, welche den Pfosten, das Schild und die große Schaufel, um den Pfosten in die Erde zu graben, auf ihren Schultern trugen, setzten alles unter dem Wegekreuz ab; der dritte stellte den Werkzeugkasten, Hammer, Zange und Nägel daneben und spuckte ermunternd aus.

Nun beratschlagten die drei Männer, an welcher Stelle die Inschrift des Schildes am besten zur Geltung käme; sie sollte für alle, welche das Dorf auf dem breiten Paßweg betraten, besser: befuhren, als Blickfang dienen und nicht zu verfehlen sein. Man kam also überein, das Schild kurz vor dem Wegekreuz anzubringen, gewissermaßen als Gruß, den die Ortschaft jedem Fremden entgegenschickte. Leider stellte sich aber heraus, daß der Pfosten dann in den Pflasterbelag einer Tankstelle hätte gesetzt werden müssen — eine Sache, die sich von selbst verbot, da die Wagen, besonders die größeren, dann am Wenden behindert waren. Die Männer schleppten also den Pfosten noch ein Stück weiter hinaus bis zu der Gemeindewiese und wollten schon mit der Arbeit beginnen, als ihnen auffiel, daß diese Stelle bereits zu weit von dem Ortsschild entfernt war, das den Namen angab und die Gemeinde, zu welcher der Flecken gehörte. Wenn also das Dorf den Vorzug dieses Schildes und seiner Inschrift für sich beanspruchen wollte, mußte das Schild wieder näherrücken — am besten gerade dem Kreuz gegenüber, so daß Wagen und Fußgänger zwischen beiden hätten passieren müssen.

Dieser Vorschlag, von dem Mann mit den Nägeln und dem Hammer gemacht, fand Beifall. Die beiden anderen luden von neuem den Pfosten auf ihre Schultern und schleppten ihn vor das Kreuz. Nun sollte also das Schild mit der Inschrift zu dem Wegekreuz senkrecht stehen; doch zeigte es sich, daß die uralte Buche, welche gerade hier ihre Äste mit riesiger Spanne nach beiden Seiten wie eine Mantelmadonna ihren Umhang entfaltete, die Inschrift im Sommer verdeckt und ihr Schattenspiel deren Bedeutung verwischt, aber mindestens abgeschwächt hätte.

Es blieb daher nur noch die andere Seite neben dem Herrenkreuz, und da die erste, die in das Pflaster der Tankstelle überging, gewissermaßen den Platz des Schächers zur Linken bezeichnet hätte, wurde jetzt der Platz zur Rechten gewählt und endgültig beibehalten. Zwei Männer hoben die Erde aus, der dritte nagelte rasch das Schild mit wuchtigen Schlägen auf; dann stellten sie den Pfosten gemeinsam in die Grube und rammten ihn rings von allen Seiten mit größeren Feldsteinen an.

Ihre Tätigkeit blieb nicht unbeachtet. Schulkinder machten sich gegenseitig die Ehre streitig, dabei zu helfen, den Hammer, die Nägel hinzureichen und passende Steine zu suchen; auch einige Frauen blieben stehen, um die Inschrift genau zu studieren. Zwei Nonnen, welche die Blumenvase zu Füßen des Kreuzes aufs neue füllten, blickten einander unsicher an, bevor sie weitergingen. Bei den Männern, die von der Holzarbeit oder vom Acker kamen, war die Wirkung verschieden: einige lachten, andere schüttelten nur den Kopf, ohne etwas zu sagen; die Mehrzahl blieb davon unberührt und gab weder Beifall noch Ablehnung kund, sondern war gleichgültig, wie sich die Sache auch immer entwickeln würde. Im ganzen genommen konnten die Männer mit der Wirkung zufrieden sein. Der Pfosten, kerzengerade, trug das Schild mit der weithin sichtbaren Inschrift, die Nachmittagssonne glitt wie ein Finger über die zollgroßen Buchstaben hin und fuhr jeden einzelnen langsam nach wie den Richtspruch auf einer Tafel...

Auch der sterbende Christus, dessen blasses, blutüberronnenes Haupt im Tod nach der rechten Seite geneigt war, schien sich mit letzter Kraft zu bemühen, die Inschrift aufzunehmen: man merkte, sie ging ihn gleichfalls an, welcher bisher von den Leuten als einer der ihren betrachtet und wohl gelitten war. Unerbittlich und dauerhaft wie sein Leiden würde sie ihm nun für lange Zeit schwarz auf weiß gegenüberstehen.

Als die Männer den Kreuzigungsort verließen und ihr Handwerkszeug wieder zusammenpackten, blickten alle drei noch einmal befriedigt zu dem Schild mit der Inschrift auf. Sie lautete: „In diesem Kurort sind Juden unerwünscht."

ELISABETH LANGGÄSSER

Untergetaucht

„Ich war ja schließlich auch nur ein Mensch", wiederholte die stattliche Frau immer wieder, die in der Bierschwemme an dem Bahnhof der kleinen Vorortssiedlung mit ihrer Freundin saß, und schob ihr das Möhrenkraut über die Pflaumen, damit nicht jeder gleich merken sollte: die hatte sich was gegen Gummiband oder Strickwolle aus ihrem Garten geholt, und dem Mann ging das nachher ab. Ich spitzte natürlich sofort die Ohren, denn obwohl ich eigentlich nur da hockte, um den ‚Kartoffelexpreß', wie die Leute den großen Hamsterzug nennen, der um diese Zeit hier durch die Station fährt, vorüberklackern zu lassen – er ist nämlich so zum Brechen voll, daß ein Mann, der müd von der Arbeit kommt, sich nicht mehr hineinboxen kann – also, obwohl ich im Grund nur hier saß, um vor mich hinzudösen, fühlte ich doch: da bahnte sich eine Geschichte an, die ich unbedingt hören mußte; und Geschichten wie die: nichts Besonderes und je dämlicher, um so schöner, habe ich für mein Leben gern – man fühlt sich dann nicht so allein."

„Am schlimmsten war aber der Papagei", sagte die stattliche Frau. „Nicht die grüne Lora, die wir jetzt haben, sondern der lausige Jacob, der sofort alles nachplappern konnte. ‚Entweder dreh' ich dem Vieh den Hals um, oder ich schmeiße die Elsie hinaus', sagte mein Mann, und er hatte ja recht – es blieb keine andere Wahl."

„Wie lange", fragte die Freundin (die mit dem Netz voll Karotten), „war sie eigentlich bei euch untergetaucht? Ich dachte damals, ihr wechselt euch ab – mal diese Bekannte, mal jene; aber im Grund keine länger als höchstens für eine Nacht."

„Naja. Aber wie das immer so geht, wenn man mit mehreren Leuten zugleich etwas verabredet hat: hernach ist der erste ja doch der Dumme, an dem es hängenbleibt, und die anderen springen aus, wenn sie merken, daß das Ding nicht so einfach ist."

„Der Dumme?" fragte die Freundin zweifelnd und stützte den Ellbogen auf. „Das kannst du doch jetzt nicht mehr sagen, Frieda, wo du damals durch diese Elsie fast ins Kittchen gekommen bist. Schließlich muß man ja heute bedenken, daß dein Mann gerade war in die Partei frisch aufgenommen worden und Oberpostsekretär. Was glaubst du, wie wir dich alle im stillen bewundert haben, daß du die Elsie versteckt hast, zu so was gehört doch Mut!"

„Mut? Na, ich weiß nicht. Was sollte ich machen, als sie plötzlich vor meiner Tür stand, die Handtasche über dem Stern? Es schneite und regnete durcheinander, sie war ganz naß und dazu ohne Hut; sie mußte, wie sie so ging und stand, davongelaufen sein. ‚Frieda', sagte sie, ‚laß mich herein — nur für eine einzige Nacht. Am nächsten Morgen, ich schwöre es dir, gehe ich ganz bestimmt fort.' Sie war so aufgeregt, lieber Himmel, und von weitem hörte ich schon meinen Mann mit dem Holzbein die Straße herunterklappern — ‚aber nur für eine einzige Nacht', sage ich ganz mechanisch, ‚und weil wir schon in der Schule zusammengewesen sind.' Natürlich wußte ich ganz genau, daß sie nicht gehen würde; mein Karl, dieser seelengute Mensch, sagte es schon am gleichen Abend, als er mir das Korsett aufhakte und dabei die letzte Fischbeinstange vor Aufregung zerbrach; es machte knack, und er sagte: ‚Die geht nicht wieder fort.'"

Beide Frauen, wie auf Verabredung, setzten ihr Bierglas an, bliesen den Schaum ab und tranken einen Schluck; hierauf, in einem einzigen Zug, das halbe Bierglas herunter, ich muß sagen, sie tranken nicht schlecht.

„Es war aber doch wohl recht gefährlich in eurer kleinen verklatschten Siedlung, wo jeder den anderen kennt", meinte die Freundin mit den Karotten. „Und dazu noch der Papagei."

„Aber nein. An sich war das gar nicht gefährlich. Wenn einer erst in der Laube drin war, kam keiner auf den Gedanken, daß sich da jemand versteckt hielt, der nicht dazugehörte. Wer uns besuchte, kam bloß bis zur Küche und höchstens noch in die Kammer dahinter; alles übrige war erst angebaut worden — die Veranda, das Waschhaus, der erste Stock mit den zwei schrägen Kammern, das ganze Gewinkel schön schummrig und eng, überall stieß man an irgendwas an: an die Schnüre mit den Zwiebeln zum Beispiel, die zum Trocknen aufgehängt waren, und an die Wäscheleine. Auch mit der Verpflegung war es nicht schlimm, ich hatte Eingemachtes genug, der Garten gab soviel her. Nur der Papagei: ‚Elsie' und wieder ‚Elsie' — das ging so den ganzen Tag. Wenn es schellte, warf ich ein Tischtuch über den albernen Vogel, dann war er augenblicks still. Mein Mann, das brauche ich nicht zu sagen, ist wirklich seelensgut. Aber schließlich wurde er doch ganz verrückt, wenn der Papagei immerfort ‚Elsie' sagte; er lernte eben im Handumdrehen, was er irgendwo aufgeschnappt hatte. Die Elsie, alles was recht ist, gab sich wirklich die größte Mühe, uns beiden gefällig zu sein — sie schälte Kartoffeln, machte den Abwasch und ging nicht an die Tür. Aber einmal, ich hatte das Licht in Gedanken schon angeknipst, ehe der Laden vorgelegt worden war, muß die Frau des Blockwalters, diese Bestie, sie von draußen gesehen haben. ‚Ach', sagte ich ganz verdattert vor Schrecken, als sie mich fragte, ob ich Besuch in meiner Wohnküche hätte, ‚das wird wohl meine Kusine aus Potsdam gewesen sein.' ,So? Aber dann hat sie sich sehr verändert', sagt sie und sieht mich durchdringend an. ,Ja, es verändern sich viele jetzt in dieser schweren Zeit, Frau Geheinke', sage ich wieder. ,Und abends sind alle Katzen grau.'"

„Von da an war meine Ruhe fort; ganz fort, wie weggeblasen. Immer sah ich die Elsie an, und je mehr ich die Elsie betrachtete, desto jüdischer kam sie mir vor. Eigentlich war das natürlich ein Unsinn, denn die Elsie war schlank und zierlich gewachsen, braunblonde Haare, die Nase gerade, wie mit dem Lineal gezogen, nur vorne etwas dick. Trotzdem, ich kann mir nicht helfen — es war wirklich ganz wie verhext. Sie merkte das auch. Sie merkte alles und fragte mich: ,Sehe ich eigentlich „so" aus?' ,Wie: so?' entgegnete ich wie ein Kind, das beim Lügen ertappt worden ist. ,Du weißt doch — meine Nase zum Beispiel?' ,Nö. Deine Nase nicht.' ,Und die Haare?' ,Die auch nicht. So glatt wie sie sind.' ,Ja, aber das Löckchen hinter dem Ohr', sagt die Elsie und sieht mich verzweifelt an, verzweifelt und böse und irr zugleich — ich glaube, hätte sie damals ein Messer zur Hand gehabt, sie hätte sich und mich niedergestochen, so schrecklich rabiat war sie. Schließlich, ich fühlte es immer mehr, hatte ich nicht nur ein Unterseeboot, sondern auch eine Irre im Haus, die sich ständig betrachtete. Als ich ihr endlich den Spiegel fortnahm, veränderte sich ihre Art zu gehen und nachher ihre Sprache — sie stieß mit der Zunge an, lispelte und wurde so ungeschickt, wie ich noch nie einen Menschen gesehen habe: kein Glas war sicher in ihren Händen, jede Tasse schwappte beim Eingießen über, das Tischtuch war an dem Platz, wo sie saß, von Flecken übersät. Ich wäre sie gerne losgewesen, aber so wie ihre Verfassung war, hätt' ich sie niemand mehr anbieten können — der Hilde nicht und der Trude nicht und erst recht nicht der Erika, welche sagte, sie könne auch ohne Stern und Sara jeden Menschen auf seine Urgroßmutter im Dunkeln abtaxieren. ,Ja?' fragte die Elsie. ,Ganz ohne Stern? Jede Wette gehe ich mit dir ein, daß man dich auch für „so eine" hält, wenn du mit Stern auf die Straße marschierst — so dick und schwarz, wie du bist.' Von diesem Tag an haßten wir uns. Wir haßten uns, wenn wir am Kochherd ohne Absicht zusammenstießen, und haßten uns, wenn wir zu gleicher Zeit nach dem Löffel im Suppentopf griffen. Selbst der Papagei merkte, wie wir uns haßten, und machte sich ein Vergnügen daraus, die Elsie in den Finger zu knappern, wenn sie ihn fütterte. Endlich wurde es selbst meinem Mann, diesem seelensguten Menschen, zuviel, und er sagte, sie müsse jetzt aus dem Haus — das war an demselben Tag, als die Stapo etwas gemerkt haben mußte. Es schellte, ein Beamter stand draußen und fragte, ob sich hier eine Jüdin namens Goldmann verborgen hätte. In diesem Augenblick trat sie vor und sagte mit vollkommen kalter Stimme: Jawohl, sie habe sich durch den Garten und die Hintertür in das Haus geschlichen, weil sie glaubte, das Haus stünde leer. Man nahm sie dann natürlich gleich mit, und auch ich wurde noch ein paarmal vernommen, ohne daß etwas dabei herauskam, denn die Elsie hielt vollkommen dicht. Aber das Tollste war doch die Geschichte mit dem Papagei, sage ich dir."

„Wieso mit dem Papagei?" fragte die Freundin, ohne begriffen zu haben.

„Na, mit dem Papagei, sage ich dir. Die Elsie nämlich, bevor sie sich stellte, hatte rasch noch das Tischtuch auf ihn geworfen, damit er nicht sprechen konnte. Denn hätte er ‚Elsie' gerufen: na, weißt du — dann wären wir alle verratzt."

„Hättest du selber daran gedacht?" fragte die Freundin gespannt. „Ich? Ich bin schließlich auch nur ein Mensch und hätte nichts anderes im Sinn gehabt, als meinen Kopf zu retten. Aber Elsie — das war nicht die Elsie mehr, die ich versteckt hatte und gehaßt und am liebsten fortgejagt hätte. Das war ein Erzengel aus der Bibel, und wenn sie gesagt hätte: ‚Die da ist es, diese Dicke, Schwarze da!' — Gott im Himmel, ich wäre mitgegangen!"

Na, solch 'ne Behauptung, sagen Sie mal, kann selbst einem harmlosen Zuhörer schließlich über die Hutschnur gehen. „Und der Jacob?" frage ich, trinke mein Bier aus und setze den Rucksack auf. „Lebt er noch, dieses verfluchte Vieh?"

„Nein", sagte die dicke Frau ganz verblüfft und faßt von neuem nach den Karotten, um die Pflaumen mit dem Karottenkraut ringsherum abzudecken. „Dem hat ein Russe wie einem Huhn die Kehle durchgeschnitten, als er ihn füttern wollte, und der Jacob nach seiner lausigen Art ihm in den Finger knappte."

„Böse Sache", sagte ich, „liebe Frau. Wo ist jetzt noch jemand, der Ihren Mann vor der Spruchkammer ... (eigentlich wollte ich sagen: ‚entlastet', doch hol es der Teufel, ich sagte, wie immer:) entlaust?"

Willy Kramp

Was ein Mensch wert ist

Es war im Sommer 1948, und wir Kriegsgefangenen in Sowjetrußland waren damals zu einer grauen Masse von Menschen zusammengeronnen, die nicht mehr allzuviel von sich selbst, geschweige denn einer vom anderen hielten. Vier Jahre lang war der Hunger unter uns umgegangen wie ein schwankender, elender, bösartiger Schatten. Er hatte uns eingeflüstert, daß wir uns ja nicht einbilden sollten, menschliches Leben sei viel mehr als Essen und Trinken; und wie die meisten müder und müder geworden waren, hatten sie den Einflüsterungen des versucherischen Schattens je länger, desto mehr Glauben geschenkt. Auch die Misere schlich umher; die Freudlosigkeit war unser trüber Gefährte. Neid, Gier, Sorge, Angst begleiteten uns auf Schritt und Tritt — ein gespenstischer Chor, der bei Tag und noch schrecklicher bei Nacht uns den ewig gleichen Kehrreim in die Ohren krächzte: Rette dich selbst, es gibt keinen Nächsten! Rette dich selbst, es gibt keine Treue! Rette dich selbst, es gibt keinen Gott! Rette dich selbst, rette dich selbst!

Und so suchte denn ein jeder, sich selbst zu retten. Nein, nicht jeder; das ist nicht wahr. Aber immerhin: sich selbst zu retten, und sei es „auf die Knochen der anderen", das war die praktizierte Geheimreligion der vielen geworden. Der Götze RETTE DICH SELBST thronte mitten unter uns, gemästet von unseren Opfern, erhöht durch unsere Anbetung.

Im heißen Sommer bauten wir eine Rohrleitung vom Strom aus quer über das ausgedörrte Land hinweg zu dem neuen Industriewerk, das irgendwo fernab in der Steppe aufwuchs. In einer dreißig Mann starken Arbeitsbrigade verrichteten wir unsere Arbeit unter Aufsicht eines russischen Meisters, des ‚Natschalnik', und eines Militärpostens. Wir hoben Gräben von zwei Meter Tiefe aus, und in die Gräben versenkten wir mit Hilfe von Flaschenzügen zwanzig Meter lange Stahlrohre, die auf der Sohle des Grabens aneinandergeschweißt wurden. Die Flaschenzüge waren alt und schlecht imstande, man konnte — wie uns die Erfahrung gelehrt hatte — kein Zutrauen zu ihnen haben, noch weniger zu den Haltetauen; mehr als einmal hatte es sich zu unserem Schrecken ereignet, daß die schweren Stahlrohre mitsamt den Flaschenzügen, in denen sie hingen, einfach hinabstürzten. Größte Vorsicht im Umgang mit dieser unberechenbaren und tückischen Maschinerie war deshalb geboten, denn auch auf der Arbeitsstelle galt natürlich das Dogma unserer Geheimreligion — und hier nicht einmal zu Unrecht —: RETTE DICH SELBST!

Eines Tages — schwerlich werde ich diesen Tag jemals vergessen — ließen wir wie gewöhnlich eines der Stahlrohre in den Graben hinab, und es zeigte sich, daß die Sohle an einer Stelle nicht tief genug ausgehoben war. Das neue Rohr lag mit den schon herabgelassenen anderen nicht auf vollkommen gleicher Höhe.

Der russische Meister befahl ärgerlich, daß das Rohr alsbald wieder hochgezogen werde und daß einige von uns in den Graben hinabstiegen, um unter dem in den Haltetauen schwebenden Rohr die Sohle einzuebnen. Dies hätte bedeutet, sich in unmittelbare Lebensgefahr zu begeben; kein Wunder daher, daß der Befehl des Natschalnik durch ein empörtes Murren auf unserer Seite beantwortet wurde.

Der deutsche Führer unserer Arbeitsgruppe, ein Fachmann im Tiefbau, machte den Russen auf die Gefährlichkeit seines Vorhabens aufmerksam und schlug vor, das Rohr nochmals aus den Tauen zu lösen und es neben dem Graben auf die Erde niederzulassen, bis die Sohle auf die richtige Tiefe gebracht sei. Dies wäre in der Tat das Richtige und Vernünftige in diesem Falle gewesen, zumal wir auch keine Bohlen hatten, um das Rohr vor dem Absturz zu sichern; allein der Natschalnik, einzig darauf bedacht, seine Tagesnorm schnell zu erfüllen, lehnte den Vorschlag rundweg ab und wiederholte seinen Befehl, jetzt schon heftiger und nicht ohne eine versteckte Drohung mit Meldung beim NKWD wegen Sabotage auf dem Arbeitsplatz.

Alle starrten wir auf unseren deutschen Brigadier, den Arbeitsführer unseres kleinen Kommandos. Er war der Mann, der die Befehle des Natschalnik an uns weiterzugeben hatte und der für ihre Durchführung verantwortlich war. Bei ihm lag die Entscheidung darüber, ob einige von uns gezwungen werden sollten, um der Leistungsprämie des Natschalnik willen ihr Leben zu wagen oder nicht.

Unser Brigadier war nicht sonderlich beliebt bei uns. Er sah töricht und kläglich aus, wie er jetzt dort vor dem wütenden Russen stand. Die Drohung, die der Meister soeben ausgesprochen hatte, war ihm in die Glieder gefahren. — NKWD! — Niemand von uns wußte, welche russischen Wörter durch diese vier Anfangsbuchstaben bezeichnet sein sollten; aber wir brauchten dieses seltsam künstliche gespenstische Wortgebilde nur nennen zu hören, und schon war jedem von uns, als kröche eine riesige, giftige Spinne langsam, aber unerbittlich und grausam genau auf ihn selbst zu. Kreidebleich war unser Brigadier geworden. Sein dickes Gesicht verzog sich zu einem hilflos-weinerlichen Ausdruck. Jeder von uns wußte, daß der gute Mann nicht von ungefähr seine aufgeschwemmten Backen hatte; er war einer der wenigen, die bei uns Geld verdienten, und er verdiente es, indem er uns zur

Arbeit antrieb. Er machte Geschäfte mit den deutschen Köchen und mit den russischen Zivilisten; aber bei alledem war er nicht eigentlich schlecht, nicht schlechter jedenfalls als andere Kommandoführer auch, wenn man voraussetzte, daß es die verfluchte Pflicht jedes Kriegsgefangenen war, den eigenen Bauch zuerst zu füllen. Gelegentlich kam sogar eine etwas schwammige Gutmütigkeit bei ihm zum Vorschein; und wenn man seinen Erzählungen glauben durfte, so war er ein brauchbarer Korporal im Fronteinsatz gewesen, dazu ein braver Ernährer seiner jungen Frau und seines kleinen Töchterchens.

Alles in allem jedoch hatten wir den Eindruck, daß unser Brigadier, um sich selbst durchzubringen, ja um auch nur satt zu werden, immerhin zu diesem und jenem bereit gewesen wäre. Auch ich persönlich schätzte ihn so ein. Ich sagte es ihm zwar nicht, ich nahm ihn, wie er war; aber wenn ich sah, wie er Kameraden anschrie, um den Russen nicht zu mißfallen, wenn ich ihn Zoten erzählen und selbst am lautesten belachen hörte oder wenn er, das Kochgeschirr unter den Arm geklemmt, um die Küchenbaracke schlich, so hatte ich mich schon manchmal mit einer leisen Geringschätzung gefragt: Was ist so ein Mensch eigentlich wert?

Dieser Mann, der sonst so gut Freund mit den Russen war, stand jetzt jedoch in einer offensichtlichen inneren Not vor dem russischen Meister. Er hatte schmale, feuchte Augen bekommen, während er hilflos zu uns, seinen Kameraden, herübersah. Er schluckte, schüttelte den Kopf, fuhr sich mit der Faust töricht über die häßlichen Bartstoppeln, blickte wieder zu uns herüber ... Vielleicht dachte er auch in diesem Augenblick darüber nach, was wir eigentlich noch wert seien, die wir da, zerlumpte schattenhafte Fragmente unserer selbst, auf seine Entscheidung warteten. Zu jener Zeit waren wir fast alle von einer häßlichen Trockenflechte geplagt; unsere Gesichter sahen zerfressen und entstellt aus. Unsere Gespräche drehten sich in ewiger jammervoller Wiederholung einzig um die täglichen Bedürfnisse. Der Hunger saugte uns die Gedanken bis aufs Mark aus. Nein, man konnte schon traurig werden, wenn man uns so im Haufen beieinander sah ...

Als der Natschalnik bei unserem Brigadier auf solch unerwarteten Widerstand stieß, wandte er sich an dessen Stellvertreter, einen noch sehr jungen Kriegsgefangenen aus Ostpreußen, der als Sechzehnjähriger seinerzeit in den Krieg gezogen war und inzwischen erfahren hatte, daß sowohl seine Eltern als auch seine beiden jüngsten Geschwister auf der Flucht vor der Roten Armee umgekommen waren. Diesen Jungen hätte man gernhaben können, wenn er nicht so völlig verwildert gewesen wäre. Da er sich als halbes Kind in die Notwendigkeit versetzt gesehen hatte, entweder um sich zu schlagen oder aber unterzugehen, hatte er eben um sich geschlagen und war auf diese Weise am Leben geblieben. Brutal und jähzornig bei großer Körperkraft, wußte er sich rücksichtslos durchzusetzen. Er drosch auf die ihm zumeist körperlich unterlegenen Kameraden ein, wenn sie ihm nicht gehorchten; aber er rannte auch gegen Stärkere und selbst gegen Vorgesetzte an, sobald ihm etwas gegen den Strich ging. Dieser hübsche blonde Junge war ganz gewiß nicht schlecht; er war ein Opfer der schrecklichen Unordnung unserer Zeit. Besonders häufig hörte man ihn sagen, daß die Alten weit schlimmer seien als die Jungen, wo es um das volle Kochgeschirr ginge. Er war einer der ganz wenigen, die nichts von einer Weihnachtsfeier im Lager wissen wollten.

Als nun Kalli — so nannten wir den Ostpreußen — von dem erregten Natschalnik den Befehl erhielt, einige seiner Kameraden unter das schwebende Rohr zu schicken, verfärbte sich sein Gesicht dunkelrot vor Zorn. Er stampfte mit dem Fuß auf und schrie: „Verrückt müßt ich sein! Holt euch den Dreck selber heraus!"

Der russische Meister, den der Widerstand der beiden Deutschen aufrichtig empörte — welch ein Getue um das bißchen Lebensgefahr und warum sollten denn gerade jetzt die Taue reißen, zum Teufel! —, der russische Meister also packte die Widerspenstigen einen nach dem anderen bei ihren schmutzigen Drillichröcken, schüttelte sie, brüllte unter gräßlichen Flüchen auf sie ein ... Auch der Posten lief herbei; und als ihm auseinandergesetzt worden war, worum es ging, schloß er sich, mit dem Gewehrkolben fuchtelnd, der Drohung des Meisters an. Er werde, schrie er, die beiden Saboteure sofort verhaften und wegen Behinderung der Arbeit auf der Baustelle zum NKWD bringen. Und nun also zum letzten Mal: Ob sie den Befehl geben würden, daß die Sohle unter dem Rohr geebnet werde, oder nicht?

Die nackte Angst schrie unserem Brigadier aus den Augen. Aber er schüttelte trotzdem auch weiterhin den Kopf zu den Drohungen der beiden Russen; und als diese ihre letzte fürchterliche Warnung ausgestoßen hatten, als der Meister unseren Mann für einen Augenblick von sich geschleudert hatte, bebend vor Wut, offensichtlich zu allem Möglichen gefährlich entschlossen, da murmelte der so schrecklich Bedrohte immer noch mit zuckenden Lippen: „Das kann man nicht machen. Das kann man nicht machen."

Und neben ihm stand der hübsche, blonde, zornige Junge mit verbissenem Gesicht. Er wagte keine Widerrede mehr, aber sein Blick sagte alles ...

Wir übrigen aber hielten den Atem an.

Rette dich selbst! RETTE DICH SELBST! Du darfst nur noch eine Sorge haben, lieber Kamerad: Daß dein eigenes Kochgeschirr voll wird! Das Leben ist Essen und Trinken!

Auf einmal aber, auf einmal war das Leben nicht mehr Essen und Trinken. Nicht mehr: RETTE DICH SELBST! Denn der dicke, kreidebleiche Unteroffizier aus Mecklenburg hätte sich doch selbst retten können, wenn er den Befehl des Russen weitergegeben hätte — wütend vielleicht, ärgerlich, achselzuckend: Tut mir leid, aber ich bin auch nur ein kleiner Kriegsgefangener, ich muß gehorchen! — Nein, er gehorchte dem Befehl nicht. Er gehorchte einem Etwas in ihm selber, an dessen Vorhandensein wir alle kaum mehr geglaubt hatten, besonders nicht bei diesem vollgefressenen Kerl da. Wir standen und starrten ...

Jetzt aber kam der russische Meister mit ein paar schnellen Schritten zu uns heran, packte einen, zwei, drei, vier der Männer bei der Brust und stieß sie auf den Graben zu.
„Da hinunter, marsch!"
Wir verstanden recht gut. Soviel Russisch sprachen wir zu der Zeit ja schon alle.
Doch nun geschah das zweite Wunder.
Unser Brigadier winkte die Männer zurück, trat vor den Russen hin und sagte verhältnismäßig ruhig: „Lassen Sie die Leute in Frieden, Meister. Ich gehe selbst in den Graben."
Und als er das sagte, hatte er ein anderes Gesicht als sonst. Ein festeres, besseres Gesicht. Vielleicht war er doch ein tapferer, anständiger Soldat gewesen.
Und schon stieß auch der junge wilde Ostpreuße mit sich überschlagender Stimme hervor: „Ich auch. Ich geh auch in den Graben."
Der russische Meister griff sich verdutzt in die Rocktasche, holte eine Handvoll Sonnenblumenkerne hervor und begann zu kauen und zu spucken. Die beiden Männer stürzten sich in den Graben wie in den Tod. Wir aber standen neben dem schwebenden Rohr, unter dem sie verschwunden waren. Wir sahen nach den Haltetauen, nach den Flaschenzügen, die bieder und fest dastanden...
Von unten hörte man jetzt die Geräusche des Arbeitens. Die beiden unter dem Rohr sagten etwas zueinander; wir hörten es nur als ein hastiges Gemurmel. Sie wagten wohl nicht, laut zu sprechen, während der Tod über ihnen hing.
In diesen Minuten aber — denn es handelte sich nur um Minuten — verwandelte sich etwas in uns allen. Wir hatten auf einmal wieder einen Nächsten, um dessen Leben wir bangten. Der böse Götze RETTE DICH SELBST war umgestoßen worden durch zwei Menschen, die bisher selbst zu seinen eifrigsten Anbetern gehört hatten. Und indem dies geschah, waren wir auf einmal erlöst von der schrecklichen Einsamkeit der Selbstbewahrung, des Neides, des Mißtrauens, des Hasses. Wir waren Brüder, Gefährten in unserem Leid, inmitten einer öden, feindlichen Fremde. Wir gehörten wieder zusammen, wie richtige gute Menschen zusammengehören dürfen. Zwei der unsrigen achteten da soeben ihr Leben gering für uns, soviel waren wir also noch wert... Denn jeden Augenblick konnte das Furchtbare geschehen. Jedes Wort, das sie da unten sprachen, konnte ihr letztes sein... Und wir standen, verkrampften uns im zitternden Hinstarren und Hinhören, während der russische Meister aufgeregt seine Sonnenblumenkerne kaute und der Posten, das Gewehr am Riemen schlenkernd, ins Leere grinste.
Was jetzt noch zu erzählen ist, mag vielleicht wie ausgedacht klingen. Aber es ist nicht ausgedacht. Es ist vom Leben selbst diktiert. Kaum nämlich waren die beiden Männer mit erleichtert aufleuchtenden Gesichtern am

freien Ende des Rohres wiederaufgetaucht, noch hatten sie nicht Zeit gehabt, ein einziges Wort zu sprechen oder auch nur sich den Schweiß von der Stirne zu wischen, da stürzte — genau wie wir es befürchtet hatten — mit entsetzlicher Gewalt das Rohr in die Tiefe des Grabens hinab. Die Flaschenzüge waren einfach zu schwach, das schwere Gewicht so lange zu halten, sie stürzten mit ... Und dies alles vollzog sich so gräßlich schnell und gleichsam beiläufig, daß nicht einmal ein Schrei, ein Ruf des Erstaunens oder Schreckens laut wurde. Immer noch standen die beiden Männer, die ihr Leben für uns eingesetzt hatten, drunten an die Grabenwand gelehnt. Sie brachten kein Wort hervor. Sie wischten sich nur die Stirne und lächelten töricht, als endlich einer von uns zu ihnen hinabrief: „Mensch, eine Minute früher ...! Eine Minute früher ...!"

Später bemerkte einer, die beiden würden wohl Plattfüße bekommen haben, wären sie eine Minute früher noch unter dem Rohr gewesen. Und wir lachten, wir lachten lange und laut, wann hatten wir eigentlich zum letzten Mal so gelacht? Sonst wurde weiter nicht viel über die Sache gesprochen. Erst auf dem Heimweg und später dann im Lager kam die Rede wieder auf die beiden braven Kameraden. Sie lobten sich auch wohl selbst ein wenig: Wie sie da dem blöden Russen gezeigt hätten, was ein Kerl ist. Ein Kerl, versteht ihr, so einer, der den Teufel nicht fürchtet ...!

Ernest Hemingway

Alter Mann an der Brücke

Ein alter Mann mit einer Stahlbrille und sehr staubigen Kleidern saß am Straßenrand. Über den Fluß führte eine Pontonbrücke, und Karren und Lastautos und Männer, Frauen und Kinder überquerten sie. Die Maultier-Karren schwankten die steile Uferböschung hinter der Brücke hinauf, und Soldaten halfen und stemmten sich gegen die Speichen der Räder. Die Lastautos arbeiteten schwer, um aus alledem herauszukommen, und die Bauern stapften in dem knöcheltiefen Staub einher. Aber der alte Mann saß da, ohne sich zu bewegen. Er war zu müde, um noch weiter zu gehen.

Ich hatte den Auftrag, über die Brücke zu gehen, den Brückenkopf auf der anderen Seite auszukundschaften und ausfindig zu machen, bis zu welchem Punkt der Feind vorgedrungen war. Ich tat das und kehrte über die Brücke zurück. Jetzt waren dort nicht mehr so viele Karren und nur noch wenige Leute zu Fuß, aber der alte Mann war immer noch da.

„Wo kommen Sie her?" fragte ich ihn.

„Aus San Carlos", sagte er und lächelte.

Es war sein Heimatort, und darum machte es ihm Freude, ihn zu erwähnen, und er lächelte.

„Ich habe Tiere gehütet", erklärte er.

„So", sagte ich und verstand nicht ganz.

„Ja", sagte er, „wissen Sie, ich blieb, um die Tiere zu hüten. Ich war der letzte, der die Stadt San Carlos verlassen hat."

Er sah weder wie ein Schäfer noch wie ein Rinderhirt aus, und ich musterte seine staubigen, schwarzen Sachen und sein graues, staubiges Gesicht und seine Stahlbrille und sagte: „Was für Tiere waren es denn?"

„Allerhand Tiere", erklärte er und schüttelte den Kopf. „Ich mußte sie dalassen."

Ich beobachtete die Brücke und das afrikanisch aussehende Land des Ebro-Deltas und war neugierig, wie lange es jetzt wohl noch dauern würde, bevor wir den Feind sehen würden, und ich horchte die ganze Zeit über auf die ersten Geräusche, die immer wieder das geheimnisvolle Ereignis ankündigen, das man ‚Fühlung nehmen' nennt, und der alte Mann saß immer noch da.

„Was für Tiere waren es?" fragte ich.

„Es waren im ganzen drei Tiere", erklärte er. „Es waren zwei Ziegen und eine Katze und dann noch vier Paar Tauben."

„Und Sie mußten sie dalassen?" fragte ich.

„Ja, wegen der Artillerie. Der Hauptmann befahl mir, fortzugehen wegen der Artillerie."

„Und Sie haben keine Familie?" fragte ich und beobachtete das jenseitige Ende der Brücke, wo ein paar letzte Karren die Uferböschung hinunterjagten.

„Nein", sagte er, „nur die Tiere, die ich angegeben habe. Der Katze wird natürlich nichts passieren. Eine Katze kann für sich selbst sorgen, aber ich kann mir nicht vorstellen, was aus den andern werden soll."

„Wo stehen Sie politisch?" fragte ich.

„Ich bin nicht politisch", sagte er. „Ich bin sechsundsiebzig Jahre alt. Ich bin jetzt zwölf Kilometer gegangen, und ich glaube, daß ich jetzt nicht weiter gehen kann."

„Dies ist kein guter Platz zum Bleiben", sagte ich. „Falls Sie es schaffen können, dort oben, wo die Straße nach Toronto abzweigt, sind Lastwagen."

„Ich will ein bißchen warten", sagte er, „und dann werde ich gehen. Wo fahren die Lastwagen hin?"

„Nach Barcelona zu", sagte ich ihm.

„Ich kenne niemand in der Richtung", sagte er, „aber danke sehr. Nochmals sehr schönen Dank."

Er blickte mich ganz ausdruckslos und müde an, dann sagte er, da er seine Sorgen mit jemandem teilen mußte: „Der Katze wird nichts passieren, das weiß ich; man braucht sich wegen der Katze keine Sorgen zu machen. Aber die andern; was glauben Sie wohl von den andern?"

„Ach, wahrscheinlich werden sie heil durch alles durchkommen."

„Glauben Sie das?"

„Warum nicht?" sagte ich und beobachtete das jenseitige Ufer, wo jetzt keine Karren mehr waren.

„Aber was werden sie unter der Artillerie tun, wo man mich wegen der Artillerie fortgeschickt hat?"

„Haben Sie den Taubenkäfig unverschlossen gelassen?" fragte ich.

„Ja."

„Dann werden sie wegfliegen."

„Ja, gewiß werden sie wegfliegen. Aber die andern? Es ist besser, man denkt nicht an die andern", sagte er.

„Wenn Sie sich ausgeruht haben, sollten Sie gehen", drängte ich. „Stehen Sie auf, und versuchen Sie jetzt einmal zu gehen."

„Danke", sagte er und stand auf, schwankte hin und her und setzte sich dann rücklings in den Staub.

„Ich habe Tiere gehütet", sagte er eintönig, aber nicht mehr zu mir. „Ich habe doch nur Tiere gehütet."

Man konnte nichts mit ihm machen. Es war Ostersonntag, und die Faschisten rückten gegen den Ebro vor. Es war ein grauer, bedeckter Tag mit tiefhängenden Wolken, darum waren ihre Flugzeuge nicht am Himmel. Das und die Tatsache, daß Katzen für sich selbst sorgen können, war alles an Glück, was der alte Mann je haben würde.

Hans Lipinsky-Gottersdorf

Der Strick

Die Sonne hing noch dicht über dem Waldrand, rot und rund, verhängt von weißen Dampfschleiern, als die vier Soldaten aufstanden, den Partisan aus dem Verschlag holten, wo er die Nacht verbracht hatte, und sich auf den Weg zu der niedrigen Erhebung machten, auf der zwei wilde Birnbäume weithin sichtbar ihre Kronen breiteten. Der Gefreite Roos hatte den Strick locker über seine linke Schulter geworfen und ging neben dem Feldwebel, der die Exekution leiten sollte. „Er schlief wie ein Stein", erzählte er, „wir konnten ihn kaum wach kriegen. Stellen Sie sich das vor! Ist das überhaupt ein Mensch? Schläft man in einer solchen Nacht, wenn man ein Mensch ist?" Er warf einen kurzen Blick auf den Gefangenen, der zwischen Wendt und Schröder so ruhig dahinschritt, als handle es sich um einen Spaziergang. Er war ein mittelgroßer, junger Kerl mit stumpfem, verschlossenem Gesicht. Die Augen darin standen weit auseinander und blickten an den Soldaten vorbei. Gestern nachmittag hatten sie ihn gefangen; seine Maschinenpistole rauchte noch, so schnell waren sie über ihm gewesen, aber der Unteroffizier Axmann lag doch schon mit einer Kugel im Bauch auf der Erde und krümmte sich und schrie. Der Partisan hatte noch kein Wort gesprochen; stumm hatte er alles angehört, was sie ihm sagten.

„Das sind keine Menschen", bekräftigte Roos böse und spie aus.

Der Feldwebel nickte und schob den Stahlhelm zurück. „Ja, ja", sagte er, „Menschen. Darum wird das auch nichts nützen. Wir werden ihn aufhängen, weil das Bataillon glaubt, dann wird es Ruhe geben. Glauben Sie das auch, Roos? Ich nicht! Der hier wird hängen, und morgen schon wird ein anderer schießen, und das wird so weitergehen, solange wir hier sind. Dagegen hilft nichts, gar nichts!"

„Auf jeden Fall geschieht ihm recht", mischte Wendt sich ein. „Die laufen in Zivil und führen ihren Privatkrieg; mögen sie ruhig sehen, was dabei herauskommt. Drei Tage sind wir hier und vier Mann haben sie uns abgeschossen, Strafe muß sein!"

Die anderen nickten. Ob der Gefangene etwas verstanden hatte, war nicht zu erkennen. Sie gingen jetzt hügelan. Der Abhang leuchtete weiß von Margeriten. Noch ein kurzes Stück, dann standen sie unter den Bäumen. Der Feldwebel blickte hinauf und betrachtete prüfend die Äste. Roos begann den Strick aufzurollen. Schröder stellte den Schemel ab, zog eine Packung Zigaretten hervor und sah den Feldwebel fragend an. „Meinetwegen", sagte der, „eine!"

Schröder schob dem Gefangenen eine in den Mund und reichte ihm Feuer. Ein leichter Wind trug blaue Rauchwölkchen davon, indes der Mann Zug um Zug gierig in sich hineinsog.

Von hier aus konnte man weit sehen. Eine Viertelstunde entfernt duckten sich die schwarzen Hütten des Dorfes unter krumme Weiden; auf der anderen Seite dunkelte blau ein Streifen Waldes; größer aber als alles sonst dehnte sich eintönig und unermeßlich die Ebene unter dem glasklaren, wolkenlosen Himmel. Nichts war von der Hitze vergangener Tage geblieben als ein schmaler, weißer Streifen über dem Horizont; doch in einer Stunde schon würde der Streifen breiter werden, flimmernd steigen, bis er endlich am Nachmittag als weiß lodernde Glut, das ganze Firmament bedeckend, schwer auf der Ebene lag. So war es jeden Tag.

Man müßte anfangen, dachte der Feldwebel.

„Los", sagte er heiser und räusperte sich, „festmachen!" Der Gefreite Roos warf die Schlinge über einen Ast, kletterte hinauf und verknotete sie. Noch einmal ließ er den Strick sorgfältig durch die Hand gleiten und prüfte das Material.

„In Ordnung", meldete er und sprang ab.

Der Gefangene rauchte immer noch mit hastigen Zügen. Noch dreißig Sekunden, dachte der Feldwebel — dreißig Sekunden noch. Er drehte allen den Rücken zu, seine Hände zerknitterten fahrig ein Stück Papier.

In dem Augenblick, als die Glut zischend seine Lippen berührte, spuckte der Gefangene den Stummel aus und hob den Kopf.

„Anfangen!" sagte er höhnisch.

Der Feldwebel zuckte zusammen, fuhr herum und hob die Hand. „Den Schemel!" befahl er mühsam. Allein bevor Schröder das Holzgestell an seinen Platz bringen konnte, brüllte die Kuh.

Mitten aus der großen Verlassenheit stieg der klagende Schrei zum Himmel, und die fünf Männer erschraken. Der Feldwebel ließ seine Hand wieder sinken und lauschte in die Richtung, aus welcher der Laut gekommen war. Das Brüllen wiederholte sich, einmal, noch einmal, es riß nicht mehr ab.

„Das Vieh hat Schmerzen", sagte Roos nach einer Weile. „Es klingt ... es ist so ... ich weiß nicht ... ich kenne das doch ..." Er sprach nicht weiter, sondern deutete mit der Hand auf eine strohgedeckte Hütte hinunter, die am Fuß des Hügels, ein wenig versteckt zwischen Holunderbüschen, zu seiten des sandigen Weges sich erhob. Vor der Tür stand eine Frau und winkte mit beiden Armen. Es waren nur wenige Menschen hier zurückgeblieben, als der Krieg sich näherte, und diese wenigen wandten den Kopf verbissen zur Seite, wenn sie den Soldaten begegneten. Diese aber winkte, kein Zweifel, sie winkte. Sie rief auch, nur konnte man die Worte nicht verstehen; sie wurden übertönt vom unablässigen Schreien des Tieres.

„Gut", brummte der Feldwebel aufatmend, „das hier hat Zeit. Roos und Schröder, geht nachschauen, was es da gibt. Aber seid vorsichtig, man kann nicht wissen..."

Die beiden liefen den Hügel hinab; in der Nähe der Hütte nahmen sie ihre Gewehre unter den Arm. Die Zurückgebliebenen sahen, wie sie mit der Frau verhandelten und gleich darauf hinter der Tür verschwanden. Das Tier brüllte fort; die Klage der Kreatur hing dunkel über dem sommerlichen Lande. Der Gefangene stand regungslos wie zuvor, doch ein klein wenig Unruhe war nun auf dem Grund seiner Augen und die gefesselten Hände zuckten. Die beiden Soldaten achteten nicht auf ihn, sondern blickten gespannt zur Hütte hinunter, wo der Gefreite Roos wiederaufgetaucht war und wild mit den Händen fuchtelte. „Was will er nur?" fragte der Feldwebel und gab ein Zeichen, daß er nicht verstanden habe. Roos schien sich darüber mächtig zu ärgern; er fuhr fort, seltsame Bewegungen zu machen und sprang aufgeregt hin und her. Ratlos schaute der Feldwebel auf Wendt, aber der wußte auch nichts.

Plötzlich rührte sich der Gefangene. Er zeigte mit dem Kinn in die Richtung der Hütte, dann auf das Seil, das immer noch unbenützt vom Ast herabhing.

„Strick", sagte er, „Kamerad ... Strick ... Kalb!"

„Strick?" wiederholte der Feldwebel staunend, „wozu denn den Strick? Jetzt willst du ihn wohl los sein, wie?" Die Kuh hörte für einen Augenblick auf zu brüllen und man hörte die Stimme des Gefreiten.

„Er will tatsächlich den Strick", sagte Wendt und packte den Feldwebel am Arm, „da — hören Sie!"

Der Feldwebel überlegte. „Meinetwegen", sagte er schließlich achselzuckend, „gehen wir also zuerst hinunter."

Als sie anlangten, kam eben die Frau mit einem Wassereimer vom Brunnen. Roos trat aus der Tür und nahm ihn in Empfang. Er hatte die Feldbluse abgelegt, die Hemdsärmel hochgekrempelt und blickte ihnen ungeduldig entgegen.

„Das Kalb liegt falsch", erläuterte er hastig, „es wird nicht einfach sein. Versteht einer von euch etwas davon?" „Nie gesehen", entschuldigte sich der Feldwebel, „wo denken Sie hin — in Zivil bin ich bei der Straßenbahn." Roos drehte sich um, er war schon wieder halb im Stall.

„Und Wendt?" fragte er.

„Ich bin Schlosser", brummte der Soldat.

„Schröder ist überhaupt nicht zu gebrauchen", meinte Roos ratlos. „Der ist Rechtsanwalt zu Hause. — Ihr könnt nachher ziehen, das ist aber auch alles. Doch soweit ist es noch lange nicht."

Sein Blick fiel auf den Gefangenen, der abseits stand und nun heftig nickte.

„Wie ist es mit dir?"

Das störrische, breite Gesicht wurde lebendig. „Ich Kolchos, Kuh..." versicherte der Partisan. Seine gefesselten Hände versuchten die Bewegungen des Melkens.

„Na also", sagte Roos. Er stellte den Eimer hin, trat zu dem Russen und begann ohne weiteres, die Stricke zu lösen. „Dann sind wir wenigstens zwei. Ich bin Bauer, du Melker, nicht wahr?"

„Ja, ja... Melker!" nickte der Partisan.

Der Feldwebel schüttelte energisch den Kopf.

„Was machen Sie denn da, Roos, wollen Sie den Kerl etwa freilassen?"

Roos fuhr fort an den Knoten zu nesteln.

„Das können wir nicht machen", sagte der Feldwebel, „das gibt Schereien. Das können wir nicht machen..." „Sehen Sie sich das Tier einmal an", sagte Roos ohne sich umzublicken, „ich kann ihn nicht freilassen? Aber die Kuh kann ich krepieren lassen, wie? Kann die vielleicht etwas dafür? Der hier kann ihr helfen, aber das ist ja ganz egal; wir haben Krieg und er hat auf uns geschossen, obendrein ohne Jagdschein. Folglich muß das Vieh verrecken und das Kalb auch, ja? — Bei mir nicht, ich werd' euch was..."

Die Fessel fiel zu Boden; Roos richtete sich auf und wischte mit dem Handrücken den Schweiß von der Stirn. Der Feldwebel hatte in den Stall geblickt, jetzt machte er eine unsichere Bewegung.

„Sie hat einen Leib wie eine Trommel... und wenn Sie halt glauben, es muß sein... ich verstehe nichts davon..."

Roos ging voraus in den Stall. Die Kuh hatte nun aufgehört zu brüllen, aber ihr dumpfes Stöhnen erfüllte die warme, scharfriechende Dämmerung unter der niedrigen Holzdecke. Sie lag auf der Seite, den Kopf lang vor sich in die Streu gestreckt. Schröder saß neben ihr und rieb mit Stroh die schweißnassen Flanken, vorsichtig, wie Roos ihm aufgetragen. Die Frau kam mit einem Eimer dampfender Suppe und hielt ihn dem Tiere hin. Das schnaubte qualvoll, Strohhalme flogen auf, aber es trank nicht. Der Gefangene warf seine Jacke ab, näherte sich der Kuh und griff prüfend an die Ohren.

„Heiß", sagte er unzufrieden und blickte sorgenvoll auf Roos, „Nix gutt!"

Der Feldwebel und Wendt waren in der Tür stehengeblieben und sahen zu, wie Roos seinen Arm ins Wasser tauchte und sorgfältig wusch.

„Steht nicht herum", sagte der Gefreite. „Holt Kamille! Die Frau muß einen Sud davon kochen. Vorn bei den Holunderbüschen wächst sie massenhaft. Wißt ihr, wie sie aussieht? Pflückt einen Brotbeutel davon — oder besser zwei. Wir werden hier auch ohne Zuschauer fertig!"

Er ergriff den Schwanz der Kuh und zog ihn beiseite. Der Russe verstand sofort, nahm ihn und hielt ihn fest. Sie arbeiteten nun zu dritt an dem Tier;

Schröder rieb immer noch die Flanken, schwitzend vor Eifer nahm er immer neue Strohwische zur Hand und warf sie wieder fort; der Partisan stützte sich mit der einen Hand auf die hervorstehenden Beckenknochen und hielt mit der anderen den widerstrebenden Schwanz, indes Roos mit dem nackten Arm vorsichtig die Lage des Kalbes ertastete.

„Es hat sich noch nichts geändert", stellte er stirnrunzelnd fest, während er Blut und Schleim von der Haut spülte, „man kann nicht viel machen!"

Der Gefangene zog ein Bündel Stroh durch seine Hände.

„Doch", rief er eifrig, „ich weiß!" Er zeigte auf die Beine der Kuh und machte eine Bewegung, als schwinge er sie durch die Luft. „So", sagte er, „so ..."

Roos' Gesicht hellte sich auf.

„Recht hast du! Das müssen wir versuchen. — Schröder, steh auf! Du wirst ihr das Fell vom Leibe reiben. Hol die anderen und bring uns den Strick!"

Die Kuh hob den Kopf; ihre hervorquellenden Augen blickten angstvoll und verständnislos auf die Menschen Die breite, graurosa Zunge fuhr hin und her über die Nüstern. Von den Maulwinkeln hingen lange Speichelfäden. Nun brüllte sie. „Gleich, gleich!" brummte Roos und klopfte das rauhe, schwarze Fell des Rückens. Er wandte sich an den Feldwebel und Wendt, die mit prallgefüllten Brotbeuteln den Stall betraten, nahm eine Handvoll Kräuter, zerrieb sie und roch daran. „Gut!" sagte er befriedigt, „gebt sie der Frau und macht ihr klar, daß sie einen Kessel davon kochen soll." — Dann kümmerte er sich nicht weiter um die beiden sondern ergriff den Strick, machte eine Schlinge und streifte sie der Kuh über die Hinterbeine. Das andere Ende warf er dem Gefangenen zu, der sofort die Vorderfüße fesselte. Die Kuh wurde unruhig; sie versuchte sich herumzuwälzen; der Strick spannte sich, aber er hielt. Aufatmend traten die Männer zurück.

„Wir werden sie jetzt auf den Rücken drehen", erläuterte Roos. „Manchmal hilft das. — Iwan, du gehst an den Kopf." — Der Gefangene verstand und nickte. „Ihr anderen dorthin; nehmt den Strick und zieht an den Beinen; ich versuche dafür zu sorgen, daß sie hinten nicht gegen die Wand gedrückt wird."

Es ging sehr rasch. „Eeeehj" schrie der Partisan. „Hoh — ruck!" brüllte Roos. Die Männer legten sich in die Stricke, und schwer rollte der dunkle, unförmige Körper herum. Jammernd erschien die Frau in der Stalltür und rang die Hände. Der Gefangene rief ihr in der fremden Sprache ein paar Worte zu. Sie hörte nicht auf zu zetern, aber sie verschwand. „Ich gesagt: Tee kochen", berichtete er grinsend und drückte mit aller Kraft auf den Kopf der Kuh, die sich stöhnend bewegte. Der rechte Arm Roos' war wieder bis über den Ellbogen in dem Tier verschwunden, schwer atmend arbeitete der Gefreite. Als er aufschaute, bemerkten die anderen mit Erleichterung, daß sein Gesicht sich erhellt hatte.

„Es kann vielleicht gutgehen", sagte er. „Das Kalb fängt an, sich zu drehen."

Die Flanken der Kuh bebten unter der Wucht der Wehen. Die drei Soldaten hielten keuchend den Strick und stemmten die Beine fest in die Streu. Die schweren Hautfalten am Halsansatz des Tieres lagen schlaff und vibrierten im leisen Brummen, das unaufhörlich aus der Tiefe der Kehle stieg. Vorsichtig tastend glitten die Hände des Gefreiten über den weißen, empfindlichen Bauch in die Nähe des prallen Euters. Plötzlich stand er auf. „Langsam loslassen!" kommandierte er. „Sie muß jetzt aufstehen, sonst kriegen wir das Kalb nicht raus."

Der schwere Körper rollte sacht in seine alte Lage zurück; der Partisan ließ den Kopf los und begann hastig, das Seil aufzuknüpfen. Zärtlich klopfte Roos den wolligen Rücken, auf dem nun Strohhalme und Heufäden hingen. „Steh auf, Alte!" Als ob die Kuh ihn verstünde, versuchte sie die Hinterbeine unter den Leib zu ziehen und sich hochzustemmen, allein, es gelang ihr nicht. Sie war wohl zu schwach. „Eeeehj!" schrie der Gefangene aufmunternd und griff helfend zu; auch die anderen bückten sich; sie schoben und zogen. Plötzlich stand das Tier, etwas wackelig mit gespreizten Beinen, aber es stand. „Gebt mir eine Zigarette", schnaufte Roos, „und ihm auch. — Es ist noch nicht zu Ende, aber mir scheint, wir können jetzt ein wenig ausruhen." —

Schröder schob den beiden eine Zigarette zwischen die Lippen; der Feldwebel reichte ihnen Feuer. „Ihr seid tüchtige Kerle!" sagte er achtungsvoll. „Ich hätte das nicht gekonnt."

Roos betrachtete nachdenklich den Russen. „Er versteht sein Fach", sagte er. „Man sieht es gleich an seinen Handgriffen." Er zögerte und schüttelte den Kopf. „Und ich habe gesagt ... na ja, man redet viel, wenn der Tag lang ist."

Die Kuh krümmte sich jäh zusammen. Ihr Rücken rundete sich, man sah, wie sie sich anstrengte ... Der Partisan stieß einen abgerissenen Laut aus, warf die Zigarette fort und raffte den Strick von der Erde. Die Vorderfüße des Kalbes und die kleine, schwarzglänzende Nase waren sichtbar geworden.

„Achtung jetzt!" Roos beugte sich nach vorn und verfolgte gespannt jede Bewegung des Russen, der mit flinken Fingern den Strick an den herausschauenden Gliedern, gleich über den zierlich gespaltenen Hufen, befestigte. „Nun kommt es darauf an, zu ziehen, hört ihr, zu ziehen und nicht nachzulassen, sonst war alles umsonst." Er spuckte in die Hände. Schröder zitterte vor Erregung; er stolperte und fiel hin. Ohne sich Zeit zu nehmen, Hände und Rock zu säubern, sprang er wieder auf und ergriff als letzter das Tauende.

Die fünf Männer zogen aus Leibeskräften an dem Strick, der nun beschmiert war mit Blut und Kot; aber es war das Blut des Lebens, das daran haftete. „Eeehj", keuchte der Gefangene, und „nicht loslassen" warnte der zweite. Ihre Gesichter röteten sich, die Adern traten hervor. „Ziehen", schrie der Feldwebel. Endlich, ganz unerwartet, ließ der Widerstand nach; leicht glitt der Körper des Kalbes ins Freie. Schwankend stand die Kuh, drehte den Kopf mit den übergroßen, feuchtglänzenden Augen und brüllte kurz und dumpf. Roos beugte sich über das Neugeborene. „Ein Messer", verlangte er. Der Feldwebel suchte in seinen Taschen, schließlich faßte er nach Wendts Seitengewehr und reichte es hin. Mit raschem Schnitt trennte der Gefreite die lange Nabelschnur und sah abermals auf. An einer dünnen ledernen Schnur trug der Feldwebel den Marschkompaß in der Brusttasche. „Die tut's. Her damit!" Während Roos die Wunde abschnürte, kniete der Gefangene daneben und reinigte die kleinen Nüstern. In diesem Augenblick blökte das Kalb kläglich, und das Muttertier antwortete mit einem tiefen Schrei.

Bewundernd standen die fünf Männer. „Verdammt", Schröder strich mit der Hand über die Stirn. „Verdammt noch mal", wiederholte er. Die anderen schwiegen. In der Türöffnung wartete die Frau; mit gefalteten Händen und schiefgelegtem Kopf betrachtete sie die Tiere.

Roos sprach als erster. „Geh, Iwan, sag ihr, sie soll nachher mit dem Kamillensud spülen. Ihr könnt ihn gleich herholen. Nun geh schon!"

Der Russe gab der Kuh einen leichten Schlag. „Charoscho", sagte er, „gutt, Bruder." Zusammen mit der Frau verließ er den Stall; in der Tür blieb er noch einmal stehen und lachte.

Nachher gingen die Soldaten zurück in ihr Quartier. Sie sprachen lebhaft über die Aufzucht junger Tiere. Der Feldwebel führte das große Wort: zwölf Kaninchen besaß er zu Hause. Mittlerweile konnten es zwanzig sein oder mehr. Die Sonne war schon sehr hoch in den Himmel hinaufgestiegen; an den Holunderbüschen bei der Hütte leuchteten tellergroß und weiß die Blütenstände. Aus dem Stall drang das Klappern des Eimers. Die Frau stellte ihn zu Boden. Dann bückte sie sich, nahm den Strick, der in einem wirren Knäuel auf der Erde lag, hob ihn auf und warf ihn achtlos in die Ecke. Dort blieb er liegen, niemand brauchte ihn mehr, nicht einmal die Soldaten. In den vierzehn Tagen, die sie noch in dem Dorf verbrachten, schien der Krieg weit fortgezogen. Kein Schuß störte den großen Frieden der blauen Tage, und in den Nächten war es so still, daß die Posten das schrille Kreischen des Igelweibchens auf dem baumbestandenen Hügel meilenweit hören konnten.

Hans Bender

Iljas Tauben

Mein Leutnant hatte immer Hunger. Wenn er nicht schoß, hatte er ein Stück Brot zwischen den Zähnen, ein Wurstbrot, ein Schmalzbrot, Fleisch oder Speck.

Aber nichts aß er lieber als Tauben. Wenn wir durch die Dörfer marschierten, und auf einem Dach oder in der Luft zeigte sich eine Taube, schoß er sie ab. Das machte auch mir Spaß. Ich hatte ein Gewehr mit einem Zielfernrohr und traf immer. Das Geschoß des Infanteriegewehrs war eigentlich zu groß für den kleinen Körper. Die Federn flogen in Büscheln davon, und der Balg war meist völlig zerrissen.

Ich war der Bursche des Leutnants. Ich mußte die Tauben auch braten. Ich hatte da meine eigene Methode. Ich nahm sie aus, rupfte sie und legte sie in einen Topf, in dem ein Klacks Butter zerschmolz, dazu Salz, Pfeffer und, wenn ein Garten in der Nähe war, ein Bündel zerschnittener Petersilie. Nach zehn Minuten brotzelte die Taube. Ich drehte sie um. Nach zwanzig Minuten war sie auf beiden Seiten braun, und der Duft hob den Deckel. Ich legte sie auf einen Teller und brachte sie dem Leutnant. Ich strich mit einem Stück Brot die Topfwände und den Topfboden sauber.

In Sewastopol hatten wir, gleich in den ersten Tagen, hohe Ausfälle. Als wir noch zwölf waren, zog uns der Kommandant heraus und schickte uns an die entgegengesetzte Küste der Krim, wo wir eine Schutzstellung besetzen und uns erholen sollten. In dem Dorf Ossowiny stiegen wir von den Fahrzeugen. An der Straße stand eines dieser waschblau gekalkten russischen Häuser. Es hatte blanke Fensterscheiben. Immer, wenn ich Quartier suchte, sah ich nach den Fensterscheiben, denn wie die Scheiben waren ihre Bewohner und die Zimmer.

Auch der Leutnant sah wie hypnotisiert nach dem Haus. „Da schau", sagte er und zeigte mit dem Stöckchen nach dem Dach. Auf den Schindeln saßen etwa zwei Dutzend gutgenährter Tauben mit geplustertem Schwanz.

„Hier bleiben wir", sagte er zu mir. Und zu den anderen sagte er: „Sucht euch was in der Nähe!"

Wir ließen unser Fahrzeug, einen Panjewagen mit zwei Pferden, vor der Gattertür halten, zerrten das Gepäck herunter und gingen in den Hof. Links lag das Haus, rechts ein Garten mit Rosenbüschen, Kartoffelbeeten und Zwiebelstauden. In der Mitte, geradeaus, stand ein gemauerter Herd, daneben aufgeschichtet getrocknete Kuhmistfladen, das Holz der waldarmen Krim. Die Frau fanden wir in der Küche. Als sie uns verstanden hatte, öffnete sie eine Tür im Flur, ging hinein und begann das Zimmer aufzuräumen, ein großes Zimmer mit einem Tisch, mit Stühlen und zwei Eisenbetten voller Kissen. An der Wand hing ein Spiegel, mit Papierblumen verziert, Heiligenbilder, eine Ampel und alte Fotografien. Wir zogen die Röcke und Hosen aus und warfen uns auf die Betten.

Der Leutnant rüttelte mich aus dem Schlaf. „Ich habe Hunger." Ich stand auf und schnallte meine Töpfe vom Tornister.

„Du hast doch die Tauben gesehen?" fragte er.

„Klar —"

„Sagen wir vier Stück. Für mich drei und für dich eine."

„Also vier Tauben."

„Ja, vier Tauben", sagte er.

Als ich in den Hof kam, kniete die Frau vor dem Herd und hielt einen eisernen Topf über das Feuer. Eine unkenntliche Masse verschiedener Gemüse kochte darin. Ich sah ihr zu, sagte einige Worte, die sie zum Lachen bringen sollten, aber sie lachte nicht. Ein Mädchen kam aus dem Haus, ihre Tochter, mit dem schönen Namen Tarsia. Ein Junge kam mit ihr, Nikola, ihr Bruder. Sie begafften mich, wie das so war. Die Frau sagte, wir könnten etwas von ihr bekommen. „Danke", sagte ich, „bei uns gibt es was Besseres!" Mein Leutnant und ich hätten heute abend Appetit auf Tauben. Fragende, erstaunte Gesichter. „Was ist das?" Ich sprach einigermaßen Russisch, aber das Wort für Tauben wußte ich nicht. Da sie im Schlag waren, konnte ich nicht nach ihnen zeigen, also markierte ich Tauben. Ich hatte schon da und dort Erfolg mit meinen Tierimitationen, bei der Weihnachtsfeier der Kompanie, bei Offiziersabenden im Kasino. Allerdings waren andere Tiere, Schafe, Ziegen und Affen, leichter nachzuahmen als gerade Tauben. Trotzdem, ich versuchte es. Ich ging in die Hocke, hielt meine gestreckten Finger als radähnlichen Schwanz über den Hintern, hopste im Hof umher, blähte meinen Hals und gurrte.

Aber die drei lachten nicht. Und als sie nicht mehr daran zweifelten, was ich meinte, schrien sie durcheinander wie die Wilden.

Ich fragte: „Was ist daran so schlimm? Haben andere Soldaten, die vorher da waren, sich nicht auch geholt, nach was sie Lust hatten? Schließlich ist Krieg."

Tarsia sagte: „Du darfst alles nehmen, was wir haben, nur nicht die Tauben. Die Tauben gehören nicht uns. Die Tauben gehören Ilja, meinem Bruder. Er kämpft in Sewastopol."

Gewiß, ich war beeindruckt. Aber was sollte ich meinem Leutnant sagen? — Ich zeigte ihnen mein Verständnis. „Ja, ja, Iljas Tauben, ich nicht Iljas Tauben. Offizier! Versteht ihr? Offizier will Tauben essen!"

Ich ging zur Scheune, die offenstand, um über die Leiter ins Gebälk zu steigen und von da an den Schlag zu kommen. Die Frau durchschaute mich. Sie lief an mir vorbei, stellte sich vor die Leiter und hielt sich mit den Händen rückwärts an den Holmen fest. Ich versuchte sie wegzureißen. Es war nicht zu schaffen. Der größte Widerstand waren ihre Augen. Auch Nikola begriff. Er hob eine Sense vom Boden auf —

Ich gab nach.

Am nächsten Morgen kamen Befehle. Der Küste entlang mußten Stellungen ausgehoben werden. Der Leutnant war den Tag über unterwegs. Am Abend kam er müde zurück. Ich hatte zwei Tauben von einem anderen Dach geschossen und briet sie, während Iljas Tauben mich umflatterten.

Ich liebte und haßte diese Tauben. Sie gehörten einem, der eigentlich in der gleichen Lage war wie ich. Er war Soldat, er war weit weg von daheim. Seine Mutter hütete die Tauben für ihn. Nein, ich hätte keine schlachten können, und sie merkten das sogar. Sie waren frech, übermütig. Sie flogen auf den Hof herab und saßen vor meinen Füßen, bettelten, gurrten und rucksten. Sie flogen auf den Gartenzaun, pickten in den Beeten, flogen auf die Flugbretter vor dem Schlag, flogen zurück, setzten sich auf den Kuhmist und guckten in den Topf, in dem die Nachbartauben brotzelten. Zwei oder drei waren darunter, die sich beim Flug überschlagen konnten. Es waren schöne, junge Tauben, Pfauentauben, Kropftauben und Türkische Tauben.

Wir wohnten etwa zehn Tage im Haus, als Nikola eines Morgens nach Baksi fuhr. Er wollte dort Verwandte besuchen und einen Sack Gemüse hinbringen. Nach Baksi waren es vierzig Kilometer. Es war ein größerer Ort, in dem unsere Stäbe und Verpflegungsdepots lagen. Das Proviantauto nahm Nikola mit. Am Abend kam er zurück. Er lief durch den Hof in die Küche. Drinnen entstand großes Geschrei. Bald darauf kam die Frau in unsere Stube, zum ersten Male, seit wir da wohnten. Sie erzählte mit vielen Worten und Gesten, Nikola habe in Baksi Ilja gesehen! „Er ist gefangen, von den Deutschen. — Jetzt ist er in einem Lager in Baksi. — In Baksi! So nahe von hier! Sicher kann der Herr Offizier Ilja von dort nach Hause holen. Ich will meinen Ilja sehen, umarmen und nicht mehr fortlassen. Ich gebe alles, was der Herr Offizier sich wünscht. — Ich gebe ihm die Hühner und die Ziegen, die Kartoffeln, das Mehl, das Rosenöl und aserbeidschanischen Tee. Auch die Ikonen, die ich versteckt habe und die von den Offizieren so begehrt sind, und ein seidenes Tuch, eine goldene Brosche und — die Tauben, ja, Iljas Tauben."

Ich übersetzte, und der Leutnant sagte zu mir: „Was machen wir Gauner nicht alles für Tauben!" Und zu ihr sagte er: „Hör auf, Alte, du kriegst deinen Ilja. Morgen ist Sonntag. Wir fahren hin und bringen ihn dir. Hierher. Ja, hierher. Du wirst inzwischen hübsch deine Täubchen zubereiten, verstanden?"

Sie verstand die Worte, aber sie verstand nicht den Ton der Worte. Sie fiel vor ihm auf den Fußboden, sie heulte und küßte seine Stiefel ab.

Tarsia kam mit Iljas Fotografie. Er trug eine Marineuniform, ein weißblau gestreiftes Hemd und eine Mütze mit dem Band der Schwarzmeerflotte. Er hatte vorstehende Backenknochen und gekniffene, freche Matrosenaugen.

Ich redete dem Leutnant zu. Ich sagte, wir könnten Ilja vielleicht als Hilfskoch anfordern oder als Arbeitskraft für den Stellungsbau.

„Du Idealist", sagte er.

Ja, ich war ein Idealist! Ich hatte verrückte Ideen in der Nacht, am Morgen und auf der Fahrt nach Baksi. Ich wollte Ilja durch einen Streich, durch eine Tat befreien, wenn der Leutnant wirklich so gemein wäre und die Affäre als einen Spaß betrachtete.

Es war ein prächtiger Krim-Morgen. Ein klarer Himmel; kalte Schatten und flammende Sonnenstrahlen. Im Westen immer das Jailagebirge, wie Backenzähne. Auch Nikola fuhr mit. Er hatte den Leutnant darum gebeten. Er war gewaschen und hatte den Kamm durch das nasse Haar gezogen.

In Baksi, erfuhren wir, waren viertausend Gefangene. Man hatte sie in der ehemaligen Schule untergebracht. Stacheldrahtrollen waren um den Zaun gelegt, Maschinengewehre aufgebaut. Wir hielten. Der Leutnant nahm mir die Zügel weg und sagte: „Steigt ab, ihr Befreier, und sucht den Kerl. In einer Stunde bin ich wieder zurück."

„Sie gehen zum Kommandanten?"

„Du stellst dir alles so einfach vor", sagte er und schlug auf die Pferde ein. Er hatte Nikola und mich vor dem Eingang des Lagers abgesetzt. Das war ein vergittertes Tor, daneben eine Baracke, ein Posten, einer vom Wachbataillon, ein Dicker in schmuddliger Uniform, in Schnürschuhen und Gamaschenhosen. „Was willst du?" fragte er.

„Ich muß ins Lager, einen Gefangenen suchen."

„Verboten."

„Es ist ein Sonderfall. Der Bruder des Kleinen da ist im Lager. Er will ihn nur sehen."

Der Posten tippte mit dem Zeigefinger an die Stirn. „Bei dir piept's wohl?"

„Mein Chef ist beim Kommandanten. Er wird ihn anfordern, als Arbeitskraft."

Aber auch das machte keinen Eindruck. Ich beschimpfte ihn, und er holte seinen Feldwebel aus der Baracke. Der vertrieb uns. Wir gingen den Stacheldraht entlang, und Nikola entdeckte seinen Bruder. Er saß im Schneidersitz auf der Erde. Als Nikola ihn anrief, stand er auf und kam zu uns her. Nikola rief die aufregenden Neuigkeiten über den Zaun. Ilja sprach wenig. Manchmal lächelte er.

„Wie geht es meinen Tauben?" fragte er.
„Gut, sehr gut", sagte Nikola. „Sie leben alle noch. Der Offizier wollte sie essen, aber Mamuschka hat es nicht zugelassen."
„Füttere sie gut", sagte Ilja, „und wenn ich nicht wiederkomme, gehören sie dir."

Nach einer Stunde kam der Leutnant zurück. Er hatte getrunken. Immer, wenn er vom Verpflegungsdepot kam, hatte er getrunken.

„Marsch, ihr beiden", empfing er uns, „wir fahren!"
„Was wird mit ihm?"
„Mit wem?"
„Ilja! Wir müssen ihn mitbringen. Wir dürfen nicht ohne Ilja —"
„Ilja! Ilja! Laß mich endlich in Ruhe damit."
„Sie haben es seiner Mutter versprochen."
„Versprochen, ja. Aber Gefangene lassen sich nicht auslösen. Zudem werden sie heute nacht abtransportiert. Weg. Heim ins Reich. Dort haben sie's besser. Verstehen, Nikola, dein Bruder Ilja nach Deutschland. Nix domoi. Germania domoi."
„Ich verstehe, Offizier", sagte Nikola.

Auch Ilja hinter dem Stacheldraht begriff. Er drehte sich um und ging langsam in das Schulgebäude.

Iljas Mutter und Tarsia standen vor der Tür, als wir anfuhren. Sie trugen ihre Sonntagskleider. Nikola erzählte ihnen, was vorgefallen war.

Ich spannte aus, fütterte, tränkte, putzte die Stiefel, wusch mich, ließ mir viel Zeit. Dann erst ging ich in die Stube. Der Leutnant saß am Tisch und aß Tauben. Iljas Tauben. Über ein Dutzend lagen noch auf der Platte. Seine Mutter hatte sie getötet, gerupft und gebraten. Auf der Kommode lagen die andern versprochenen Dinge.

Der Leutnant sagte: „Wenn du die Tauben machst, sind sie entschieden schmackhafter."

Ich gab ihm keine Antwort.

„Appetit hast du auch keinen?"
„Wie?"
„Wie? Wie? Du willst wohl, daß ich eklig werde, ja? Ich frage dich, ob du keinen Appetit hast, weil ich's nicht allein schaffe."

Nein, ich hatte keinen Appetit auf diese Tauben. Ob ich überhaupt mal wieder Tauben esse?

Am nächsten Morgen mußte ich dem Leutnant vier der übriggebliebenen Tauben in Zeitungspapier packen und in die Kartentasche stecken. Er wollte sie zu Mittag draußen auf der Stellung verzehren. Doch auf dem Weg dorthin, an einer unübersichtlichen Stelle, wurde er erschossen.

Von Partisanen, hieß es.

Hans Bender

Die Wölfe kommen zurück

Krasno Scheri hieß das Dorf seit der Revolution. Es lag fünfzig Werst von der nächsten Stadt in großen Wäldern, die eine Straße von Westen nach Osten durchschnitt.

Der Starost von Krasno Scheri holte sieben Gefangene aus dem Lager der Stadt. Er fuhr in einem zweirädrigen Karren, ein schweißfleckiges Pferd an der Deichselstange. Zwischen den Knien hielt er ein Gewehr mit langem Lauf und rostigem Korn. Im Kasten hinter dem Sitz lag der Proviantsack der Gefangenen, voll Brot, Salz, Maisschrot, Zwiebeln und Dörrfisch.

Die Gefangenen gingen rechts und links auf dem Streifen zwischen den Rädern und dem Rand der Felder. Als die Straße in den ersten Wald mündete, stieg der Starost ab. Er band die Zügel an die Rückenlehne und ging hinter den Gefangenen her.

Sie hielten sich an die Gangart des Pferdes. Alle Gefangenen gehen langsam. Sie senkten die Köpfe, nur einer trug ihn aufrecht, drehte ihn hierhin und dorthin, neugierig, verdächtig.

„Ich habe ein Gewehr", dachte der Starost. „Sie haben kein Gewehr. Mein Gewehr ist zwar nicht —"

Der Gefangene blieb stehen. Er ließ die drei, die hinter ihm kamen, vorübergehen, bis der Starost auf seiner Höhe war.

„Guten Tag", sagte der Gefangene.

Der Starost antwortete nicht. Er war mißtrauisch. Seit dem ersten Krieg hatte er keine Deutschen mehr gesehen. Diese Deutschen waren andere Deutsche als damals.

Er sah, der Gefangene war jung. Er hatte Augen in der Farbe hellblauen Wassers.

„Gibt es Wölfe im Wald?" fragte der Gefangene.

„Wölfe?" Der Starost überdachte die Frage. Ja, es war eine natürliche Frage. „Wölfe? Es hat Wölfe gegeben", antwortete der Starost. „Jetzt gibt es bei uns keine Wölfe mehr. Ihr habt sie vertrieben mit eurem Krieg. Die Wölfe sind nach Sibirien ausgerissen. Früher knackte der Wald von Wölfen, und niemand hätte gewagt, im Winter allein diesen Weg zu gehen. Die letzten

Wölfe sah ich im ersten Winter des Krieges, als die Geschütze von Malaia Wetschera herüberdonnerten."

„Fünf Monate ist der Krieg vorbei", sagte der Gefangene. „Die Wölfe könnten längst zurück sein."

„Sie sollen bleiben, wo sie sind", sagte der Starost. „In Sibirien. Sibirien, da gehören sie hin."

Bis zum Abend gingen die Gefangenen und der Starost den Weg von Westen nach Osten durch die Wälder. Manchmal brachen die Wälder ab, eine Wiese lag dazwischen, ein Streifen unbebautes Land mit dürren Sträuchern, dann begann wieder Wald, ein wirrer, unordentlicher Wald mit niedrigen, verkrüppelten Bäumen und wucherndem Unterholz.

In Krasno Scheri traten die Leute aus den Häusern und standen dunkel vor den Türen. Der Starost verteilte die Gefangenen. In jedes Haus gab er einen, und den jungen, der nach den Wölfen gefragt hatte und Russisch sprechen konnte, nahm er mit in sein Haus. Eine Öllampe stand auf dem Tisch. In ihrem Licht saßen ein Junge und ein Mädchen, die mit runden Pupillen zur Tür sahen, wo der Gefangene auf der Schwelle wartete.

Eine Frau trat aus der Tür des Nebenraums und hielt Brot und ein Messer in den Händen.

„Er heißt Maxim", sagte der Starost, während er seinen Pelzmantel auszog. Der Gefangene ging zu den Kindern an den Tisch. Aufgeschlagene Bücher lagen vor ihnen mit handgeschriebenen Buchstaben und Tiefdruckbildern.

„Und wie heißt ihr zwei?" fragte der Gefangene.

Der Junge stand rasch auf und wischte mit der Hand sein Buch über den Tisch, daß es zu Boden fiel. Er ging in die Ecke der Stube und drehte dem Gefangenen den Rücken zu.

Das Mädchen sah auf und lächelte.

„Wie heißt du?"

„Julia", sagte das Mädchen.

„Julia, ein schöner Name", sagte der Gefangene.

„Er heißt Nikolaj", sagte das Mädchen.

Die Frau legte das Brot auf den Tisch und stellte zwei Schüsseln voll Suppe daneben. Der Starost setzte sich, der Gefangene setzte sich. Sie bliesen in die Löffel und aßen. Die Frau blieb vor der Glut des offenen Herdes stehen und sagte ab und zu etwas von der Arbeit, vom Essen, von den Nachbarn, vom Wetter.

Der Junge kam zum Tisch zurück. Er hob das Buch auf, setzte sich an die Tischecke und begann halblaut vor sich hin zu lesen: „Heil dem Väterchen aller Kinder, Wladimir Iljitsch Lenin! — — Heil dem Väterchen der kleinen Pioniere, Josef Wissarionowitsch Stalin!" Über dem Kopf des Jungen leuchtete Papiergold, das die Engel der Dreifaltigkeit umrahmte.

Am Morgen gingen die Gefangenen, die Kolchosbauern und die Mädchen auf die Felder. Der Starost riß mit Pferd und Pflug die glasharten Schollen auf. Das Wasser in den Schrunden war gefroren. Die Eishaut zersplitterte wie Glas. Die Kartoffeln waren kalt. Die Mädchen und die Gefangenen klopften die Hände in den Achselhöhlen, und der Atem rauchte vor den Mündern.

Die Sonne stieg über den Wäldern hoch, schob sich in den grünblauen, seidenreinen Himmel, der sich weit über die niedrigen Horizonte spannte. Krähen schrieben darauf ihre zerfledderte, kyrillische Schrift. Das Dorf lag in der Mitte offener Felder, die rundum von Wäldern begrenzt wurden. Der Weg nach Osten zog eine dünne Spur hindurch. Kinder gingen auf dem Weg, fern und klein, doch ihre Stimmen klangen nah wie Tassen, die auf ein Tablett gestellt werden.

„Sie gehen zur Schule", sagte eine Frau zu dem jungen Gefangenen. „Hinter dem Wald liegt Rossono. Rossono ist größer als Krasno Scheri."

„Sind auch Julia und Nikolaj dabei?" fragte der Gefangene.

„Ja, sie sind auch dabei", sagte die Frau.

Der Gefangene winkte. Die Kinder winkten zurück. Sie schwangen ihre Bücherbündel. Die Kinder trugen Pelzmützen und Wattejacken, unter denen nicht zu erkennen war, wer Julia und wer Nikolaj war. Alle winkten.

Als die Kinder auf dem Weg drüben zurückkamen, fiel die Sonne in die Wälder des Westens. Ein großes Feld war geerntet,, die Säcke und Körbe abgefahren, und alle, die gearbeitet hatten, gingen zurück, müde, mit schmerzenden Rücken und kalten Gesichtern, in Erwartung der Stube, des Feuers und der heißen Suppe.

Wieder saßen die Kinder am Tisch hinter den aufgeschlagenen Büchern.

Julia sagte: „Maxim, wir haben eine Wolfsspur gesehen!"

„Was habt ihr?" fragte der Starost.

„Wir haben eine Wolfsspur gesehen", sagte Julia.

„Wer hat sie gesehen?"

„Zuerst hat sie Spiridon gesehen, dann Katarina, dann ich, dann Nikolaj."

„Ich hab sie vor dir gesehen", sagte Nikolaj.

„Eine Kaninchenspur habt ihr gesehen", sagte der Starost.

„Nein, sie war größer", sagte Julia. „Lauter tiefe Löcher, groß wie Äpfel, und vorne waren Krallen in die Erde gedrückt."

„Wie war die Spur, Nikolaj?"

„Wie Julia sagt. Wie Äpfel. Und Krallen auch."

„Unsinn", sagte der Starost. „Die Wölfe sind in Sibirien. — Wir wollen jetzt essen."

Bevor das letzte Feld geerntet war, fiel Schnee. Der Pflug blieb in der gefrorenen Erde stecken, und die Gefangenen saßen bei ihren Quartiersleuten und brüteten vor sich hin. Die Kinder waren in der Schule. Der Starost und seine Frau saßen am Tisch. Der Gefangene stand am Fenster und sah auf das Feld. Flocken wirbelten herab.

Der Starost sagte: „Wenn es so kalt bleibt, destillieren wir morgen Samagonka. — Was hältst du davon, Maxim?"

„Warum nicht."

„Gut, wir machen morgen Samagonka", sagte der Starost.

„Ich mag keinen Samagonka", sagte die Frau.

„Du sollst auch keinen trinken", sagte der Starost. „Maxim und ich trinken ihn um so lieber."

Vor dem Fenster, auf dem Hügel, im Wirbel des Schnees stand auf einmal ein Tier, ein schmales, hochbeiniges Tier mit dickem Kopf und schrägen Augen, einem Hund ähnlich und doch kein Hund.

„Da!"

Im Ausruf des Gefangenen war so viel Verwunderung, Schreck und Angst, daß der Starost und seine Frau schnell zum Fenster kamen und gerade noch sahen, wie das Tier sich wandte und mit seinem hängenden Schwanz im wirbelnden Schnee verschwand.

„Ja, es ist ein Wolf. So sieht er aus. Die Kinder hatten recht", sagte der Starost.

„Und die Kinder sind unterwegs!" rief die Frau.

„Der Wolf ist hier, und die Kinder sind dort", sagte der Starost. Aber es klang nicht überzeugend.

„Ihr habt doch ein Gewehr! Warum gehen wir nicht hinaus?" sagte der Gefangene.

„Mein Gewehr —"

„Es ist nicht geladen", sagte die Frau.

„Daß dich —", der Starost stieß einen gemeinen Fluch aus.

„Ein Wolf kommt nie allein", sagte die Frau.

„Ich habe keine Patronen, Maxim", sagte der Starost. „In der Stadt haben sie mir keine Patronen gegeben, im Magazin nicht und im Lager nicht. Ich wollte nicht, daß ihr Gefangenen es wißt."

„Dann nehmen wir eine Axt, ein Beil, eine Sense oder Stöcke."

„Du kennst nicht die Wölfe, Maxim. Aber, wenn du mitkommen willst —"

Der Starost holte eine Axt und eine Sense aus dem Schuppen. Sie gingen den Weg nach Osten, und als sie auf die Höhe kamen, merkten sie, daß sie keine Mäntel angezogen hatten. Axt und Sense hielten sie hieb- und stichbereit vor den Hüften. Krähen flogen durch den wirbelnden Schnee, in dichten Klumpen tief über der Erde, vor den Köpfen der Männer schreckten sie, ohne Schrei, auf.

Der Starost atmete schwer. Die Flocken hingen in seinen Brauen und in seinem Bart. Ein alter Mann.

„Die Kinder müßten längst hier sein", sagte er.

Wortlos gingen sie weiter. Es war still, und der Schnee rauschte. Fern hörten sie die Stimmen der Kinder.

Der Starost rief: „Julia! — Nikolaj!"
Auch der Gefangene rief: „Julia! — Nikolaj!"
Nach einer Atempause gaben die Kinder Antwort.
Der Starost und der Gefangene gingen schneller, die Kinder gingen schneller. Wie aufgeschreckte Vögel flogen sie in die Mitte der Männer, Julia, Nikolaj, Katarina, Ludmilla, Sina, Stepan, Alexander, Ivan, Nikita und Spiridon, zehn Kinder, in Pelzmützen und Wattejacken, die Bücherbündel in den steifen Händen.

Sie redeten durcheinander von Wölfen im Wald, von brechendem Holz, Gekläff und einem Netz von Spuren im frischgefallenen Schnee. Während sie auf dem Weg standen, der Starost, der Gefangene, die Kinder, und redeten, kamen die Wölfe. Ihre Augen sahen sie zuerst, gefährliche, trübe Lichter im wirbelnden Schnee. Ihre Köpfe schoben sich heraus, die steifen Ohren, der Kranz gesträubter Haare um den Hals, die struppigen, zementgrauen Leiber mit den buschigen Schwänzen. Wie ein Keil stießen sie aus dem Unterholz über die Felder nördlich der Straße.

Die Kinder verschluckten das letzte Wort und klammerten sich in die Rücken der Männer. Der Starost hielt die Axt hoch, der Gefangene hielt die Sense hoch. Die Kopfhaut spannte sich, und die Gedanken verschwammen.

Die Wölfe liefen entlang der Straße, vorbei, eine stumme, wogende Meute, Reihe hinter Reihe, Rücken neben Rücken, lautlos, auf hohen Beinen, gezogen zu einem Ziel. Sicher waren hinter den Rudeln andere Rudel, unsichtbare Rudel im Wirbel des Schnees, hundert Rudel, tausend Rudel. Manche Tiere kamen so nahe vorbei, daß die Rippen zu sehen waren, Knochen, Muskeln, Sehnen unter dem räudigen Fell und ihre roten Zungen, die lang aus den Mäulern hingen. Hätten die Wölfe geknurrt oder gebellt, es wäre nicht so unheimlich gewesen wie dieses lautlose, gespenstige Vorübergleiten der unberechenbaren Bestien. Hunger trieb sie, Hunger machte sie blind für die Beute neben der Fährte.

So zogen Heere in die Städte der Feinde ein, durch die Mauer des Schweigens, der Verachtung, des Hasses. Die Menschen verkrochen sich vor ihnen, löschten das Licht, hielten den Atem an, schlossen die Augen und glaubten, ihr Herz klopfte gegen die Wand, und die draußen könnten es hören, durch die Tür brechen und wahllose Schüsse ins schwarze Zimmer feuern.

Die Dunkelheit wuchs, und noch immer nahm das Heer der Wölfe kein Ende. Wie lange zogen sie vorbei? Wie viele waren es? Stunden. Alle Wölfe Sibiriens.

Dann kamen die letzten Wölfe. Sie trabten hinter den Rudeln her, kranke, dürre Tiere und junge Tiere, denen es schwerfiel, die schmalen Pfoten zu heben.

Nacht umschloß den Starost, den Gefangenen, die Kinder. Lange wagten sie nicht, sich zu lösen, zu bewegen, zu sprechen.

Der Starost sprach als erster. Er sagte: „Die Wölfe kommen zurück. Sie wittern den Frieden."

WOLFGANG BORCHERT

An diesem Dienstag

Die Woche hat einen Dienstag.
Das Jahr ein halbes Hundert.
Der Krieg hat viele Dienstage.

An diesem Dienstag
übten sie in der Schule die großen Buchstaben. Die Lehrerin hatte eine Brille mit dicken Gläsern. Die hatten keinen Rand.
Sie waren so dick, daß die Augen ganz leise aussahen.
Zweiundvierzig Mädchen saßen vor der schwarzen Tafel und schrieben mit großen Buchstaben:
Der Alte Fritz hatte einen Trinkbecher aus Blech. Die Dicke Berta schoß bis Paris. Im Kriege sind alle Väter Soldat.
Ulla kam mit der Zungenspitze bis an die Nase. Da stieß die Lehrerin sie an. Du hast Krieg mit ch geschrieben, Ulla. Krieg wird mit g geschrieben. G wie Grube. Wie oft habe ich das schon gesagt. Die Lehrerin nahm ein Buch und machte einen Haken hinter Ullas Namen. Zu morgen schreibst du den Satz zehnmal ab, schön sauber, verstehst du? Ja, sagte Ulla und dachte: Die mit ihrer Brille.
Auf dem Schulhof fraßen die Nebelkrähen das weggeworfene Brot.

An diesem Dienstag
wurde Leutnant Ehlers zum Bataillonskommandeur befohlen.
Sie müssen den roten Schal abnehmen, Herr Ehlers.
Herr Major?
Doch, Ehlers. In der Zweiten ist sowas nicht beliebt.
Ich komme in die zweite Kompanie?
Ja, und die lieben sowas nicht. Da kommen Sie nicht mit durch. Die Zweite ist an das Korrekte gewöhnt. Mit dem roten Schal läßt die Kompanie Sie glatt stehen. Hauptmann Hesse trug sowas nicht.
Ist Hesse verwundet?
Nee, er hat sich krank gemeldet. Fühlte sich nicht gut, sagte er. Seit er Hauptmann ist, ist er ein bißchen flau geworden, der Hesse. Versteh ich nicht.

War sonst immer so korrekt. Na ja, Ehlers, sehen Sie zu, daß Sie mit der Kompanie fertig werden. Hesse hat die Leute gut erzogen. Und den Schal nehmen Sie ab, klar?
Türlich, Herr Major.
Und passen Sie auf, daß die Leute mit den Zigaretten vorsichtig sind. Da muß ja jedem anständigen Scharfschützen der Zeigefinger jucken, wenn er diese Glühwürmchen herumschwirren sieht. Vorige Woche hatten wir fünf Kopfschüsse. Also passen Sie ein bißchen auf, ja?
Jawohl, Herr Major.
Auf dem Wege zur zweiten Kompanie nahm Leutnant Ehlers den roten Schal ab. Er steckte eine Zigarette an. Kompanieführer Ehlers, sagte er laut.
Da schoß es.

An diesem Dienstag
sagte Herr Hansen zu Fräulein Severin:
Wir müssen dem Hesse auch mal wieder was schicken, Severinchen. Was zu rauchen, was zu knabbern. Ein bißchen Literatur. Ein paar Handschuhe oder sowas. Die Jungens haben einen verdammt schlechten Winter draußen. Ich kenne das. Vielen Dank.
Hölderlin vielleicht, Herr Hansen?
Unsinn, Severinchen, Unsinn. Nein, ruhig ein bißchen freundlicher. Wilhelm Busch oder so. Hesse war doch mehr für das Leichte. Lacht doch gern, das wissen Sie doch. Mein Gott, Severinchen, was kann dieser Hesse lachen!
Ja, das kann er, sagte Fräulein Severin.

An diesem Dienstag
trugen sie Hauptmann Hesse auf einer Bahre in die Entlausungsanstalt. An der Tür war ein Schild:

Ob General, ob Grenadier:
Die Haare bleiben hier.

Er wurde geschoren. Der Sanitäter hatte lange dünne Finger. Wie Spinnenbeine. An den Knöcheln waren sie etwas gerötet. Sie rieben ihn mit etwas ab, das roch nach Apotheke. Dann fühlten die Spinnenbeine nach seinem Puls und schrieben in ein dickes Buch: Temperatur 41,6. Puls 116. Ohne Besinnung. Fleckfieberverdacht. Der Sanitäter machte das dicke Buch zu. Seuchenlazarett Smolensk stand da drauf. Und darunter: Vierzehnhundert Betten.
Die Träger nahmen die Bahre hoch. Auf der Treppe pendelte sein Kopf aus den Decken heraus und immer hin und her bei jeder Stufe. Und kurzgeschoren. Und dabei hatte er immer über die Russen gelacht. Der eine Träger hatte Schnupfen.

An diesem Dienstag
klingelte Frau Hesse bei ihrer Nachbarin. Als die Tür aufging, wedelte sie mit dem Brief. Er ist Hauptmann geworden. Hauptmann und Kompaniechef, schreibt er. Und sie haben über 40 Grad Kälte. Neun Tage hat der Brief gedauert. An Frau Hauptmann Hesse hat er oben drauf geschrieben.
  Sie hielt den Brief hoch. Aber die Nachbarin sah nicht hin. 40 Grad Kälte, sagte sie, die armen Jungs. 40 Grad Kälte.

An diesem Dienstag
fragte der Oberfeldarzt den Chefarzt des Seuchenlazaretts Smolensk: Wieviel sind es jeden Tag?
  Ein halbes Dutzend.
  Scheußlich, sagte der Oberfeldarzt.
  Ja, scheußlich, sagte der Chefarzt.
  Dabei sahen sie sich nicht an.

An diesem Dienstag
spielten sie die Zauberflöte. Frau Hesse hatte sich die Lippen rot gemacht.

An diesem Dienstag
schrieb Schwester Elisabeth an ihre Eltern: Ohne Gott hält man das gar nicht durch. Aber als der Unterarzt kam, stand sie auf. Er ging so krumm, als trüge er ganz Rußland durch den Saal.
  Soll ich ihm noch was geben? fragte die Schwester.
  Nein, sagte der Unterarzt. Er sagte das so leise, als ob er sich schämte.
  Dann trugen sie Hauptmann Hesse hinaus. Draußen polterte es. Die bumsen immer so. Warum können sie die Toten nicht langsam hinlegen. Jedesmal lassen sie sie so auf die Erde bumsen. Das sagte einer. Und sein Nachbar sang leise:
  Zicke zacke juppheidi
  Schneidig ist die Infantrie.
  Der Unterarzt ging von Bett zu Bett. Jeden Tag. Tag und Nacht. Tagelang. Nächte durch. Krumm ging er. Er trug ganz Rußland durch den Saal. Draußen stolperten zwei Krankenträger mit einer leeren Bahre davon. Nummer 4, sagte der eine. Er hatte Schnupfen.

An diesem Dienstag
saß Ulla abends und malte in ihr Schreibheft mit großen Buchstaben:
  Im Krieg sind alle Väter Soldat.
  Im Krieg sind alle Väter Soldat.
  Zehnmal schrieb sie das. Mit großen Buchstaben. Und Krieg mit G. Wie Grube.

WOLFDIETRICH SCHNURRE

Die Reise zur Babuschka

Karl glaubte nicht, daß es mal so kommen könnte, wie Aljoscha gesagt hatte; es lag ihm nicht, sich vorzustellen, daß jede Selbstverständlichkeit von irgendeinem himmlischen Auge registriert und dann pedantisch verzinst werden sollte. War ein Mensch in Not, half man ihm. Ging man selbst dabei drauf — Pech gehabt. Wenn nicht, auch gut.

Aljoscha sah das anders. Für ihn war Karls Tat eine Leistung: er hatte Tränen in den Augen, als Karl ihn aus dem Feuer schleppte. Nicht vor Schmerz, obwohl es ihn ganz schön geschnappt hatte diesmal; nein, vor Rührung, vor Dankbarkeit oder so was. „Du sollst sehn", sagte er über Karls Schulter weg, „du sollst sehn, einmal bin auch ich dran, dir zu helfen. Dann sollst du's gut haben. Und pflegen will ich dich dann, goshpodin, will ich dich pflegen."

„Fein", keuchte Karl, „da freu ich mich drauf."

Als er mit Aljoscha zum Gefechtsstand kam, war der Chef da. Er hatte einen Splitter im Arm, und ein Sanitäter dokterte an ihm herum, obwohl die Schwerverwundeten in Reihen dalagen.

„Jetzt schmeißen Sie sich auch noch für einen Hiwi weg", sagte der Chef, „für einen russischen Pferdeknecht! Ehre haben Sie wohl gar nicht mehr im Leib?"

Karl ließ Aljoscha zur Erde gleiten, er legte ihn zu den übrigen und setzte sich. „Er hat den Bauch kaputt", sagte er; „sollte ich ihn liegenlassen?" Er hustete.

„Und Sie —?" fragte der Chef.

Karl fuhr sich mit dem Handrücken über den Mund. Blut klebte daran, es troff ihm aus den Mundwinkeln, er merkte es erst jetzt.

„Wär Ihnen nie passiert, wenn Sie nicht diesen blödsinnigen Hiwi rausgeholt hätten", sagte der Chef, „Au!" schrie er den Sanitäter an, „passen Sie doch auf, Mensch!" Karl sah zu Aljoscha hin. Der preßte die Kinnbacken aufeinander. Als er Karls Blick spürte, lächelte er.

Der Chef sagte: „Ich warne Sie, Obergefreiter Gruber. Sie wissen, daß Sie dem Kommandeur schon öfter aufgefallen sind. Dieses dauernde Rumglucken mit den Russen. Außerdem —" Er zündete sich mit dem freien Arm eine Zigarette an, „außerdem weiß man auf Kriegsgerichten in der Regel zwischen forciertem Draufgängertum und beabsichtigter Selbstverstümmelung verdammt gut zu unterscheiden, Obergefreiter Gruber."

Arschriese, dachte Karl; in die Schnauze schlagen müßte man dir.

„Willste dich mal hinlegen!" sagte der Oberarzt. „Sitzt der Kerl mit 'm Lungenschuß, sowas."

Karl legte sich. Erst auf den Rücken; doch da verschluckte er sich. Dann auf die Seite; das ging; das Blut lief ihm in zwei Bächen, die sich unter dem Kinn vereinigten, den Hals runter. Er fühlte sich leicht, wunderbar leicht.

Behandelt wurden nur die Arm- und Beinverletzten; die übrigen kamen in die Vorhölle, in den Abkratzpalast. Das war das Zelt, in dem die mit den Kopfverletzungen, mit den Bauch- und den Lungenschüssen herumlagen, bis man sie auf die Panjewagen verlud, die sie zum Verbandplatz bringen sollten. Wenn das dann noch Sinn hatte.

Was sie alle bekamen, ob Lungenschuß oder Splitter im Knie: die Tetanusspritze. Auch Aljoscha; auch Karl.

„Laßt uns zusammen", sagte Karl zu den Sanitätern, die sie reintrugen. Es war komisch; daß er Aljoscha aus dem Granatwerferfeuer geholt hatte, war noch ein Experiment gewesen. Aber daß er ihn jetzt plötzlich brauchte, war echt.

Im Zelt drin war es dunkel. Sie lagen auf Stroh.

„In zwei Stunden kommen die Wagen, Leute", sagte der Sanitäter. Dann fiel die Zeltklappe zu.

„Nu", sagte Aljoscha, „was ist —: Wie geht's dir?"

„Nicht schlecht", keuchte Karl; „und dir?"

„Ich flieg", sagte Aljoscha; „eine Taube bin ich."

„Mich kannst du wegblasen wie 'n Löwenzahnfallschirm."

Aljoscha blies die Backen auf. „Nu, was ist, warum fliegst du nicht?"

„Schade", sagte Karl, „aber mir muß einer 'n Stein in die Hose genäht haben."

Sie lachen lautlos.

„Weißt du", sagte Aljoscha; „nicht, daß mein Leben was taugte, nein. Aber die Babuschka, siehst du — die Großmutter —"

„Du liebst sie?" fragte Karl und dachte an seine Frau, von der er sich getrennt hatte, weil er anfing, Mitleid mit ihr zu bekommen.

„Du müßtest sie sehn", sagte Aljoscha; „wenn sie sich in den Ofen bückt und die Pfanne rausholt, die schwarze, mit dem brutzelnden Talg drauf und den weißen Kartoffeln. Goshpodin! So emsig. Und erst wenn sie sich umdreht: Setz dich, Ljoschinka, Täubchen; hast genug rumrennen müssen, diesen unguten Krieg lang. Ruh jetzt; mach Schluß mit dem Ärger. Und ich setz mich und rühr nur im Napf und starr zu ihr hin, und ich seh, daß es ihr ebenso geht, daß sie auch nur mich ansieht; bis ihr das Angestarre zu dumm wird.

Iß du jetzt! schreit sie und schüttelt die Fäuste. Nu, was sollst du da machen? Tauchst den Kopf in den Dampf und fängst an zu löffeln."

„Wir werden zu ihr gehn", sagte Karl.

Aljoscha drehte das Gesicht zu ihm hin. „Sie wird dir einen Speckkuchen backen", sagte er, „mit Buttermilch drüber. So dick. Und gelb; viel Eier. Du schläfst im Bett. Ich und die Babka, wir gehn in die Nische. Wenn du Lust hast, gehn wir abends auch auf die Kolchose; da gibt's Musik, und auch Wodka manchmal, und Mädchen."

Sie mußten aufhören, ein Verwundeter schrie.

„Was ist los", fragte der Sanitäter durch den Zeltspalt.

„Verpfeif dich", sagte einer; „laß ihn wenigstens in Ruhe krepieren."

„Wie ein Pferd", sagte Aljoscha; „weißt du, ein Pferd. Hast du schon mal ein Pferd schreien hören? So wenn es sterben muß, wie es dann schreit, ja?"

„Nein", sagte Karl.

„Genau so." Aljoscha hielt den Atem an.

„Was ist?" fragte Karl.

„Meine Pferde", sagte Aljoscha. „Das wär was: der Babuschka sie mitbringen. Hm?"

„Schade", sagte Karl; „aber das geht nicht, Aljoscha."

„Nein", sagte Aljoscha. „Aber wenn sie jetzt nur nicht der Dimitry kriegt. Der Dimitry nämlich, weißt du, der hat neulich einer Eidechse den Kopf abgerissen. Der ist aus einem Dorf bei Tiflis; da tun sie das noch. Einer Eidechse, Karel!"

„Vielleicht kriegt sie Wassil."

„Ja", sagte Aljoscha; „Wassil ist gut. Wassils Pferde waren immer blank. Und rund waren die, was?"

„Ja", sagte Karl. „Und am dicksten warn sie, als die Bombe ihnen die Füße weggerissen hatte, und die Sonne ihnen den Bauch wie Kürbisse auftrieb."

„Das war ein Kummer", sagte Aljoscha. „Goshpodin, wie sie dalagen, der Sascha und die kleine Kathinka. War das auch ein Pferdchen, die Kathinka, was? War das ein Stutchen, die Kleine? So was Schmales, der ihre Fesseln. Und erst die Mähne! Ganz blau. Er hat sie geflochten, der Wassil, geflochten hat er die Mähne; mit Stroh, weißt du, und mit roten Bändern."

„Ja", sagte Karl; „schön sah das aus. Ich glaub bestimmt, daß Wassil die Pferde kriegt."

Aljoscha schwieg.

Er denkt an seine Pferde, dachte Karl. Er hat einen Bauchschuß, krepiert in ein paar Stunden und denkt an seine Großmutter und an die Pferde.

Von draußen schimmerte eine Leuchtkugel durch die Zeltplane. Die Verwundeten stöhnten.

Woran er wohl jetzt denkt, dachte Aljoscha und versuchte, in dem blauen Leuchtkugellicht zu Karl hinzusehen. Lauter rote Bläschen hat er vorm Mund. Ob er jetzt sterben muß?

Wenn er kaputt geht, geht er wegen dir kaputt, Ljoscha.

Der Sterbende schrie wieder.

„Halt doch die Schnauze, Kerl", sagte jemand; „wir machen's doch auch ruhig ab."

„Was sagt er, Karel", flüsterte Aljoscha; „darf er nicht schreien?"

„Er will, daß er ruhig sein soll", sagte Karl.

„Aber er stirbt doch."

„Warum muß er schreien, wenn er stirbt?" fragte Karl.

„Nu, ist doch schlimm."

„Was —: Sterben —?"

„Totsein mein ich; so all das Dunkel um einen, und niemand da, den du kennst."

„Was willst du", sagte Karl; „vielleicht war hier schon niemand da, der ihn gekannt hat."

Aljoscha dachte nach.

„Dann braucht er aber doch nicht zu schreien."

„Er schreit ja auch nicht", sagte Karl; „das Leben schreit."

„Das Leben?" fragte Aljoscha; „was hat es? Wird es gequält, daß es so schreit?"

„Es ärgert sich", sagte Karl; „es hat wieder verloren; es verliert immer."

„Nein", sagte Aljoscha.

„Nein?" Karl sah zu ihm rüber.

„Sieh mal", sagte Aljoscha; „die Babuschka, nicht, die ist jetzt so alt geworden. Goshpodin, und was hat sie alles gesehn! Krieg und Teufel, Dreck und Blut; was du willst. Aber meinst du, sie hätte mal was vom Sterben gesagt? Nein, nie hat sie das. Nichts. Gar nichts. Schön, mal in die Ecke gegangen zur Ikone und sich bekreuzigt und was gemurmelt. Aber ans Sterben gedacht? Die Babuschka —? Die denkt nicht ans Sterben. Die will gar nicht sterben. Siehst du, so ist das."

„Aha", sagte Karl; „so ist das also. Sie will nicht. Und warum nicht?"

„Nu", sagte Aljoscha, „weil's gut ist."

„Was."

„Na so: übers Feld gehn. Das Backen. Das Melken. Das Essen. Feuer anmachen. Alles eben."

„Aber die Babuschka hat doch nicht bloß immer nur Sonnenblumenkerne gekaut, sie hat doch auch deine Mutter geboren und deinen Großvater geliebt."

„Na, das ist doch auch gut."

„Was —? Das Gernhaben —? Das Kinderkriegen —?"

Aljoscha drehte den Kopf zu Karl hin. „Nu sicher; was fragst du?"

Karl schwieg. So nochmal anfangen können, dachte er. Und er dachte wieder an seine Ehe, diese Schinderei. Dieses dauernde Experimentieren, dachte er. Ehe, Krieg, Freundschaft, Mut —: Experimente, Experimente. Ausweichen, Flucht; Staub, Wirbel; nur sich's nicht setzen lassen. Nicht, so war es doch? Er dachte: Der hat sich; und du willst dich nicht; das ist der ganze Unterschied. Er sagte: „Aljoscha. Du mußt mir helfen."

„Nu", sagte Aljoscha; „wenn ich kann. Was ist, Karel?"

Der Wind trieb MG-Geknatter herüber.

„Wie ist das, Aljoscha", sagte Karl; „du hast doch sicher auch jemand sehr gern; irgendein Mädchen, nicht?"

„Ein Mädchen?" fragte Aljoscha; „ich hab doch die Babuschka. Ich kann doch nicht — wenn ich die Babuschka hab, sieh mal, da kann ich doch nicht noch ein Mädchen haben."

„Nein?" Karl stemmte den Oberkörper hoch. Er verschluckte sich. Er hustete; sein Atem keuchte. „Wirklich nicht?"

„Zwei —?" sagte Aljoscha; „das würd mich verrückt machen."

„Ja, ist das so?" Karl sank wieder zurück. „Denk mal, ich könnte das."

„Was —", fragte Aljoscha; „die Babuschka und noch ein Mädchen? Zwei —? Nein, das könntest du nicht."

„Nicht nur zwei", sagte Karl. „Zum Beispiel meine Frau und noch zwei oder drei andere. Dutzende. Jeden Tag eine andre."

„Warum?" fragte Aljoscha; „warum so viele?"

„Ich weiß nicht", sagte Karl.

Draußen war Wagenrumpeln zu hören.

„Jetzt fahren sie uns ins Lazarett", sagte Aljoscha. „Alles weiß, was? Die Betten —; die Hemden —; und Vorhänge, ja? Weiße Vorhänge —?"

„Ja", sagte Karl. „Sie flicken uns zusammen, und dann gehn wir nachhause."

„Na, na", sagte Aljoscha; „einfach nach Hause?"

„Was willst du machen mit deinem kaputten Bauch?" fragte Karl.

„Das ist wahr. Ich werd immer nur Weißbrot und Kascha essen dürfen, was?"

Die Zeltklappe hob sich; der Oberarzt kam herein. „So", sagte er und steckte einen Kerzenstumpf an, „die ersten zwölf." Er beugte sich über Aljoscha und hob dessen blutigen Mantel etwas an.

Karl sah dem Arzt ins Gesicht. Beherrscht oder abgestumpft, dachte er.

„Der geht mit", sagte der Oberarzt. „Was ist mit dir?"

„Lunge", sagt Karl.

„Richtig." Der Oberarzt drehte ihn um und betastete unter der Feldbluse Karls Schulterblätter. „Was machst du bloß für 'n Quatsch?"

„Aus —?"

Der Oberarzt blickte ihn über die Brille weg an. „Noch mal versuchen?"

Karl sah zu Aljoscha hin, den gerade zwei Sanitäter raustrugen. Ich brauch ihn, dachte er. Und er hängt an mir. Endlich mal einer, der an mir hängt.

„Los", sagte er.

Die Sanitäter hoben Karl auf. Experiment Nummer tausendundeins, dachte er.

Sie wurden Kopf an Kopf auf denselben Wagen gelegt. Der Fahrer breitete eine Decke über sie aus.

Sie standen eine halbe Stunde. Der Mond kam. Im Wald sang der Sprosser. Aljoscha hatte Schmerzen; er knirschte mit den Zähnen.

Die Pferde vorm Wagen rupften Gras, der Fahrer war eingenickt.

Karl sah in den Himmel. Etwas wie Genugtuung war in ihm. Geschafft, dachte er. Ein Leben lang bin ich ihm weggelaufen; immer war's hinter mir her. Jetzt hab ich's eingeholt, jetzt hab ich Vorsprung. Eine Nasenlänge Ewigkeit; die holt's nicht mehr auf.

„Karel —", sagte Aljoscha plötzlich.

„Ja", sagte Karl; „Ljoscha, was ist?"

„Warum bist du in den Krieg gegangen?"

„Siehst du", sagte Karl, „das ist es. Genau das. Ja, warum eigentlich."

„Mußtest du?"

„Nein", sagte Karl. „Ich wollte."

„Warum."

„Aufsitzen!" rief der Sanitätsfeldwebel.

Die Fahrer, die abgestiegen waren, setzten sich auf ihre Wagen.

„Maaaaarsch!"

Karls und Aljoschas Wagen war der letzte in der Kolonne.

Ihr Fahrer schlief noch; aber die Pferde liefen von allein los.

„Es widerte mich an", sagte Karl und schob sich auf der Strohschütte des Wagens zurecht; „verstehst du. Ich wollte nicht mehr."

„Was —: Leben —?"

„Doch; leben schon. Aber anders."

„Wie anders."

„Nicht mehr so feige, so — so dreckig, so viehisch, so — so egoistisch."

„Egoistisch — was ist das?"

„Nichts Besondres. Wir sind's alle. Aber ich wollt's nicht mehr sein, verstehst du, ich nicht mehr. Ewig andre Menschen kaputtmachen. Leben — diesen ganzen Mist. Diese Lüge. Satt hatt ich's, verstehst du: satt."

„Aber im Krieg, da macht doch auch einer den andern kaputt. Da ist's doch noch viel schlimmer, im Krieg."

„Im Krieg ist man ehrlich, Aljoscha. Da sagt man gleich: Dir hau ich den Schädel ein. Und nicht erst: Ich liebe dich. Und dann murkst er die Selbstliebe ab, der Krieg. So klein wirst du im Krieg; so winzig. Tut gut, wenn du dir über bist; ist verlockend, wenn du dich haßt."

Aljoscha starrte in den Himmel. Er ist krank, dachte er; er reißt vor sich selber aus.

„Die Babuschka", sagte er langsam, „die Babuschka sagt immer: Wenn du mich gern hast, Ljoscha, mußt du auch dich gern haben. Nu, Karel, hat sie nicht recht? Wie kann ich hassen, was sie gern hat, hm?"

„Wenn man eine Babuschka hat", sagte Karl, „sieht das alles anders aus."

„Na, du hast doch die Frau gehabt, Karel, die Kinder —. Ist das weniger, als eine Babuschka ist?"

Karl hustete, er mußte achtgeben, daß er sich nicht verschluckte. „Eine Babuschka, die versteht dich; aber eine Frau, Ljoscha, die liebt. Und Liebe, nichts als Liebe — das ist was Furchtbares."

„Los, hüsta, ihr Zossen!" rief der Fahrer und trieb die Pferde an. Die setzten sich in Trab.

Aljoscha stöhnte.

„Fahr langsam", sagte Karl auf deutsch, so laut er konnte; „er hat den Bauch kaputt."

„Herrje", sagte der Fahrer, „ich dacht, du wärst auch bloß so 'n Hiwi." Er ließ die Pferde wieder im Schritt gehen.

Eine Kette Leuchtspurgeschosse perlte über sie weg. Die Radachsen knarrten.

Aljoscha drehte den Kopf zu Karl hin. Im Mondlicht sah das Blutgerinnsel um dessen Mund und Kinn wie ein Bartgestrüpp aus.

„Wir fahren jetzt zur Babuschka", sagte Aljoscha, „weißt du das? Das Lazarett ist nur eine Station auf dem Weg zur ihr hin; nur ein Halteplatz, ja."

„Was wird sie sagen", fragte Karl, „wenn wir kommen? Wird sie sich die Hände an der Schürze abputzen, wenn sie dich sieht? Wird sie rausgerannt kommen? Wird sie sich freuen?"

„Paß auf", sagte Aljoscha, „das ist so. Sie guckt aus dem Fenster, wenn der Wagen rasselt; sie hat ihn ja gehört, den Wagen, nicht? Goshpodin! schreit sie, und nichts zu essen gemacht! Und rein wieder ins Haus mit dem Kopf und rennt auf ihren emsigen Beinen den Kellergang runter, die Sauermilch holen im Steintopf. Hier, sagt sie, und schneidet uns Brot ab und legt die Löffel neben den Borschtsch, eßt das erst mal, Kinderchen, eßt; ich mach euch was Beßres inzwischen. So sagt sie, siehst du, und steht keinen Augenblick still; keinen Augenblick, nein."

„Aber sie wird dich doch erst mal fragen, wie dir's gegangen ist, nein?"

„Wird sie nicht. Warum denn? Bin ja da. Bin ja gesund. Lauf ja und eß ja, nicht? Gar nichts wird sie fragen. Schimpfen wird sie auf sich, schimpfen und lachen und wieder in den Keller laufen und zwei Stück Fleisch aus dem Pökelfaß holen. Das ist von Mischa, weißt du, das Fleisch. Karel, ich sag dir, du, das war ein Schweinchen! Zwei Zentner hat es gehabt, das geliebte. Und sauber war es. Geputzt hat sie's immer, die Babka, geputzt und gewaschen. Hast du auch eins zu Hause?"

„Nein", sagte Karl; „aber einen Hund hab ich mal gehabt."

„Wie war der", fragte Aljoscha; „groß? Hat er sie gebissen, die du nicht leiden konntest, hat er aufgepaßt?"

„Einmal hat er mich selber gebissen", sagte Karl. „Ich — ich hatte die Uniform an, weißt du; er konnte Uniformen nicht leiden."

„Siehst du", sagte Aljoscha: „wie die Babuschka. Die Babuschka hat immer gesagt: Es gibt Bauern, und es gibt Städter; es gibt Arbeiter, und es gibt Ingenieure, Aljoscha. Jeder hat sein Tuch und jeder hat seine Mütze; der Kleine eine kleine, der Dicke eine weite. Der Reiche hat eine Weste mit Silberknöpfen, und wir haben ein Sackhemd. So ist es vorgesehn, so ist es richtig. Aber, hat die Babuschka gesagt, aber, Aljoscha: wenn der Reiche ein braunes Tuch kriegt mit Blechknöpfen dran und der Arme ein braunes kriegt mit Blechknöpfen dran, was ist dann, Aljoscha? Weiß nicht, Babuschka, hab ich gesagt, sag's mir. Dann, hat die Babuschka gesagt, glaubt der Arme, daß er reich ist, und der Reiche, daß er arm ist; dann geht alles Gesetz kaputt, und niemand weiß mehr, wer der andre jetzt ist, weil sie doch alle jetzt gleich sind von außen. Weil doch der Faule so aussieht wie der Tüchtige jetzt, und der Gute so wie der Böse, Aljoscha." Und der Mörder wie der Gemordete, und der Feige wie der Tapfere, dachte Karl. „Ja", sagte er, „da hat die Babuschka wieder was Richtiges gesagt."

„Nicht?" sagte Aljoscha; „ja, so was hat sie gewußt. Nicht daß sie klug wäre, die Liebe. Nein, gut ist sie; gut, weißt du."

„Und wer gut ist", fragte Karl mühsam, „der weiß so was alles?"

„Was?"

„Was richtig ist? Was man tun muß?"

„Nu", sagte Aljoscha, „was fragst du."

Ja, dachte Karl; was frag ich.

Er sagte: „Ob die Babuschka auch gewußt hätte, was man tun muß, wenn es hinter einem her ist?"

„Wer", fragte Aljoscha; „wer ist hinter dir her?"

„Das Nichts", sagte Karl.

Im Osten blitzten Mündungsfeuer auf; Sekunden später zuckte der Abschußknall über sie hinweg.

„Der Iwan", sagte Aljoscha.

Karl hielt die Augen geschlossen. Wenn er bloß nicht vor mir stirbt, dachte er; wenn er bloß nicht vor mir stirbt.

„Das Nichts —?" fragte Aljoscha und sah zu Karl hin. Was er für Blut verliert, dachte er.

Karl nickte.

„Was ist das."

„Wenn ich's wüßte, würd ich nicht vor ihm wegrennen."

„Du rennst vor was weg, das du nicht kennst?"

„Ja", keuchte Karl; „denk mal."

„Das versteh ich nicht."

„Hör zu", sagte Karl, ohne die Augen zu öffnen; „warum lebst du, Aljoscha?" Er hustete.
Aljoscha überlegte. „Weil – weil es die Babuschka jetzt allein auch nicht immer so schafft. Dann der Acker –, das Sonnenblumenfeld –; oder das Haus gar, die Risse im Lehm: wer soll die heilmachen, was? Na, und die Kuh erst, die Hühner – was soll denn mit denen sein, hm? Soll die Babka vielleicht im Winter das Futter stehlen auf der Kolchose –?"
„Nein", sagte Karl, „sicher nicht." Er versuchte sich etwas aufzurichten. „Und weißt du, warum ich lebe?" Ein Hustenanfall warf ihn wieder zurück.
„Na?" fragte Aljoscha. Er weiß es nicht, dachte er; Goshpodin, er weiß es nicht.
Karl schwieg; sein Atem rasselte.
Lauter Bläschen, dachte Aljoscha, lauter rote Bläschen hat er vorm Mund. „Sieh mal", sagte er bedächtig, „der Gregory, nicht, mein Bruder – ihr habt ihn vor Kremetschugg totgemacht –, der hat die Babuschka auch mal gefragt. Wie ist das, Babka, hat er gesagt, manchmal, wenn ich übers Feld gehe abends und hol die Lisaweta nach Hause, die Kuh, da frag ich mich so: und wenn du sie jetzt nicht holst, die Kuh, und dich hinlegst und einschläfst und nie wieder aufwachst, Gregory, was ist dann? Du weinst, hat er zur Babka gesagt, gut. Aber sonst –: was ist? Die Kuh geht allein nach Hause; und am Abend, Babuschka, hat er gesagt, am Abend, da machst du dem Ljoscha genauso seine Bratkartoffeln wie immer."
Karl hob ächzend den Kopf. „Und –? Was hat ihm die Babka darauf gesagt?"
„Was sie ihm gesagt hat? Nu, hat sie gesagt, nu, Gregory, was soll ich dem Ljoscha auch keine Bratkartoffeln machen. Du bist tot; soll er hungern deswegen?"
„Weiter hat sie nichts gesagt?"
„Nein", sagte Aljoscha, „weiter nichts."
„Und was war", fragte Karl angestrengt, „als der Gregory dann wirklich tot war?"
„Nichts", sagte Aljoscha; „sie hat die Ikone verhängt für zwei Tage, und am Mittag sind wir aufs Feld gegangen." Sie fuhren über eine Wiese. Schlamm saugte sich in den Radspeichen fest; Kiebitze kreischten. Ein Brachvogel pfiff.
Sie hat die Ikone verhängt für zwei Tage, und am Mittag sind sie aufs Feld gegangen, dachte Karl. Was, der Gregory tot? Nu ja. Komm, Ljoscha, wir müssen die Kartoffeln noch häufeln. Er lächelte.
„Was ist?" fragte Aljoscha, der ihn angesehen hatte.
„Ich freu mich", sagte Karl; „kannst du dir das vorstellen: Ich freu mich."
Der Wagen hielt. Weiter vorn war ein anderer in einen Graben gefahren. „Hoooo-ruck!" riefen ein paar Stimmen zugleich; „hooo-ruck!"

Die Pferde schüttelten sich. Das Geschirr klatschte auf die schweißigen Leiber; die dampften.

„Auf die Babuschka, ja?" fragte Aljoscha; „auf die Babuschka freust du dich, Karel?"

„Ja", sagte Karl; „ich freu mich, daß wir zusammen zur Babuschka fahren." So kann man's auch nennen, dachte er. Und er fragte: „Wie liegt euer Haus? Am Rand vom Dorf oder mittendrin? Stehn Bäume davor? Pappeln vielleicht?"

„Was ist", fragte Aljoscha und stützte sich etwas auf; „warum sprichst du so leise?"

„Ich sprech doch nicht leise", flüsterte Karl; „hör doch, ich sprech ja ganz laut." Er lächelte wieder; die Augen hielt er geschlossen. Das Haus, dachte er, das Haus der Babuschka. Wetten, daß Sonnenblumen davor stehn? „Stehn Sonnenblumen davor", fragte er; „ja?"

„Nein", sagte Aljoscha, „Mais; für die Kuh, weißt du. Das heißt, die Kolben essen wir selber."

„Hüh!" rief der Kutscher. – Sie fuhren wieder.

„Melkt sie selber?" fragte Karl.

„Was —?" fragte Aljoscha und beugte sich über ihn.

Er versteht mich nicht, dachte Karl. „Natürlich melkt sie selber", sagte er; „nicht, Ljoscha?"

Aljoscha hatte Schmerzen; aber er spürte sie nicht. Er sah Karl ins Gesicht, er schluckte. „Es – es sind nur ein paar Häuser", sagte er stockend und brachte den Mund dicht an Karls Ohr; „fünf oder sechs, weißt du. Wir liegen ganz außen; wenn du vom Westen kommst, vom Wald her, weit links; an den Pappeln; ja, an der Pappelgruppe. Viel Sand; aber guter Kartoffelboden. Auch Roggen kommt leidlich; manchmal auch Mohn. Hörst du mich noch —?"

Karl bewegte die Lippen. Er lächelte.

Aljoscha hielt sein Ohr über Karls Mund.

„Ist es weiß", flüsterte Karl; „ja, Ljoscha? Ganz weiß, das Haus mit der Babuschka drin?"

Es ist braun, dachte Aljoscha, rissig und braun. „Ja, es ist weiß", sagte er. „Es leuchtet wie ein Segel mittags, wie eine Wolke, Karel."

„Und der Stall", flüsterte Karl, „der Stall mit den Tieren drin; erzähl, wie es im Stall aussieht, ja?"

Aljoscha biß sich auf die Lippen. Das blutet und blutet aus seinem Mund, dachte er, und hört nicht auf. „Wenn man reinkommt", sagte er heiser, „wenn man reinkommt, ist rechts gleich die Bucht für das Schwein; da stapeln wir Brennholz. Oben drüber liegt die Stange für die Hühner. Vier Stück haben wir; eins hat der Habicht geholt. Und links, links steht die Kuh, die Lisaweta; vier Liter gibt sie am Tag; vier, ja. Manchmal auch nur zwei oder einen; manchmal auch gar nichts; wie die Weide ist, je nachdem."

Die Wiesen, durch die sie fuhren, waren mit Tümpeln durchsetzt; Nebel stieg auf aus ihnen, Frösche quarrten. Karls Kopf war seitlich auf die Schulter gesunken. Aljoschas Wange lag dicht neben Karls Mund; der Atemhauch, der sie traf, hätte von einem Falterflügel herrühren können.

„Über den Hühnern", sagte Aljoscha gepreßt und schmeckte das Salz seiner Tränen, „über den Hühnern liegen Kiefernstangen, frisch geschälte. Da kommt im Herbst das Winterheu drauf. Von außen ist der Stall nochmal mit Holz verschalt; innen sind die Wände aus Weidengeflecht und aus Lehm; aber gekalkt: weiß; das haben sie gern, die Tiere."

„Aljoscha", sagte Karl plötzlich laut, „das Mohnfeld, das Mohnfeld —"
„Was?" fragte Aljoscha. „warum sprichst du nicht russisch?"
Karl schwieg.
Aljoscha beugte sich über sein Gesicht. Den Mund konnte er wegen des Blutes nicht erkennen. Aber die Augen. Sie waren starr.
„Was denn für 'n Mohnfeld?" fragte der Fahrer und drehte sich um.
Aljoscha zitterte. Er hatte wahnsinnige Angst, der Fahrer könnte merken, daß Karl gestorben wäre, und würde ihn abladen.

„Manchmal haben wir auch ein Lamm aufgezogen", sagte Aljoscha laut zu dem toten Karl und starrte auf den Rücken des Fahrers; „so ein krausliges, weiß du. Wenn es ein Schaf war, so ein richtiges, haben wir es geschoren. Gab allerhand Wolle. Die haben wir eingetauscht auf dem Kolchos; gegen fertiges Leinen. Hat die Babka Hemden gemacht draus, auch mal ein Bettuch."

Der Fahrer bewegte sich.

„Den Flachs allerdings", sagte Aljoscha noch lauter und fing wieder an zu zittern, „den Flachs hat sie selber gesponnen; abends vorm Haus meist. Wenn der Mond schien, auch nachts noch. Ich hab daneben gesessen und Löffel geschnitzt oder so was."

Als der Fahrer auf der Bank vorn zusammengesackt war und zu schnarchen begann, hörte Aljoscha auf zu reden. Er hatte sich schon vorher mehrmals unterbrochen, hatte den Kopf gehoben und sich umgesehen; die Gegend kam ihm bekannt vor. Wenn er nur diese irrsinnigen Schmerzen in den Eingeweiden nicht gehabt hätte; so kriegte er nur immer den Kopf etwas hoch; sobald er die Ellenbogen dazunehmen wollte, hätte er aufschreien können vor Qual.

Aber dann erkannte er es doch; an einer Baumgruppe sah er es: Pappeln; und dahinter lagen die Häuser; fünf oder sechs, graubraun, strohgedeckt und aus Lehm: Er war da. Dort drüben, links zum Wald hin, das letzte mit dem Holzstall daneben, das war es — das Haus, in dem die Babuschka wohnte.

„Paß auf", sagte Aljoscha zu Karl, „paß auf jetzt, da ist es." Er lachte vor Freude. Er richtete sich auf ohne den geringsten Schmerz. „Langsam, Pferdchen langsam", sagte er und half Karl sich hochzustützen. „So", sagte er, „geht's?"

Karl setzte sich auf. „Natürlich geht's. Wo ist es?" fragte er.
„Da", sagte Aljoscha, „zum Walde hin; das linke."
„Braun?" fragte Karl; „du hast doch gesagt, daß es weiß wär."
„Ist es auch", sagte Aljoscha; „das täuscht. Aber komm jetzt."
Er schwang sich vom Wagen.
Karl folgte.
„Nu —?" sagte Aljoscha.
Sie standen einen Augenblick still und lauschten auf das leiser werdende Wagengerumpel.
In Aljoschas Schläfen summte das Blut; ein Messer bohrte sich in seine Eingeweide. Er taumelte. Dann packte er Karls Handgelenk. „Komm", keuchte er, „komm, Karel."
Aber Karl war zu müde; er blieb stehen.
Da lief Aljoscha allein. Er lief geradewegs auf die Lehmkate zu, auf die linke, auf die mit dem Holzstall daneben. Auch die Pferde waren müde. Die Deichsel des letzten Wagens krachte dem vorderen in die Rückwand.
Der Fahrer fuhr hoch. „Was ist los?" fragte er.
„Idiot", sagte der vorletzte, „Pinkelpause."
Der andere sprang ab und ließ Wasser am Hinterrad. „Na", sagte er dabei zu Aljoscha und Karl, „na, ihr beiden —? Fritze!" rief er dann, „komm mal her."
„Wo brennt's denn?" fragte der zweite.
„Sieh dir mal die beiden hier an."
Der andere sah über die Rückwand weg: „Die Fuhre hättest du dir sparen können."

Stephan Hermlin

Arkadien

Charlot, der in seiner ganzen Mächtigkeit auf der Schwelle stand, in der schwarzen Lederjacke, die ihn noch breiter machte und sich um die Waffen bauschte, die er darunter trug, Charlot fand, daß Marcel sich nicht verändert habe. Der sich am anderen Ende der Zelle von seinem Schemel erhoben hatte, sah aus, wie er immer ausgesehen hatte, wie ein dreiundzwanzigjähriger Hirtenjunge aus der Auvergne eben aussieht; sein Gesicht drückte Gesundheit und Ruhe aus, nur daß eine begreifliche Verwunderung es jetzt gewissermaßen von den Rändern her in Unordnung zu bringen begann: es erblaßte langsam, unaufhörlich, als würde in dem langen Schweigen zwischen den beiden Männern auf dieses Gesicht alle paar Sekunden eine neue Schicht Blässe aufgetragen. Dabei hatte Charlot sich mittlerweile bestätigen müssen, daß Marcels unverändertes Äußeres die natürlichste Sache der Welt war. Seit den Vorfällen vom Dezember 1943, während der sie sich zum letztenmal gesehen hatten, waren gerade sechs Monate verstrichen.

„Na, Marcel, es ist soweit", sagte Charlot. Marcel erwiderte nichts.

‚Der sieht mich an', dachte Charlot, ‚als ob ich eine Erscheinung wäre.'

„Gib mir deine Hand", sagte er.

Es war nicht eine Hand, die Marcel ihm entgegenstreckte, es waren beide. Er hatte sie aneinandergelegt, so daß sich Gelenke und Daumen berührten. Charlot trat auf ihn zu, während er ein Paar Handschellen aus der rechten Tasche der Lederjacke zog.

An der Tür salutierte der Gendarm vor Charlot, der ihn nicht beachtete. „Was soll man machen, Monsieur", hörte Charlot ihn sagen, „wenn man könnte, wie man wollte, aber Sie wissen ja, wie es ist..." Charlot, der Marcel vorangehen ließ, warf noch einen flüchtigen Blick auf das zu einem ängstlichen Lächeln verzogene Gesicht des Mannes, der in seiner verschossenen schwarzen Uniform an der Tür stand, einen Schlüsselbund in einer Hand und an der unförmigen leeren Pistolentasche herumfingernd, während er die Fortgehenden mit seinem Geplapper begleitete.

„Schon gut. Adieu!" sagte Charlot über die Schulter und trat hinter Marcel auf die Straße und auf die schwarze Limousine zu, in der Louis saß.

In diesem Juni, da an den Brückenköpfen in der Normandie die Artillerieschlacht raste und Paris sich zum Aufstand rüstete, zogen die Deutschen in Aurillac es vor, dem Maquis aus dem Wege zu gehen. Die deutsche Garnison in der Stadt, die kleinen Kommandos in der Nähe, die Straßensperren und Hochspannungsleitungen bewachten, spürten den Zugriff der Partisanen, deren Stab ihnen geraten hatte, sich ruhig zu verhalten. Sie befolgten diesen Rat. Erst recht die französischen Gendarmen, die keinen Finger mehr rührten und sich, wenn die Forderung an sie erging, widerstandslos entwaffnen ließen. Allein die Miliz erwartete mit Haß und Grauen die Abrechnung. Es war nur natürlich gewesen, daß man Charlot, sobald er aufgetaucht war, ins Gefängnis eingelassen hatte. Kein Mensch hätte daran gedacht, ihn an der Entführung eines Gefangenen hindern zu wollen.

Charlot öffnete die hintere Tür des Wagens für Marcel, dem Louis schon Platz machte. Marcel stolperte über die Maschinenpistole, die auf dem Boden lag; in sein Gesicht trat von neuem die Unordnung, die er gerade daraus weggebracht hatte. Charlot drehte sich nicht um, er war bereits mit dem Starter beschäftigt und sah aus wie ein Mann, der ganz an seinem Platz ist. Louis beobachtete ihn bei seinen Handgriffen, wie er mit der Rechten die Handbremse losmachte und nach dem Schalthebel griff; die Apparatur war eigentlich zu zierlich für diesen Obersten, der die meiste Zeit seines Lebens Fahrer von Fernlastzügen gewesen war. Selbst wenn Charlot sich nicht um ihn kümmerte, konnte Louis der Freundschaft dieses Mannes sicher sein; der väterlichen, achtungsvollen, ein wenig brummigen Freundschaft, die der klassenbewußte Arbeiter dem Intellektuellen entgegenbrachte, von dessen Wert er sich überzeugt hatte. Louis meinte in diesem Augenblick zu wissen, daß Charlots Zuneigung zu ihm ihre ganze zuverlässige Festigkeit dem Umstand verdankte, daß er, Louis, ein Deutscher war; weil vielleicht seine, Louis', Existenz die Richtigkeit bestimmter Ansichten Charlots bestätigte, auf die der Bataillonskommandant nicht einmal in dieser Zeit verzichten wollte. Louis, ehemaliger Offizier in einer Internationalen Brigade, hatte ohne Überheblichkeit, aber auch ohne falsche Schüchternheit das am Anfang noch ziemlich mangelhafte Bataillon durchorganisiert und gute und böse Tage mit ihm ertragen. Louis fühlte sich wohl beim Bataillon; in Charlots Freundschaft zu ihm empfand er die Freundschaft aller.

Kaum daß der Wagen angefahren war, zeigte Charlot schon Zeichen von Unzufriedenheit. Er murmelte etwas vor sich hin und schüttelte ärgerlich den Kopf. Schließlich warf er Louis die Worte zu: „Zum Teufel noch mal, so kann man doch nicht einfach aus der Stadt fort!" Louis erwiderte nichts, er war nur unruhig geworden. Charlot hatte unschlüssig einen Moment lang mit dem Steuer gespielt und den Wagen gebremst. Von seinem Rücksitz aus sah Louis über Marcels gefesselte Hände weg die Leute, die auf der Straße in der Sonne standen, Frauen vor einer Epicerie, Kinder im Kreis um einen Abbé versammelt. Sie fuhren wie mit einem Satz bis auf die Mitte des Marktplatzes, wo Charlot den Wagen anhielt. Louis hatte schon halb begriffen, worum es ging.

Charlot stieg mit beschäftigter Miene aus, kam an die Hintertür, sagte durch die Zähne: „Komm, Freundchen!" Er zerrte Marcel an den Handschellen auf die Straße. Louis stand auf einmal der Schweiß auf der Stirn. Während Charlot Marcel festhielt, wandte er sich den Leuten auf dem Platz zu und machte eine weite, rufende Bewegung mit dem freien Arm.

„He, ihr Leute", brüllte Charlot, „kommt einmal her!" Überall auf dem Markt bröckelte der Lärm ab; Louis sah, wie sich von allen Seiten die weißen Gesichter ihnen zuwandten, wie Händler und Kunden auf der Schwelle der Läden erschienen, wie alles auf einmal eine Menge wurde, die rasch auf sie zulief wie Wasser nach einem tiefgelegenen Abfluß. Die Menschen hatten einen Halbkreis um den Wagen gebildet, die vordersten standen kaum zwei Meter von Charlot und Marcel entfernt. Louis dachte: ‚Die Stadt ist voll von deutschen Soldaten und Miliz; und wenn sie kommen? Wie soll man bloß den Wagen loskriegen aus dieser Masse? Charlot ist verrückt geworden.'

„Paßt einmal auf!" sagte Charlot laut, während die Leute in den vordersten Reihen auf die Handschellen des Gefangenen blickten, als wüßten sie schon, was Charlot ihnen erzählen würde. Sie bemühten sich, ihren vom Lauf heftigen Atem ruhig zu machen, und riefen Ruhe! hinüber zu den Spätergekommenen, die sich geräuschvoll an den äußeren Rand der Menge hefteten.

„Paßt einmal auf!" wiederholte Charlot. „Seht ihr den hier?"

Er machte eine Pause und zeigte auf Marcel. Seine Stimme wurde fast zu laut, wie auf einer Kundgebung: „Franzosen! Hier steht der Verräter vom Dezember! Erinnert ihr euch noch? Dieser Bursche hat den Maquis von S. auf dem Gewissen!"

Marcel war Chauffeur im Maquis gewesen, ein anstelliger Kamerad, ein guter Kumpel, wie man sagte. Im Dezember 1943 hatten ihn die Deutschen mit seinem Lastwagen gestellt. Louis hätte im Augenblick nicht mehr das genaue Datum sagen können. Einen Tag nach seiner Verhaftung griff SS und Miliz das Berglager des Maquis von S. an; Marcel hatte ihnen den Weg gezeigt. Die Partisanen waren nachlässig gewesen; sie hatten keine Posten ausgestellt; der Überfall, der sich gegen fünf Uhr morgens ereignete, überraschte sie im Schlaf. Sie verloren neunzehn Mann. Die Überlebenden stießen später zur benachbarten Formation, die von Charlot und Louis geführt wurde. Marcel fuhr von da an den Wagen des Gestapochefs in Aurillac. Man hörte ab und zu von ihm. Einige Angehörige des Bataillons hatten sich einmal nach Aurillac gewagt; Marcel bekam Wind davon und ließ sie verhaften; man sah sie nicht mehr wieder. Die Leute in der Umgebung sahen Marcel am hellichten Tage sinnlos betrunken die Straße entlangtaumeln; nicht nur einmal; er trank jetzt so viel, daß die Leute mit Hoffnung von der Stunde sprachen, da Marcel und der Gestapochef aller Wahrscheinlichkeit nach in einem Haufen qualmender Blechtrümmer enden würden. Marcel mußte eine ganze Masse Geld haben; er warf in den Bistrots Händevoll davon auf den Tisch, obwohl keiner mit ihm trinken wollte außer einem bemalten Frauenzimmer, das früher vor der Kaserne der Deutschen herumgelungert hatte und jetzt mit Marcel ging.

Am Tage, da in R. die Nachricht eingetroffen war, daß die Deutschen Marcel wegen eines Diebstahls im Polizeigefängnis von Aurillac festgesetzt hatten, war Louis mit dem Vorschlag zu Charlot gekommen, den Mann herauszuholen.

„Er hat neunzehn Mann, neunzehn Patrioten massakrieren lassen", sagte Charlot und hielt Marcel fest, der mit dem starren Blick eines Blinden über die Herumstehenden hinsah. „Er hat Roger, Victor, Emile, Jacques angezeigt, sobald er sie durch das Kneipenfenster auf der Straße entdeckt hatte. Dafür gibt es Zeugen. Auch diese vier sind tot. Dieser Lump ist dreiundzwanzig Jahre alt und hat dreiundzwanzig Kameraden auf dem Gewissen, einen für jedes Jahr seines verdammten Lebens."

Es ging Louis wahrscheinlich nicht anders als jedem einzelnen in der Menge: Er spürte eine dumpfe, zersprengende Wut in sich, nachdem der Fall Marcel sechs Monate hindurch für ihn eine abgeschlossene Sache gewesen war, eine Sache, deren Ausgang man kalt voraussah, sobald man sie durchdacht hatte. Louis bemerkte, daß ihm, während er Marcel beobachtete, die Nägel in die Handflächen gedrungen waren.

Eine Frau in den Fünfzigern hatte sich nach vorn gedrängt, mit strähnigem Haar, in dem sich die Nadeln gelockert hatten, und mit einer abgeschabten Einkaufstasche, deren einer Henkel ihr entglitten war. Sie hatte als einzige die unsichtbare Linie überschritten, an der sich die Menge staute. Mit dem Kopf beinahe im Nacken, um ihm ins Gesicht schauen zu können, stand sie vor dem Gefangenen und blinzelte durch die Tränen, die ihr übers Gesicht liefen.

„Das ist doch der Kleine von meiner Schwester Pierrette in Carlat", sagte sie.

Während alles stumm blieb, begriff Louis mit einer Art Schrecken, daß es nicht Angst oder Mitleid war, was die Frau weinen machte. Er blickte von der Frau zu Marcel, der fahl war wie die Mauer zwischen den Gärten und der Straße; Marcel hatte die Augen geschlossen, als wüßte er genau, was dieses Weinen zu bedeuten hatte.

„Du Lump", sagte sie mit einer Stimme, die vom unterdrückten Schluchzen gebrochen klang. Louis versuchte sich ihre Stimme vorzustellen, wenn sie in früheren Jahren zu Besuch nach Carlat gekommen war, in Pierrettes armseliges Pächterhäuschen, eine gute Tante, die ihrem kleinen Neffen ein neues Messer oder eine Tüte Süßigkeiten aus der Stadt mitgebracht hatte.

„Du Schuft", hörte Louis sie sagen, und jetzt wußte er, daß nicht das Schluchzen mit ihrem Stimmklang zu tun hatte, sondern eine übermächtige Wut, die sie schüttelte wie eine Kreißende.

„Du Schuft! Meine arme Pierrette!" sagte die Frau. „Du Verräter! Du Mörder!" Während die Tränen über ihr Gesicht liefen, das die Jahre den Gesichtern all der anderen alten Frauen ringsumher ähnlich gemacht hatten, schien sie zu überlegen. Plötzlich spie sie Marcel zwischen die Augen. „Hängt ihn auf!" sagte sie leise, aber alle hatten es gehört.

Die Menge rührte sich. Von hinten rief jemand: „An den Galgen mit ihm!"

Charlot öffnete hastig die Tür und stieß Marcel auf seinen Sitz. Er ließ den Motor anspringen und fuhr den Wagen vorsichtig durch die Ansammlung, die für sie Platz machte.

Während der Wagen die Straße nach R. hinaufzog, beobachtete Louis Marcels Gesicht von der Seite her. Es hatte schnell seine gewöhnliche Farbe wieder angenommen; alle paar Sekunden striemte es der Schatten eines vorbeizischenden Chausseebaumes. Was ist das nur für ein Gesicht, fragte sich Louis. Es war durchschnittlich, gutherzig, rosig unter dem blonden Haar.

„Alles dir zu Ehren", sagte Charlot und lachte auf. „Deinetwegen haben wir den besten Wagen aus dem Stall geholt."

Der schwarze Matford war der einzige Wagen des Maquis, der mit Benzin und nicht mit Holzgas fuhr; man hatte bei einem Ausflug wie diesem kein Versagen riskieren können. Mit dem Wagen hier waren die siebzig Kilometer zwischen Aurillac und R. ein Kinderspiel. Sie gingen gerade in die Kurve kurz vor der Barriere, und Louis berechnete nach der Uhr, daß sie schneller gewesen waren als auf der Hinfahrt. Der Schlagbaum war geschlossen, und vorsichtshalber griff Louis nach einer Handgranate. Charlot nahm das Gas weg und hupte ungeduldig. Sie fuhren fast im Schritt durch den Schlagbaum, den der feldgraue Posten hastig in die Höhe zog, ohne nach dem Wagen zu blicken. In diesen Tagen handelte ein Landser, der Dienst an einer Straßensperre tat, immer vorsichtig, wenn er durchfahrende Wagen überhaupt nicht beachtete.

Der Schlagbaum kam außer Sicht, sie näherten sich dem Hohlweg, hinter dem die Straße wie ein schrägliegendes Brett schnurgerade bis R. hinaufstieg. Charlot seufzte ärgerlich und hielt den Wagen an. „Jetzt sieh dir das einmal an..."

Holzfäller hatten über dem Hohlweg gearbeitet und die geschlagenen Stämme auf die Straße stürzen lassen. Louis war die Unterbrechung der Fahrt nicht unlieb; die Straße hatte auf einmal das Gesicht ungestörter Stille, man hätte glauben können, daß die quer über der Bahn liegenden Stämme schon seit Urzeiten da ruhten, allmählich versteinernd in dem Wind, der die Gräser an den Boden legte. Im Augenblick, da der Motor schwieg, sprachen die Männer nicht mehr. Louis sah über dem Hohlweg den Himmel, durch den der Wind, unablässig an ihren Rändern nagend, violette Wolken trieb. In den Kulissen der Landschaft verbarg sich eine unaufhörliche, blinde Bewegung; die Wälder, die sich da emportürmten, waren voll von Grotten, unsichtbaren Gewässern, Lichtungen, zyklopischen Wegen, auf denen halbwilde Ziegenherden weideten. Hinter den Höhen, dachte Louis, könnte eine Bucht liegen mit ihrem zwischen Sonnenaufgängen und Sonnenuntergängen wechselnden Licht; man sieht keine Menschen; gerade nur irgendwo das Stück eines fliegenden Gewandes oder einen Schimmer nackter Haut. Er stemmte sich bereits mit Charlot gegen das unbewegliche Holz, keuchend, schweißnaß.

„Du könntest", sagte Louis, „wenigstens Marcel holen."

Charlot sah ihn zweifelnd an. „In Handschellen?"

„Du hast ja schließlich etwas zum Öffnen", sagte Louis.

Charlot überlegte einen Moment, lachte. „Na schön", sagte er, ging zum Wagen und schloß Marcels Fesseln auf. Marcel sagte nichts; er sah eine Minute lang, neben den anderen stehend, mit zusammengekniffenen Augen den Bergkamm entlang, indem er sich die Handgelenke rieb. Dann spuckte er abwesend in die Hände, und sie nahmen zu dritt die Arbeit wieder auf.

Louis wunderte sich noch über die Selbstverständlichkeit, mit der Marcel ihnen geholfen hatte, als sie in R. einfuhren. Es war noch kein rechter Sommer; man fröstelte an diesem späten Nachmittag, der ein goldenes, kraftloses Licht zwischen die Häuser hing. Eine Gruppe von Partisanen, die an der Viehtränke gesessen und den Rindern zugesehen hatte, stand auf und stürzte auf das Auto los. Louis bemerkte drei Überlebende von S. unter ihnen. Sie zogen im Laufen ihre Pistolen.

„Ça va", sagte Charlot kurz, „die Verhandlung findet morgen früh um sechs vor einem Tribunal der Republik statt. Wer etwas vorzubringen hat, sollte anwesend sein."

Die drei Leute von S. hatten ihre Waffen wieder eingesteckt. Louis ließ sich vom Diensthabenden Bericht erstatten. Dabei dachte er nach, wo man Marcel unterbringen könnte. „Wir setzen ihn in die Wachstube", entschied er. Er ließ den Gefangenen auf einer Bank festbinden, ihm etwas zu essen geben und schärfte der Wache ein, daß während der Nacht außer dem Kommandanten und ihm selber kein Mensch die Stube zu betreten habe; der Posten bürge für Marcels Leben mit seinem Kopf.

Dann schlenderte er noch eine Weile auf der Dorfstraße umher, unterhielt sich mit Bauern und Partisanen, die vom Heuen nach Hause kamen, sah durch die Fenster in die Küchen, wo der Suppenkessel über dem Reisigfeuer hing. Der erste Lichtschein fiel auf die dämmernde Straße. Die alten Frauen und die Mädchen von R., seit jeher in der Gegend bekannt für ihre Kunstfertigkeit im Sticken, saßen schon seit Tagen über den Fahnen und Armbinden, die das Bataillon am Tag der Befreiung beim Défilé in Aurillac zeigen würde. Unter dem Bild des Gekreuzigten neigten sich die Frauenköpfe über die rote Seide, aus der sie einmal Kirchenfahnen hergestellt hatten. Jetzt erschienen darauf unter der Jakobinermütze in Gold die Lettern F. T. P. (Franc-Tireurs et Partisans). Den Essenden, die in Hemdsärmeln vor ihren

Kartoffeln saßen, sahen, an der Wand aufgereiht, Trikoloren in allen Größen über die Schulter.

Louis scharrte mit dem Fuß in einer Lichtlache, die im Straßenstaub geronnen war. Die ersten Sterne erzitterten im Nachtwind. Er zog sich den Schal dichter um den Hals. Nein, das war wahrhaftig noch kein Sommer. Er dachte an Marcel. Immerhin, sagte er sich, geht das Feuer in der Wachstube die ganze Nacht nicht aus; er wird, festgebunden, wie er ist, nicht schlafen können, aber zu frieren braucht er nicht. Louis ging unschlüssig über die Straße. ‚Ich kann ja auch nicht schlafen', dachte er, während er in die Wachstube trat.

Marcel lehnte an der Wand, gegen die man seine Bank geschoben hatte. In seinen gefesselten Händen drehte er eine geröstete Kastanie. Louis blieb neben ihm stehen und vergewisserte sich, daß sein Gesicht die zufriedene Gleichgültigkeit ausdrückte, die man darin zu finden gewohnt war.

„Weißt du", sagte Louis, „ich habe mich die ganze Zeit gefragt, wie das geschehen konnte."

Marcel ließ die Kastanie fallen; man hörte sie auf dem Holzfußboden kollern. Er sah Louis mit seinen leeren, unschuldigen Augen an, und seine Brauen hoben sich langsam bis hoch in die Stirn. „Was denn, mon Capitaine?" fragte er.

Als Louis zum zweitenmal seinen Gedanken zu äußern versuchte, war ihm, als sei die Frage falsch gestellt, als wüßte er Marcels Erklärung im voraus, als müsse es in Rede und Gegenrede immer einen Rest von Ungenauigkeit oder einfach Ungesagtem geben.

Marcel dachte sehr lange nach, ehe er erwiderte: „Wie soll ich das wissen ... Ich habe mir selber so oft die Frage gestellt. Ich hatte eben Angst."

„Haben sie dich damals geschlagen", fragte Louis, „als sie dich schnappten mit deinem Camion?"

Zu seiner Verwunderung bemerkte er, daß Marcel nach diesen Worten rot wurde.

„Sie brauchten mich doch nicht zu schlagen", sagte Marcel und blickte auf seine Handschellen; in seinem Ton lag eine Spur von Verwunderung über Louis' Frage, als wolle er sagen: Hast du das noch nicht begriffen? „Wie hätten sie mich denn schlagen sollen, wenn ich doch Angst hatte. Ich habe gleich alles gesagt."

„Und dann hast du ihnen den Weg gezeigt?"

„Ich hatte ihnen gleich gesagt, daß ich ihnen den Weg zeigen könnte."

Louis schwieg. Er versuchte, sich das einfache dreiundzwanzigjährige Leben Marcels, soweit es ihm bekannt geworden war, vorzusagen wie eine Schulaufgabe, um den Moment herauszufinden, in dem für Marcel alles ins Gleiten gekommen war, in dem sich für ihn alles zum Ungutren und damit gegen ihn selbst gewendet hatte. Aber es gelang Louis nicht, den Zusammenhang zu finden zwischen dem Marcel, der vor ihm saß, und dem Hütejungen, der den Hund nach der Kuh Marquise laufen ließ, um sie aus dem Hafer des Nachbarn herauszubringen. Er erblickte Marcel nur momentweise vor sich, jedesmal ohne Schuld, jedesmal voller Rätsel; mit dem Kinn gerade über den Tisch reichend, während Pierrette, die Mutter, ihm auftrug, im Gemeindewald Ginster für den Winter zu schneiden; wie er über die Schwelle getreten sein mußte, vor fast genau vier Jahren, mit Augen, denen der Schrecken vor lauter Müdigkeit nichts mehr anhaben konnte, mit seiner zerfetzten Uniform, die von Dünkirchen her mit Brandflecken übersät war. Louis sah ihn auch, wie er ihn wirklich gekannt hatte — wie er neben seinem Lastwagen stand, den er immer tadellos in Ordnung hielt; wie er überhaupt gewesen war: guter Laune, eifrig, nicht immer diszipliniert, aber kein Kriecher, beliebt bei den Kameraden.

„Ich weiß nur eins, mon Capitaine", sagte Marcel so ruhig, als rede er vom Wetter, „ich habe mich wie ein Schuft benommen, und die Leute haben recht. Natürlich werden sie mich hängen; es ist wohl auch das beste. Ich wünsche nur, es wäre bald vorbei."

Louis erschrak. Er spürte, daß Marcel mit diesem Vorbeisein nicht die Verhandlung und die Hinrichtung meinte, sondern sein Leben. Er öffnete das Fenster, vor dem der Posten auf und ab ging, und sah hinaus. Der Wind war stärker geworden; er schnob manchmal hart über die Kuppe weg, auf der das Dorf lag. Der Himmel war klar und schwarz.

„Nun, gut!" sagte Louis vor sich hin und schloß das Fenster. „Schön!" wiederholte er laut und wandte sich nach dem Gefangenen um, der sich nicht rührte und sich eine blonde Strähne ins Gesicht fallen ließ. „Also, bis morgen", sagte Louis noch und ging hinaus. Draußen ermahnte er den Posten zur Wachsamkeit und ging durch die Dunkelheit hinüber in das Haus, in dem Charlot und er ein gemeinsames Zimmer bewohnten. Beim Auskleiden — er hatte kein Licht gemacht — hörte er Charlots ruhigen Atem; er war auf einmal selber müde und schlief sofort ein.

Glockenläuten weckte ihn am Morgen. Er hielt eine Weile die Augen geschlossen und erinnerte sich, daß der heutige Tag ein Sonntag war. Charlot polterte schon mit den Stiefeln über die Holzdielen. Als Louis eine Viertelstunde später aus dem Hause trat, stand er unter einem dunkelblauen, wolkenfreien Himmel. Der Wind mußte sich gegen Morgen gelegt haben; die rosa und weißen Kerzen der großen Kastanie gegenüber standen unbeweglich in der warmen Luft. Louis bemerkte die harte, zarte Linie, die Berge und Dächer vom Himmel trennte, die riesigen, schrillenden Kurven der hochfliegenden Schwalben, das Gleichmaß der Glocken in der bewegungslosen Bläue. Hinter dem jungen Grün der Gartenbäume rollten die Wälder dunkel an den Hängen hinab. Das drohende Schreien der Hähne stieg wie Stichflammen gerade in die Höhe.

Auf der Straße, über der sich Vogelrufe mit dem Knarren von Stalltüren und dem Klappern von Eimern mengten, stand der Bürgermeister von R.

mit zwei alten Bauern. Louis gab ihnen die Hand, und sie traten zusammen in den Hof, in dem eine Menge von Partisanen und Bauern das Gericht erwartete. Man hatte einen Tisch und fünf Stühle in einen Schuppen gestellt, vor dem Charlot auf sie zuging: das Tribunal war nach den Vorschriften komplett. Louis sah, während er auf seinem Stuhl Platz nahm, Marcels Gesicht vor sich als weißen Fleck in dem dunklen Raum, an den sich seine Augen nicht gleich gewöhnten. Zwei Partisanen hatten den Gefangenen hereingeführt.

Die Verhandlung dauerte nicht länger als zwanzig Minuten. Marcel hatte mit lauter, ruhiger Stimme die notwendigen Personalangaben gemacht und sich für schuldig erklärt an dem Tod von dreiundzwanzig französischen Patrioten. Er schilderte den Verlauf der Ereignisse mit einer Vollständigkeit, die eine Intervention der Zeugen unnötig machte. Das Urteil, nach sehr kurzer Beratung, lautete einstimmig auf Tod durch den Strang. Charlot hatte sich erhoben und begonnen: „Im Namen der Republik..." Er fragte jetzt Marcel, ob er das Urteil annehme. Marcel antwortete deutlich und unbewegt: „Ja." Louis hatte ihn genau ins Auge gefaßt; er konnte nicht das leiseste Anzeichen von Angst an ihm finden. Hättest du Dummkopf, sagte er lautlos in sich hinein, nicht damals im Dezember sterben können? Charlot, immer noch aufrecht, verkündete: „Das Urteil wird sofort vollstreckt."

Einer der beiden Partisanen, die Marcel hereingebracht hatten, ein breitschultriger blonder Bursche, den man nur den Lockenkopf nannte, ging auf Charlots Befehl hinaus, um einen Strick zu holen. Die Leute im Schuppen und die anderen, die vor der Tür standen und aus dem sonnengleißenden Hof her ins Dunkel spähten, hatten eine halblaute Unterhaltung begonnen. Der Lockenkopf kam zurück; in der Hand hielt er eine Gardinenschnur, die er irgendwo abgeschnitten hatte. Marcel hatte einen Blick darauf geworfen. „Das ist ja unmöglich", sagte er, daß es alle hörten; Louis dachte: ‚So laut hat er in der ganzen Zeit seit Aurillac nicht gesprochen.' „Du bist ja verrückt, wenn du glaubst, daß du mich an so einem Bindfaden aufhängen kannst." Mit einer Bewegung seiner gefesselten Hände, des ganzen Körpers schien er allen Leuten auf dem Hof seine physische Wucht ins Bewußtsein rufen zu wollen. Charlot fuhr scharf dazwischen: „Mach dir keine Sorgen! Das ist unsere Sache!" Marcel zuckte die Schultern. „Ihr werdet ja sehen", hörte Louis ihn halblaut sagen, „immerhin wiege ich zweiundachtzig Kilo."

Wie in einem Zug, den doch nur der Zufall geordnet hatte, bewegten sich Gericht, Verurteilter und Auditorium über den Hof mit seiner Sonne, seinen Vögeln, den Glocken, die wieder angefangen hatten zu läuten. Marcel sah zum erstenmal unzufrieden aus; sein Gesicht widerspiegelte die unerklärliche Tatsache, daß er in diesem Augenblick nur an die Gardinenschnur dachte, für die sein großer, gesunder Körper zu schwer sein würde. Ganz schnell und kalt fragte sich Louis: ‚Habe ich Mitleid mit ihm?' Es war nicht das erstemal, daß Verrat seinen Lebensweg gekreuzt hatte. Louis brauchte in seinem Gedächtnis nur einen Namen von dreiundzwanzig zu nennen oder nach dem Gesicht der weinenden Frau auf dem Marktplatz von Aurillac zu rufen, um wieder seine Nägel in den Handflächen zu finden. Er sah auch das versteinerte Gesicht des alten Bürgermeisters, der eben keinen Moment gezögert hatte, den Tod Marcels zu verlangen.

Die Menge stellte sich um einen Kirschbaum, der acht Fuß über dem Boden einen starken Ast schräg in die Luft sandte. Der Lockenkopf hatte seine Gardinenschnur schnell an dem Ast befestigt; nun hob er, zusammen mit seinem Kameraden, Marcel in die Höhe und legte ihm die Schlinge um den Hals. Louis gewahrte hinter dem Baum die Köpfe von Kindern, die sich an die niedrige Mauer lehnten und ernst auf die Leute im Hof blickten. Die Partisanen ließen Marcel in die Schlinge fallen; einen Moment lang schwebte er da in seinem weißen Hemd und den blauen Hosen, mit den Händen, die sie ihm vorher auf den Rücken gefesselt hatten, dann war die Schnur gerissen, und Marcel rollte am Boden.

Die Menge stand starr, während sich Marcel schon wieder auf die Füße gestellt hatte. Er machte ein paar krampfhafte Bewegungen mit dem Kopf, wie einer, den ein Insekt in den Hals gestochen hat.

„Da habt ihr es", sagte er keuchend, „ich habe es gleich gesagt. So ein Blödsinn!"

„Holt ein anderes Seil!" sagte Charlot, ohne ihn anzusehen. „Ein richtiges!"

Louis fiel ein, daß nach einem alten Brauch ein zum Tode Verurteilter, bei dem der Strick riß, in Freiheit gesetzt wurde. In unserer Zeit, dachte er kalt, haben diese Bräuche keine Gültigkeit. Zugleich drängte es ihn, seine Pistole zu ziehen und Marcel zu erschießen, ehe der Lockenkopf wiederkommen würde. „So ein Blödsinn!" sagte Marcel noch einmal und sah zu den Hängen hinauf, an denen die Wälder niederstürzten wie schwarzgrüne Kaskaden. Louis begriff, daß Marcel außer dem eigensinnigen Verlangen nach dem Tode nur die Befriedigung eines Mannes fühlte, der soeben offensichtlich, unbestreitbar recht behalten hatte gegen die Meinung anderer Leute. Louis empfand deutlich die leichte Verlegenheit der Menge, von der er selber ein Teil war, gegenüber dem Mann unter dem Kirschbaum, eine Verlegenheit, die um nichts die Feierlichkeit minderte, die auf Gesichtern und Gegenständen, sogar auf der Landschaft zu ruhen schien.

Diesmal hatte der Lockenkopf ein Seil gebracht, ein festes Zugseil, das er aus einem Geschirr genommen hatte. Louis vermerkte, daß Marcel bei diesem Anblick ein leichtes, kaum wahrnehmbares Nicken der Anerkennung zeigte. Zum zweitenmal legten sie ihm die Schlinge um den Hals, hoben ihn hoch und ließen ihn, diesmal langsam und mit Vorsicht, nach unten gleiten. Man hörte keinen Laut. Die Menge sah zu, wie Marcel allmählich und sehr ruhig starb. Seine Beine zuckten nicht ein einziges Mal. Er starb mit geschlossenen Augen, das Kinn immer fester auf der Brust, in der merkwürdig gestreckten und gesammelten Haltung, die Erhängte im Tode einnehmen.

Louis rührte sich nicht. Er lauschte auf die Rufe der Vögel im Geäst, auf die leisen Tritte der Menge, die wortlos auseinanderging, auf das Geklirr der Spaten, die neben der Mauer schon das Grab aushoben. Er empfand die ganze dunkle Unschuld der Landschaft, ihre Wärme, ihre unergründlich-staunende Redlichkeit, in der sich jetzt überall unter dem wolkenlosen Himmel das Gewitter der Befreiung zusammenzog. Die Kinder hinter der Mauer waren weitergegangen. Louis sah nur noch zwei junge Mädchen, von der Büste abwärts von der Mauer verdeckt wie auf einem Bild. Sie standen da, jede einen Arm um den Nacken der anderen geschlungen, mit leicht geöffneten Mündern, als sännen sie einem Liede nach, und sahen mit großen Augen an dem Erhängten vorbei nach den Gärten zu und den Bergen, während auf der Brüstung neben ihren offenen braunen Händen eine Eidechse sich sonnte.

GÜNTHER EICH

Züge im Nebel

Mir hatte die Sache von Anfang an nicht gefallen. Stanislaus meinte, weil es zweimal gutgegangen war, würde es auch das dritte Mal klappen. Mir leuchtete das nicht ein, aber schließlich ließ ich mich breitschlagen. Hätte ich nein gesagt, wäre mir jetzt wohler, und den Schnaps hier hätte ich verkauft, anstatt ihn selber zu trinken.

Wir fuhren am Abend ziemlich frühzeitig raus, Stanislaus und ich. Die Gegend kennst du bestimmt nicht, und ich will dir auch nicht so genau beschreiben, wo es ist. Jedenfalls stellten wir das Auto bei einem Bauern ab, der ist ein Geschäftsfreund von uns. Ich ließ mir ein paar Spiegeleier braten, und Stanislaus ging noch schnell bei Paula vorbei, die ist Magd nebenan. Dann stolperten wir los. Da muß man schon Bescheid wissen, wenn man sich da nachts zurechtfinden will.

Ich war schlechter Laune und sagte zu Stanislaus, er solle das verdammte Rauchen lassen, das ist doch schon beinahe was wie im Steckbrief ein besonderes Kennzeichen. Aber er kann nicht aufhören damit, er raucht von morgens bis abends und noch länger. Er sagte, ich wäre überhaupt ein Angsthase, und das ärgerte mich. Schließlich steckte ich mir selber eine an.

Wir gingen quer über die Felder zum Bahndamm. Es war ein ekelhafter Nebel da, weil es so nahe am Wasser ist. Die Bahn ist eigentlich zweigleisig, aber wo die Brücke gesprengt war, ist erst ein Gleis wieder rübergelegt. Die Züge fahren hier ganz langsam, und das ist eine prima Stelle zum Aufspringen. Und weil ein paar Kilometer weiter wieder so eine langsame Stelle ist, kommt man auch gut wieder runter. Und das ist für uns natürlich wichtig. Ich habe nämlich gar keine Lust, irgendein Stück von mir auf die Schienen zu legen, wenn gerade was drüberrollt.

Übrigens stammt die ganze Idee von mir. Ich war drauf gekommen, als ich selber mal die Strecke fuhr und zum Fenster raussah. So eine Idee ist Gold wert, mein Lieber, aber mich kotzt sie jetzt an. Wir saßen unten am Bahndamm auf einem Stapel Schwellen und froren jämmerlich. Der Nebel schien noch dicker geworden zu sein. Der einzige Vorteil war, daß man in der nassen Luft die Züge von weither hörte. Der erste kam aus der andern

Richtung, den konnten wir nicht brauchen. Der zweite war ein Personenzug. Man hörte ihn noch lange, nachdem er über die Brücke gerumpelt war. Dann war es still. Stanislaus rauchte, und hin und wieder tat ich's auch. Wir gingen ein paar Schritte hin und her, um uns zu erwärmen. Stanislaus erzählte seine oberschlesischen Witze, die ich alle schon kannte. Dann sprachen wir von Gleiwitz und von der Schillerstraße, und das machte uns ein bißchen warm. Auf einmal pfiff in der Ferne eine Lokomotive, und wir machten uns wieder fertig.

Der Güterzug, der jetzt kam, fuhr ziemlich schnell. Ich wußte auch genau, daß da nichts für uns drin war. Ich habe das im Instinkt. Ich winkte Stanislaus ab, aber der war ganz versessen, er schwang sich auf einen Wagen und schrie: „Emil, nimm den nächsten!" oder so was Ähnliches, und dann war er im Nebel verschwunden. So was Dummes! Den Wagen kriegte er bestimmt nie auf. Aber er weiß immer alles besser. Ich ließ den Zug vorbeifahren und wartete weiter. Warten muß man können. Drei in der andern Richtung, und ich ärgerte mich schon, daß heute gar nichts klappte. Die Kälte ging mir immer tiefer, und Stanislaus kam nicht zurück, obwohl mehr als zwei Stunden vergangen waren. Ich blieb auch sitzen, als es wieder pfiff, und erst als die Lokomotive vorbei war und ich sah, daß es ein guter Zug war, kletterte ich auf den Bahndamm. Das Unglück wollte es, daß er sogar hielt. Kann man da widerstehen, wenn man so direkt eingeladen wird? Ich hangelte mich hoch, löste die Plombe, und als wir abfuhren, wußte ich schon genau Bescheid, daß es Medikamente waren. Hier und da waren rote Kreuze drauf und so Apothekerwörter. Ein Paket, wo ich dachte, daß Morphium drin sein könnte, schmiß ich gleich raus. Das war natürlich dumm, weil wir nun auf beiden Flußseiten die Sachen auflesen mußten. Aber das hatte ich mir im Moment nicht überlegt, die Gelegenheit war zu günstig gewesen.

Das andere waren alles größere Kisten, die ich so nicht gebrauchen konnte. Als ich die erste auf hatte, fuhren wir gerade über die Brücke. Ich gebe zu, daß der Lokführer trödelte, vielleicht lag es auch an den Signalen, aber ich kann auch sagen, daß ich genau und schnell gearbeitet habe.

Die Kartons, die in der Kiste waren, sah ich mir nicht weiter an. Ich schmiß zwei und noch mal zwei raus, als wir drüben waren.

Der Zug hielt schon wieder. Ich guckte raus und überlegte, ob ich absteigen sollte.

Da sehe ich etwas wie eine dunkle Gestalt neben dem Zug und seh den Lichtpunkt von der Zigarette. Ich rufe: „Stanislaus!" und er kommt rauf, und ich helfe ihm noch. Er knipst gleich seine Taschenlampe an und guckt in die aufgebrochene Kiste, sagt aber keinen Ton. Verdammt noch mal, ich muß in dem Augenblick nicht ganz bei mir gewesen sein, sonst hätte ich doch was gemerkt.

„Nimm deine dämliche Taschenlampe weg!" sag ich zu ihm, weil er mich von unten bis oben anleuchtet und direkt ins Gesicht.

„Ich glaube, wir hören auf", sage ich noch, „mehr können wir gar nicht wegschaffen, bis es wieder hell ist."

Und da merke ich auf einmal, was ich für ein Rindvieh bin und daß es einer von der Bahnpolizei ist.

Ich springe gleich raus und er hinterher. Als ich den Bahndamm runter will, stolpere ich. In dem Nebel wäre ich vielleicht trotzdem entwischt, aber da schrie er „Emil, Emil!" hinter mir her, und das machte mich ganz irre. Es war also doch Stanislaus, wie? So was Verrücktes!

Jedenfalls hatte er mich auf einmal gepackt, und ich fühlte etwas im Rücken, was bestimmt ein Pistolenlauf war. Ich nahm ganz mechanisch die Hände hoch. „Stanislaus?" frage ich noch ganz dumm.

Er durchsuchte mich und nahm mir mein Werkzeug und die Lampe ab. Waffen fand er natürlich nicht, so was nehmen wir nicht mit, unser Handwerk ist friedlich. Dann zog er mir die Brieftasche raus.

„Emil Patoka", sagte er.

„Woher wußten Sie vorher meinen Vornamen?" fragte ich. „Setz dich hierhin!" Und er schubste mich auf einen Grenzstein. „Ich heiße Gustav Patoka."

Er hätte mich nicht so zu schubsen brauchen, ich hätte mich von alleine hingesetzt, so erschlagen war ich.

„Gustav Patoka, so", sagte ich. Ich kannte nur einen Gustav Patoka, und das war mein Bruder.

„Wo sind die Pakete?" fragte er.

„Ich hab' sie rausgeschmissen."

„Wieviel?"

„Vier", log ich, denn so erschlagen wie ich war, eine Hintertür wollte ich mir doch noch aufhalten. Ich dachte an das erste Paket, und daß es drüben auf der andern Flußseite lag und daß vielleicht Morphium drin war. Morphium ist immer ein gutes Geschäft. Es gibt Leute, von denen kannst du alles dafür kriegen.

Mir war ganz komisch zumute. Da saß ich und war also offenbar festgenommen. Oder nicht? Und der Polizist hieß Gustav Patoka und war mein kleiner Bruder. Da ging er mit langen Schritten auf und ab. Das war so Gustavs Art, wenn er über was Schwieriges nachdachte. Klar, ich war ein schwieriger Fall.

„Der Zug fährt ab", sagte ich, weil ich dachte, er müßte vielleicht mitfahren. Aber er guckte bloß ganz flüchtig hoch, und dann ging er wieder hin und her, eine ganze Weile, daß es mir immer komischer wurde. Inzwischen rollte der Zug vorbei, das Schlußlicht verschwand auch, und man hörte das Geräusch immer leiser in der Ferne. Jetzt waren wir beide ganz allein mitten in dem Nebel. Wo war bloß Stanislaus hingekommen? Ich ärgerte mich, weil er doch eigentlich an allem schuld war. Dieser Idiot, wenn er nicht aufgesprungen wäre, wäre alles ganz anders gekommen.

„Gustav", sagte ich, „wenn du mein Bruder bist, könntest du mir wenigstens die Hand geben, anstatt mich wie einen Verbrecher zu behandeln."

„Was bist du denn sonst?"

„Hör mal, Gustav, ich mache dir einen Vorschlag. Wir arbeiten bisher bloß zu zweit. Wenn du jetzt mitmachen würdest, wie? Ist das keine Idee? Du, ich rede mit meinem Kumpel drüber. Gustav, mach mit! Es lohnt sich! Und du als Polizist; das wäre prima. — Mensch, Mensch —"

Ich wurde ganz aufgeregt, denn das war tatsächlich eine gute Idee. Ich sprang vor Eifer auf und wollte ihn beim Arm packen, aber er stieß mich zurück und sagte: „Halt's Maul!"

Nun ja, er war bei der Polizei, aber er war doch mein Bruder, und einen vernünftigen Vorschlag wird man doch noch machen dürfen. Ich werde ihn schon noch rumkriegen, dachte ich.

„Wie bist du bloß zur Polizei gekommen?"

„Ich fand keine andere Arbeit, und schließlich ist das doch ein anständiger Beruf. Jedenfalls besser als deiner."

Darüber hätte ich natürlich mit ihm streiten können, aber Reden ist Silber, Schweigen ist Gold.

„Weißt du was von Vater?" fragte ich.

„Ich habe jetzt Nachricht. Er ist im vorigen Jahr gestorben."

„Gestorben?"

„Er war bis zuletzt zu Hause. Ich wollte grade rüberfahren, ihn holen."

Ich mußte ein bißchen schlucken, denn ich hatte meinen Alten immer gerne gehabt.

„Ich hab's mir gedacht", sagte ich, „ich habe mir gedacht, daß ich ihn nicht mehr sehe. Jetzt wäre er gerade sechzig. Das ist doch kein Alter zum Sterben. Was hat er denn gehabt?"

„Er ist verhungert."

Mein Alter, dem das Essen immer so viel Spaß machte, verhungert! Das waren ja schöne Nachrichten!

„Du bist ein Gemütsmensch", sagte ich.

Und er antwortete: „Das hab' ich vielleicht von dir so angenommen."

Ich muß dir das erklären, warum er das sagte. Er sagte das, weil ich ihn nämlich erzogen hatte. Da wunderst du dich, aber es ist tatsächlich so. Mutter starb bald nach seiner Geburt. Vater mußte jeden Tag in die Arbeit. Die Nachbarin half aus, aber weil ich schon acht Jahre alt war, mußte ich das meiste machen, wenn ich nicht gerade in der Schule war. Ich hab' ihm die Windeln gewaschen und hab' ihn gewickelt. Bloß an die Brust legen konnte ich ihn nicht. Ich hab' ein bißchen Mama bei ihm gespielt. Später paßte ich auf, daß er sich die Ohren wusch und daß er die Schularbeiten machte. Überhaupt, solange ich zu Hause war, hatte ich mir das so angewöhnt, immer auf ihn aufzupassen. Er lief mir nach wie an der Leine.

Ich sagte: „Ich habe auch nicht gedacht, daß ich dich noch mal sehe."

„Paßt dir wohl nicht?"

Das überhörte ich. „Wo warst du denn die letzten Jahre, wo ich nichts mehr von dir weiß?"

„In Frankreich, dann im Ruhrkessel, dann in Gefangenschaft."

„Da hätten wir uns überall begegnen können."

„Ist jetzt auch noch früh genug. Oder zu spät, wie man's nimmt."

„Red' nicht so dusselig!"

„Und du bist also von Beruf Schwarzhändler?"

„Mein Gott, ich verkaufe die Sachen zu den Preisen, wie sie geboten werden. Wie du das nennst, ist mir egal. Außerdem bin ich arbeitslos. Ich bin tatsächlich arbeitslos, ganz ohne Schwindel."

Er glaubte mir das natürlich nicht.

„Und außerdem", sagte er, „bist du ein Räuber und Bandit."

„Ach", sagte ich, „darunter habe ich mir als Junge immer was Großartiges vorgestellt. Da hatten wir doch zu Hause ein Buch, weißt du, das grüne mit dem fettigen Deckel!"

„Ja", sagte er, „in der Schublade, wo die Gabeln lagen. Ich kenne doch das Buch. Der Held der Abruzzen heißt es."

„Siehst du, und das habe ich mindestens zwanzigmal gelesen. Aber daß ich jetzt auch so ein großartiger Räuber wäre, kann ich nicht sagen. Ich habe noch keine jungen Gräfinnen gerettet und keinen verjährten Mord gerächt. Und jetzt sagst du, ich wäre ein Räuber! Nee, Gustav, so großartig ist die Wirklichkeit nicht."

„Du bist ein Räuber und Bandit. Und mein Bruder", gab er mir eins drauf, „und das ist das Schlimmste."

„Das ist eine Gemeinheit von dir, zu sagen, daß das das Schlimmste wäre! Und sieh mal, jeder tut heute irgendwas, was er nicht darf. Wer lebt denn bloß von der Lebensmittelkarte! Jeder schwindelt, jeder betrügt, bloß der eine ein bißchen mehr und der andere ein bißchen weniger."

„Hör mal", sagte Gustav, „da gibt es also, wenn man die Welt richtig ansieht, gar keinen Unterschied zwischen gut und schlecht, zwischen richtig und falsch?"

„Siehst du, jetzt kommst du allmählich dahinter. Das sind alles bloß kleine Unterschiede."

Da kommt er ganz nahe an mich ran und guckt mich an, daß mir angst wird. „Ich will wissen, ob das dein Ernst ist!" Er faßte meine Hände und drückte mir die Knöchel, daß es mir weh tat. „Ich weiß nicht, ob dir noch irgendwas heilig ist und ob du schwören kannst. Aber sag mir beim Andenken unserer verstorbenen Eltern, hörst du, sag mir, daß das dein Ernst ist."

„Natürlich", sage ich, „natürlich ist es mein Ernst!" Er ließ mich los und ging wieder auf und ab, aber mir kam es vor, als sei er viel ruhiger. Vielleicht wird er jetzt vernünftig, dachte ich, aber ich weiß auch nicht, ich hatte einfach Angst, ganz entsetzliche Angst, und mir war es auch klar, daß noch irgendwas Furchtbares kommen würde.

„So", Gustav blieb plötzlich stehen, „jetzt will ich dir noch was von mir erzählen, was du bestimmt noch nicht gewußt hast. Oder doch? Hast du gewußt, daß du bis vor einer halben Stunde der einzige Mensch warst, auf den ich felsenfest vertraut habe? Bis vor einer halben Stunde, und ganz und gar weg ist es erst seit zwei Minuten."

Mir schlug das Herz bis zum Halse, sage ich dir. Jetzt war es da, das Furchtbare.

„Du warst mein großer Bruder, aber du warst noch viel mehr als das. Du hättest es vielleicht nie erfahren, und ich schäme mich auch schrecklich, lauter so große Worte in den Mund zu nehmen, aber alles, was rein und stark war und fest und sicher und treu und anständig und ehrlich, alles, was gut war, das warst du. Du kannst darüber lachen, jetzt ist es mir egal. In all den Jahren, wo du weg warst, waren die schönsten Tage die, wenn du auf Urlaub kamst. Ich habe immer geheult, wenn du wegfuhrst, ich hatte Angst um dich, wenn du draußen warst. So ein alberner Junge war ich, so ein Kind. Und später, als ich auf einmal selber erwachsen war und mich allein zurechtfinden mußte, da hab' ich mir immer vorgestellt, wie du alles machen würdest, und dann war es richtig. Was würde Emil dazu sagen, was würde Emil hier tun? So habe ich mich bestimmt alle Tage gefragt. Es ist zum Lachen, aber ich glaube, ich verdanke es dir, daß ich bisher ein ganz ordentlicher Mensch geblieben bin, so für meine Begriffe."

„Ach, Gustav", sage ich, „das sind so die Jahre, der Kommiß, der Krieg, kein Zuhause — ich bin so verwildert. Es ist alles Mist."

„Ja, ja, das kann schon sein", sagte er, aber ich merkte, daß er gar nicht hinhörte, es interessierte ihn nicht. Er reichte mir meine Brieftasche wieder hin. „Hier. Und jetzt mußt du gehen.

Deine Schlosserwerkzeuge behalte ich. Die Pakete läßt du liegen!"

„Gustav, sag mir wenigstens deine Adresse!"

„In zehn Minuten schieße ich ein paarmal. Reg dich nicht weiter auf! Das ist, damit man mir glaubt, daß mir einer durch die Lappen gegangen ist. Aber dann mußt du schon weit sein. Hau ab!"

„Gustav —" „Hau ab, sag ich dir!"

Er stampfte mit dem Fuß auf. Ich ging.

Der Regen war zu einem feinen Rieselregen geworden, und die nasse Erde klebte mir an den Schuhen. Ich kam schlecht vorwärts. Kurz bevor ich die Straße erreicht hatte, hörte ich ein paar Schüsse. Es muß drei oder vier Uhr morgens gewesen sein.

Als ich ins Dorf kam, war Stanislaus längst da und saß seit ein paar Stunden im Auto und wartete auf mich — sagte er wenigstens. Er hatte mein erstes Paket gefunden, weil er später mit einem Gegenzug zurückgefahren war und an der alten Stelle abgesprungen. Es war Morphium drin. Stanislaus selber hatte gar nichts. Trotzdem schimpfte er, weil ich so lange geblieben war. Er behauptete, er wäre die Straße hin und her gefahren und hätte gehupt. Ich glaube ihm das nicht. Er hatte bestimmt mit Paula im Bett gelegen. Ich gönne sie ihm, sie hat einen vorspringenden Eckzahn, und mir ist sie zu dick. Aber Stanislaus hatte gar keinen Grund, sich aufzuspielen. Er hatte gar nichts geschafft, und ich hatte auch noch den Kopf hingehalten.

Ich erzählte ihm nichts, sagte nur so unbestimmt, ich wäre zu weit gefahren und hätte mich verlaufen. Er glaubte mir, daß ich müde wäre, und ich setzte mich auf den hinteren Sitz.

Stanislaus steuerte. Der Motor war so laut, daß er nicht hörte, wie ich heulte. Als Kind hatte ich mal Prügel bekommen, weil ich den Sonntagskuchen aufgegessen hatte; aber ich glaube, das war nicht so schlimm gewesen.

Jetzt sitze ich da und habe zu nichts Lust, kannst du das verstehen? Stanislaus drängelt mich, aber ich habe keine Lust. Das Morphium war ein gutes Geschäft. Zuviel will ich auch nicht verdienen, es ist doch mal alles hin.

Aber Gustav, mein Bruder, mein kleiner Bruder! Ich habe nicht gewußt, daß ich für jemanden so viel wert war! Du, das ist schön, oder es muß schön sein, denn ich habe es ja nicht gewußt. Aber bestimmt ist es schrecklich, wenn man es verliert. Ich hab's verloren. Aber Gustav hat noch mehr verloren. Nicht mich, ach, du lieber Gott, das meine ich nicht, ich bin ja nichts wert. Aber oft liege ich nachts wach und denke, er hält es nicht aus, es macht ihn kaputt. Und wer ist schuld, wenn er vor die Hunde geht? Ich, ich, ich, ich, ich. Ob ich wirklich mal so ein Mensch gewesen bin, wie er's gedacht hat? Ach, mein kleiner Bruder, mein kleiner Bruder. —

Wolfgang Borchert

Nachts schlafen die Ratten doch

Das hohle Fenster in der vereinsamten Mauer gähnte blaurot voll früher Abendsonne. Staubgewölke flimmerte zwischen den steilgereckten Schornsteinresten. Die Schuttwüste döste.

Er hatte die Augen zu. Mit einmal wurde es noch dunkler. Er merkte, daß jemand gekommen war und nun vor ihm stand, dunkel, leise. Jetzt haben sie mich! dachte er. Aber als er ein bißchen blinzelte, sah er nur zwei etwas ärmlich behoste Beine. Die standen ziemlich krumm vor ihm, daß er zwischen ihnen hindurchsehen konnte. Er riskierte ein kleines Geblinzel an den Hosenbeinen hoch und erkannte einen älteren Mann. Der hatte ein Messer und einen Korb in der Hand. Und etwas Erde an den Fingerspitzen.

Du schläfst hier wohl, was? fragte der Mann und sah von oben auf das Haargestrüpp herunter. Jürgen blinzelte zwischen den Beinen des Mannes hindurch in die Sonne und sagte: Nein, ich schlafe nicht. Ich muß hier aufpassen. Der Mann nickte: So, dafür hast du wohl den großen Stock da? Ja, antwortete Jürgen mutig und hielt den Stock fest.

Worauf paßt du denn auf?

Das kann ich nicht sagen. Er hielt die Hände fest um den Stock.

Wohl auf Geld, was? Der Mann setzte den Korb ab und wischte das Messer an seinem Hosenboden hin und her.

Nein, auf Geld überhaupt nicht, sagte Jürgen verächtlich. Auf ganz etwas anderes.

Na, was denn?

Ich kann es nicht sagen. Was anderes eben.

Na, denn nicht. Dann sage ich dir natürlich auch nicht, was ich hier im Korb habe. Der Mann stieß mit dem Fuß an den Korb und klappte das Messer zu.

Pah, kann mir denken, was in dem Korb ist, meinte Jürgen geringschätzig, Kaninchenfutter.

Donnerwetter, ja! sagte der Mann verwundert, bist ja ein fixer Kerl. Wie alt bist du denn?

Neun.

Oha, denk mal an, neun also. Dann weißt du ja auch, wieviel drei mal neun sind, wie?

Klar, sagte Jürgen, und um Zeit zu gewinnen, sagte er noch: Das ist ja ganz leicht. Und er sah durch die Beine des Mannes hindurch. Dreimal neun, nicht? fragte er noch mal, siebenundzwanzig. Das wußte ich gleich.

Stimmt, sagte der Mann, und genausoviel Kaninchen habe ich.

Jürgen machte einen runden Mund: Siebenundzwanzig?

Du kannst sie sehen. Viele sind noch ganz jung. Willst du?

Ich kann doch nicht. Ich muß doch aufpassen, sagte Jürgen unsicher.

Immerzu? fragte der Mann, nachts auch?

Nachts auch. Immerzu. Immer. Jürgen sah an den krummen Beinen hoch. Seit Sonnabend schon, flüsterte er.

Aber gehst du denn gar nicht nach Hause? Du mußt doch essen.

Jürgen hob einen Stein hoch. Da lag ein halbes Brot. Und eine Blechschachtel.

Du rauchst? fragte der Mann, hast du denn eine Pfeife?

Jürgen faßte seinen Stock fest an und sagte zaghaft: Ich drehe. Pfeife mag ich nicht.

Schade, der Mann bückte sich zu seinem Korb, die Kaninchen hättest du ruhig mal ansehen können. Vor allem die Jungen. Vielleicht hättest du dir eines ausgesucht. Aber du kannst ja hier nicht weg.

Nein, sagte Jürgen traurig, nein, nein.

Der Mann nahm den Korb hoch und richtete sich auf. Na ja, wenn du hierbleiben mußt — schade. Und er drehte sich um.

Wenn du mich nicht verrätst, sagte Jürgen da schnell, es ist wegen den Ratten.

Die krummen Beine kamen einen Schritt zurück: Wegen den Ratten?

Ja, die essen doch von Toten. Von Menschen. Da leben sie doch von.

Wer sagt das?

Unser Lehrer.

Und du paßt nun auf die Ratten auf? fragte der Mann.

Auf die doch nicht! Und dann sagte er ganz leise: Mein Bruder, der liegt nämlich da unten. Da. Jürgen zeigte mit dem Stock auf die zusammengesackten Mauern. Unser Haus kriegte eine Bombe. Mit einmal war das Licht weg im Keller. Und er auch. Wir haben noch gerufen. Er war viel kleiner als ich. Erst vier. Er muß ja hier noch sein. Er ist doch viel kleiner als ich.

Der Mann sah von oben auf das Haargestrüpp. Aber dann sagte er plötzlich: Ja, hat euer Lehrer euch denn nicht gesagt, daß die Ratten nachts schlafen?

Nein, flüsterte Jürgen und sah mit einmal ganz müde aus, das hat er nicht gesagt.

Na, sagte der Mann, das ist aber ein Lehrer, wenn er das nicht mal weiß. Nachts schlafen die Ratten doch. Nachts kannst du ruhig nach Hause gehen.

Nachts schlafen sie immer. Wenn es dunkel wird, schon.

Jürgen machte mit seinem Stock kleine Kuhlen in den Schutt. Lauter kleine Betten sind das, dachte er, alles kleine Betten.

Da sagte der Mann (und seine krummen Beine waren ganz unruhig dabei): Weißt du was? Jetzt füttere ich schnell meine Kaninchen, und wenn es dunkel wird, hole ich dich ab. Vielleicht kann ich eins mitbringen. Ein kleines oder, was meinst du?

Jürgen machte kleine Kuhlen in den Schutt. Lauter kleine Kaninchen. Weiße, graue, weißgraue. Ich weiß nicht, sagte er leise und sah auf die krummen Beine, wenn sie wirklich nachts schlafen.

Der Mann stieg über die Mauerreste weg auf die Straße. Natürlich, sagte er von da, euer Lehrer soll einpacken, wenn er das nicht mal weiß.

Da stand Jürgen auf und fragte: Wenn ich eins kriegen kann? Ein weißes vielleicht?

Ich will mal versuchen, rief der Mann schon im Weggehen, aber du mußt hier solange warten. Ich gehe dann mit dir nach Hause, weißt du? Ich muß deinem Vater doch sagen, wie so ein Kaninchenstall gebaut wird. Denn das müßt ihr ja wissen.

Ja, rief Jürgen, ich warte. Ich muß ja noch aufpassen, bis es dunkel wird. Ich warte bestimmt. Und er rief: Wir haben auch noch Bretter zu Hause. Kistenbretter, rief er.

Aber das hörte der Mann schon nicht mehr. Er lief mit seinen krummen Beinen auf die Sonne zu. Die war schon rot vom Abend, und Jürgen konnte sehen, wie sie durch die Beine hindurchschien, so krumm waren sie. Und der Korb schwenkte aufgeregt hin und her. Kaninchenfutter war da drin. Grünes Kaninchenfutter, das war etwas grau vom Schutt.

WOLFGANG BORCHERT

Das Brot

Plötzlich wachte sie auf. Es war halb drei. Sie überlegte, warum sie aufgewacht war. Ach so! In der Küche hatte jemand gegen einen Stuhl gestoßen. Sie horchte nach der Küche. Es war still. Es war zu still, und als sie mit der Hand über das Bett neben sich fuhr, fand sie es leer. Das war es, was es so besonders still gemacht hatte: sein Atem fehlte. Sie stand auf und tappte durch die dunkle Wohnung zur Küche. In der Küche trafen sie sich. Die Uhr war halb drei. Sie sah etwas Weißes am Küchenschrank stehen. Sie machte Licht. Sie standen sich im Hemd gegenüber. Nachts. Um halb drei. In der Küche.

Auf dem Küchentisch stand der Brotteller. Sie sah, daß er sich Brot abgeschnitten hatte. Das Messer lag noch neben dem Teller. Und auf der Decke lagen Brotkrümel. Wenn sie abends zu Bett gingen, machte sie immer das Tischtuch sauber. Jeden Abend. Aber nun lagen Krümel auf dem Tuch. Und das Messer lag da. Sie fühlte, wie die Kälte der Fliesen langsam an ihr hoch kroch. Und sie sah von dem Teller weg.

„Ich dachte, hier wäre was", sagte er und sah in der Küche umher.

„Ich habe auch etwas gehört", antwortete sie und dabei fand sie, daß er nachts im Hemd doch schon recht alt aussah. So alt wie er war. Dreiundsechzig. Tagsüber sah er manchmal jünger aus. Sie sieht doch schon alt aus, dachte er, im Hemd sieht sie doch ziemlich alt aus. Aber das liegt vielleicht an den Haaren. Bei den Frauen liegt das nachts immer an den Haaren. Die machen dann auf einmal so alt.

„Du hättest Schuhe anziehen sollen. So barfuß auf den kalten Fliesen. Du erkältest dich noch."

Sie sah ihn nicht an, weil sie nicht ertragen konnte, daß er log. Daß er log, nachdem sie neununddreißig Jahre verheiratet waren.

„Ich dachte, hier wäre was", sagte er noch einmal und sah wieder so sinnlos von einer Ecke in die andere, „ich hörte hier was. Da dachte ich, hier wäre was."

„Ich habe auch was gehört. Aber es war wohl nichts." Sie stellte den Teller vom Tisch und schnippte die Krümel von der Decke.

„Nein, es war wohl nichts", echote er unsicher.

Sie kam ihm zu Hilfe: „Komm man. Das war wohl draußen. Komm man zu Bett. Du erkältest dich noch. Auf den kalten Fliesen."

Er sah zum Fenster hin. „Ja, das muß wohl draußen gewesen sein. Ich dachte, es wäre hier."

Sie hob die Hand zum Lichtschalter. Ich muß das Licht jetzt ausmachen, sonst muß ich nach dem Teller sehen, dachte sie. Ich darf doch nicht nach dem Teller sehen. „Komm man", sagte sie und machte das Licht aus, „das war wohl draußen. Die Dachrinne schlägt immer bei Wind gegen die Wand. Es war sicher die Dachrinne. Bei Wind klappert sie immer."

Sie tappten sich beide über den dunklen Korridor zum Schlafzimmer. Ihre nackten Füße platschten auf den Fußboden.

„Wind ist ja", meinte er. „Wind war schon die ganze Nacht."

Als sie im Bett lagen, sagte sie: „Ja, Wind war schon die ganze Nacht. Es war wohl die Dachrinne."

„Ja, ich dachte, es wäre in der Küche. Es war wohl die Dachrinne." Er sagte das, als ob er schon halb im Schlaf wäre.

Aber sie merkte, wie unecht seine Stimme klang, wenn er log.

„Es ist kalt", sagte sie und gähnte leise, „ich krieche unter die Decke. Gute Nacht."

„Nacht", antwortete er und noch: „ja, kalt ist es schon ganz schön."

Dann war es still. Nach vielen Minuten hörte sie, daß er leise und vorsichtig kaute. Sie atmete absichtlich tief und gleichmäßig, damit er nicht merken sollte, daß sie noch wach war. Aber sein Kauen war so regelmäßig, daß sie davon langsam einschlief.

Als er am nächsten Abend nach Hause kam, schob sie ihm vier Scheiben Brot hin. Sonst hatte er immer nur drei essen können.

„Du kannst ruhig vier essen", sagte sie und ging von der Lampe weg. „Ich kann dieses Brot nicht so recht vertragen. Iß du man eine mehr. Ich vertrag es nicht so gut."

Sie sah, wie er sich tief über den Teller beugte. Er sah nicht auf. In diesem Augenblick tat er ihr leid.

„Du kannst doch nicht nur zwei Scheiben essen", sagte er auf seinen Teller.

„Doch. Abends vertrag ich das Brot nicht gut. Iß man. Iß man."

Erst nach einer Weile setzte sie sich unter die Lampe an den Tisch.

Wolfgang Borchert

Die drei dunklen Könige

Er tappte durch die dunkle Vorstadt. Die Häuser standen abgebrochen gegen den Himmel. Der Mond fehlte und das Pflaster war erschrocken über den späten Schritt. Dann fand er eine alte Planke. Da trat er mit dem Fuß gegen, bis eine Latte morsch aufseufzte und losbrach. Das Holz roch mürbe und süß. Durch die dunkle Vorstadt tappte er zurück. Sterne waren nicht da.

Als er die Tür aufmachte (sie weinte dabei, die Tür), sahen ihm die blaßblauen Augen seiner Frau entgegen. Sie kamen aus einem müden Gesicht. Ihr Atem hing weiß im Zimmer, so kalt war es. Er beugte sein knochiges Knie und brach das Holz. Das Holz seufzte. Dann roch es mürbe und süß ringsum. Er hielt sich ein Stück davon unter die Nase. Riecht beinahe wie Kuchen, lachte er leise. Nicht, sagten die Augen der Frau, nicht lachen. Er schläft.

Der Mann legte das süße mürbe Holz in den kleinen Blechofen. Da glomm es auf und warf eine Handvoll warmes Licht durch das Zimmer. Die fiel hell auf ein winziges rundes Gesicht und blieb einen Augenblick. Das Gesicht war erst eine Stunde alt, aber es hatte schon alles, was dazugehört: Ohren, Nase, Mund und Augen. Die Augen mußten groß sein, das konnte man sehen, obgleich sie zu waren. Aber der Mund war offen und es pustete leise daraus. Nase und Ohren waren rot. Er lebt, dachte die Mutter. Und das kleine Gesicht schlief.

Da sind noch Haferflocken, sagte der Mann. Ja, antwortete die Frau, das ist gut. Es ist kalt. Der Mann nahm noch von dem süßen weichen Holz. Nun hat sie ihr Kind gekriegt und muß frieren, dachte er. Aber er hatte keinen, dem er dafür die Fäuste ins Gesicht schlagen konnte. Als er die Ofentür aufmachte, fiel wieder eine Handvoll Licht über das schlafende Gesicht: Die Frau sagte leise: Kuck, wie ein Heiligenschein, siehst du? Heiligenschein! dachte er und er hatte keinen, dem er die Fäuste ins Gesicht schlagen konnte.

Dann waren welche an der Tür. Wir sahen das Licht, sagten sie, vom Fenster. Wir wollen uns zehn Minuten hinsetzen. Aber wir haben ein Kind, sagte der Mann zu ihnen. Da sagten sie nichts weiter, aber sie kamen doch ins Zimmer, stießen Nebel aus den Nasen und hoben die Füße hoch. Wir sind ganz leise, flüsterten sie und hoben die Füße hoch.

Dann fiel das Licht auf sie.

Drei waren es. In drei alten Uniformen. Einer hatte einen Pappkarton, einer einen Sack. Und der dritte hatte keine Hände. Erfroren, sagte er, und hielt die Stümpfe hoch. Dann drehte er dem Mann die Manteltasche hin. Tabak war darin und dünnes Papier. Sie drehten Zigaretten. Aber die Frau sagte: Nicht, das Kind.

Da gingen die vier vor die Tür und ihre Zigaretten waren vier Punkte in der Nacht. Der eine hatte dicke umwickelte Füße. Er nahm ein Stück Holz aus seinem Sack. Ein Esel, sagte er, ich habe sieben Monate daran geschnitzt. Für das Kind. Das sagte er und gab es dem Mann. Was ist mit den Füßen? fragte der Mann. Wasser, sagte der Eselschnitzer, vom Hunger. Und der andere, der dritte? fragte der Mann und befühlte im Dunkeln den Esel. Der dritte zitterte in seiner Uniform: Oh, nichts, wisperte er, das sind nur die Nerven. Man hat eben zuviel Angst gehabt. Dann traten sie die Zigaretten aus und gingen wieder hinein.

Sie hoben die Füße hoch und sahen auf das kleine schlafende Gesicht. Der Zitternde nahm aus seinem Pappkarton zwei gelbe Bonbons und sagte dazu: Für die Frau sind die.

Die Frau machte die blassen Augen weit auf, als sie die drei Dunklen über das Kind gebeugt sah. Sie fürchtete sich. Aber da stemmte das Kind seine Beine gegen ihre Brust und schrie so kräftig, daß die drei Dunklen die Füße aufhoben und zur Tür schlichen. Hier nickten sie nochmal, dann stiegen sie in die Nacht hinein.

Der Mann sah ihnen nach. Sonderbare Heilige, sagte er zu seiner Frau. Dann machte er die Tür zu. Schöne Heilige sind das, brummte er und sah nach den Haferflocken. Aber er hatte kein Gesicht für seine Fäuste.

Aber das Kind hat geschrien, flüsterte die Frau, ganz stark hat es geschrien. Da sind sie gegangen. Kuck mal, wie lebendig es ist, sagte sie stolz. Das Gesicht machte den Mund auf und schrie.

Weint er? fragte der Mann.

Nein, ich glaube, er lacht, antwortete die Frau.

Beinahe wie Kuchen, sagte der Mann und roch an dem Holz, wie Kuchen. Ganz süß.

Heute ist ja auch Weihnachten, sagte die Frau.

Ja, Weihnachten, brummte er und vom Ofen her fiel eine Handvoll Licht hell auf das kleine schlafende Gesicht.

LUISE RINSER

Die rote Katze

Ich muß immer an diesen roten Teufel von einer Katze denken, und ich weiß nicht, ob das richtig war, was ich getan hab. Es hat damit angefangen, daß ich auf dem Steinhaufen neben dem Bombentrichter in unserm Garten saß. Der Steinhaufen ist die größere Hälfte von unserem Haus. Die kleinere steht noch, und da wohnen wir, ich und die Mutter und Peter und Leni, das sind meine kleinen Geschwister. Also, ich sitz da auf den Steinen, da wächst überall schon Gras und Brennesseln und anderes Grünes. Ich halt ein Stück Brot in der Hand, das ist schon hart, aber meine Mutter sagt, altes Brot ist gesünder als frisches. In Wirklichkeit ist es deswegen, weil sie meint, am alten Brot muß man länger kauen und dann wird man von weniger satt. Bei mir stimmt das nicht. Plötzlich fällt mir ein Brocken herunter. Ich bück mich, aber im nämlichen Augenblick fährt eine rote Pfote aus den Brennesseln und angelt sich das Brot. Ich hab nur dumm schauen können, so schnell ist es gegangen. Und da seh ich, daß in den Brennesseln eine Katze hockt, rot wie ein Fuchs und ganz mager. „Verdammtes Biest", sag ich und werf einen Stein nach ihr. Ich hab sie gar nicht treffen wollen, nur verscheuchen. Aber ich muß sie doch getroffen haben, denn sie hat geschrien, nur ein einziges Mal, aber so wie ein Kind. Fortgelaufen ist sie nicht. Da hat es mir leid getan, daß ich nach ihr geworfen hab, und ich hab sie gelockt. Aber sie ist nicht aus den Nesseln rausgegangen. Sie hat ganz schnell geatmet. Ich hab gesehen, wie ihr rotes Fell über dem Bauch auf und ab gegangen ist. Sie hat mich immerfort angeschaut mit ihren grünen Augen. Da hab ich sie gefragt: „Was willst du eigentlich?" Das war verrückt, denn sie ist doch kein Mensch, mit dem man reden kann. Dann bin ich ärgerlich geworden über sie und auch über mich, und ich hab einfach nicht mehr hingeschaut und hab ganz schnell mein Brot hinuntergewürgt. Den letzten Bissen, das war noch ein großes Stück, den hab ich ihr hingeworfen und bin ganz zornig fortgegangen.

Im Vorgarten, da waren Peter und Leni und haben Bohnen geschnitten. Sie haben sich die grünen Bohnen in den Mund gestopft, daß es nur so geknirscht hat, und Leni hat ganz leise gefragt, ob ich nicht noch ein Stückchen Brot hab. „Na", hab ich gesagt, „du hast doch genau so ein großes Stück bekommen wie ich und du bist erst neun, und ich bin dreizehn. Größere brauchen mehr." — „Ja", hat sie gesagt, sonst nichts. Da hat Peter gesagt: „Weil sie ihr Brot doch der Katze gegeben hat." — „Was für einer Katze?" hab ich gefragt. „Ach", sagt Leni, „da ist so eine Katze gekommen, eine rote, wie so ein kleiner Fuchs und so schrecklich mager. Die hat mich immer angeschaut, wie ich mein Brot hab essen wollen." — „Dummkopf", hab ich ärgerlich gesagt, „wo wir doch selber nichts zu essen haben." Aber sie hat nur mit den Achseln gezuckt und ganz schnell zu Peter hingeschaut, der hat einen roten Kopf gehabt, und ich bin sicher, er hat sein Brot auch der Katze gegeben. Da bin ich wirklich ärgerlich gewesen und hab ganz schnell weggehen müssen.

Wie ich auf die Hauptstraße komm, steht da ein amerikanisches Auto, so ein großer langer Wagen, ein Buick, glaub ich, und da fragt mich der Fahrer nach dem Rathaus. Auf englisch hat er gefragt, und ich kann doch ein bißchen Englisch. „The next street", hab ich gesagt, „and then left and then" — geradeaus hab ich nicht gewußt auf englisch, das hab ich mit dem Arm gezeigt, und er hat mich schon verstanden. — „And behind the church is the marketplace with the Rathaus." Ich glaub, das war ein ganz gutes Amerikanisch, und die Frau im Auto hat mir ein paar Schnitten Weißbrot gegeben, ganz weißes, und wie ich's aufklapp, ist Wurst dazwischen, ganz dick. Da bin ich gleich heimgerannt mit dem Brot. Wie ich in die Küche komm, da verstecken die zwei Kleinen schnell was unterm Sofa, aber ich hab es doch gesehen. Es ist die rote Katze gewesen. Und auf dem Boden war ein bißchen Milch verschüttet, und da hab ich alles gewußt. „Ihr seid wohl verrückt", hab ich geschrien, „wo wir doch nur einen halben Liter Magermilch haben im Tag, für vier Personen." Und ich hab die Katze unterm Sofa herausgezogen und hab sie zum Fenster hinausgeworfen. Die beiden Kleinen haben kein Wort gesagt. Dann hab ich das amerikanische Weißbrot in vier Teile geschnitten und den Teil für die Mutter im Küchenschrank versteckt.

„Woher hast du das?" haben sie gefragt und ganz ängstlich geschaut. „Gestohlen", hab ich gesagt und bin hinausgegangen. Ich hab nur schnell nachsehen wollen, ob auf der Straße keine Kohlen liegen, weil nämlich ein Kohlenauto vorbeigefahren war, und die verlieren manchmal was. Da sitzt im Vorgarten die rote Katze und schaut so an mir rauf. „Geh weg", hab ich gesagt und mit dem Fuß nach ihr gestoßen. Aber sie ist nicht weggegangen. Sie hat bloß ihr kleines Maul aufgemacht und gesagt: „Miau." Sie hat nicht geschrien wie andere Katzen, sie hat es einfach so gesagt, ich kann das nicht erklären. Dabei hat sie mich ganz starr angeschaut mit den grünen Augen. Da hab ich ihr voll Zorn einen Brocken von dem amerikanischen Weißbrot hingeworfen. Nachher hat's mich gereut.

Wie ich auf die Straße komm, da sind schon zwei andere da, Größere, die haben die Kohlen aufgehoben. Da bin ich einfach vorbeigegangen. Sie haben einen ganzen Eimer voll gehabt. Ich hab schnell hineingespuckt. Wär das mit der Katze nicht gewesen, hätte ich sie alle allein gekriegt. Und wir hätten ein ganzes Abendessen damit kochen können. Es waren so schöne glänzende Dinger. Nachher hab ich dafür einen Wagen mit Frühkartoffeln getroffen, da bin ich ein bißchen drangestoßen, und da sind ein paar runtergekollert und noch ein paar. Ich hab sie in die Taschen gesteckt und in die Mütze. Wie der Fuhrmann umgeschaut hat, hab ich gesagt: „Sie verlieren Ihre Kartoffeln." Dann bin ich schnell heimgegangen. Die Mutter war allein daheim, und auf ihrem Schoß, da war die rote Katze. „Himmeldonnerwetter", hab ich gesagt, „ist das Biest schon wieder da?" — „Red doch nicht so grob", hat die Mutter gesagt, „das ist eine herrenlose Katze, und wer weiß, wie lange sie nichts mehr gefressen hat. Schau nur, wie mager sie ist." — „Wir sind auch mager", hab ich gesagt. „Ich hab ihr ein bißchen was von meinem Brot gegeben", hat sie gesagt und mich schief angeschaut. Ich hab an unsere Brote gedacht und an die Milch und an das Weißbrot, aber gesagt hab ich nichts. Dann haben wir die Kartoffeln gekocht, und die Mutter war froh. Aber woher ich sie hab, hat sie nicht gefragt. Meinetwegen hätte sie schon fragen können. Nachher hat die Mutter ihren Kaffee schwarz getrunken, und sie haben alle zugeschaut, wie das rote Biest die Milch ausgesoffen hat. Dann ist sie endlich durchs Fenster hinausgesprungen. Ich hab schnell zugemacht und richtig aufgeatmet. Am Morgen, um sechs, hab ich mich für Gemüse angestellt. Wie ich um acht Uhr heimkomm, sitzen die Kleinen beim Frühstück, und auf dem Stuhl dazwischen hockt das Vieh und frißt eingeweichtes Brot aus Lenis Untertasse. Nach ein paar Minuten kommt die Mutter zurück, die ist seit halb sechs beim Metzger angestanden. Die Katze springt gleich zu ihr hin, und wie die Mutter denkt, ich geb nicht acht, läßt sie ein Stück Wurst fallen. Es war zwar markenfreie Wurst, so graues Zeug, aber wir hätten sie uns auch gern aufs Brot gestrichen, das hätte Mutter doch wissen müssen. Ich verschluck meinen Zorn, nehm die Mütze und geh. Ich hab das alte Rad aus dem Keller geholt und bin vor die Stadt gefahren. Da ist ein Teich, in dem gibt's Fische. Ich hab keine Angel, nur so einen Stecken mit zwei spitzen Nägeln drin, mit dem stech ich nach den Fischen. Ich hab schon oft Glück gehabt und diesmal auch. Es ist noch nicht zehn Uhr, da hab ich zwei ganz nette Dinger, genug für ein Mittagessen. Ich fahr heim, so schnell ich kann, und daheim leg ich die Fische auf den Küchentisch. Ich geh nur rasch in den Keller und sag's der Mutter, die hat Waschtag. Sie kommt auch gleich mit herauf. Aber da ist nur mehr ein Fisch da und ausgerechnet der kleinere. Und auf dem Fensterbrett, da sitzt der rote Teufel und frißt den letzten Bissen. Da krieg ich aber die Wut und werf ein Stück Holz nach ihr, und ich treff sie auch. Sie kollert vom Fensterbrett, und ich hör sie wie einen Sack im Garten aufplumpsen. „So", sag ich, „die hat genug." Aber da krieg ich von der Mutter eine Ohrfeige, daß es nur so klatscht. Ich bin dreizehn und hab sicher seit fünf Jahren keine mehr gekriegt. „Tierquäler", schreit die Mutter und ist ganz blaß vor Zorn über mich. Ich hab nichts anderes tun können als fortgehen. Mittags hat es dann doch Fischsalat gegeben mit mehr Kartoffeln als Fisch. Jedenfalls sind wir das rote Biest losgewesen. Aber glaub ja keiner, daß das besser gewesen ist. Die Kleinen sind durch die Gärten gelaufen und haben immer nach der Katze gerufen, und die Mutter hat jeden Abend ein Schälchen mit Milch vor die Tür gestellt, und sie hat mich vorwurfsvoll angeschaut. Und da hab ich selber angefangen, in allen Winkeln nach dem Vieh zu suchen, es hätte ja irgendwo krank oder tot liegen können. Aber nach drei Tagen war die Katze wieder da. Sie hat gehinkt und hat eine Wunde am Bein gehabt, am rechten Vorderbein, das war von meinem Scheit. Die Mutter hat sie verbunden, und sie hat ihr auch was zu fressen gegeben. Von da an ist sie jeden Tag gekommen. Es hat keine Mahlzeit gegeben ohne das rote Vieh, und keiner von uns hat irgendwas vor ihm verheimlichen können. Kaum hat man was gegessen, so ist sie schon dagesessen und hat einen angestarrt. Und alle haben wir ihr gegeben, was sie hat haben wollen, ich auch. Obwohl ich wütend war. Sie ist immer fetter geworden, und eigentlich war es eine schöne Katze, glaub ich. Und dann ist der Winter sechsundvierzig auf siebenundvierzig gekommen. Da haben wir wirklich kaum mehr was zu essen gehabt. Es hat ein paar Wochen lang kein Gramm Fleisch gegeben und nur gefrorene Kartoffeln, und die Kleider haben nur so geschlottert an uns. Und einmal hat Leni ein Stück Brot gestohlen beim Bäcker vor Hunger. Aber das weiß nur ich. Und Anfang Februar, da hab ich zur Mutter gesagt: „Jetzt schlachten wir das Vieh." — „Was für ein Vieh?" hat sie gefragt und hat mich scharf angeschaut. „Die Katze halt", hab ich gesagt und hab gleichgültig getan, aber ich hab schon gewußt, was kommt. Sie sind alle über mich hergefallen. „Was? Unsere Katze? Schämst du dich nicht?" — „Nein", hab ich gesagt, „ich schäm mich nicht. Wir haben sie von unserm Essen gemästet, und sie ist fett wie ein Spanferkel, jung ist sie auch noch, also?" Aber Leni hat angefangen zu heulen, und Peter hat mir unterm Tisch einen Fußtritt gegeben, und Mutter hat traurig gesagt: „Daß du so ein böses Herz hast, hab ich nicht geglaubt." Die Katze ist auf dem Herd gesessen und hat geschlafen. Sie war wirklich ganz rund und sie war so faul, daß sie kaum mehr aus dem Haus zu jagen war. Wie es dann im April keine Kartoffeln mehr gegeben hat, da haben wir nicht mehr gewußt, was wir essen sollen. Eines Tages, ich war schon ganz verrückt, da hab ich sie mir vorgenommen und hab gesagt: „Also hör mal, wir haben nichts mehr, siehst du das nicht ein?" Und ich hab ihr die leere Kartoffelkiste gezeigt und den leeren Brotkasten. „Geh fort", hab ich gesagt, „du siehst ja, wie's bei uns ist." Aber sie hat nur geblinzelt und sich auf dem Herd herumgedreht. Da hab ich vor Zorn geheult und auf den Küchentisch geschlagen. Aber sie hat sich nicht darum gekümmert. Da hab ich sie gepackt und untern Arm genommen. Es war schon ein bißchen dunkel draußen, und die Kleinen waren mit der Mutter fort, Kohlen am Bahndamm zusammensuchen. Das rote Vieh war so faul, daß es sich einfach forttragen hat lassen. Ich bin an den Fluß gegangen. Auf einmal ist mir ein Mann begegnet, der hat gefragt, ob ich die Katze verkauf. „Ja", hab ich gesagt, und hab mich schon gefreut. Aber er hat nur gelacht und ist weitergegangen. Und dann war ich auf einmal am Fluß. Da war Treibeis und Nebel und kalt war es. Da hat sich die Katze ganz nah an mich gekuschelt, und dann hab ich sie gestreichelt und mit ihr geredet. „Ich kann das nicht mehr sehen", hab ich ihr gesagt, „es geht nicht, daß meine Geschwister hungern, und du bist fett, ich kann das einfach nicht mehr mit ansehen." Und auf einmal hab ich ganz laut geschrien, und dann hab ich das rote Vieh an den Hinterläufen genommen und hab's an einen Baumstamm geschlagen. Aber sie hat bloß geschrien. Tot war sie noch lange nicht. Da hab ich sie an eine Eisscholle gehaun, aber davon hat sie nur ein Loch im Kopf bekommen, und da ist das Blut herausgeflossen, und überall im Schnee waren dunkle Flecken. Sie hat geschrien wie ein Kind. Ich hätt gern aufgehört, aber jetzt hab ich's schon fertig tun müssen. Ich hab sie immer wieder an die Eisscholle geschlagen, es hat gekracht, ich weiß nicht, ob es ihre Knochen waren oder das Eis, und sie war immer noch nicht tot. Eine Katze hat sieben Leben, sagen die Leute, aber die hat mehr gehabt. Bei jedem Schlag hat sie laut geschrien, und auf einmal hab ich auch geschrien, und ich war ganz naß vor Schweiß bei aller Kälte. Aber einmal war sie dann doch tot. Da hab ich sie in den Fluß geworfen und hab mir meine Hände im Schnee gewaschen, und wie ich noch einmal nach dem Vieh schau, da schwimmt es schon weit draußen mitten unter den Eisschollen, dann war es im Nebel verschwunden. Dann hat mich gefroren, aber ich hab noch nicht heimgehen mögen. Ich bin noch in der Stadt herumgelaufen, aber dann bin ich doch heimgegangen. „Was hast du denn?" hat die Mutter gefragt, „du bist ja käsweiß. Und was ist das für Blut an deiner Jacke?" — „Ich hab Nasenbluten gehabt", hab ich gesagt. Sie hat mich nicht angeschaut und ist an den Herd gegangen und hat mir Pfefferminztee gemacht. Auf einmal ist mir schlecht geworden, da hab ich schnell hinausgehen müssen, dann bin ich gleich ins Bett gegangen. Später ist die Mutter gekommen und hat ganz ruhig gesagt: „Ich versteh dich schon. Denk nimmer dran." Aber nachher hab ich Peter und Leni die halbe Nacht unterm Kissen heulen hören. Und jetzt weiß ich nicht, ob es richtig war, daß ich das rote Biest umgebracht hab. Eigentlich frißt so ein Tier doch gar nicht viel.

Friedrich Dürrenmatt

Der Tunnel

Ein Vierundzwanzigjähriger, fett, damit das Schreckliche hinter den Kulissen, welches er sah (das war seine Fähigkeit, vielleicht seine einzige), nicht allzu nah an ihn herankomme, der es liebte, die Löcher in seinem Fleisch, da doch gerade durch sie das Ungeheuerliche hereinströmen konnte, zu verstopfen, derart, daß er Zigarren rauchte (Ormond Brasil 10) und über seiner Brille eine zweite trug, eine Sonnenbrille, und in den Ohren Wattebüschel: Dieser junge Mann, noch von seinen Eltern abhängig und mit nebulosen Studien auf einer Universität beschäftigt, die in einer zweistündigen Bahnfahrt zu erreichen war, stieg eines Sonntagsnachmittags in den gewohnten Zug. Abfahrt siebzehnuhrfünfzig, Ankunft neunzehnuhrsiebenundzwanzig, um anderentags ein Seminar zu besuchen, das zu schwänzen er schon entschlossen war. Die Sonne schien an einem wolkenlosen Himmel, da er seinen Heimatort verließ. Es war Sommer. Der Zug hatte sich bei diesem angenehmen Wetter zwischen den Alpen und dem Jura fortzubewegen, an reichen Dörfern und kleineren Städten vorbei, später an einem Fluß entlang, und tauchte denn auch nach noch nicht ganz zwanzig Minuten Fahrt, gerade nach Burgdorf, in einen kleinen Tunnel. Der Zug war überfüllt. Der Vierundzwanzigjährige war vorne eingestiegen und hatte sich mühsam nach hinten durchgearbeitet, schwitzend und einen leicht vertrottelten Eindruck erweckend. Die Reisenden saßen dicht gedrängt, viele auf Koffern, auch die Coupés der zweiten Klasse waren besetzt, nur die erste Klasse schwach belegt. Wie sich der junge Mann endlich durch das Wirrwarr der Familien, Rekruten, Studenten und Liebespaare gekämpft hatte, bald, vom Zuge hin- und hergeschleudert, gegen diesen fallend und bald gegen jenen, gegen Bäuche und Brüste torkelnd, fand er im hintersten Wagen Platz, so viel sogar, daß er in diesem Abteil der dritten Klasse – in der es sonst Wagen mit Coupés selten gibt – eine ganze Bank für sich allein hatte: Im geschlossenen Raume saß ihm gegenüber einer, noch dicker als er, der mit sich selbst Schach spielte, und in der Ecke der gleichen Bank, gegen den Korridor zu, ein rothaariges Mädchen, das einen Roman las. So saß er schon am Fenster und hatte eben eine Ormond Brasil 10 in Brand gesteckt, als der Tunnel kam, der ihm länger als sonst zu dauern schien. Er war diese Strecke schon manchmal gefahren, fast jeden Samstag und Sonntag seit einem Jahr, und hatte den Tunnel eigentlich gar nie beachtet, sondern immer nur geahnt. Zwar hatte er ihm einige Male die volle Aufmerksamkeit schenken wollen, doch hatte er, wenn er kam, jedesmal an etwas anderes gedacht, so daß er das kurze Eintauchen in die Finsternis nicht bemerkte, denn der Tunnel war eben gerade vorbei, wenn er, entschlossen ihn zu beachten, aufschaute, so schnell durchfuhr ihn der Zug und so kurz war der kleine Tunnel. So hatte er denn auch jetzt die Sonnenbrille nicht abgenommen, als sie einfuhren, da er nicht an den Tunnel dachte. Die Sonne hatte eben noch mit voller Kraft geschienen, und die Landschaft, durch die sie fuhren, die Hügel und Wälder, die fernere Kette des Juras und die Häuser des Städtchens waren wie von Gold gewesen, so sehr hatte alles im Abendlicht geleuchtet, so sehr, daß ihm die nun schlagartig einsetzende Dunkelheit des Tunnels bewußt wurde, der Grund wohl auch, warum ihm die Durchfahrt länger erschien, als er sie sich dachte. Es war völlig finster im Abteil, da der Kürze des Tunnels wegen die Lichter nicht in Funktion gesetzt waren, denn jede Sekunde mußte sich ja in der Scheibe der erste, fahle Schimmer des Tages zeigen, sich blitzschnell ausweiten und mit voller, goldener Helle gewaltig hereinbrechen; als es jedoch immer noch dunkel blieb, nahm er die Sonnenbrille ab. Das Mädchen zündete sich in diesem Augenblick eine Zigarette an, offenbar ärgerlich, daß es im Roman nicht weiterlesen konnte, wie er im rötlichen Aufflammen des Streichholzes zu bemerken glaubte; seine Armbanduhr mit dem leuchtenden Zifferblatt zeigte zehn nach sechs. Er lehnte sich in die Ecke zwischen der Coupéwand und der Scheibe und beschäftigte sich mit seinen verworrenen Studien, die ihm niemand recht glaubt, mit dem Seminar, in das er morgen mußte und in das er nicht gehen würde (alles, was er tat, war nur ein Vorwand, hinter der Fassade seines Tuns Ordnung zu erlangen, nicht die Ordnung selber, nur die Ahnung einer Ordnung, angesichts des Schrecklichen, gegen das er sich mit Fett polsterte, Zigarren in den Mund steckte, Wattebüschel in die Ohren), und wie er wieder auf das Zifferblatt schaute, war es Viertel nach sechs und immer noch der Tunnel. Das verwirrte ihn. Zwar leuchteten nun die Glühbirnen auf, es wurde hell im Coupé, das rote Mädchen konnte in seinem Roman weiterlesen und der dicke Herr spielte wieder mit sich selber Schach, doch draußen, jenseits der Scheibe, in der sich nun das ganze Abteil spiegelte, war immer noch der Tunnel. Er trat in den Korridor, in welchem ein hochgewachsener Mann in einem hellen Regenmantel auf und ab ging, ein schwarzes Halstuch umgeschlagen. Wozu auch bei diesem Wetter, dachte er und schaute in die anderen Coupés dieses Wagens, wo man Zeitung las und miteinander schwatzte. Er trat wieder zu seiner Ecke und setzte sich, der Tunnel mußte nun jeden Augenblick aufhören, jede Sekunde; auf der Armbanduhr war es nun beinahe zwanzig nach; er ärgerte sich, den Tunnel vorher so wenig beachtet zu haben, dauerte er doch nun schon eine Viertelstunde und mußte, wenn die Geschwindigkeit eingerechnet wurde, mit welcher der Zug fuhr, ein bedeutender Tunnel sein, einer der längsten Tunnel in der Schweiz. Es war daher wahrscheinlich, daß er einen falschen Zug genommen hatte, wenn ihm im Augenblick auch nicht erinnerlich war, daß sich zwanzig Minuten Bahnfahrt von seinem Heimatort aus ein so langer und bedeutender Tunnel befand. Er fragte deshalb den dicken Schachspieler, ob der Zug nach Zürich fahre, was der bestätigte. Er wüßte gar nicht, daß an dieser Stelle der Strecke ein so langer Tunnel sei, sagte der junge Mann, doch der Schachspieler antwortete, etwas ärgerlich, da er in irgendeiner schwierigen Überlegung zum zweitenmal unterbrochen wurde, in der Schweiz gebe es eben viele Tunnel, außerordentlich viele, er reise zwar zum erstenmal in diesem Lande, doch falle dies sofort auf, auch habe er in einem statistischen Jahrbuch gelesen, daß kein Land so viele Tunnel wie die Schweiz besitze. Er müsse sich nun entschuldigen, wirklich, es tue ihm schrecklich leid, da er sich mit einem wichtigen Problem der Nimzowitsch-Verteidigung beschäftige und nicht mehr abgelenkt werden dürfe. Der Schachspieler hatte höflich, aber bestimmt geantwortet; daß von ihm keine Antwort zu erwarten war, sah der junge Mann ein. Er war froh, als nun der Schaffner kam. Er war überzeugt, daß seine Fahrkarte zurückgewiesen werden würde; auch als der Schaffner, ein blasser, magerer Mann, nervös, wie es den Eindruck machte, dem Mädchen gegenüber, dem er zuerst die Fahrkarte abnahm, bemerkte, es müsse in Olten umsteigen, gab der Vierundzwanzigjährige noch nicht alle Hoffnung auf, so sehr war er überzeugt, in den falschen Zug gestiegen zu sein. Er werde wohl nachzahlen müssen, er sollte nach Zürich, sagte er denn, ohne die Ormond Brasil 10 aus dem Munde zu nehmen, und reichte dem Schaffner das Billet hin. Der Herr sei im rechten Zug, antwortete der, wie er die Fahrkarte geprüft hatte. „Aber wir fahren doch durch einen Tunnel!" rief der junge Mann ärgerlich und recht energisch aus, entschlossen, nun die verwirrende Situation aufzuklären. Man sei eben an Herzogenbuchsee vorbeigefahren und nähere sich Langenthal, sagte der Schaffner. „Es stimmt, mein Herr, es ist jetzt zwanzig nach sechs." Aber man fahre seit zwanzig Minuten durch einen Tunnel, beharrte der junge Mann auf seiner Feststellung. Der Schaffner sah ihn verständnislos an. „Es ist der Zug nach Zürich", sagte er und schaute nun auch nach dem Fenster. „Zwanzig nach sechs", sagte er wieder, jetzt etwas beunruhigt, wie es schien, „bald kommt Olten, Ankunft achtzehnuhrsiebenunddreißig. Es wird schlechtes Wetter gekommen sein, ganz plötzlich, daher die Nacht, vielleicht ein Sturm, ja, das wird es sein." „Unsinn", mischte sich nun der Mann, der sich mit einem Problem der Nimzowitsch-Verteidigung beschäftigte, ins Gespräch, ärgerlich, weil er immer noch sein Billet hinhielt, ohne vom Schaffner beachtet zu werden, „Unsinn, wir fahren durch einen Tunnel. Man kann deutlich den Fels sehen, Granit wie es scheint. In der Schweiz gibt es die meisten Tunnel der ganzen Welt. Ich habe es in einem statistischen Jahrbuch gelesen." Der Schaffner, indem er endlich die Fahrkarte des Schachspielers entgegennahm, versicherte aufs neue, fast flehentlich, der Zug fahre nach Zürich, worauf der Vierundzwanzigjährige den Zugführer verlangte. Der sei vorne im Zug, sagte der Schaffner, im übrigen fahre der Zug nach Zürich, jetzt sei es sechsuhrfünfundzwanzig und in zwölf Minuten werde er nach dem Sommerfahrplan in Olten anhalten, er fahre jede Woche diesen Zug dreimal. Der junge Mann machte sich auf den Weg. Das Gehen fiel ihm noch schwerer im überfüllten Zug als vor kurzem, wie er die gleiche Strecke umgekehrt gegangen war; der Zug mußte überaus schnell fahren; auch war das Getöse, das er dabei verursachte, entsetzlich; so steckte er sich seine Wattebüschel denn wieder in die Ohren, nachdem er sie beim Betreten des Zuges entfernt hatte. Die Menschen, an denen er vorbeikam, verhielten sich ruhig, in nichts unterschied sich der Zug von anderen Zügen, die er an den Sonntagnachmittagen gefahren war, und niemand fiel ihm auf, der beunruhigt gewesen wäre. In einem Wagen mit Zweiklass-Abteilen stand ein Engländer am Fenster des Korridors und tippte freudestrahlend mit der Pfeife, die er rauchte, an die Scheibe. „Simplon", sagte er. Auch im Speisewagen war alles wie sonst, obwohl kein Platz frei war und der Tunnel doch einem der Reisenden oder der Bedienung, die Wiener Schnitzel und Reis servierte, hätte auffallen können. Den Zugführer, den er an der roten Tasche erkannte, fand der junge Mann am Ausgang des Speisewagens. „Sie wünschen?" fragte der Zugführer, der ein großgewachsener, ruhiger Mann war, mit einem sorgfältig gepflegten schwarzen Schnurrbart und einer randlosen Brille. „Wir sind in einem Tunnel, seit fünfundzwanzig Minuten", sagte der junge Mann. Der Zugführer schaute nicht nach dem Fenster, wie der Vierundzwanzigjährige erwartet hatte, sondern wandte sich zum Kellner. „Geben Sie mir eine Schachtel Ormond 10", sagte er, „ich rauche die gleiche Sorte wie der Herr da"; doch konnte ihn der Kellner nicht bedienen, da man diese Zigarre nicht besaß, so daß denn der junge Mann, froh, einen Anknüpfungspunkt zu haben, dem Zugführer eine Brasil anbot. „Danke", sagte er, „ich werde in Olten kaum Zeit haben, mir eine zu verschaffen, und so tun Sie mir denn einen großen Gefallen. Rauchen ist wichtig. Darf ich Sie nun bitten, mir zu folgen?" Er führte den Vierundzwanzigjährigen in den Packwagen, der vor dem Speisewagen lag. „Dann kommt noch die Maschine", sagte der Zugführer, wie sie den Raum betraten, „wir befinden uns an der Spitze des Zuges." Im Packraum brannte ein schwaches, gelbes Licht, der größte Teil des Wagens lag im Ungewissen, die Seitentüren waren verschlossen, und nur durch ein kleines vergittertes Fenster drang die Finsternis des Tunnels. Koffer standen herum, viele mit Hotelzetteln beklebt, einige Fahrräder und ein Kinderwagen. Der Zugführer hing seine rote Tasche an einen Haken. „Was wünschen Sie?" fragte er aufs neue, schaute jedoch den jungen Mann nicht an, sondern begann in einem Heft, das er der Tasche entnommen hatte, Tabellen auszufüllen. „Wir befinden uns seit Burgdorf in einem Tunnel", antwortete der Vierundzwanzigjährige entschlossen, „einen so gewaltigen Tunnel gibt es auf dieser Strecke nicht, ich fahre sie jede Woche hin und zurück, ich kenne die Strecke." Der Zugführer schrieb weiter. „Mein Herr", sagte er endlich und trat nahe an den jungen Mann heran, so nah, daß sich die beiden Leiber fast berührten, „mein Herr, ich habe Ihnen wenig zu sagen. Wie wir in diesen Tunnel geraten sind, weiß ich nicht, ich habe dafür keine Erklärung. Doch bitte ich Sie zu bedenken: Wir bewegen uns auf Schienen, der Tunnel muß also irgendwo hinführen. Nichts beweist, daß am Tunnel etwas nicht in Ordnung ist, außer natürlich, daß er nicht aufhört." Der Zugführer, die Ormond Brasil immer noch ohne zu rauchen zwischen den Lippen, hatte überaus leise gesprochen, jedoch mit so großer Würde und so deutlich und bestimmt, daß seine Worte vernehmbar waren, obgleich im Packwagen das Tosen des Zuges um vieles stärker war als im Speisewagen. „Dann bitte ich Sie, den Zug anzuhalten", sagte der junge Mann ungeduldig, „ich verstehe kein Wort von dem, was Sie sagen. Wenn etwas nicht stimmt mit diesem Tunnel, dessen Vorhandensein Sie selbst nicht erklären können, haben Sie den Zug anzuhalten." „Den Zug anhalten?" antwortete der andere langsam, gewiß, daran habe er auch schon gedacht, worauf er das Heft schloß und in die rote Tasche zurücksteckte, die an ihrem Haken hin und her schwankte, dann steckte er die Ormond sorgfältig in Brand. Ob er die Notbremse ziehen solle, fragte der junge Mann und wollte nach dem Haken der Bremse über seinem Kopf greifen, torkelte jedoch im selben Augenblick nach vorne, wo er an die Wand prallte. Ein Kinderwagen rollte auf ihn zu und Koffer rutschten heran; seltsam schwankend kam auch der Zugführer mit vorgestreckten Händen durch den Packraum. „Wir fahren abwärts", sagte der Zugführer und lehnte sich neben dem Vierundzwanzigjährigen an die Vorderwand des Wagens, doch kam der erwartete Aufprall des rasenden Zuges am Fels nicht, dieses Zerschmettern und Ineinanderschachteln der Wagen, der Tunnel schien vielmehr wieder eben zu verlaufen. Am andern Ende des Wagens öffnete sich die Türe. Im grellen Licht des Speisewagens sah man Menschen, die einander zutranken, dann schloß sich die Türe wieder. „Kommen Sie in die Lokomotive", sagte der Zugführer und schaute dem Vierundzwanzigjährigen nachdenklich und, wie es plötzlich schien, seltsam drohend ins Gesicht, dann schloß er die Türe auf, neben der sie an der Wand lehnten: Mit solcher Gewalt jedoch schlug ihnen ein sturmartiger, heißer Luftstrom entgegen, daß sie von der Wucht des Orkans aufs neue gegen die Wand taumelten; gleichzeitig erfüllte ein fürchterliches Getöse den Packwagen. „Wir müssen zur Maschine hinüberklettern", schrie der Zugführer dem jungen Mann ins Ohr, auch so kaum vernehmbar, und verschwand dann im Rechteck der offenen Türe, durch die man die hellerleuchteten, hin und her schwankenden Scheiben der Zugmaschine sah. Der Vierundzwanzigjährige folgte entschlossen, wenn er auch den Sinn der Kletterei nicht begriff. Die Plattform, die er betrat, besaß auf beiden Seiten ein Eisengeländer, woran er sich klammerte, doch war nicht der ungeheure Luftzug das Entsetzliche, der sich milderte, wie er sich der Maschine zubewegte, sondern die unmittelbare Nähe der Tunnelwände, die er zwar nicht sah, da er sich ganz auf die Maschine konzentrieren mußte, die er jedoch ahnte, durchzittert vom Stampfen der Räder und vom Pfeifen der Luft, so daß ihm war, als rase er mit Sterngeschwindigkeit in eine Welt aus Stein. Der Lokomotive entlang lief ein schmales Band und darüber als Geländer eine Stange, die sich in immer gleicher Höhe über dem Band um die Maschine herumkrümmte: Dies mußte der Weg sein; den Sprung, den es zu wagen galt, schätzte er auf einen Meter. So gelang es ihm denn auch, die Stange zu fassen. Er schob sich, gegen die Lokomotive gepreßt, dem Band entlang; fürchterlich wurde der Weg erst, als er auf die Längsseite der Maschine gelangte, nun voll der Wucht des brüllenden Orkans ausgesetzt und drohenden Felswänden, die, hell erleuchtet von der Maschine, heranfegten. Nur der Umstand, daß ihn der Zugführer durch eine kleine Türe ins Innere der Maschine zog, rettete ihn. Erschöpft lehnte sich der junge Mann gegen den Maschinenraum, worauf es mit einem Male still wurde, denn die Stahlwände der riesenhaften Lokomotive dämpften, wie der Zugführer die Türe geschlossen hatte, das Tosen so sehr ab, daß es kaum mehr zu vernehmen war. „Die Ormond Brasil haben wir auch verloren", sagte der Zugführer. „Es war nicht klug, vor der Kletterei eine anzuzünden, aber sie zerbrechen leicht, wenn man keine Schachtel mit sich führt, bei ihrer länglichen Form." Der junge Mann war froh, nach der bedenklichen Nähe der Felswände auf etwas gelenkt zu werden, das ihn an die Alltäglichkeit erinnerte, in der er sich noch vor wenig mehr denn einer halben Stunde befunden hatte, an diese immergleichen Tage und Jahre (immergleich, weil er nur auf diesen Augenblick hinlebte, der nun erreicht war, auf diesen Augenblick des Einbruchs, auf dieses plötzliche Nachlassen der Erdoberfläche, auf den abenteuerlichen Sturz ins Erdinnere). Er holte eine der braunen Schachteln aus der rechten Rocktasche und bot dem Zugführer erneut eine Zigarre an, selber steckte er sich auch eine in den Mund, und vorsichtig nahmen sie Feuer, das der Zugführer bot. „Ich schätze diese Ormond sehr", sagte der Zugführer, „nur muß einer gut ziehen, sonst gehen sie aus", Worte, die den Vierundzwanzigjährigen mißtrauisch machten, weil er spürte, daß der Zugführer auch nicht gern an den Tunnel dachte, der draußen immer noch dauerte (immer noch war die Möglichkeit, er könnte plötzlich aufhören, wie ein Traum mit einemmal aufzuhören vermag). „Achtzehnuhrvierzig", sagte er, indem er auf seine Uhr mit dem leuchtenden Zifferblatt schaute, „jetzt sollten wir doch schon in Olten sein", und dachte dabei an die Hügel und Wälder, die doch noch vor kurzem waren, goldüberhäuft in der sinkenden Sonne. So standen sie und rauchten, an die Wand des Maschinenraums gelehnt. „Keller ist mein Name", sagte der Zugführer und zog an seiner Brasil. Der junge Mann gab nicht nach. „Die

Kletterei auf der Maschine war nicht ungefährlich", bemerkte er, „wenigstens für mich, der ich an dergleichen nicht gewöhnt bin, und so möchte ich denn wissen, wozu Sie mich hergebracht haben." Er wisse es nicht, antwortete Keller, er habe sich nur Zeit zum Überlegen schaffen wollen. „Zeit zum Überlegen", wiederholte der Vierundzwanzigjährige. „Ja", sagte der Zugführer, so sei es, rauchte dann wieder weiter. Die Maschine schien sich von neuem nach vorne zu neigen. „Wir können ja in den Führerraum gehen", schlug Keller vor, blieb jedoch immer noch unschlüssig an der Maschinenwand stehen, worauf der junge Mann den Korridor entlangschritt. Wie er die Türe zum Führerraum geöffnet hatte, blieb er stehen. „Leer", sagte er zum Zugführer, der nun auch herankam, „der Führerstand ist leer." Sie betraten den Raum, schwankend durch die ungeheure Geschwindigkeit, mit der die Maschine, den Zug mit sich reißend, immer weiter in den Tunnel hineinraste. „Bitte", sagte der Zugführer und drückte einige Hebel nieder, zog auch die Notbremse. Die Maschine gehorchte nicht. Sie hätten alles getan, sie anzuhalten, gleich als sie die Änderung in der Strecke bemerkt hätten, versicherte Keller, doch sei die Maschine immer weitergerast. „Sie wird immer weiterrasen", antwortete der Vierundzwanzigjährige und wies auf den Geschwindigkeitsmesser. „Hundertfünfzig. Ist die Maschine je hundertfünfzig gefahren?" „Mein Gott", sagte der Zugführer, „so schnell ist sie nie gefahren, höchstens hundertfünf." „Eben", sagte der junge Mann. „Ihre Schnelligkeit nimmt zu. Jetzt zeigt der Messer hundertachtundfünfzig. Wir fallen." Er trat an die Scheibe, doch konnte er sich nicht aufrecht halten, sondern wurde mit dem Gesicht an die Glaswand gepreßt, so abenteuerlich war nun die Geschwindigkeit. „Lokomotivführer?" schrie er und starrte nach den Felsmassen, die in das grelle Licht der Scheinwerfer hinaufstürzten, ihm entgegen, die auf ihn zurasten, und über ihm, unter ihm und zu beiden Seiten des Führerraums verschwanden. „Abgesprungen", schrie Keller zurück, der nun mit dem Rücken gegen das Schaltbrett gelehnt auf dem Boden saß. „Wann?" fragte der Vierundzwanzigjährige hartnäckig. Der Zugführer zögerte ein wenig und mußte sich seine Ormond aufs neue anzünden, die Beine, da sich der Zug immer stärker neigte, in der gleichen Höhe wie sein Kopf. „Schon nach fünf Minuten", sagt er dann. „Es war sinnlos, noch eine Rettung zu versuchen. Der im Packraum ist auch abgesprungen." „Und Sie?" fragte der Vierundzwanzigjährige. „Ich bin der Zugführer", antwortete der andere, „auch habe ich immer ohne Hoffnung gelebt." „Ohne Hoffnung", wiederholte der junge Mann, der nun geborgen auf der Glasscheibe des Führerstandes lag, das Gesicht über den Abgrund gepreßt. „Da saßen wir noch in unseren Abteilen und wußten nicht, daß schon alles verloren war", dachte er. Noch hatte sich nichts verändert, wie es uns schien, doch schon hatte uns der Schacht nach der Tiefe zu aufgenommen, und so rasen wir denn wie die Rotte Korah in unseren Abgrund." Er müsse nun zurück, schrie der Zugführer, „in den Wagen wird die Panik ausgebrochen sein. Alles wird sich nach hinten drängen." „Gewiß", antwortete der Vierundzwanzigjährige und dachte an den dicken Schachspieler und an das Mädchen mit seinem Roman und dem roten Haar. Er reichte dem Zugführer seine übrigen Schachteln Ormond Brasil 10. „Nehmen Sie", sagte er, „Sie werden Ihre Brasil beim Hinüberklettern doch wieder verlieren." Ob er denn nicht zurückkomme, fragte der Zugführer, der sich aufgerichtet hatte und mühsam den Trichter des Korridors hinaufzukriechen begann. Der junge Mann sah nach den sinnlosen Instrumenten, nach diesen lächerlichen Hebeln und Schaltern, die ihn im gleißenden Licht der Kabine silbern umgaben. „Zweihundertzehn", sagte er. „Ich glaube nicht, daß Sie es bei dieser Geschwindigkeit schaffen, hinaufzukommen in die Wagen über uns." „Es ist meine Pflicht", schrie der Zugführer. „Gewiß", antwortete der Vierundzwanzigjährige, ohne seinen Kopf nach dem sinnlosen Unternehmen des Zugführers zu wenden. „Ich muß es wenigstens versuchen", schrie der Zugführer noch einmal, nun schon weit oben im Korridor, sich mit Ellbogen und Schenkeln gegen die Metallwände stemmend, doch wie sich die Maschine weiter hinabsenkte, um nun in fürchterlichem Sturz dem Innern der Erde entgegenzurasen, diesem Ziel aller Dinge zu, so daß der Zugführer in seinem Schacht direkt über dem Vierundzwanzigjährigen hing, der am Grunde der Maschine auf dem silbernen Fenster des Führerraumes lag, das Gesicht nach unten, ließ seine Kraft nach. Der Zugführer stürzte auf das Schaltbrett und kam blutüberströmt neben den jungen Mann zu liegen, dessen Schultern er umklammerte. „Was sollen wir tun?" schrie der Zugführer durch das Tosen der ihnen entgegenschnellenden Tunnelwände hindurch dem Vierundzwanzigjährigen ins Ohr, der mit seinem fetten Leib, der jetzt nutzlos war und nicht mehr schützte, unbeweglich auf der ihn vom Abgrund trennenden Scheibe ruhte und durch sie hindurch den Abgrund gierig in seine nun zum erstenmal weit geöffneten Augen sog. „Was sollen wir tun?" „Nichts", antwortete der andere unbarmherzig, ohne sein Gesicht vom tödlichen Schauspiel abzuwenden, doch nicht ohne eine gespensterhafte Heiterkeit, von Glassplittern übersät, die von der zerbrochenen Schalttafel herstammten, während zwei Wattebüschel, durch irgendeinen Luftzug ergriffen, der nun plötzlich hereindrang (in der Scheibe zeigte sich ein erster Spalt), pfeilschnell nach oben in den Schacht über ihnen fegten. „Nichts. Gott ließ uns fallen, und so stürzen wir denn auf ihn zu."

Konstantin Paustowskij

Nacht im Oktober

Aus meiner Erfahrung als Schriftsteller weiß ich, daß man auf dem Land viel besser arbeiten kann als in der Stadt. Auf dem Land hilft einem alles, sich zu konzentrieren, sogar das Knistern des Dochtes in der kleinen Petroleumlampe und das Rauschen des Windes im Garten und – in den Pausen zwischen diesen Lauten – die vollkommene Stille, wenn es ist, als sei die Erde stehengeblieben und hänge lautlos im Weltenraum.

Deshalb fuhr ich im Spätherbst 1945 aufs Land, in die Nähe von Rjasan. Dort war ein Gehöft mit einem alten Haus und einem gänzlich verwilderten Garten. Im Gehöft wohnte die alte Wassilissa Jonowna, die ehemalige Bibliothekarin aus Rjasan. Auf dieses Gehöft war ich schon früher zum Arbeiten gefahren. Und jedesmal, wenn ich kam, merkte ich, wie der Garten verwucherte und das Haus und seine Herrin gealtert waren.

Mit dem letzten Dampfer war ich aus Moskau abgereist. Die braunen Ufer zogen an den Kajütenfenstern vorbei. Ununterbrochen liefen graue Wellen von den Dampferrädern das Ufer hinauf. Die ganze Nacht brannte im Salon rotglühend das Nachtlicht. Mir kam es immer so vor, als sei ich ganz allein auf dem Dampfer – die Passagiere kamen kaum aus den warmen Kajüten heraus. Nur ein hinkender Pionierhauptmann mit verwittertem Gesicht wanderte auf dem Deck herum und blickte lächelnd hinüber zum Ufer. Das Ufer war zum Winter bereit: das Laub war längst abgefallen, das Gras hatte sich gelegt, das Kraut auf den Feldern war schwarz geworden und über den Hütten der Okadörfer kräuselte sich weißer Rauch – überall wurde schon geheizt. Auch der Fluß war zum Winter bereit. Fast alle Landungsstege lagen abgebaut an den Deichen, die Baken waren eingezogen, und der Dampfer konnte nur deshalb nachts fahren, weil ein grauer Monddunst auf der Erde lag.

Ich kam mit dem Pionierhauptmann ins Gespräch. Es stellte sich heraus, daß auch Hauptmann Sujew in Nowoselki ausstieg und daß er genau wie ich mit dem Boot über die Oka setzen und über die Wiesen zu demselben Dorf – Saborje – gehen müsse wie ich. In Nowoselki sollte der Dampfer abends ankommen.

„Ich will aber nicht nach Saborje", sagte der Hauptmann, „sondern noch weiter, zur Forstverwaltung, doch bis Saborje haben wir denselben Weg. Ich komme zwar von der Front, und mich kann nichts mehr erschüttern, aber trotzdem ist es für einen allein unbehaglich, nachts durch die Einöde dort zu gehen. Vor dem Krieg habe ich im Wald gearbeitet, und jetzt bin ich entlassen und gehe an meinen alten Platz zurück. Etwas Wunderbares — der Wald! Ich bin von Beruf Forstwirt. Kommen Sie mal zu mir. Ich zeige Ihnen Landschaften, daß Sie staunen. An der Front habe ich von diesen Plätzen fast jede Nacht geträumt."

Er lachte, und davon wurde sein Gesicht gleich um Jahre jünger.

Als der Dampfer am stockfinsteren Abend bei Nowoselki anlegte, war niemand auf dem Landesteg als der Wärter mit einer Laterne. Es stiegen nur zwei aus: Sujew und ich. Wir waren mit unseren Rucksäcken kaum auf den feuchten Plankenbelag gesprungen, da umwölkte uns das Schiff schon mit seinem Abdampf und fuhr weiter.

Der Wärter mit der Laterne verschwand augenblicklich und wir blieben allein.

„Kommen Sie, wir wollen nicht hetzen", sagte Sujew. „Wir setzen uns ein bißchen auf die Balken, rauchen und überlegen, was weiter werden soll."

An seiner Stimme, an der Art, wie er den Geruch des Flußwassers einatmete, sich nach allen Seiten umsah und lachte, als der Dampfer hinter der Biegung ein kurzes Tuten von sich gab und das nächtliche Echo dieses Tutens immer weiter gab, bis es in den Okawäldern verwehte — an all dem erkannte ich, daß Sujew nur deshalb nicht hetzen wollte, weil er nun mit übergroßer und fast bestürzender Freude sich in der vertrauten Gegend fand, zu der zurückzukehren er nicht gehofft hatte.

Wir rauchten, dann stiegen wir das steile Ufer hinauf zum Wächterhaus des Bakenwärters Sofron. Ich klopfte an das kleine Fenster. Sofron kam sofort heraus, als habe er gar nicht geschlafen, erkannte mich, begrüßte mich und sagte: „Das Wasser, das steigt. Am Tag zwei Meter. Oben muß es regnen. Hast du nichts gehört?"

„Nein, nichts."

Sofron gähnte.

„Ist halt Herbst. Nu, wie ist's, fahren wir?"

Die Oka schien nachts sehr breit zu sein, viel breiter als am Tage. Das Wasser zog mächtig, mit der vollen Gewalt eines Flusses. Fische sprangen klatschend; im trüben Schein der Nacht konnte man sehen, wie die durch den Aufprall entstandenen Kreise von der Strömung eilig mitgenommen wurden, sich dehnten und zerrissen. Am andern Ufer stiegen wir aus. Aus den Wiesen kam ein Hauch von kaltem, trockenem Gras und der süßliche Geruch von Weidenblättern. Wir gingen einen kaum wahrnehmbaren Steig entlang und kamen auf den Heuweg. Es war still. Der Mond war im Untergehen — sein Licht wurde schon trüb.

Wir mußten eine etwa sechs Kilometer breite Wieseninsel überqueren und dann auf der alten Brücke über das zweite, stille und verkrautete Bett der Oka gehen, und dahinter, hinter dem Strand, lag schon Saborje.

„Ich erkenne es", sagte der Hauptmann aufgeregt. „Alles erkenne ich. Also habe ich nichts vergessen. Dort – die Baumkronen. Das sind die Weiden an der Prorwa. Stimmt's? Sehen Sie dort? Sehen Sie, wie der Nebel über dem Seljansee steht? Und nicht ein Vogel zu hören. Ich bin natürlich zu spät gekommen – die Vögel sind schon weg. Aber die Luft! Diese Luft, mein Gott noch mal! Den ganzen Herbst durch hat sie die Gräser ausgelaugt. Ich habe solche Luft nirgends geatmet außer in unserer Gegend. Hören Sie, wie die Hähne anfangen zu spektakeln? Das war in Trebutino. Die können's, die Biester! Vier Kilometer weit hört man's."

Doch je weiter wir gingen, desto weniger sprachen wir, und dann verstummten wir ganz. Eine düstere Nacht lag über den Altwässern, den schwarzen Heuschobern, dem Gesträuch. Das Schweigen dieser Nacht teilte sich auch uns mit.

Rechter Hand zog sich ein See voller Wasserpflanzen hin. Das Wasser gab einen Widerschein. Sujew konnte schlecht gehen wegen seines lahmen Beines. Wir setzten uns zur Rast auf eine windgefällte Weide. Ich kannte diese Weide – sie lag hier schon einige Jahre und war ganz mit niedrigen Rosenbüschen überwachsen.

„Ja, das Leben", seufzte Sujew. „Schön ist's im allgemeinen, das Leben. Besonders spüre ich es nach dem Krieg. Irgendwie besonders spüre ich das. Ob Sie nun lachen oder nicht, aber ich bin jetzt bereit, mein Leben lang irgendeine Kiefer zu züchten. Wirklich! Ist das dumm, Ihrer Ansicht nach? Oder nicht?" – „Im Gegenteil", sagte ich. „Durchaus nicht dumm. Haben Sie Familie?" – „Nein, ich bin Junggeselle."

Wir gingen weiter. Der Mond verschwand hinter dem hohen Ufer der Oka. Bis Tagesanbruch war es noch lang. Im Osten lag noch genauso dichte Finsternis wie überall. Das Gehen wurde schwieriger.

„Eins verstehe ich nicht", sagte Sujew. „Warum treiben sie die Pferde nicht mehr auf die Nachtweide? Früher haben sie sie ausgetrieben, bis es schneite. Und jetzt ist nicht ein Gaul in den Wiesen."

Ich hatte das auch bemerkt, es aber nicht wichtig genommen. Ringsum war es so öde, daß es schien, als sei außer uns nichts Lebendes mehr auf der Insel. Dann sah ich vor uns undeutlich einen breiten Wasserstreifen. Früher war der nicht dagewesen. Ich sah genau hin – und mir stockte das Herz. War der alte Okaarm wirklich so über die Ufer getreten?

„Gleich kommt die Brücke", sagte Sujew vergnügt, „und dann ist schon Saborje da. Wir sind sozusagen angelangt."

Wir gingen zum Ufer des alten Flußbettes. Der Weg endete jäh in schwarzem Wasser. Es schoß an unseren Füßen vorbei und unterspülte das flache

Ufer. Bald hier, bald dort war ein schweres Platschen zu hören — da sackten Stücke des unterspülten Ufers ab.

„Wo ist denn die Brücke?" fragte Sujew beunruhigt.

Die Brücke war nicht da. Sie war entweder weggespült oder überschwemmt, und das Wasser ging schon eineinhalb bis zwei Meter hoch über sie weg. Sujew knipste die Taschenlampe an und leuchtete. Aus den trüben Wellen ragten schwankende Wipfel von Sträuchern heraus.

„Ach so", sagte Sujew betreten. „Wir sind abgeschnitten. Vom Wasser. Und ich gucke immerfort, warum es in den Wiesen so leer ist. Es sieht aus, als seien wir beide allein hier. Wollen mal überlegen, was wir machen."

Er schwieg.

„Ob wir rufen?"

Aber Rufen war zwecklos. Bis Saborje war es noch weit. Jedenfalls wird uns keiner hören. Außerdem wußte ich, daß nicht ein Boot in Saborje war, das uns von der Insel hätte wegbringen können. Die Fähre zur Insel war viel weiter unten, zwei Kilometer abwärts, beim Pustynwald.

„Wir müssen zur Fähre", sagte ich. „Das heißt ..."

„Was heißt?"

„Nichts weiter. Den Weg kenne ich."

Ich hatte sagen wollen: das heißt, wenn die Fähre noch geht, schwieg aber. Wenn in den Wiesen niemand mehr ist und das Herbsthochwasser sie überschwemmt, dann ist natürlich auch die Fähre eingezogen. Der Fährmann Wassilij, der ernste und besonnene Mann, wird nicht unnütz in seiner Hütte sitzen.

„Na meintwegen." Sujew war einverstanden. „Gehen wir. Wie dunkel die Nacht jetzt ist, die verdammte."

Er machte wieder Licht und fluchte — das Wasser bedeckte bereits die Strauchwipfel.

„Ernster Fall", murmelte Sujew. „Wir wollen schneller gehen."

Wir gingen zur Fähre. Wind kam auf. Er kam langsam, brausend aus der Finsternis geflogen und trieb Eiskörnchen schräg über die Erde. Immer öfter war zu hören, wie Uferteile einstürzten. Wir gingen, stolperten über Erdbuckel und altes Gras. Auf unserem Weg lagen zwei Schluchten, die immer trocken waren. Wir durchquerten sie, schon bis an die Knie im Wasser.

„Es überschwemmt die Schluchten", sagte Sujew. „Wir sind gerade noch davongekommen. Warum steigt das Wasser nur so schnell! Unbegreiflich!"

Selbst bei heftigen Herbstregen war das Wasser nie so schnell gestiegen; sonst hatte es die Insel nicht überschwemmt.

„Und Bäume gibt's hier nicht", bemerkte Sujew, „bloß Sträucher."

Auf der Insel war, genau gegenüber der Fähre, ein ausgefahrener Weg. Wir erkannten ihn am Schlamm und am Dunggeruch. Jenseits des Altwassers auf dem Hochufer brauste schwer unterm Wind der Föhrenwald.

Je länger die Nacht sich hinzog, desto schwärzer und kälter wurde sie. Wasser zischte. Sujew leuchtete wieder mit der Taschenlampe. Das Wasser stand so hoch wie die Ufer und leckte mit schmalen Zungen schon in die Wiese hinein.

„Hol über!" schrie Sujew und horchte. „Hol über!"

Wir schrien lange, bis wir heiser waren, aber niemand antwortete. Das Graupeln wurde von Regen abgelöst. Vereinzelte Tropfen schlugen schwer auf die Erde. Wir fingen wieder an zu rufen. Als Antwort brauste genauso teilnahmslos der Wald.

„Kein Fährmann", sagte Sujew ingrimmig. „Klar. Und warum, zum Teufel, soll er denn auch hier sitzen, wenn die Insel überflutet wird und keine Seele drauf ist und drauf sein kann. Blöd – zwei Schritt von zu Hause..."

Ich sah ein, daß nur ein Zufall uns retten konnte – entweder hörte das Wasser plötzlich auf zu steigen, oder wir stießen auf unserem Ufer auf ein verlassenes Boot. Das Schlimmste aber war, daß wir nicht wußten und nicht begreifen konnten, warum das Wasser so schnell stieg. Es war ein eigentümlicher Gedanke, daß eine Stunde zuvor noch nichts dieses schwarze nächtliche Unheil verkündet hatte – wir selbst waren ihm in die Arme gelaufen.

„Wir wollen am Ufer gehen", sagte ich. „Vielleicht stoßen wir auf ein Boot." Wir gingen längs des Ufers und mieden die überfluteten Mulden. Sujew leuchtete mit der Taschenlampe, aber ihr Licht wurde immer trüber, und Sujew löschte sie aus, um für den äußersten Fall einen letzten Lichtschimmer zu haben.

Ich stieß an etwas Dunkles und Weiches. Es war ein kleiner Strohschober. Sujew zündete ein Streichholz an und steckte es ins Stroh. Der Schober flammte auf in einem purpurroten, düsteren Feuer. Das Feuer beschien das dunkle Wasser, die vor uns liegenden Wiesen, die, soweit das Auge reichte, schon überflutet waren, und sogar den Föhrenwald am gegenüberliegenden Ufer. Der Wald wogte und rauschte teilnahmslos.

Wir standen am brennenden Schober und sahen in die Flammen. Unzusammenhängende Gedanken zogen uns durch den Sinn. Zuerst tat es mir leid, daß ich in meinem Leben auch nicht ein Zehntel dessen getan hatte, was ich hatte tun wollen. Dann dachte ich, daß es idiotisch sei, aus eigener Fahrlässigkeit umzukommen, jetzt, da mir das Leben noch viele solche zwar trübe und herbstliche, aber auch erquickende und schöne Tage versprach, jetzt, da der erste Schnee zwar noch nicht gefallen war, aber alles schon nach ihm roch – die Luft, das Wasser, die Bäume und sogar die Kohlblätter.

Sujew dachte wohl annähernd dasselbe. Er zog aus der Manteltasche langsam eine zerdrückte Packung Zigaretten und reichte sie mir. Wir nahmen uns Feuer am ausbrennenden Stroh.

„Es wird gleich ausgehen", sagte Sujew leise. „Unter meinen Füßen ist schon Wasser."

Aber ich gab keine Antwort. Ich horchte. Durch das Brausen des Waldes und das Plätschern des Wassers drangen schwache, abgerissene Schläge her. Sie kamen näher. Ich wandte mich zum Fluß und schrie: „Haa-llo! Bo-ot! Hier-her!"

Sofort antwortete vom Fluß eine Jungenstimme: „Ich ko-omme!"

Sujew riß schnell das Stroh auseinander. Eine Flamme züngelte auf. In die Schwärze stoben Funkenschwärme. Sujew lachte leise.

„Ruder", sagte er. „Ruder schlagen. Kann man etwa für nichts umkommen in seiner eigenen Heimat?"

Dieser Antwortschrei „Ich komme!" erschütterte mich. Ich komme zu Hilfe! Ich komme durch die Finsternis auf das erlöschende Licht eines Strohfeuers zu. Dieser Schrei ließ im Gedächtnis alte Bräuche der Brüderlichkeit und Hilfsbereitschaft aufleben, die in unserm Volk niemals aussterben.

„E-eh, kommt auf den Sand! Weiter unten!" rief klingend die Stimme vom Fluß, und ich erkannte auf einmal, daß da eine Frau rief.

Wir gingen schnell ans Ufer. Das Boot schwamm unversehens aus der Dunkelheit heraus in die trübe Helle des Feuers und stieß mit dem Bug in den Sand.

„Steigt noch nicht ein, ich muß das Wasser ausschöpfen", sagte dieselbe Frauenstimme.

Die Frau kam ans Ufer und zog das Boot nach. Ihr Gesicht war nicht zu erkennen. Sie hatte eine Wattejacke an und hohe Stiefel. Um den Kopf trug sie ein warmes Tuch.

„Wie hat's euch bloß hierhergeweht?" fragte die Frau streng, ohne uns anzusehen, und begann das Wasser herauszuschöpfen.

Sie hörte schweigend und gleichsam unbeteiligt unseren Bericht an und sagte dann genauso streng:

„Hat euch denn der Bakenwärter das nicht gesagt? Heut nacht haben sie am Fluß die Schleusen aufgemacht. Vorm Winter. Früh ist die ganze Insel unter Wasser."

„Und wie sind Sie nachts in den Wald geraten, verehrte Retterin?" fragte Sujew scherzend.

„Ich ging zur Arbeit", antwortete die Frau zögernd. „Von Pustynja nach Saborje. Da seh ich Feuer auf der Insel. Also Menschen. Na bitte, ich hab's erraten. Und der Fährmann ist schon den zweiten Tag nicht da, der steht nicht Posten. Wozu denn auch. Hab kaum die Ruder gefunden. Unterm Heu, in der Hütte."

Ich setzte mich auf die Ruderbank. Ich ruderte aus Leibeskräften, aber mir war, als bewege sich das Boot nicht nur nicht, sondern als würde es auf einen breiten schwarzen Wasserfall zugetrieben, in den das dunkle Wasser und die Finsternis und diese ganze Nacht hinabschössen.

Endlich legten wir an, stiegen heraus auf den Sand, gingen hinauf in den Wald, blieben erst dort stehen, um zu rauchen. Im Wald war es windstill, warm, es roch nach Moder. Ein gleichmäßiges und erhabenes Brausen zog in der Höhe vorbei. Nur dies erinnerte uns an die schlimme Nacht und die kaum vergangene Gefahr. Jetzt kam mir die Nacht erstaunlich und schön vor. Und freundlich und vertraut erschien mir das Gesicht der jungen Frau, als wir anrauchten und die Flamme des Streichholzes sie mit flüchtigem Licht beschien. Nasse Haarsträhnen kamen unterm Kopftuch hervor.

„Bist du's wirklich, Dascha?" fragte Sujew auf einmal sehr leise.

„Ja, Iwan Matwejewitsch", sagte die Frau und lachte ein kleines Lachen, als denke sie an etwas, das nur sie allein wußte. „Ich habe Sie gleich erkannt. Hab es mir nur nicht anmerken lassen. Wir haben auf Sie gewartet und gewartet nach dem Sieg. Wir konnten nicht glauben, daß Sie nicht wiederkommen."

„So was kommt also vor", sagte Sujew. „Vier Jahre war ich im Krieg, der Tod hat mich manchmal so in der Zange gehabt, daß ich kaum noch pusten konnte, aber errettet vom Tod hat mich Dascha. Meine Gehilfin", sagte er zu mir. „Sie hat in der Forstverwaltung gearbeitet. Ich habe ihr jegliche Waldweisheit beigebracht. Sie war ein schwächliches Kind — wie ein Hälmchen. Aber jetzt sehen Sie mal, wie sie in die Höhe geschossen ist. Und was für ein schönes Mädchen! Und streng ist sie geworden! Ein Rauhbein!"

„Ich bitte Sie! Ich bin kein Rauhbein", sagte Dascha. „So gebe ich mich nur, weil ... Und Sie wollen zu Wassilissa Jonowna?" fragte Dascha mich unvermutet, offenbar um das Thema zu wechseln.

Ich sagte: ja, ich wolle zu Wassilissa Jonowna, und lud Dascha und Sujew zu mir ein. Man mußte sich aufwärmen, trocknen und ausruhen in dem warmen alten Haus.

Wassilissa Jonowna wunderte sich nicht im mindesten über unser nächtliches Erscheinen. Sie in ihrem Alter hatte sich daran gewöhnt, sich über nichts zu wundern, und legte alles, was auch geschehen mochte, auf ihre Weise aus. Und jetzt, nachdem sie den Bericht von unserem Mißgeschick gehört hatte, sagte sie: „Der Gott der russischen Erde ist groß. Aber von diesem Sofron habe ich immer gesagt, daß er ein Nachtwächter ist. Mich wundert, daß Sie als Schriftsteller nicht gleich dahintergekommen sind. Also haben auch Sie Ihre Blindheit für die Menschen. Na, und was dich betrifft", sagte sie zu Dascha gewandt, „da bin ich froh. Endlich hast du ausgewartet auf Iwan Matwejewitsch."

Dascha errötete, sprang auf, ergriff einen leeren Eimer und lief in den Garten und vergaß, die Tür hinter sich zuzumachen.

„Wohin?" Wassilissa Jonowna war bestürzt.

„Nach Wasser für den Samowar", rief Dascha von draußen.

„Ich verstehe die heutigen Mädchen nicht", sagte Wassilissa Jonowna, ohne darauf zu achten, daß Sujew auf keine Weise sein Streichholz anzünden konnte. „Sag ein Wort, schon flammen sie auf wie die Scheiterhaufen. Ein prächtiges Mädchen. Ich kann wohl sagen — meine ganze Freude."

„Ja", stimmte Sujew bei, der endlich mit dem Streichholz zu Rande gekommen war. „Ein beachtliches Mädchen."

Natürlich hatte Dascha den Eimer in den Brunnen im Garten fallen lassen. Ich wußte, wie man einen Eimer aus diesem Brunnen angeln konnte. Ich angelte ihn mit einer Stange heraus. Dascha half mir. Ihre Hände waren eisig vor Aufregung, und sie sagte immerfort: „Die ist ja närrisch, diese Wassilissa Jonowna! Die ist ja närrisch!"

Der Wind trieb die Wolken auseinander, und über dem schwarzen Garten glänzte – plötzlich aufflammend und ebenso plötzlich wieder sich trübend – der Sternhimmel. Ich zog den Eimer heraus. Dascha trank sich gleich aus dem Eimer satt – ihre nassen Zähne glänzten in der Dunkelheit – und sagte: „Och, wie ich wieder ins Haus kommen soll, weiß ich wirklich nicht."

„Das macht nichts. Kommen Sie mit."

Wir gingen zurück ins Haus. Dort brannten die Lampen, der Tisch war schon mit einem sauberen Tischtuch gedeckt, und von der Wand blickte gelassen aus einem schwarzen Rahmen Turgenjew. Es war ein seltenes Porträt von ihm – mit feinster Nadel in Stahl gestochen, Wassilissa Jonownas ganzer Stolz.

Inhalt

GUNNAR GUNNARSSON	Der Sohn	3
MARIE LUISE KASCHNITZ	Popp und Mingel	10
SIEGFRIED LENZ	Die Nacht im Hotel	16
ERNEST HEMINGWAY	Ein Tag warten	20
KATHRYN FORBES	Mamas Bankkonto	23
FRANK O'CONNOR	Er hat die Hosen an	26
THOMAS WOLFE	Sonne und Regen	30
O. HENRY	Der Schritt zur Besserung	36
ANNA DRAWE	Im Warenhaus	43
BORIS GORBATOW	Warum schweigt UKL?	45
WOLFGANG BORCHERT	Schischyphusch	52
KONSTANTIN PAUSTOWSKIJ	Die Hasenpfoten	61
WOLFGANG BORCHERT	Der Schriftsteller	66
HEINRICH BÖLL	Die Waage der Baleks	67
ERNEST HEMINGWAY	Heute ist Freitag	73
JOSEPHINE JOHNSON	Johannes, Kapitel VI	78
BERTOLT BRECHT	Der verwundete Sokrates	81
HEINRICH BÖLL	Anekdote zur Senkung der Arbeitsmoral	94
HELLMUT HOLTHAUS	Höchster Luxus im Haushalt	97
HELLMUT HOLTHAUS	Wie die Stadt Zachzarach gesucht, aber nicht gefunden wurde und wie die Zachurische Bundespost sie finden kann, ohne zu wissen, wo sie liegt	99
HERMANN KASACK	Mechanischer Doppelgänger	101
MICHAIL SOSTSCHENKO	Radfahren verboten	104
MICHAIL SOSTSCHENKO	Der Wunderhund	107
STEFAN HEYM	Ein sehr guter zweiter Mann	109
SIEGFRIED LENZ	Ein Freund der Regierung	121
SIEGFRIED LENZ	Füsilier in Kulkaken	126
WOLFDIETRICH SCHNURRE	Das Manöver	131
WILHELM NIEMEYER	Der Aufzug	137
ILSE AICHINGER	Das Fenster-Theater	141
FRANZ KAFKA	Der Nachbar	143

Elly Heuss-Knapp	Der Pförtner	145
Wolfdietrich Schnurre	Jenö war mein Freund	148
Paul Schallück	Pro Ahn sechzig Pfennig	151
Paul Schallück	Wir sind ja auch bald drüben	155
Albrecht Goes	Begegnung in Ungarn	163
Eyvind Johnson	Advent	166
Elisabeth Langgässer	Saisonbeginn	175
Elisabeth Langgässer	Untergetaucht	178
Willy Kramp	Was ein Mensch wert ist	182
Ernest Hemingway	Alter Mann an der Brücke	188
Hans Lipinsky-Gottersdorf	Der Strick	191
Hans Bender	Iljas Tauben	198
Hans Bender	Die Wölfe kommen zurück	203
Wolfgang Borchert	An diesem Dienstag	208
Wolfdietrich Schnurre	Die Reise zu Babuschka	211
Stephan Hermlin	Arkadien	223
Günther Eich	Züge im Nebel	234
Wolfgang Borchert	Nachts schlafen die Ratten doch	241
Wolfgang Borchert	Das Brot	244
Wolfgang Borchert	Die drei dunklen Könige	246
Luise Rinser	Die rote Katze	248
Friedrich Dürrenmatt	Der Tunnel	253
Konstantin Paustowskij	Nacht im Oktober	261
Verfasser und Textquellen		273

Die Angaben des Schuljahres sind nur als Anhaltspunkte zu verstehen; selbstverständlich muß die Auswahl nach dem Stand der jeweiligen Klasse erfolgen.

Ab Klasse 8, auch schon früher möglich

Borchert	Nachts schlafen die Ratten doch	241
Forbes	Mamas Bankkonto	23
Gunnarsson	Der Sohn	3
Heuß-Knapp	Der Pförtner	145
Kaschnitz	Popp und Mingel	10
O'Connor	Er hat die Hosen an	26

Ab Klasse 8

Böll	Die Waage der Baleks	67
Borchert	Schischyphusch	52
Borchert	Die drei dunklen Könige	246
Drawe	Im Warenhaus	43
Gorbatow	Warum schweigt UKL?	45
Holthaus	Höchster Luxus im Haushalt	97
Holthaus	Wie die Stadt Zachzarach	99
Kasack	Mechanischer Doppelgänger	101
Kramp	Was ein Mensch wert ist	182
Niemeyer	Der Aufzug	137
Paustowskij	Die Hasenpfoten	61
Rinser	Die rote Katze	248
Schnurre	Jenö war mein Freund	148

Ab Klasse 9

Aichinger	Das Fenster-Theater	141
Bender	Iljas Tauben	198
Bender	Die Wölfe kommen zurück	203
Böll	Anekdote zur Senkung der Arbeitsmoral	94
Borchert	An diesem Dienstag	208
Borchert	Das Brot	244
Eich	Züge im Nebel	234
Goes	Begegnung in Ungarn	163
Hemingway	Ein Tag warten	20
Hemingway	Alter Mann an der Brücke	188
Henry, O.	Der Schritt zur Besserung	36
Heym	Ein sehr guter zweiter Mann	109
Lenz	Die Nacht im Hotel	16
Lenz	Ein Freund der Regierung	121

Lenz	Füsilier in Kulkaken	126
Lipinsky-Gottersdorf	Der Strick	191
Paustowskij	Nacht im Oktober	261
Schallück	Pro Ahn sechzig Pfennig	151
Sostschenko	Radfahren verboten	104
Sostschenko	Der Wunderhund	107
Wolfe	Sonne und Regen	30

Ab Klasse 10

Borchert	Der Schriftsteller	66
Brecht	Der verwundete Sokrates	81
Dürrenmatt	Der Tunnel	253
Hemingway	Heute ist Freitag	73
Hermlin	Arkadien	223
Johnson, Eyvind	Advent	166
Johnson, Josephine	Johannes, Kapitel VI	78
Kafka	Der Nachbar	143
Langgässer	Saisonbeginn	175
Langgässer	Untergetaucht	178
Schallück	Wir sind ja auch bald drüben	155
Schnurre	Das Manöver	131
Schnurre	Die Reise zu Babuschka	211

Verfasser und Textquellen

AICHINGER, Ilse
*1921
Das Fenster-Theater 141
Aichinger, Ilse: Der Gefesselte. Erzählungen. S. Fischer Verlag, Frankfurt am Main 1954.

BENDER, Hans
*1919
Iljas Tauben 198
Die Wölfe kommen zurück 203
Bender, Hans: Mit dem Postschiff. Carl Hanser Verlag, München 1962.

BÖLL, Heinrich
*1917
Die Waage der Baleks 67
Böll, Heinrich: Erzählungen, Hörspiele, Aufsätze. Kiepenheuer & Witsch, Köln/Berlin 1961.
Anekdote zur Senkung der Arbeitsmoral 94
Böll, Heinrich: Aufsätze, Kritiken, Reden. Kiepenheuer & Witsch, Köln 1967.

BORCHERT, Wolfgang
1921–1947
Schischyphusch 52
Der Schriftsteller 66
An diesem Dienstag 208
Nachts schlafen die Ratten doch 241
Das Brot 244
Die drei dunklen Könige 246
Borchert, Wolfgang: Das Gesamtwerk. Rowohlt Verlag GmbH, Reinbek bei Hamburg 1949.

BRECHT, Bertolt
1898–1956
Der verwundete Sokrates 81
Brecht, Bertolt: Geschichten. Bibliothek Suhrkamp Nr. 81. Suhrkamp Verlag, Frankfurt am Main 1962.

DRAWE, Anna
Im Warenhaus 43
Dittmer, Hans: Vom Ewigen im Heute. Kurzgeschichten. Verlag von Vandenhoeck & Ruprecht, Göttingen 1953.

DÜRRENMATT, Friedrich
*1921
Der Tunnel 253
Dürrenmatt, Friedrich: Die Stadt. Prosa I–IV, 200 S. Verlag der Arche Peter Schifferli, Zürich 1952.

EICH, Günther *1907	Züge im Nebel	234

Piedmont, Ferdinand (Hrsg.): Textsammlung moderner Kurzgeschichten. Verlag Moritz Diesterweg 1958.

FORBES, Kathryn	Mamas Bankkonto	23

Forbes, Kathryn: Mama and her Bank Account. Toronto Star Ltd., Toronto 1941.

GOES, Albrecht *1908	Begegnung in Ungarn	163

Goes, Albrecht: Erfüllter Augenblick. S. Fischer Verlag, Frankfurt am Main 1955.

GORBATOW, Boris 1908–1954	Warum schweigt UKL?	45

Mehl, Dieter (Hrsg.): Geschichten aus der modernen Literatur. Langewiesche-Brandt, Ebenhausen bei München 1962.

GUNNARSSON, Gunnar *1889	Der Sohn	3

Gunnarsson, Gunnar: Kinder, Schelme, Käuze. Albert Langen / Georg Müller, München 1936.

HEMINGWAY, Ernest 1899–1961	Ein Tag warten	20
	Heute ist Freitag	73
	Alter Mann an der Brücke	188

Hemingway, Ernest: 49 stories, deutsch von A. Hoschitz-Horst. Rowohlt Verlag GmbH, Reinbek bei Hamburg 1951.

HENRY, O. (d. i. William Sidney Porter) 1862–1910	Der Schritt zur Besserung	36

Henry, O.: Hinter der grünen Tür. Erzählungen. Paul List Verlag, München 1955.

HERMLIN, Stephan *1915	Arkadien	223

Hermlin, Stephan: Prosa und Gedichte. Verlag Klaus Wagenbach, Berlin 1965.

HEYM, Stefan *1913	Ein sehr guter zweiter Mann (Mitarbeiterin: H. Zimnik)	109

Heym, Stefan: Schatten und Licht. Geschichten aus einem geteilten Lande. Paul List Verlag, Leipzig 1960.

HEUSS-KNAPP, Elly 1881–1952	Der Pförtner	145

Heuß-Knapp, Elly: Schmale Wege. Rainer Wunderlich Verlag Hermann Leins, Tübingen 1956.

HOLTHAUS, Hellmut 1909–1966	Höchster Luxus im Haushalt	97

Holthaus, Hellmut: Heiterer Alltag. Verlag Josef Knecht, Frankfurt am Main.

	Wie die Stadt Zachzarach gesucht, aber nicht gefunden wurde und wie die Zachurische Bundespost sie finden kann, ohne zu wissen, wo sie liegt	99

Holthaus, Hellmut: Geschichten aus der Zachurei. Verlag Josef Knecht, Frankfurt am Main 1959.

JOHNSON, Eyvind *1900	Advent .. .. 166 Dunkle Tage, helle Nächte. Schwedische Erzählungen aus dieser Zeit. Ausgewählt und übersetzt von Ilse Meyer-Lüne. Eckart Verlag, Witten/Berlin 1953.	
JOHNSON, Josephine *1910	Johannes, Kapitel VI .. .. 78 moderne amerikanische kurzgeschichten. Ausgewählt und übersetzt von Maria von Schweinitz. Verlag Langewiesche-Brandt, Ebenhausen bei München 1955.	
KAFKA, Franz 1883–1924	Der Nachbar .. .. 143 Kafka, Franz: Die Erzählungen. S. Fischer Verlag, Frankfurt am Main 1961.	
KASACK, Hermann 1896–1966	Mechanischer Doppelgänger .. .. .. 101 Kasack, Hermann: Ausfahrt. Verlag Mensch und Arbeit, München 1959.	
KASCHNITZ, Marie Luise *1901	Popp und Mingel .. .. 10 Kaschnitz, Marie-Luise: Lange Schatten. Erzählungen. Econ-Verlag, Düsseldorf / Claasen Verlag, Hamburg 1960.	
KRAMP, Willy *1909	Was ein Mensch wert ist .. .. .. 182 Kramp, Willy: Was ein Mensch wert ist. Erzählungen. Vandenhoeck & Ruprecht Göttingen.	
LANGGÄSSER, Elisabeth 1899–1950	Saisonbeginn .. .. 175 Untergetaucht .. .. 178 Langgässer, Elisabeth: Gesammelte Werke. Econ-Verlag, Düsseldorf / Claasen Verlag Hamburg.	
LENZ, Siegfried *1926	Die Nacht im Hotel .. .. 16 Lenz, Siegfried: Jäger des Spotts. Geschichten aus dieser Zeit. © 1958, Hoffmann & Campe Verlag, Hamburg. Ein Freund der Regierung .. .. .. 121 Lenz, Siegfried: Das Feuerschiff. Zehn Erzählungen. © 1960, Hoffmann & Campe Verlag, Hamburg. Füsilier in Kulkaken .. .. 126 Lenz, Siegfried: So zärtlich war Suleyken. Masurische Geschichten. © 1955, Hoffmann & Campe Verlag, Hamburg.	
LIPINSKY-GOTTERSDORF, Hans *1920	Der Strick .. .. 191 Lipinsky-Gottersdorf, Hans: Gesang des Abenteuers. Vandenhoeck & Ruprecht, Göttingen 1956.	
NIEMEYER, Wilhelm *1912	Der Aufzug .. .. 137 Westermanns Monatshefte, 8, 1955. Georg Westermann Verlag, Braunschweig.	

O'CONNOR, Frank 1903–1966	Er hat die Hosen an	26

O'Connor, Frank: Er hat die Hosen an. 10 stories. Herausgegeben und übersetzt von Elisabeth Schnack. Nymphenburger Verlagshandlung, München 1957.

PAUSTOWSKIJ, Konstantin Die Hasenpfoten 61
1892–1968 Nacht im Oktober 261

Paustowskij, Konstantin: Schwarze Netze. Erzählungen. Nymphenburger Verlagshandlung, München 1964.

RINSER, Luise Die rote Katze 248
*1911

Rinser, Luise: Ein Bündel weißer Narzissen. Erzählungen. S. Fischer Verlag, Frankfurt am Main 1956.

SCHALLÜCK, Paul Pro Ahn sechzig Pfennig 151
*1922 Wir sind ja auch bald drüben 155

Schallück, Paul: Lakrizza und andere Erzählungen. Signal Verlag, Baden-Baden 1956.

SCHNURRE, Wolfdietrich Das Manöver 131
*1920 Die Reise zu Babuschka 211

Schnurre, Wolfdietrich: Eine Rechnung, die nicht aufgeht. Walter-Verlag, Olten-Freiburg im Breisgau 1958.

Jenö war mein Freund 148

Schnurre, Wolfdietrich: Jenö war mein Freund. Geschichten. Illustrationen vom Autor. Frankfurt am Main 1961.

SOSTSCHENKO, Michail Radfahren verboten 104
*1895 Der Wunderhund 107

Sostschenko, Michail: Der redliche Zeitgenosse. Harriet Schleber Verlag, Kassel 1950.

WOLFE, Thomas Sonne und Regen 30
1900–1938

Wolfe, Thomas: Von Zeit und Strom. Rowohlt Verlag, Berlin 1936.